大乗起信論 海東疏 血脈記 5

元曉思想 · 一心觀　　大乘起信論 海東疏 血脈記

대승기신론 해동소＿＿혈맥기
5

공파 스님 역해

운주사

The gift of Dharma excels all other gifts.

불법은 모든 선물 중에 가장 수승하다.

역해자의 변

레밍이라는 나그네쥐가 있다. 이 설치류는 먹이를 찾아 집단으로 움직일 때 그 중 한 마리가 벼랑에서 떨어지면 줄을 이어 떨어진다고 한다.

사람들이 주체적으로 이성적인 판단을 하지 않고 맹목적으로 군중의 심리를 따라가게 되면 자주 이 레밍 쥐떼를 빗대어 조소하기도 한다.

뭐 거창하게 영어 이름 쥐까지 들먹일 것까지 없다. 우리 주변에 있는 보통의 쥐도 마찬가지다. 쥐가 다니는 길목에 끈끈이쥐덫을 놓아두면 멍청한 쥐 한 마리가 뭣도 모르고 들어가 달라붙는다. 쥐는 즉시 사태의 심각성을 깨닫고 거세게 버둥거리며 죽어라 소리친다.

문제는 끈끈이에 붙어 있는 앞에 쥐의 처절한 모습을 자기 눈으로 직접 보고도 그 안으로 들어가는 쥐들이 계속해서 있다는 것이다. 정말 어리석고 한심한 행동이 아닐 수 없다. 그 행동을 레밍신드롬이라고 한다.

더 놀라운 일은 인간들도 그와 똑같다는 사실이다. 죽음이라는 고통의 암흑구덩이로 한 명씩 한 명씩 줄을 지어 꾸역꾸역 들어가는 그 모습은 쥐 떼보다도 더 나을 것이 없다는 것이다. 이것을 인간의 집단적 죽음신드롬이라고 한다.

5

두 눈을 뻔히 뜨고도 죽음의 세계로 자신을 끌고 가는 인간들의 군상들을 지켜보노라면 정말 기가 막혀서 말이 나오지 않는다. 그 죽음의 대열을 대책없이 따라가는 군중 속에서 다들 누가 잘났으면 얼마나 잘났고 누가 유명하다면 얼마나 유명하단 말인가.

세상은 하루하루 발전해가고 도서관엔 신간들이 계속해서 채워지고 있다. 자연과학의 눈부신 발전과 사회과학의 위대한 업적, 그리고 인문과학의 천언만강들은 다 죽음의 과정만 요란하게 장식할 뿐 막상 죽음 앞에서는 아무런 역할도 해주지 못한다.

이 **혈맥기**는 대승불교의 교과서인 **대승기신론**을 통불교의 예리한 시각으로 해석한 **해동소**를 풀이한 것이다. 그 내용은 레밍 떼 같은 삶을 살아가는 범부들을 어떻게든 각성시켜 참혹한 죽음의 행렬로부터 끌어내는 데 그 목적을 두고 있다.

어리석은 범부들은 가짜의 자기를 위해 진짜의 자기를 죽이고 현명한 범부는 진짜의 자기를 살리기 위해 가짜의 자기를 죽인다.

죽기 위해 사는 사람이 아니고 살기 위해 자신을 과감히 죽이고자 하는 분들은 지금의 신분이 어떠하든 간에 마명보살의 혈통과 원효대사의 맥박이 펄떡이는 이 **대승기론해동소혈맥기**를 꼭 읽어보시기 바란다.

그러면 죽음을 향해 치닫는 그 레밍 떼 같은 맹목적인 무지의 행렬에서 무사히 탈출하는 계기가 분명 마련될 수 있다고 확신해 마지않는다.

6

(ㄴ) 생멸인연

ㄱ 心

※ **혈맥기** 5권 시작은 **대승기신론해동소** 3권에서 다룬 心 意 意識 중에서 意를 풀이한 대목이다. 중생은 心 意 意識을 쓰면 죽는다는 전제하에 **혈맥기** 4권에서 心의 설명을 마쳤고, 여기 5권에서는 意에 대한 **해동소**를 풀이하고 있다.

[海東疏] 第四智識者 是第七識上六相內初之智相 義如前說

네 번째 지식이라는 것은 바로 7식이다. 위 6相 속에 처음인 智相인데, 그 뜻은 앞에서 말한 것과 같다.

7식은 意에 속한다. 8식은 아려야식인 마음이다. 마음이 8식이고 잠재의식이 7식이며 의식이 6식이다. 이것을 등차적으로 나눈 것이 9相次第다. 구상은 업상 전상 현상 지상 상속상 집취상 계명자상 기업상 업계고상이다.

구상차제 중 앞 세 가지는 그 상태가 미세하고 뒤 여섯은 순서대로 거칠다. 그 상태를 지각인식으로 바꾸면 업식 전식 현식 지식 상속식 의식이 된다. 그러니까 업식과 전식 현식은 제8식의 마음이고 지식과 상속식은 7식의 意가 되며 나머지 의식은 6식이 된다.

6식은 범부가 쓰고 있는 인식작용이다. 이 의식에서 머리를 굴리면 정신적으로는 7식인 상속식에 보고되고 행위적으로는 죄업을 짓는다. 상속식은 그것을 지식에 보고하고 행위의 죄업은 수많은 고통을 받도록 한다. 그것을 아려야식에 최종 보고하고 거기에 깊숙이 저장한다.

동사무소에 민원서류를 넣으면 간단한 것은 거기서 처리한다. 더 어려운 민원은 구청으로 가고 더 복잡한 것은 시청으로 간다. 그 서류들은 한시적으로 국가가 보관한다. 그러다 폐기처분한다.

의식은 일차적인 외부세계를 상대한다. 거기서 해결할 것은 해결한다. 더 복잡한 것은 상속식에 미루고 상속식이 해결 못하면 다시 지식으로 넘어간다. 그리고 그 결과를 아려야식의 마음창고에 보관한다. 그것은 폐기처분되지 않는다. 그것은 영원히 이어진다.

6식은 단순 생각으로 살아가는 의식이다. 그보다 더 고차원적인 사고를 담당하는 것이 지식이다. 의식은 기초수학을 풀지만 고등수학은 지식이 담당한다. 그 사이에 상속식이 작용한다.

의식은 연못물이고 지식은 저수지 물이다. 이 물들을 이어주는 것이 상속식인 도랑물이다. 도랑물은 흘러갈 때 그냥 흘러가지 않는다. 물가에 있는 숱한 정보들을 함께 쓸고 간다.

그것을 지식의 저수지에 갖다 준다. 그 저수지는 강물이 되어 흘러야 하는데 거기에 멈춰버린다. 거기서 6식의 오염정보를 계속 받아들이면 결국 그것은 부패하고 썩어버린다. 그것이 범부들의 지식이다.

그런 오염정보 대신 청정한 복덕을 끊임없이 끌어넣으면 그 저수지의 물은 넘쳐서 강물이 되어 바다인 열반으로 나아간다.

그런데 범부들은 그렇게 하지 않는다. 그 지식이 다인 줄 알고 한평생 그것만 쓰다가 죽는다. 그러다보니 그 지식 위에 있는 현식 전식 업식 아려야식의 세계가 있다는 것은 전혀 상상하지 못하고 있다.

"지식이 최고인 줄 알았는데 그 위에 또 뭐가 있군요."
"지식은 보리수나무의 떡잎 정도밖에 되지 않습니다."

지식은 수많은 세월 동안 살아오면서 상속식이 거두어들인 경험 정보다. 이것은 마치 목적지 없는 여행자가 한량없는 겁수 동안 사바세계를 떠돌면서 떨어진 옷을 꿰매고 또 덧대어 꿰매고 그 위에 다시 길거리에서 주운 형형색색의 낡은 헝겊을 또 덧대고 또 꿰매기를 수억 만 번 이상이나 한 비루한 거지의 누더기 옷과도 같다.

　그런 범부의 지식은 전부 오류투성이고 착오뭉치들이다. 그것은 마음과 세상에 대해 단 한 개도 명확한 답을 내어놓지 못하고 있다.

　마음도 움직이고 세상도 움직인다. 그러므로 그 어디에도 명사라는 것이 없다. 명사는 정지되어 있는 상태에 대한 이름이다. 그런데 이 세상에는 정지된 물상이 없다. 모두 다 움직이는 동명사들뿐이다. 그런데 어떻게 마음과 세상에 대해 답이 나올 수 있겠는가.

　답이라고 내어놓는 순간 그 답은 이미 틀려버린다. 왜냐하면 그 답을 낼 때 이미 마음과 대상은 움직여버렸기 때문이다.

　그러므로 범부가 익힌 지식은 하나도 쓸모가 없다. 언제나 시비와 갈등만 초래할 뿐 조금도 중생들의 정신세계를 혁명하는 데 기여하지 못한다.

　그러므로 범부는 빨리 그 낡고 헤진 지식의 남루한 옷을 벗고 법해의 목욕탕에서 깨끗하게 목욕을 해야 한다. 그러면 원래의 자기 모습과 세상이 눈부시게 나타난다. 하지만 지금의 범부는 그 누더기 옷을 죽어도 벗고자 하지 않는다. 그것은 그 지식과 자기의 인격을 철석같이 동일시하고 있기 때문이다. 범부들이 그렇게 믿고 있는 한 결코 그 지식의 굴레로부터 벗어날 수가 없다.

　부처에서 중생으로 내려오는 과정을 9상차제라 했다. 그것은 순류문이고 중생에서 부처로 올라가는 과정은 그 반대가 되는 역류문이다. 순류문에 있는 범부가 지식이 없으면 바보가 되고 역류문으로 올라가는 범부가 지식이 없으면 초지보살이 된다. 초지보살은 환희지다.

그럼 십지보살은 지식이 없기에 중생세계에 대해서는 완전 먹통이 되겠구나 라고 의아해할 것이다. 그것은 쓸데없는 걱정이다. 지식 대신 근본지를 얻기에 그렇다. 이 근본지에는 후득지가 있어서 범부들의 세상과 적멸의 세계를 한통으로 직관할 수가 있다. 그러므로 그들은 바보들의 지식 대신 번뜩이는 지혜를 갖게 된다.

海東疏 愛非愛果 名染淨法
좋아하고 좋아하지 않은 과보를 염정법이라고 한다.

주관이 있고 객관이 나타나면 지식이 작동한다. 객관을 알아야 하기 때문이다. 그것이 7식이며 말나식이다.

객관세계를 있는 그대로 받아들이면 8식인 現識이 되고 거기에 오염된 번뇌가 작용하면 7식인 智識이 된다. 그러므로 이 지식부터 세상의 染淨염정 시비 흑백과 장단을 왕성하게 분별한다.

염정은 더럽고 깨끗함을 말한다. 즉 오염과 청정이다. 크게 보면 오염은 중생세계고 청정은 부처의 세계다. 작게 보면 중생세계 속에서 또 염정이 갈라진다. 좋아하는 것이 쌓이면 오염이 되고 싫어하는 것이 쌓이면 청정이 된다.

우리가 알고 있는 개념과 왜 반대가 되느냐고 궁금할 것이다. 중생이 좋아하면 그것은 부처 쪽에서는 싫어하는 것이 되고 중생이 좋아하지 않으면 그것은 부처 쪽에서는 좋은 것이 되기 때문이다.

다른 말로 하자면 현재의 내가 좋아하는 것은 진짜의 내가 싫어하는 것이고 현재의 내가 싫어하는 것은 진짜의 내가 좋아하는 것이다. 그러니까 현재 내가 좋아하는 것을 좇으면 중생이 되고 내가 싫어하는 것을 따르면 부처가 된다는 말씀이다.

범부의 건강도 마찬가지다. 달고 맛있는 것만 골라 먹으면 육신이 망가지고 쓰고 맛없는 것을 챙겨 먹으면 건강이 좋아지는 것과 같은 이치다.

그러므로 지금 범부가 사용하고 있는 지식은 모두 다 자신을 죽이는 오염에 절어 있다. 그것으로 오염을 싫어하면서도 끊임없이 오염을 탐애하고 또 쉴 새 없이 만들어 내고 있다. 그 결과로 범부는 점점 더 오염된 세계에 깊이 빠져 허우적거려야만 되는 것이다.

그렇다면 그렇게 억겁으로 익혀 온 지식은 언제쯤 떨어질 수가 있는 것인가. 그것은 제 7지 원행지에 가서 떨어진다. 범부로서는 까마득하고 아득한 대승보살들의 지위다.

그러므로 범부는 한 번 보고 외면 이 지식의 정보들로부터 해방될 수가 없다. 자기를 살리겠다고 돈을 주고 배워 익힌 지식들이 도리어 자기를 세세생생 옭아매는 올무와도 같은 역할을 하는 것이다.

海東疏 分別彼法 計我我所 故言分別染淨法也

법을 분별하여 아와 아소를 계산하기 때문에 염정의 법을 분별한다고 한 것이다.

고물상은 온갖 잡동사니들을 모으고 적집한다. 우리의 마음도 고물상과 다를 바 없다. 기억력이 없는 고물상주인은 어디에 무엇을 짱박아 두었는지 모른다. 그처럼 우리의 마음도 어디에 어떤 정보가 뒤섞여 있는지 모른다. 그러다보니 또다시 그것들을 배우고 얻어서 다시 또 집어넣는다. 그 역할을 하는 것이 상속식이고 그 임시 저장소가 지식이다.

고물상은 고물들을 정기적으로 팔아서 돈을 번다. 그러나 쌓여 있는 우리의 지식 정보는 하나도 밖으로 나가지 않는다. 도리어 하나라도 잊어버릴까 싶어서 오래 쓰지 않는 정보는 더 넓고 깊은 아려야식의 큰 창고에 쑤셔 넣는다.

그래서 우리의 마음은 호더노인이 집안 가득히 쓰레기를 모아 둔 것처럼 수많은 세월을 살아오면서 적집된 정보의 쓰레기들로 몸살을 앓고 있다.

호더노인들의 쓰레기더미는 공무원이나 자원봉사자들에 의해 치워진다. 그러나 내 마음에 썩어가는 지식의 쓰레기폐기물은 내 자신이 아니면 그 누구도 말끔히 치워낼 수가 없다.

플라스틱 김치통을 생각해 보면 잘 알 것이다. 오랫동안 김치를 담아 놓은 김치통은 어지간해서 그 냄새가 잘 빠지지 않는다. 거기다가 또 다시 김치를 담아 놓으면 오래된 냄새와 새로운 냄새가 뒤섞여 새로 담아 놓은 김치 본래의 상큼한 냄새가 나지 않는다.

그럼 그때는 어떻게 해야 하나. 간단하게 김치통을 바꿔버리는 것이다. 그러면 신선하고 아삭거리는 특유의 김치 향을 느낄 수 있다. 문제는 새 통을 사는 비용이 있을 때만이 그것이 가능하다는 것이다.

"지식을 버리면 어떻게 살아요?"
"지식이 정지되면 지혜가 나옵니다."

지식도 마찬가지다. 지식을 버리고 지혜를 가지면 된다. 하지만 지식이 전부라고 생각하는 사람에게는 지혜가 필요없다. 지혜는 지식이 필요없다는 사람들이 찾는다. 지식은 사람을 죽음으로 끌고 가고 지혜는 무한의 안락으로 인도한다.

자기 내면에 복이 없으면 지식이 지혜의 발현을 막아버린다. 그런 자들은 어쩔 수 없이 지식으로 세상을 살아야 한다. 하지만 그런 범부의 지식은 한계가 있다. 그래서 늘 불안과 초조 속에서 헤매다가 어디로 가는지도 모르고 죽어간다.

죽고 싶으면 지식을 배우고 살고 싶으면 지혜를 배워야 한다. 지식은 학교에서 가르치고 지혜는 불교에서 일어난다. 하나 알아둬야 하는 것은 지식 속에서는 절대로 지혜가 나오지 않는다는 사실이다.

"범부도 지혜가 나옵니까?"
"범부에게는 지혜가 나오지 않습니다."

똑같은 가슴이지만 독신처녀에게는 젖이 없다. 그러다 결혼해 아이를 낳으면 젖이 나온다. 적어도 나를 넘어서 남을 먹여 살릴 정도의 복이 있어야 지혜가 나온다. 아무리 쥐어짜도 처녀에게서는 젖이 나오지 않듯이 범부는 머리가 깨어지도록 용을 써도 남과 내가 하나가 되는 복이 없으면 지혜가 나오지 않는다. 대신 꾀가 나오고 촉이 나온다.

그러므로 불교의 궁극적인 수행의 목표는 현재 갖고 있는 정보의 지식을 완전히 버리는 데 있다. 그러면 새로운 지혜가 봄날의 햇살처럼 그 자리에 가득히 들어온다. 그게 바로 부처의 마음이다.

海東疏 第五相續識者 卽是意識上六相中名相續相

다섯 번째 상속식이라는 것은 곧 意識이다. 이것을 위 6相 중에서는 상속상이라고 했다.

아직 한국어도 제대로 익히지 못한 어린아이가 영어나 불어를 거침없이 구사한다거나 한 번도 가르쳐주지 않은 노래나 악기를 능숙하게 다룬다거나 하는 일들은 모두 다 전생의 상속식 때문에 그렇다.

저 사람 어디서 많이 본 사람같이 느껴진다거나 이곳은 이상하게 전혀 낯설지 않다고 하는 생각도 다 전생에 살면서 익혔던 상속식을 갖고 태어나기 때문이다.

상속식은 의식이다. 여기에서의 의식은 보살들이 쓰는 意라는 識과 범부들이 쓰는 단순 意識을 보탠 것이다. 이것은 생명체가 갖고 있는 지각인식 중에서 가장 하위며 가장 저급하다. 동물들은 이것을 쓰지 않고 단순히 전 五識인 본능만 쓴다.

이 상속식은 위에서 말한 9상차제 속의 상속상인 작용이다. 상태로 말하면 상속상이 되고 그것이 작용하면 상속식이 되는 것이다.

상속식은 마치 홍수가 나서 온갖 잡동사니들을 끌고 가는 흙탕물과도 같다. 그것들을 지식의 저장고에 쌓는다. 그런 상속식에 의해 범부는 삼세의 삶을 하나로 연결한다. 과거 현재 미래가 이 상속식의 통로로 연결되는 것이다.

그러므로 상속식을 갖고 있는 한 삶에 결말이라는 것은 없다. 꿈도 그렇고 인생도 그렇다. 모두 다 미완으로 끝나고 다시 시작한다. 그것이 상속식이 하는 일이다.

海東疏 以念相應不斷故者 法執相應 得長相續 此約自體不斷以釋 相續義也

망념이 상응하여 단절이 되지 않기 때문이라고 한 것은 법집이 상응하여 장구하게 상속되기에 그렇다. 이것은 자체가 단절이 되지 않는다는 의미로 상속이라고 한 것이다.

무엇이 상속이 되느냐 하면 망념이다. 망념은 끊임없이 생기고 소멸한다. 범부로서는 그것을 정지시킬 수가 없다. 정지가 되면 아라한 급에 올라선 현자다.

왜 망념이 그렇게 생멸하느냐 하면 눈앞에 보이는 세상을 분별하기 때문이다. 범부는 세상을 세상 그 자체로 그냥 보지 않는다. 보는 즉시 지식의 프리즘을 거쳐서 好惡호오와 美醜미추의 감정을 일으킨다. 그 결과를 다시 지식의 내면에 깊이 저장해 둔다.

그러다가 그것과 연관된 또 무엇이 나타나면 그 저장된 정보를 끄집어내어 상속식에 대입한다. 세상은 무상하고 감정은 변화하기 때문에 새로운 세상과 묵은 상속식을 연관시키면 또 다른 정보가 생겨난다. 그것을 또 지식의 내면에 저장한다. 그런 형식으로 세상을 보는 느낌과 감정이 단절이 되지 않는다.

그러므로 중생들이 기억으로 쓰는 상속식에는 망념의 쓰레기와 사념의 찌꺼기가 주방후드에 눌러 붙은 기름때처럼 덕지덕지 붙어 있다. 그런 거기서 무슨 좋은 생각이 나오겠으며 그런 생각에서 무슨 싱그러운 행복이 그려지겠는가.

그렇다면 이 상속식은 언제 떨어지는 것인가. 이것은 三賢이 끝난 계위에서 벗겨진다. 즉 십회향 끝 지점에 가서야 중생세계를 살아온 모든 상속식이 끝이 난다. 그때부터는 대승 성자의 삶을 살기 때문에 이 상속식이 전혀 필요가 없어서 뱀이 허물을 벗듯이 말끔하게 벗어나게 된다.

"저는 그때 일을 완전히 잊어버렸습니다."
"잊어버린 것이지 벗어난 것은 아닙니다."

상속식은 파리의 빨판처럼 세상을 상대해 빨아들인 모든 의식의 정보를 지식에 전달한다고 했다. 그러니까 지식이 없어지려면 상속식을 없애면 된다. 그렇지만 이것을 마음대로 없앨 재간이 없다.

그러므로 범부는 거미줄에 걸려든 나방처럼 三世를 살아온 상속식 그물에서 결코 빠져나가지 못한다. 그래서 현자의 지위가 완전히 끝나는 십회향을 지날 때 떨어진다고 했다.

이것이 없어야 중생으로 살아온 모든 슬픈 기억들과 고통의 추억들이 말끔히 사라진다. 그래서 이것이 떨어지는 십지의 초지를 최고의 기쁨지위인 환희지라고 하는 것이다.

海東疏 住持以下 約其功能釋相續義 此識能起愛取煩惱 故能引持
過去無明所發諸行 令成堪任來果之有

주지 이하 부분은 공능을 잡아 상속을 풀이한 뜻이다. 이 식은 애취번뇌
를 일으키므로 과거 무명에서 일으킨 모든 행위를 끌어와 미래의
과보가 있도록 한다.

상속식은 두 가지 뜻을 갖고 있다. 하나는 不斷이고 또 하나는 작
용이다. 부단은 설명했고 여기서는 공능을 말하고 있다. 공능은 작용
이다.

상속식은 기본적으로 애취번뇌를 일으킨다. 애취는 사랑과 집착
이다. 물론 사랑 속에는 미움이 들어 있고 집착 속에는 버리고자 하
는 욕망도 내재해 있다. 그런데 이 사랑과 집착은 완성이 없다. 사랑
은 모래성이고 집착은 허망한 신기루다. 그런 이유는 다 무명에서
시작되었기 때문이다.

무명은 사람을 바보로 만든다. 없는 것을 있게끔 보이게 하고 그것
을 가지도록 한다. 자기꼬리가 자기 것인지도 모르고 그 꼬리를 잡겠
다고 빙빙 도는 고양이새끼처럼 애취는 절대로 잡혀지지 않는다.

그러므로 언제나 진행형으로 이어진다. 그러기에 중생은 계속해
서 애취의 환영을 잡는 거듭된 삶을 살고 있다. 그것을 주지하여 잃
지 않는다고 한다. 주지라는 말은 마음에 담아 두고 잃지 않는다는
뜻이다.

이런 삶은 바보가 물속에서 달을 건지는 것과 같이 절대로 건질
수 없는데도 끝없이 건지려고 하는 것과 같고 땅덩어리는 언제나 그

자리에 있는데도 그것을 차지하기 위해 참혹한 전쟁을 쉴 새 없이 일으키는 무모한 행동과도 같다.

海東疏 故言住持乃至不失故

그러므로 주지하여 모든 것을 잃지 않기 때문이다고 하였다.

범부의 의식은 지식을 바탕으로 활동한다. 지식은 과거에 배우고 얻어 들은 모든 정보력이다. 이것이 없으면 범부는 바보가 된다. 그 사이에서 윤활유 역할을 해 주는 것이 상속식이다.

그러므로 범부의 몸에는 피가 흐르고 마음에는 상속식의 망념이 흐른다. 피가 멎으면 범부는 죽고 망념이 멎으면 범부는 산다.

범부가 하는 일은 전부 망념이 시켜서 한다. 그러므로 그 결과가 허망하게 끝이 난다. 그래서 자꾸 이 식을 없애야 된다고 하는 것이다. 그렇지 않으면 세상을 있는 그대로 정확히 보지 못하고 지식을 기준으로 하는 비뚤어진 상속식으로 보게 된다. 들어 봤을 것이다.

應無所住而生其心응무소주이생기심

금강경에 나오는 말씀이다. 6조대사가 이 문구를 듣고 크게 발심하였다. 반드시 색성향미촉법에 의존하지 말고 마음을 내어라는 경구이다.

이 색성향미촉법에 의해 상속식이 형성된다. 그 상속식은 지식에 저장된다. 그리고 다시 세상을 상대로 상속식이 작용한다. 그런데

이 식을 기준으로 마음을 내지 말라고 하시니 범부에게는 완전 불가능한 말씀이다. 왜냐하면 범부는 이 식에 의해 존재하기 때문에 이 식을 자체적으로 버릴 수 없기에 그렇다.

그렇다면 왜 이 말씀을 해 주셨을까. 그것은 혈맥기 7권에 가면 잘 나온다. 범부에게 필요없는 이런 말씀을 구태여 왜 하셨는지는 그때 가면 저절로 잘 아시게 될 것이다.

海東疏 又復能起潤生煩惱 能使業果續生不絕 故言成就無差違故

또 다시 윤생번뇌를 일으켜서 업의 과보가 계속되어 단절하지 않도록 하기 때문에 틀리거나 어긋남이 없게 성취시키는 것이다고 하였다.

윤생번뇌는 중생을 중생답게 살아가도록 만드는 번뇌를 말한다. 중생이 왜 이렇게 사는 것인가. 그것은 이렇게 살도록 만드는 요인이 있기 때문이다. 그 요인을 우리는 무명이라고 하고 그 무명에 기름치는 것을 번뇌라고 한다.

번뇌는 무명을 기르고 무명은 다시 어리석음을 준다. 그러므로 중생은 결코 이 고통의 고리를 벗어나지를 못한다. 그래서 중생의 삶은 스스로를 옭아매는 삶이라고 해서 누에가 고치를 짓는 것과 같다고 했다.

무명에 의해 번뇌를 일으키는데 어떻게 중생이 안전하고 행복할 수가 있단 말인가. 무명은 어둠이고 번뇌는 허둥지둥하게 만드는 충동력이다. 이런 영향을 받아 범부는 한치 앞도 보지 못하고 우왕좌왕하는 한평생을 어렵게 살아가는 것이다.

成은 定하여져 있다는 뜻이다. 정하여 나아간다는 것은 결정지어져 나아갈 수밖에 없는 과보를 만들게 된다는 뜻이다. 그래서 실차난타스님은 이 성취를 성숙이라고 번역하기도 했다.

海東疏 如是三世因果流轉不絕 功在意識以是義故名相續識

이와 같으므로 삼세의 인과는 유전하여 단절되지 않는다. 그것은 그 작용이 의식에 내재되어 있기에 그렇다. 이러한 뜻이기 때문에 상속식이라고 하는 것이다.

유전은 공능이고 작용이다. 몸에 이상한 병이 들면 병원에서 유전력을 찾는다. 그래서 부모의 혈통을 뒤진다. 하지만 그 혈통의 DNA는 무명불각으로 시작되어 있기 때문에 설령 부모의 혈통에 문제가 없다고 해도 결정지어진 죽음은 피할 수가 없다.

그래서 상속식이 작동하는 한 범부의 삶은 태어날 때부터 이미 실패한 것이다. 한 생만 그렇다면 실수의 삶이라고 치부할 수 있다. 그러나 세세생생 언제나 그렇다. 바보가 한 번만 잘못하는 것이 아니다. 바보의 생각은 생각하는 것만큼 울화통을 일으키는 행위를 연속해 나아간다.

그런 바보들이 자기 스스로 그 굴레에서 벗어날 수가 있을까. 결코 스스로는 획기적인 개선을 하거나 완전한 변혁을 이룰 수가 없다. 그래서 부처와 보살이 중생을 구제하러 소매를 걷어붙인 것이다. 하도 하는 짓이 어이가 없고 기가 차서 도저히 더 이상 두고 볼 수가 없었기 때문이다.

海東疏 次言念已經事慮未來事者 顯此識用麤顯分別 不同智識微
細分別

다음에 이미 지나간 일을 기억하고 미래의 일을 걱정한다고 말한
것은 이 식의 작용을 나타낸 것이 거칠게 분별한다는 것을 나타낸
것이다. 그것은 미세한 분별을 하는 지식과는 같지 않다.

이 상속식이 있기 때문에 범부는 몸과 마음으로 과거와 미래를 오
고 간다. 몸은 죽고 다시 태어나고 마음은 그 바뀐 몸에 들어가 계속
해서 윤회를 한다.

그래서 범부의 지금 마음은 과거 무량 백 천만 세월 동안 살아온
결과로 나타나 있는 것이며 또한 동시에 무량 백 천만의 세월 동안
윤회할 원인이 된다고 하는 것이다.

나이 50세까지는 정신없이 미래를 생각한다. 그러다 50이 넘어가
면 미래보다는 과거를 회상하는 시간이 많아진다. 이제 뭔가를 해야
할 의욕과 희망이 그만큼 꺾였다는 것이다.

그런 순환의 고리 속에서 범부는 생로병사를 한다. 태어나서 다시
시작하고 죽으면서 또 그 못다 한 미련을 갖고 간다. 그러므로 그
생은 끝나지 않는다. 마치 해변에서 모래성을 쌓는 아이들처럼 그렇
게 만들고 부서지고 다시 시작하고 또 부서지는 허망된 삶을 계속해
서 살아가는 것이다.

그 시간 속에서 범부는 지나간 과거를 붙들고 있고 오지 않는 미래
를 걱정한다. 그들은 현재에 살지 못한다. 몸은 현재에 있는데 마음
은 늘 지나간 과거와 다가올 미래를 바쁘게 오고 간다. 그래서 **금강**

경에 과거의 마음도 가지지 못하고 현재의 마음도 가지지 못하며 미래의 마음도 가지지 못한다고 하셨다. 또 **법구경**에서

Let go the past future, present.

Having reached the end of times,

With a mind freed from all.

You will not again undergo birth and decay.

그냥 내버려 둬라. 미래와 현재와 과거를.

삼세의 시간이 끝이 날 때

마음은 자유로워진다.

두 번 다시 생사를 하지 않게 될 것이다.

고 하셨다.

거친 분별은 거친 마음을 가진 자들이 한다. 그런 사람들은 행동이 본능적이고 단순하다. 그래서 그들은 대체로 무섭고 겁난다. 보통 복이 없고 생각이 깊지 않는 자들이 앞뒤를 가리지 않고 거친 분별로 충동적 사고를 일으킨다.

미세분별은 섬세함과 유화함을 가지고 있다. 거친분별을 가라앉히면 정교하고 섬세한 분별이 나온다. 그것을 미세분별이라고 한다. 거친분별은 상속식에 있고 미세분별은 정제된 지식에 있다. 그러므로 미세분별은 현자가 하고 거친분별은 범부가 한다.

거친 분별은 언제나 후회와 회한을 남긴다. 뭔가를 잘 몰라서 행동

한 일은 반드시 후회하기 마련이다. 그래서 죽을 때 누구나 인생을 잘못 살았다고 한다. 그래서 그들의 삶은 산 것 만큼 결과적으로 회한의 후회만 쌓은 것이다.

그러나 지식의 미세분별을 쓰면 그런 막가는 행동이 없다. 그나마 정확하고 분명하기 때문에 후회와 회한이 없다. 산 것만큼 이익이고 가치가 있다. 그러니 현재 자기가 지각하는 모든 분별이 거친분별인지 아니면 미세분별인지를 스스로 생각해 보시기 바란다.

이제 어떤 분별로 세상을 살아갈 것인가. 얼룩지고 녹슨 거친분별의 돋보기로 세상을 볼 것인가. 깨끗하고 맑은 미세분별의 돋보기로 세상을 볼 것인가는 자신에게 달려 있다. 이 둘 다 자신의 내면에 이미 갖고 있기 때문이다.

[海東疏] 是知此識唯在意識不同上說相續心也

그러므로 이 식은 오직 의식에 있고 위에서 말한 상속심과는 같지 않다는 것을 알아야 한다.

이 식은 상속식이다. 이것은 끊임없이 변화하고 요동친다. 절대로 가만히 있지를 않는다. 그것은 세상에 대해 확실히 모르고 있기 때문에 안정이 안 되는 것이다. 그것이 어느 기준을 넘으면 이제 우리 단계인 의식으로 내려와 행동으로 옮기도록 한다.

이 식은 과거 현재 미래를 꿰고 있다. 오늘의 삶도 내일의 상속식을 만든다. 그러므로 범부의 삶은 경쟁하듯이 자기 마음거울에 황칠을 하고 있는 셈이다. 그러다 아무것도 보이지 않으면 지옥으로 떨어진다.

반대로 상속심이 있다. 상속식은 아려야식의 파생식이기에 불각에서 나온 것이지만 상속심은 본각에 들어 있는 진여자성의 본체다. 둘 다 영원하지만 상속식은 중생에게 영원하고 상속심은 부처에게 영원하다. 그래서 이 둘은 같지 않으니 반드시 알고 있어야 한다고 하신 것이다.

海東疏 是故以下第三結明依心之義 於中有二 先略 後廣

시고 이하는 세 번째로 마음을 의거해 있다는 것을 결론지어 밝힌 부분이다. 거기에 둘이 있다. 먼저 간략히 밝히고 뒤에 넓게 풀이하는 것이다.

是故시고라는 말은 **기신론** 원문에 있는 말이다. 원문은 혈맥기 4권 말미에 있다. 거기에 보면 아려야식이라는 식의 원천인 마음이 있다. 거기에 무명이 있는데 그 무명 때문에 불각이 일어나서 중생이 생겨나게 되었다는 것을 설명하고 있다.

그렇게 마음에서 중생이 생겨나 업식과 전식, 그리고 현식을 거치면서 상속식까지 내려왔다. 그것을 지금 계속해서 풀이하고 있는 것이다.

중생은 왜 이렇게 생로병사를 하는지 아시는가. 그것은 바로 心意識을 쓰기 때문이다고 했다. 그 心이 바로 아려야식인데 그것은 이미 다 설명하였다. 지금은 그 뒤 단계인 意를 풀이하고 있다고 했다.

그러니까 우리가 이렇게 생로병사를 단절없이 하게 되는 이유는 그 마음이 意와 의식으로 점점 더 혼탁되어져 가는 과정이라는 것을 알기 쉽게 설명하고 있는 중이다.

그 설명은 먼저 간단하게 그 이유를 밝히고 뒤에 그에 대한 부연해석을 폭넓게 해 주겠다는 거다.

海東疏 初言是故者 是前所說五種識等依心而成 以是義故 三界諸法唯心所作

처음에 말한, 이렇기 때문에 한 것은 앞에 말한바 다섯 식들은 마음을 의거해 이루어졌다는 뜻이다. 그래서 삼계의 모든 법은 오직 마음이 지어낸 것이라고 한 것이다.

원문에 보면 是故라는 문구가 나온다고 했다. 시고는 이렇기 때문에 라는 뜻이다. 뭣 때문이냐 하면 상속식이다. 그 상속식 때문에 이런 문제가 일어난다는 것이다. 이런 문제는 다음 문장이다. 즉

三界虛僞 唯心所作

이다. 중생세계는 헛되고 가짜다. 그것은 오직 마음이 지어낸 것이다고 한 내용을 말하기 위해서 이렇기 때문에 라고 하였던 것이다.

이 말을 한 이유는 눈으로 인식하는 밖의 세계는 나와 상대한 세계가 아니라 나에 의해 만들어진 세계라는 것을 밝히고 있기 때문이다.

나의 마음이 깨끗하면 내가 세상의 중심이 되는 것이고 그 다음 단계로 내려가면 대등하다가 더 오염되게 혼탁해지면 밖의 세계에

빨려들게 된다.

보수적인 남자가 장가를 갔다. 처음에는 그가 완전 주도권을 잡는
다. 그러다가 도대체 누가 집안의 주인인지 모르겠다고 투덜거린다.
그 과정이 지나가면 언제 바뀌어졌는지 마누라가 주인이 턱 되어 있
다. 이제 모든 집안의 스케줄이 마누라를 중심으로 움직인다.

그와 같이 상속식은 나를 도와준다면서 내가 아니라 세상이 주인
이 되도록 만들어 버린다.

그러므로 조심해야 한다. 나의 모든 감각기관들은 결코 나를 위해
서 살지 않는다. 자기들 하고 싶은 대로 다 하다가 수가 틀리면 언제
든지 나를 버린다. 그러므로 六根은 통제해야 할 대상이지 제멋대로
놔둬서는 결코 안 되는 감각기관들이다.

海東疏 如十地經言 佛子 三界但一心作 此之謂也
십지경에서 불자야. 삼계는 단지 일심이 만든 것이다 하셨는데 이것을
말씀하신 것이다.

십지경은 **화엄경** 속에 십지품을 따로 떼어내 엮은 단독경전이다.
인도 승려 시라달마가 한역하였고 9권으로 되어 있다.

십지경의 핵심은 바로 마음이 바깥세상을 만들고 없앤다는 것이
다. 사람들은 세상이 자연적으로 생겼다고 하고 우연으로 생겼다고
한다. 아니면 어떤 설계자가 있어서 세상을 창조했다고 한다. 그러나
십지경은 우리의 오염된 마음이 세상을 만들고 또 그것을 없앤다고
하신 것이다. 그래서

一切皆有心所作
心若滅者生死盡

일체 모든 것들은 마음이 만들었다.
그 마음이 없어지면 생사가 끝난다.

고 하셨다.

눈을 뜨면 없던 세상이 보이고 눈을 감으면 있던 세상이 사라진다. 그렇다면 세상의 주인은 누구인가. 바로 나인 것이다.

주체를 누구로 두느냐가 문제다. 주체를 나로 두면 나에 의해서 세상이 생겨나고 주체를 신으로 두면 神에 의해서 세상이 만들어졌다고 한다. 불교에서는 그 주체의 기준을 온전히 나를 중심으로 하고 있다.

그래서 불교는 신을 중심으로 신앙하는 것이 아니라 자기를 중심으로 수행하는 人本종교라는 사실을 잊어서는 안 된다. 정말 멋지지 않는가. 신으로부터의 해방이.

海東疏 此義云何以下廣釋 於中有二 先明諸法不無而非是有 後顯諸法不有而非都無

이 뜻은 뭐냐 하면 한 그 이하는 널리 풀이하는 대목이다. 그 중에 둘이 있다. 먼저 제법은 없지 아니하나 있지도 아니하다는 것을 밝히고, 뒤에는 제법은 있지 아니하나 그렇다고 모두 없지는 않다는 것을 나타내고 있다.

제법은 세상천지 만물이며 삼라만상의 군상이다. 제법은 있는 것인가. 없는 것인가. 물론 엄연하게 있다. 창문을 열고 세상을 보라. 산과 들이 보이고 강과 건물들이 뚜렷하게 보이지 않는가.

그런데도 없다고 한다. 그러면 있는 것인가. 그것도 아니라고 한다. 있지 않으면 없어야 하는데 또 있다고 한다. 이것은 또 무슨 궤변인가.

무지개는 있는 것인가. 없는 것인가. 있다고 하면 있어야 하는데 없다. 그러면 없는 것인가. 아니다. 비가 그칠 때 햇빛을 비추면 그때 즉시 나타난다. 그러므로 있다. 한 개만 말하라. 양변에 걸치지 말고 분명히 말하라. 있는 것인가. 없는 것인가.

海東疏 初中言以一切法皆從心起妄念而生者 是明諸法不無顯現也
처음 가운데서 일체법은 모두 다 마음의 망념에 의해 생겨났다는 것은 제법은 없지 않다는 것을 분명하게 나타낸 것이다.

이 세계는 망념에 의해 존재한다. 그래서 서로 치고 박고 울고 웃게 하는 중생세계는 분명히 이렇게 있다. 허공의 꽃은 눈병 걸린 사람에게는 분명히 있다. 정상적인 사람에게 아무리 그 꽃을 설명해 줘도 그들은 모른다. 그것은 가짜라서 원래 없는 것이기 때문이다. 하지만 그들에게는 확실히 허공의 꽃이 있다.

마음이 일어나면 식이 나온다고 했다. 그 식에 의해 세상이 나타난다. 세상을 보는 안식을 갖고 있는 자는 의식있는 인간이다. 그 인간은 마음을 가지고 있다. 그 마음이 병들면 병든 식이 나온다. 그러면

그 안식에 비치는 세상은 다 환영이고 도깨비다. 그래서 규봉대사가

生法本空
一切唯識
識如幻夢
但是一心

천지만물은 본래 없다.
모두가 다 오직 識이다.
識은 도깨비 같고 꿈과 같다.
일심이 그렇게 만든 것이다.

고 했다.

海東疏 一切分別卽分別自心心不見心無相可得者 是明諸法非有之義
일체의 분별은 곧 자심을 분별한 것이다. 마음은 마음을 보지 못하므로
어떤 모습도 없다고 했는데 그것은 제법은 있지 않는 뜻을 밝히고
있다.

  눈앞에 중생세계가 보인다면 사찰을 찾아야 한다. 寺刹의 어원은
査察사찰이다. 사찰의 뜻은 조사하고 살핀다는 의미를 가지고 있다.
그러므로 사찰은 내가 뭘 잘못해서 생사의 고통을 받고 있는지 그
이유를 조사하고 살펴보는 곳이다.

세상이 분별되게 보이는 것은 자심이 분별하는 것이다. 세상은 大小와 長短과 흑백과 高下가 없다. 오로지 내 마음에 의해 세상이 나에 맞게 나타나는 것이다. 내가 나쁜 마음을 가지면 지옥이 보이고 좋은 마음을 가지면 천상이 나타난다.

중생세계로부터 자유로워지고 싶은가. 그렇다면 마음을 닫으면 된다. 리모컨을 끄면 시끄럽던 영상이 사라지듯이 마음을 닫으면 이 세상이 없어져버린다.

마음이 닫히지 않는다고?! 입은 닫을 수 있는데 마음은 닫을 수가 없다고?! 그래서 마음을 닫는 방법을 배우도록 불교가 나타난 것이다.

마음은 내 편이 아니다. 그런데도 나와 떨어지지 않으려 한다. 그러면서도 끊임없이 나를 애 먹인다. 생시를 넘어 꿈속에서조차 나를 끌고 다니면서 거짓된 삶을 만든다. 정말 정떨어질 때가 한두 번이 아니다.

그런데도 내가 어떻게 할 수가 없다. 내 말을 죽어도 듣지 않기 때문이다. 그렇다면 그건 내 마음이 아니다. 그것은 남의 마음이 틀림없다. 그러므로 내가 갖고 있어야 할 이유가 없다. 버려야 한다. 그리고 진짜 내 마음을 찾아야 한다.

海東疏 如十卷經言 身資生住持 若如夢中生 應有二種心 而心無二相

저 십권경에서 말씀하시기를, 몸을 움직여 삶을 이어가는 것은 꿈속에서 살아가는 것과 같다. 마땅히 두 마음이 있는 것 같지만 마음에는 두 모습이 없다.

십권경은 **입능가경**이다. 위나라 보리유지가 10권으로 번역하였다. 거기에 보면 중생의 삶은 꼭 꿈속의 삶과 같다고 하신 말씀이 있다.

흥미로운 것은 꿈 앞에 若과 如자 두 개가 연속해 붙어 있다. 이 둘의 뜻은 모두 같다는 의미다. 즉 뒤에 나오는 꿈을 강조하기 위해 두 글자를 연이어 썼다는 사실이다. 그만큼 우리의 삶은 허상이고 가짜라는 것을 힘주어 말씀하신 것이다.

두 마음은 현재의 마음과 꿈속의 마음이다. 그러나 꿈은 가짜기 때문에 그 속에 진짜의 마음은 없다. 현재의 가짜마음이 꿈속에서 또 다른 마음과 세계를 만들어 유희한다. 그러므로 그 꿈은 허황하고 허위하다.

지금 우리의 삶이 부처가 보았을 때는 꿈속의 삶이다. 그러므로 부처는 우리에게 제발 꿈 좀 깨라고 하셨다. 그렇게 달래고 꾸짖으며 그 사실을 가르쳐 주시는 데 45년이 걸렸다.

그분이 열반에 드시고 2천 5백 년을 지나오면서 수많은 선지식들이 우리를 흔들어 깨우려고 했다. 그뿐만 아니라 사찰을 지어 풍경과 목탁, 죽비를 써서 우리들의 삶을 계속해서 깨우고 있다. 그런데도 우리는 아직도 꿈속을 헤매고 있다. 오히려 그 말씀들을 자장가로 듣고 그런 것들을 꿈꾸는 문화로 즐기고 있다.

海東疏 如刀不自割 指亦不自指 如心不自見 其事亦如是
마치 칼이 스스로 베지 못하고 손가락이 스스로를 가리키지 못하는 것처럼 마음은 스스로를 보지 못한다. 그러한 사실 또한 이와 같은 것이다고 하셨다.

카메라 렌즈는 밖의 세상만 보지 자신을 보지 못한다. 그러므로 자신을 찍지 못한다. 마음도 마찬가지다. 마음은 마음을 보지 못한다.
눈이 있어도 자신의 몸을 다 볼 수 없다. 자신의 몸을 온전히 보려면 두 거울 속에 서야 한다. 그러면 앞 뒤 좌우를 다 살필 수 있다.
마음이 있어도 자신의 마음을 볼 수가 없다. 그렇다면 자신의 마음을 보려고 한다면 어떻게 하여야 할까. 바로 부처의 거울과 보살의 거울 속에 서는 것이다. 그러면 자신의 마음이 얼마나 죄가 많고 또 오염되었는지를 세세히 알 수가 있다.
목욕을 하고 나면 자신을 거울 앞에 당당히 내세운다. 깨끗하기 때문에 거울을 볼 자신이 생겨서 그렇다. 그처럼 수행을 해서 마음이 깨끗해지면 부처의 눈앞에 나아가는 데 주저함이 없다.
범부들은 언제나 부지런히 몸만 닦고 다닌다. 몸이 그나마 젊었을 때는 거울을 끼고 살다가 나이가 먹으면 거울 자체를 보지 않으려 한다. 거기에 비치는 내 몰골이 너무 싫기 때문이다. 원효센터에 거울과 달력, 그리고 TV 세 가지가 없는데 그 중 하나가 바로 이런 이유에서다.
그처럼 일반인들은 부처와 보살에게 한사코 다가서지 않으려 한다. 그것은 자신들의 마음이 더럽고 추하다는 것을 본능적으로 미리 알고 어떻게든 그분들의 눈길을 회피하고자 하려 하기 때문이다.

海東疏 解云 若如夢中所見諸事 如是所見是實有者 則有能見所見

34

二相

풀이하자면, 꿈속에 본 모든 사물들이 본 바처럼 실제로 있는 것이라면 능견과 소견의 두 모습이 반드시 있어야 한다.

꿈은 가짜다. 그것을 아는 사람은 이 세상도 가짜라는 사실을 빨리 알아야 한다. 꿈속에서는 보는 자도 가짜고 보이는 물상도 가짜다. 마음이 잠깐 제정신을 잃어 실재처럼 만들어 낸 환영의 세계다.

그처럼 이 세상도 세상과 내가 둘이 있는 것 같지마는 사실은 내 마음 하나밖에 없다. 그런데도 내 마음이 가짜의 세상 물상에 휘둘리고 있다.

이것은 목줄을 한 원숭이가 곡예사를 갖고 노는 꼴과 같다. 도대체 누가 주인인지 모르는 것이다. 엄연히 내가 주인이 되어야 하는데 세상이 주인이 되어 있어 있는 현실이다.

마음이 사라지면 물상은 즉시 없어진다. 마음이 주체기 때문에 그렇다. 물상은 없어져도 마음은 그 자리에 있다. 그러기에 **화엄경**에서

諸幻盡滅
覺心不動

모든 환상이 다 없어져도
각심은 움직이지 않는다.

고 하셨다. 이 말씀을 언제나 가슴에 새겨 두어야 할 것이다.

海東疏 而其夢中實無二法 三界諸心皆如此夢

하지만 그 꿈속에서는 사실 두 법이 없다. 삼계의 모든 마음도 다 이 꿈과 같은 것이다.

꿈속의 마음과 생시의 마음은 동일하다. 그 마음은 조금도 변하지 않고 있다. 그러므로 두 마음이 없다.

삼계의 중생 그 어느 중생도 두 마음이 없다. 원래는 하나의 마음인데 두 마음인 줄 알고 그렇게 쓰고 있다.

소라고 해서 소의 마음이 있는 것이 아니고 개라고 해서 개의 마음이 따로 있는 것이 아니다. 우리의 마음이 어리석고 죄업이 많으면 소의 마음이 되는 것이고 권력자에게 꼬리를 치고 의존하는 성격이 강하면 개로 태어나 개의 마음이 있게 되는 것이다.

그러므로 한 가족이 동일한 피를 가지고 있듯이 일체중생 모두는 다 한 불성의 혈통을 갖고 있다. 그래서 부처와 보살이 같은 혈통의 중생을 제도하시고 있는 것이다.

海東疏 離心之外無可分別 故言一切分別卽分別自心 而就自心不能自見 如刀指等 故言心不見心

마음을 떠난 밖에는 분별할 것이 없다. 그래서 일체분별은 곧 자심을 분별하는 것이다고 했다. 자심에 나아가 능히 스스로 볼 수 없는 것은 칼이나 손가락 같은 것이므로 마음은 마음을 보지 못한다고 했다.

마음이 이기적으로 기울면 분별이 거세진다. 충직한 개는 주인을 분별하지 않는다. 주인이 어떠하든 주인을 따른다. 설령 주인이 거지가 되어 길바닥에 나 앉아도 주인을 버리고 다른 인간을 따라나서지 않는다.

아이들도 마찬가지다. 어미가 어떤 신체적인 장애를 갖고 있다 하더라도 아이 눈에는 천상의 보살로 보인다. 그러므로 설령 돈 많고 잘생긴 여자가 자기를 데려가려고 해도 자기 어미와 떨어지지 않으려고 발버둥을 친다.

마음이 오염될수록 분별이 심해진다. 거기에 주판알이 튕겨지고 이익과 손실이 따져진다. 이익이 생기면 어제까지 원수로 보이던 사람이 갑자기 친구로 보이고 손해가 생기면 이제까지 친구이다가도 순식간에 등을 돌려 원수가 된다.

그러므로 세상을 분별하고 인간을 갈라치기 하는 것은 모두 다 자기 마음의 거친 분별 때문에 그렇다. 그런데도 어리석은 사람들은 세상을 원망하고 사람을 탓한다. 아직도 그들은 정신을 차리지 못하고 있다. 마치 술을 마신 사람이 멀쩡한 나무에 걸리면 죄 없는 나무를 탓하고 나무에게 달려드는 것과 같다. 그래서 **화엄경**에

三界唯一心
心外無別法

삼계는 오직 일심이 만들어 놓았다.
마음 밖에는 아무런 세상도 없다.

고 하신 것이다. 명심해야 한다.

海東疏 旣無他可見 亦不能自見 所見無故 能見不成 能所二相皆無
所得 故言無相可得也

이미 가히 볼 대상이 없으면 또한 자신도 능히 보지 못한다. 그것은
소견이 없기 때문에 능견을 이루지 못하는 것이다. 능소의 두 가지
모습을 가히 얻을 수 없기 때문에 그 모습을 가히 얻을 수 없다고
한 것이다.

　꿈속에 아무리 큰 궁전을 보고 예쁜 여자와 꽃길을 걸어도 깨고
나면 아무것도 없다는 것은 자신의 망념이 세상을 만들어 내었다는
것을 증명하는 것이다.

　총칼이 난무하는 전쟁영화에 이어 달콤한 남녀의 사랑을 속삭이는
멜로영화도 영사기가 정지되면 아무것도 없듯이 중생이 요동하는 마
음을 정지시켜 버리면 이런 중생세상은 다 없어져 버린다.

　떡이 되도록 술을 마시고 나면 세상이 빙글빙글 돈다. 그때 그는
세상이 돈다고 한다. 아니다. 그의 마음이 지금 돌고 있는 것이다.
세상이 돌지 않으려면 술을 깨면 된다. 그러면 돌고 있던 세상은 즉
시 멈춰진다.

　그처럼 생사에 병든 범부가 치료를 잘 받아 원래의 모습으로 환원
하게 되면 육도의 세상은 정말 내 마음이 병들어 만들어 낸 허위의
세상이었구나 하고 절실히 깨닫게 된다. 하지만 범부 평생 그런 기회
는 절대로 다가오지 않는다는 것이다.

"그럼 이런 말들이 다 허망하지 않습니까?"

"허망하지 않는 방법을 제시해줄 것입니다."

海東疏 此中釋難會通新古 如別記中廣分別也

이 중에서 알기 어려운 것을 풀이하여 신고를 회통한 것은 별기 가운데 널리 분별해 놓았었다.

新古는 새로운 것과 옛 것이다. 새로운 것은 **집량론**이고 옛 것은 **기신론**이다. 여기 意의 설명에서 미흡한 부분을 **집량론**과 **기신론**을 인용해서 설명해 주시겠다는 거다.

이런 문장 때문에 사람들은 **해동소**보다 **별기**를 성사가 먼저 쓰셨다고 한다. 하지만 **해동소**를 쓰시다가 주석으로 **별기**를 달아 쓸 수 있기 때문에 꼭 그렇게 먼저 별기를 쓰셨다고 볼 필요는 없다.

別記 如彼偈云 非他非因緣 分別分別事 五法及二心 寂靜無如是

저 게송에 이르기를, 다른 것도 아니고 인연도 아니다. 분별과 분별하는 일, 그리고 五法과 및 二心은 적정하기만 하다 라고 하셨다.

성사는 먼저 **입능가경**을 인용하셨다. 거기에 이런 게송이 있다. 다른 것은 세상의 모든 물상이다. 그러니까 세상의 모든 물상은 자체적으로 어떤 실재가 없다는 것이다.

인연으로 생겨나 있지만 그 자체가 없는 것이기에 인연이라 할 것도 없고 또 분별할 자와 분별할 대상도 없고 5법과 二心도 없다는 것이다.

　五法은 만법의 자성을 다섯 가지로 분석해 놓은 것이다. 첫째는 만상의 모습이고, 둘째는 만상의 이름이다. 셋째는 이 두 가지를 집착하는 분별이고, 넷째는 만법의 자성을 꿰뚫어보는 올바른 지혜다. 그리고 다섯 번째는 청정한 지혜로 증득한 여여를 말한다.

　二心은 상대적인 두 마음이다. 곧 能所인 주관과 객관이다. 이런 物心들은 모두 다 공허하기만 해 적정한 것이다고 하셨다.

　미친 자는 원래 없다. 사람도 없고 그런 이름도 없다. 그런 사람을 보는 일도 없고 보이는 일도 없다.

　그러므로 그런 사람을 치료하는 의사도 없다. 미친 자가 없으니 따로 정상적인 사람이라고 할 것도 없다. 그것이 바로 만법을 증득하는 일조차도 없다는 것이다. 그래서 세상은 적정하다고 결론을 낸 것이다.

　의학 드라마에 온갖 병자들이 다 나오지마는 전원을 끄면 그런 영상들은 순식간에 다 없어지고 TV만 덩그러니 남아 있다. 그 상태를 적정의 상태라고 한다. 그 상태가 온전한 상태고 원래의 상태다. 그래서 이 세상은 적정 외는 아무것도 없다고 하신 것이다.

別記 問 如集量論說 諸心心法 皆證自體 是明現量 若不爾者 如不會見 不應憶念

묻겠다. 집량론에서 心과 心法은 다 자체로 증명된다. 이것은 현량을 밝힌 것이다. 만약 그렇지 않다면 당연히 알거나 보지 못하여 깊이 기억하지 못할 것이다.

40

집량론은 불교논리학의 대명사라 할 만큼 세상과 마음을 매우 합리적이고 체계적인 시각으로 이론화한 유식계통의 논서다. A.D. 5세기경에 유명한 유식학자인 진나대사가 저술하였다.

거기에는 우리의 마음과 마음의 작용 같은 것들이 소상하게 설명되어져 있다. 현량은 의심없이 훤히 드러난 사실을 말한다.

우리가 기억이 난다는 것은 무엇을 분명히 생각하거나 보았기 때문에 그것을 기억하는 것이 아니냐 하는 것이다. 생각도 과거에 뭐가 있었기에 하는 것이고 기억도 무엇인가의 물상을 봤기 때문에 마음에 담아 둔 것이 아니냐 한다.

別記 此中經說 云不自見 如是相違 云何會通

그런데 이 경전 가운데서는 스스로 보는 것이 없다고 한다. 이렇게 서로 다르니 어떻게 회통하겠는가?

그런데 **입능가경**의 말씀은 완전히 다르다. 아예 생각할 주체도 없고 생각되어 질 객체도 없다고 한다. 원래 한 물건도 없는데 어디다 마음을 두며 어떤 기억을 하겠는가다. 이렇게 차이가 나니 어떻게 이해해야 하는가 하고 물은 것이다.

別記 答 此有異意 欲不相違 何者 此經論意 欲明離見分外無別相分

답해 주겠다. 다른 뜻이지마는 서로 어긋나지 않는다. 왜냐하면 이 경론의 뜻은 見分을 떠난 밖에 따로 相分이 없다는 것을 밝히고자 한 것이다.

다른 뜻이라도 어긋나지는 않는다는 말은 마음을 어느 관점으로 보느냐에 달려 있다고 하는 것이다.

우리는 지금 마음이 동요하여 意와 의식을 일으키고 있다는 것을 중점적으로 공부하고 있다. 그 중에서 意의 지각의식을 지금 파헤치고 있는 중이다.

이 경론은 **능가경**과 **기신론**이다. 여기서는 이 意를 心의 다음 단계로 보고 있다. 그러니까 아려야식을 마음이라고 하면 그 다음 업식 전식 현식 지식 상속식을 意라고 한다.

지금은 그러니까 상속식을 공부하는데 그 상속식을 만드는 마음과 물상이 따로 있느냐 없느냐 하는 논제를 부각시켜 문답으로 이어가고 있다.

이것을 풀이하는 데 등장하는 경전은 **입능가경**이고 논서는 **기신론**과 **집량론**이다. 그러니까 **기신론**과 **입능가경**은 상속이 될 만한 마음도 물상도 없기에 그 상속은 완전 허망하다고 한다. 하지만 **집량론**은 눈앞에 전개되어 있는 세상이 이렇게 멀쩡하게 있는데 자꾸 없는 것이다고 하니 인정하기 어렵다고 한다.

別記 相分現無所見 亦不可說卽此見分反見見分 非二用故 外向起故 故以刀指爲同法喩

상분이 나타나 있는데 보는 바가 없다거나 또한 불가설이라고 하는 것은 견분이 도리어 견분을 보는 것이다. 이는 두 가지 작용이 밖을 향해 일어난 것이 아니다. 그러므로 칼과 손가락으로 동법의 비유를 삼은 것이다.

相分은 눈에 보이는 세상의 물상이라고 했다. 그것들이 분명하게 턱 있는데 볼 수 없다거나 말할 수 없다거나 할 수 있느냐 한다.

하지만 **기신론**에서는 그것은 객체의 相分이 아니고 보는 주체인 見分이 또 다른 見分을 본다는 것이다. 그것은 산 위에서 고함을 치면 메아리가 들려오지만 그 메아리는 산에서 나오는 것이 아니라 내 자신의 목소리라는 것이다.

그리고 또 꿈속에서 온갖 물건과 많은 사람을 보지마는 결국 내 마음이 만들어 놓은 것들을 내가 보고 느끼고 거기에 감정을 일으킨다는 것이다.

마음은 마음을 보지 못한다고 하였다. 그런 마음은 상대가 있을 때라야 만이 확인된다. 상대가 없으면 마음은 작용하지 않는다. 마음은 공적하다. 그러므로 마음이 작용할 대상이 없으면 마음은 작동하지 않는다.

눈에 보이는 대상이 없으면 마음으로 상상해서 대상을 만들어 낸다. 그리고선 거기에다 또 다른 마음을 만들어 낸다. 이것이 바로 견분이 견분을 본다는 것이다.

칼과 손가락도 마찬가지다. 그것들도 상대가 있을 때라야 만이 그 본래의 기능이 확인된다. 그러므로 마음과 이것들은 동법이라고 한다.

동법은 같은 상태의 작용이라는 뜻이다.

別記 集量論意 雖其見分不能自見 而有自證分用 能證見分之體 以用有異故 向內起故

집량론의 뜻은 비록 그 견분이 스스로를 볼 수 없다 하더라도 자증분의 작용이 있어서 견분의 체를 증명할 수 있다. 두 마음이 다르기에 안을 향해 작용이 일어난다고 하는 것이다.

집량론은 세상이 눈에 보이는 것이 있다면 보는 주체가 이미 그 안에서 작용하고 있는 것이 아닌가 한다. 그것을 자증분이라 한다.

비록 마음이 스스로는 볼 수 없다 하지만 見分이 사물을 인식하는 그 자체의 작용으로 인해 見分의 본체가 이미 인정된다는 것이다.

그 見分은 마음이다. 마음이 있다면 相分이 있을 수밖에 없다. 그래서 견분과 상분은 서로 관련하고 있기에 상분이 견분을 향해 작용을 일으킨다고 한다. 이런 논리가 안을 향해 작용이 일어난다고 한 말이다.

그러므로 이 견분과 상분은 같이 작용하는 것이 아니라 따로 작용한다는 것이다. 즉 주체에 대한 객체는 따로 분명 있다는 것이다.

別記 故以燈燄爲同法喻 由是義故 不相違背

그러므로 등과 불꽃으로 동법의 비유를 삼은 것이다. 이런 뜻이기 때문에 서로 어기거나 위배되지를 않는다.

三界는 우리의 병든 마음이 만들어 낸 가짜세계다. 그러므로 거기에는 어떤 자체도 없고 실재도 없다. 그러기에 그것은 환영이다 하는 것이 **능가경**과 **기신론**의 이론이다.

그러나 **집량론**은 비록 세상이 허위라 하더라도 그 허위 속에서 희

44

로애락과 우비고뇌의 인과가 만들어지니 꼭 허위라고 말할 수 없지 않느냐 하는 것이다.

즉 밖의 세상인 相分이 이미 있다는 것은 안의 주체인 견분을 끌고 왔다는 것인데 그것은 밖의 불꽃이 등불의 심지를 물고 있는 것과 같으니 분명 둘이 따로 작용을 하는 것이다고 한다.

여기에 대해 성사는 두 뜻은 분명히 다르지마는 모두 다 마음이 작용하는 것만은 틀림없으므로 서로 어긋나지는 않는다고 하신 것이다.

別記 又復此經論中爲顯實相故 就非有義說無自見 集量論主爲立 假名故 依非無義說有自證

다시 말하자면, 이 경론 중에는 실상을 나타나기 위해 있지 않다는 쪽으로 나아가다 보니 스스로 볼 수 없다고 하였고 집량론주는 가명을 세워 없지 않다는 뜻을 의거해 자증을 말했던 것이다.

제법은 心과 心法을 말한다고 했다. 이것을 줄여 心法이라 하기도 한다. 심법은 마음과 세상이다. 마음은 망념이고 그 망념에 의해서 제법인 세상천지가 만들어져 있다.

그래서 제법은 없으면서 있다. 그리고 있으면서 없다. 전자는 실상론의 견해고 후자는 연기론의 사상이다. 제법은 마음과 세상이다고 했다. 마음이 주체를 이루고 세상이 나타난다. 그러므로 세상은 없다는 것이 실상이고 그런데도 세상은 엄연히 이렇게 있다는 것이 연기론이다.

제법을 어느 쪽으로 보느냐에 따라 세상에 대한 실상과 연기가 나뉜다. **입능가경**과 **대승기신론**은 지금 실상 쪽으로 제법을 분석하고 있는데 반해 **집량론**은 연기 쪽으로 제법을 분석하고 있는 것이다.

別記 然假名不動實相 實相不壞假名 不壞不動 有何相違

그렇게 가명은 실상을 움직이지 못한다. 실상 또한 가명을 부수지 못한다. 부수지도 못하고 움직이지도 못하니 어찌 서로 어긋나겠는가.

연기론에서는 가명을 내세운다. 연기론은 실상에 의해 세상만물이 전개된다고 하고 실상론에서는 그런 것들은 그림자나 파도처럼 아예 그 실체가 없는 것이다고 한다.

그래서 실상론에서는 세상은 실체가 없기 때문에 인연따라 변화하는 것이다. 그러므로 그것은 결코 본체인 실상은 움직일 수가 없다고 한다.

연병장에서 병사들이 어떤 제식훈련을 하던 간에 기준을 잡은 병사를 중심으로 분열과 집합을 하게 되어 있다. 그처럼 연기의 세계가 중중무진으로 퍼져나가도 그 중심에는 실상이 반드시 기준을 잡고 있다는 것이다.

하지만 병사가 아무리 기준을 잡고 서 있다 하더라도 다른 병사들이 없으면 아무 소용이 없다. 그처럼 실상 또한 연기가 없게 되면 아무런 의미가 없다. 그러므로 실상과 연기는 서로 보완하고 서로 도울 때라야 만이 서로의 상관관계가 이루어져 중생세계가 만들어진다. 그러니 어찌 서로 어긋날 수 있겠는가 한 것이다.

別記 如此中說離見無相 故見不見相 而餘處說相分非見分 故見能見相分

여기서는 견분을 떠나서는 상분이 없기 때문에 견분은 상분을 보지 못한다고 하였으나 다른 곳에서는 상분은 견분이 아니기에 견분은 상분을 볼 수 있다고 한다.

　견분과 상분은 어색하고 눈에 익지 않는 낱말들이다. 요즘 말로 쉽게 말하면 견분은 보는 자고 상분은 보이는 대상이라고 보면 문제가 없다.

　여기는 물론 **입능가경**과 **기신론**의 논리다. 이 경론은 주체는 마음뿐이기 때문에 아예 객체가 없다는 이론이다. 인식되는 대상은 자기 마음의 그림자이지 실재한 법이 아니다고 한다. 하지만 연기를 내세우는 다른 경론들은 객체와 주체를 따로 본다. 그래서 견분이 있으면 당연히 상분이 있기 때문에 견분이 상분을 볼 수 있다고 한다.

別記 如是相違 何不致怪

이와 같이 서로 어긋나니 어찌 괴이하다 하지 않겠는가.

　당연한 의구심이다. 실상 쪽에서 보면 연기는 없는 것이고 연기 쪽에서 보면 실상과 연기가 따로 있다. 그러니 말이 틀릴 수밖에 없다. 그러니 괴이하지 않을 수가 있겠는가.

別記 當知如前亦不相壞 又說爲顯假有 故說有相有見 爲顯假無

故說無相無見

마땅히 앞에 설명처럼 이것도 역시 서로 허물지 않음을 알아야 한다. 또 말하자면, 가유를 나타내려 하기 때문에 상분과 견분이 있다고 하였고 가무를 나타내기 위해서 상분도 없고 견분도 없다고 하였다.

　앞에 설명은 마음은 허망하나 인연에 의하여 만상을 만들어 낸다는 사실이다. 그러므로 실상과 연기는 서로 인정하고 그 영역을 허물지 않아야 한다고 하셨다.

　假有가유는 연기고 假無가무는 실상이다. 이름 앞에 거짓 假가자가 붙은 것은 실상이니 연기니 하는 것은 상대적 관점에서 만들어진 일시적 명칭이기 때문이다. 그래서 설명하기 쉽게 편의상 그런 이름을 붙여 놓은 것이라는 뜻에서 특이하게 假有 假無라고 하신 것이다.

　그래서 연기緣起는 주체와 객체가 있다고 하고 실상을 나타내기 위해서는 주체와 객체가 없다고 하시는 것이다.

　그러니까 삼계가 허위일 때는 실상인 假無고 유심으로 소작한 것이라고 할 때는 연기인 假有가 되는 것이다.

　우리는 연기를 버리고 실상을 찾아서도 안 되고 실상을 버리고 연기를 구해서도 안 된다. 이렇게 말하는 것은 실상과 연기를 동시에 떠난 그 무엇을 찾으려고 하는 것이다. 나무를 예로 들면 뿌리도 아니고 줄기도 아닌 원래의 씨앗을 찾아나서야 한다는 것이다.

別記 假有不當於有 故不動於無 假無不當於無 故不壞於有 不壞於有 故宛然而有 不動於無 故宛然而無

가유는 유에 해당하지 않으므로 무를 움직이지 않고 가무는 무에 해당되지 않으므로 유를 깨뜨리지 않는다. 유가 깨뜨려지지 않으니 완연하게 有인 것 같고 무가 움직이지 않으니 완연하게 無인 것 같다.

위 문장은 네 문구로 되어 있다. 假有와 假無, 그리고 有와 無이다. 첫 번째 문구는 연기는 있는 것이 아니다. 그러므로 그것은 없는 것이기에 자체적으로 움직여지지 않는다. 반드시 무엇에 의해 움직인다.

둘째 문구는 실상은 없는 것이 아니다. 그러므로 조건과 환경에 의해 연기의 생멸이 일어난다. 그리고 종횡무진으로 세상천지가 벌어진다.

셋째 문구는 인연에 의해 일어나 작용하는 연기는 없어지지 않기 때문에 흡사 그 본체가 있는 것처럼 보인다.

넷째 문구는 연기가 천지를 요동시키고 시방을 뒤적거려도 실상은 움직이지 않는다. 그러므로 실상은 꼭 없는 것 같이 보인다는 뜻이다.

연기와 실상은 이렇게 서로 의존하고 관련하면서 무진법계를 이룬다. 세상천지에 일체만물이 다 이런 법칙 속에서 운행되고 조화를 이루며 태어나고 소멸한다.

그러니까 일체의 만물이 움직일 때는 그 어떤 것도 실상이나 연기 하나만을 가지지 않는다. 실상과 연기가 인연따라 상호작용을 하면서 일체의 생물과 무생물이 생주이멸하고 성주괴공하고 있는 것이다.

"그러면 우리도 그렇게 인연따라 살다 죽으면 되는 것이지 뭐 때문에 구태여 깨달음을 말해 혼란을 주는 것입니까?"

"아직도 불교와 도교의 차이점을 모르시군요."

도교의 노자와 장자는 인연을 따라 전개되는 자연에 인위를 가하지 않고 순종하는 삶을 가르치고 불교는 인위를 가해 그 인연의 고리를 끊고 해탈하는 삶을 가르친다. 그러니까 도교는 자연에 대한 종속적인 순응의 삶을 말하고 불교는 해탈하여 세상을 창조하는 삶을 말한다.

순응과 창조는 분명 다르다. 그러기에 도교 사상이 만연해 있던 중국 땅에 대승불교가 그 속을 뚫고 들어갈 수 있었던 것이다. 그만큼 이 불교의 해탈법이 수승하고 우월하다는 것이다.

그런데도 도교의 영향을 받은 조사불교의 수행자들은 지금도 도교의 무위자연을 노래하고 무위진인의 사상에 깊이 심취해 있다. 참으로 안타까운 일이 아닐 수 없다.

別記 如是甚深因緣道理 蕭焉靡據 蕩然無礙 豈容違諍於其間哉
이와 같이 깊고 깊은 인연의 도리는 고요하면서도 미거하고 탕연하면서도 걸림이 없다. 그러니 어찌 이 사이에 그런 어긋나는 쟁론이 허용되겠는가.

이와 같은 도리는 意에서 발현되는 세상으로 중생들 내면에 상속식이 형성되고 그 형성된 상속식에 의해 또 다시 다른 세상이 나타나고, 그 세상이 다시 중생을 옭아매어 삼계로 휘몰아서 끝없는 생로병사를 시키고 있다는 것이다.

이런 사실을 누가 알겠는가. 그래서 이런 도리는 깊고도 깊다고 하는 것이다. 앞에 甚심자는 실상의 도가 깊다는 뜻이고 뒤의 深심자는 연기의 법이 깊다는 뜻이다.

그래서 甚深하기만 하니 어찌 범부가 여기에 관심을 갖고 이 고통의 세계를 벗어나고자 깨달음의 원력을 세우겠는가 하는 것이다.

고요하기만 하면서도 미거靡據하다는 말은 실상과 연기를 든 것이다. 미거는 쓰러지고 기댄다는 뜻이다.

그러니 중중무진하게 펼쳐지는 진여연기의 세계는 고요하면서도 미거하다고 한 것이다.

탕연하면서도 걸림이 없다는 말 역시 실상과 연기를 든 것이다. 탕연은 諸法不動本來寂제법부동본래적이라는 실상의 뜻이고 걸림이 없다는 仍不雜亂隔別成잉불잡난격별성은 연기의 뜻이다.

법성게에 있는 이 말은 제법은 조금도 움직이지 않고 본래부터 공적하지마는 인연으로 일어난 삼라만상은 번잡하거나 난잡하지 않은 상태로 제각기의 각별한 모습을 띄고 있다는 말이다. 이게 바로,

諸法不無而非是有
諸法不有而非都無

제법은 없지 않으나 있는 것도 아니며
제법은 있지 않으나 없는 것도 아니다.

는 意의 작용이다. 참 오묘하면서도 아름다운 말씀이다.

海東疏 當知以下 次明非有而不無義 初言當知世間乃至無體可得

마땅히 알라 고 한 그 이하는 다음으로 非有지만 不無의 뜻을 밝힌
것이다. 시작점에서 말한 마땅히 알라 고 한 그 아래 문장, 즉 세간에서
부터 無體可得 까지의 원문이다.

원문에 보면 마땅히 알라 고 한 부분이 나온다. 세간의 일체경계는
모두 다 중생의 무명망심에 의해 주지하고 있다. 그런 까닭으로 일체
법은 거울 가운데 영상과 같아서 그 본체를 가히 얻을 수 없다 고
한 그 문장이다.

이 대목은 중생세계는 있지도 않지마는 그렇다고 해서 없지도 않
다는 뜻을 밝힌 것이다고 성사는 말씀하시고 있다.

있지도 않다라는 말은 없다는 말이고 없지도 않다고 한 말은 있다
는 표현이다. 표현이 이렇게 완곡한 것은 有無에 대한 중생들의 집착
을 고려해서다.

중생세계는 없는 것인가? 분명히 부처님은 중생세계는 없다고 하
셨다. 그렇다면 우리는 뭔가. 우리는 중생이 아닌가 하는 의문이 들
것이다. 이 말은 실상 쪽에서 본 우리의 본래 모습이 그렇다는 것이다.

개꿈은 개가 꾸고 범부의 꿈은 병든 부처가 꾼다.

인간이 정신적으로 병이 들면 환상을 본다. 몽중유행증이라는 병
이 있다. 수면 중에 발작적으로 일어나 일상적인 행동을 하다가 다시
잠에 들곤 하는 정신과 증세다.

이런 환자들이 꿈속에서 움직인 그 삶은 진짜인가 가짜인가. 물론 가짜의 삶이다. 왜냐하면 그런 환자들이 나중에 제정신이 돌아와도 그 행동들을 전혀 기억하지 못하고 있기 때문이다.

정확히 우리가 현재 이 경우이다. 우리는 지금 본각인 부처의 신분에서 불각과 무명에게 얻어맞아 제정신이 아닌 상태에서 지금 이렇게 살아가고 있다. 그러므로 현재의 이 삶은 전부 가짜다. 그러므로 이런 세상은 원래 없다고 한 것이다.

그렇다면 이 세상은 진실로 없는 것인가. 우리가 현재 이렇게 엄연히 있는데 없다고만 할 것인가. 그렇지 않다. 분명히 있다.

그 환자들이 비몽사몽간에 함께 대화한 사람이나 같이 움직인 사람들이 있다. 그 가운데서 물론 무엇을 만들기도 하고 부수었을 수도 있다. 그런 움직임과 흔적들이 엄연히 남아 있는데 마냥 없다고는 할 수 없지 않는가.

그에 의해서 일어난 상호간에 인과는 분명히 존재하므로 없다고도 할 수 없다. 그래서 있다고 하는 것이다. 비록 가짜의 삶이라고 해도 나에 의해 얽혀지는 수많은 인과관계가 이 緣起 속에서 일어나고 있다. 그래서 있다고 하였다. 이것은 현상을 보고 말한 것이다.

이 말씀을 원효성사는 마땅히 알라고 하셨다. 사람들은 이 중생세계가 분명히 없으면서도 있고 있으면서도 없다는 사실을 확실히 알고 있어야 한다. 이것이 성사가 우리에게 남기신 위대한 교시이다.

海東疏 唯心虛妄者 是明非有 次言以心生則法生以下 顯其非無

오직 마음은 허망한 것이다고 한 것은 非有를 밝힌 것이고, 다음에
마음이 일어나면 법이 일어난다고 한 그 이하는 非無를 나타낸 것이다.

세상이 없다는 데 대한 구체적인 이유가 나왔다. 그 이유는 마음이
허망하기 때문에 그렇다는 것이다.

허망은 헛되고 망령되다는 뜻이다. 망령되다는 제정신이 아니다
는 말이다. 노망이라는 말을 들어봤을 것이다. 치매라는 의학적 용어
가 나오기 전에는 나이 많은 노인들이 헛소리를 하고 대소변을 가리
지 못하면 노망이 들었다고 했다.

그런 노인들이 만들어 낸 가공적인 세계는 원래는 없는 것이다.
그런 노인들은 가끔가다 명부전이 보이고 저승사자가 나타났다고 하
면서 허공에다 손을 휘젓고 몹시 두려워하기도 한다. 명부와 저승사
자가 어디 있느냐고 물으면 갓을 쓰고 검은 옷을 입은 자가 저기 있
지 않느냐며 답답해하기도 한다.

그러나 정상적인 사람에게는 그런 것이 보이지 않는다. 오로지 제
정신이 아닌 자에게 그런 것이 있을 뿐이다. 그래서 온전한 자에게는
중생세계가 없다고 해서 非有를 말하였다.

하지만 제정신을 잃으면 전혀 없던 그런 세계가 턱 나타난다. 삼계
와 육도는 원래 없던 것이다. 그러나 자기부처가 제정신을 잃으면
이런 중생세계가 허상으로 진짜처럼 나타난다. 아무 무늬도 없던 벽
에다 노망난 노인이 똥칠을 해버리면 이상한 무늬의 그림이 나타나
는 것과 같다.

그것이 바로 非無다. 원래는 없었던 치매지만 치매에 걸린 마음이

일어나면 그런 세계가 있게 되듯이 원래 없었던 중생세계지만 부처가 병들면 중생세계가 이렇게 떡하니 나타나 있게 되는 것이다.

海東疏 依無明力不覺心動 乃至能現一切境等 故言心生則種種法生也

무명력에 의해 불각의 마음이 움직인다 에서부터 일체 경계 등이 나타난다 까지는 심생즉종종법생이다.

우리는 지금 **기신론** 원문에서 意를 풀이한 부분을 **해동소**로 공부하고 있다. 그 **기신론** 원문에 위의 문장이 나온다.

무명의 힘에 의하여 불각의 마음이 움직이면 업식이 되고, 그 움직인 마음이 능견상을 이루면 전식이 되며, 그에 의해 일체의 경계가 나타나면 현식이 된다고 한 내용이다.

치매는 금생에 일어나는 노망이지만 중생은 억겁을 두고 중생노망에 걸려 있다. 그 이유는 중생으로 내려오는 과정이 병든 마음으로부터 시작되었기 때문이다. 그것을 원문에서 마음이 일어나면 온갖 종류의 법이 일어난다고 한 것이다.

세월의 풍상으로 낡고 깎인 담벼락이 보기 싫다고 해서 환경미화 작업으로 오래된 시멘트 담벼락에 그림을 그렸다. 다양한 색채와 갖가지 물상들이 담벼락에 나타났다. 전에 없던 그림들을 보고 사람들은 서로서로 온갖 반응들을 일으킨다.

그처럼 마음이 일어나면 가만히 있던 바탕에다 온갖 것들을 창조한다. 그리고 거기에 좋다 싫다 라는 의미와 해석을 곁들여 자기의 인식세계에 깊숙이 저장한다.

海東疏 若無明心滅境界隨滅 諸分別識皆得滅盡 故言心滅則種種
法滅 非約刹那以明生滅也 廣釋意竟

만약에 무명의 마음이 없어지면 경계도 따라 없어진다. 모든 분별식은
전부 멸진되어 버린다. 그것이 심멸즉종종법멸이다. 이것은 찰나를
잡아 생멸을 밝힌 것은 아니다. 널리 意를 풀이하는 것을 마친다.

위에서 시작된 앞의 문장은 **기신론**에서 離心則無六塵境界다. 즉
마음을 벗어나면 6진 경계가 없어진다는 글이다. 이것을 벌리면 위
해동소와 같은 문장이 나온다. 성사가 **기신론**의 문장을 좀 더 쉽게
풀어놓으신 것이다.

아파트주민들이 자주 찾는 자그마한 공원이 있다. 그런데 구청에
서 이상한 조형물 하나를 설치하였다. 그것은 그 공원에 전혀 어울리
지 않은 생뚱맞은 물건이었다. 사람들은 그것을 볼 때마다 이것이
왜 여기 있냐며 꼭 한마디씩 했다.

구청공무원의 마음이 일어나면 그런 조각품이 설치된다. 없던 것
이 생기는 것이다. 心生則種種法生이다. 그런데 주민들의 원성이 자
자하게 되면 급기야 구청에 민원이 들어온다. 이것이 바로 그들에게
전에 없던 분별식을 일어나도록 한 것이다.

설치자가 다시 공원을 찾았다. 이제 자기가 생각해 봐도 영 어리석
은 시도인 것 같았다. 아무래도 그것을 치워야 되겠다고 생각하고
그것을 없애버렸다. 이제 사람들의 원성은 사라졌다. 이것이 바로

心滅則種種法滅이다. 즉 마음이 사라지면 그에 수반되는 온갖 것들이 사라진다는 말이다.

늦게 커피를 한잔 마셨더니 잠이 오지 않는다. 잊고 있던 온갖 것들이 떠오른다. 전혀 상상하지 못했던 일들이 分亂분란스럽게 일어났다가 사라진다. 어떤 것들은 웃음을 짓게 만들고 어떤 것들은 생각하기조차 싫은 기억도 있다. 이것이 心生則種種法生이다.

그러다 잠이 든다. 조금 전에 생각했던 모든 현상들이 일시에 사라진다. 그와 동시에 그것을 느끼고 웃고 찡그리던 감정까지 모조리 없어져 버린다. 이것이 바로 心滅則種種法滅이다.

무명의 망념이 없어지면 경계도 따라 없어진다는 이 말은 순간적인 상태를 말하는 것이 아니다. 이것은 오랜 시간을 두고 쌓아온 중생의 죄업을 두고 한 말이다.

그러므로 비록 억겁을 쌓아온 죄업이지만 지금이라도 망심을 없애면 그것과 인연된 모든 것들은 자동으로 소멸되어져 버린다. 여기에 불교가 주창하는 깨달음의 강력한 매력이 있다. 하지만 그 망심을 범부는 없앨 수가 없다. 여기에 중생의 큰 비애가 있다.

ⓒ 意識

起信論 復次言意識者 卽此相續識 依諸凡夫取著轉深 計我我所 種種妄執 隨事攀緣 分別六塵 名爲意識

다시 돌아가서, 의식은 상속식이다. 모든 범부들이 아와 아소를 계산한 취착함이 점점 깊어진다. 그래서 온갖 망집으로 일을 따라 반연하며 육진을 분별한다. 그것을 의식이라고 한다.

　기신론에서의 의식은 상속식이다. 그러니까 아려야식을 心으로 보고 업식 전식 현식 지식 상속식 다섯 가지를 意로 두었다. 그리고 마지막에 의식을 말했는데, 그것은 독립적이지 못하고 상속식에 의해서 일어난 지각작용이라고 한다. 그래서 의식은 상속식이라고 한 것이다.

　이 식을 하나로 지목하면 의식이지만 심과 의 의식을 나열할 때는 보통 심의식이라고 부른다. 그래서 4권 차례 페이지에 의식 대신 식이라고 했다. 참고하시기 바란다.

　이 의식은 모든 識들 중에서 매우 거칠고 투박하다. 그것을 지금 범부가 쓰고 있다. 즉 범부는 지각의식을 가진 생명체 중에서 가장 말단이라는 뜻이다. 고작 본능으로 움직이는 동물들보다 딱 한 수 위에 있는 정도다.

　우리 위에 수다원 사다함 아나함 아라한 연각 십주보살 십행보살 십회향보살 십지보살 그 위에 부처가 있다고 했다. 우리는 이 수많은 생명체 중에서 제일 아래층에 사는 볼품없는 생명체에 불과하다. 기분 나쁘더라도 사실로 받아들여야 한다. 그래야만이 위쪽으로 도약하는 마음을 가질 수 있다.

　우리는 범부다. 범부의 정의는 현재의 내가 나 자신이라고 믿고 있는 자라고 했다. 그래서 내가 있고 내 것이 있다. 내가 있으면 상대가 있고 내 것이 있으면 남의 것이 있다. 이것은 상충해 언제든 부딪히게 되어 있다. 그래서 중생세계는 한 시도 편안할 날이 없다.

我는 나고 我所는 내 것이다. 범부는 욕심이 많다. 욕심만큼 뜻대로 되지 않으면 신경질을 부린다. 그러면 마음이 요동한다. 그때 無知가 파고든다. 그 무지가 나를 거칠게 움직이도록 한다. 그러면 인생의 결과가 비틀어진다.

단계가 내려갈수록 我는 강하다. 인간 밑에 동물들의 我는 정말로 무섭다. 누구든지 건드리면 물려고 달려든다. 자기 것을 건드리지 말라고 한다. 특히나 먹을 것을 두고는 눈에 뵈는 것이 없다.

반대로 지위가 올라갈수록 我는 옅어진다. 범부는 타인과 대립관계에 있지마는 보살은 자기보다 상대방을 더 챙긴다. 그러다가 결국엔 자기도 없어진다. 그 단계에 이르면 부처가 된다.

그러니까 범부의 我가 얼마나 수준 낮은 것인지 잘 알아야 한다. 손에 가진 것이 없고 머리에 든 것이 없을수록 我와 我所는 강하게 드러난다. 가뜩이나 없는데 그 我와 我所까지도 빼앗기면 큰일이다 싶어 그들은 그것들을 철저히 지키고 방어한다.

그런 사람들에게 그것들은 마땅히 버려야 하는 거라고 직언한다면 그들은 불교를 어떻게 생각할까. 아와 아소를 목숨처럼 여기고 있는 그런 자들에게 대승불교의 말씀이 통할 것 같은가. 어림도 없다.

그러므로 그들에게는 불교의 궁극적인 가르침이 들어가지도 않고 받아들여지지도 않는다.

그런데 주로 불교는 그런 사람들을 대상으로 신행을 가르치고 있다. 필연적으로 그 가르침은 왜곡될 수밖에 없다. 어쩔 수 없이 그들의 구미와 수준에 맞는 가르침을 줘야하기 때문이다. 그래서 정통 불교는 이렇게 빠르게 망해가고 있는지 모르겠다. 피할 수 없는 현실이다.

起信論 亦名分離識 又復說名分別事識 此識依見愛煩惱增長義故
또 분리식이라고 하고 분별사식이라고도 한다. 이 식은 견애에 의해
번뇌를 증장시킨다는 뜻을 가지고 있다.

분리식은 감각기관마다 담당하는 대상이 다 다르다는 얘기다. 즉
눈은 물상을 보고 코는 냄새를 맡는 등 자기에게 주어진 역할만 하는
것을 말한다.

7식인 말나는 6진의 경계를 모두 아우르는데 6식인 이 의식은 오
로지 자기에게 할당된 역할만 한다. 그래서 이것을 **혈맥기** 3권에서
불공소의의 논증이 된다고 하였다.

부처님은 모든 감각기관을 자유로이 쓰신다. 눈으로 듣고 귀로 보
면서 코로 맛을 보는 그런 능력이다. 그래서 **열반경**에 부처는 五根을
마음대로 쓰신다고 하셨다.

오래 전에 참 특이한 사람을 만났다. 그는 오사카 교포사회에서
없어서는 안 될 유명한 장님이었다. 그는 지맥 풍수 사주 안택 같은
일들에 이어 교포들의 사업운과 장례처리를 도맡아보고 있었다.

그는 대단한 부자였다. 그래서 상당히 비싼 차를 갖고 있었고 기사
는 한국 처녀들을 주로 고용했다. 그것도 명문대를 나와야 하고 인물
과 몸매가 좋아야 했다. 그래도 그를 모시겠다고 하는 지원자가 꽤나
있었다. 적어도 그때 당시에는 그랬었다.

그는 장님이면서도 자기 차가 몇 킬로미터의 속도로 운행되는지 대번에 알았다. 그리고 아주 좋은 고급시계를 차고 있었는데 시계의 유리부분만 쓱 만져보고서도 현재시각을 정확히 맞추었다.

누가 사주나 점괘를 빼러 그를 방문하면 원하는 것을 말하지 말라고 했다. 이미 다 알고 있는데 새삼스레 들을 게 뭐 있느냐고 했다.

어느 날 아주 짧은 치마를 입은 여인이 들어왔는데 다짜고짜 치마가 그게 뭔가 라며 뭐라 하기도 하였다. 하도 신통방통해서 진짜 장님이 맞느냐고 의심할 정도로 대단한 투시력을 갖고 있었다.

또 집터나 묏자리를 고를 때에도 직접 뒷산으로 올라가 풍수와 지리를 보았다. 그리고는 좌청룡이 어떻고 우백호가 어떻고 하는데 흡사 눈을 뜨고 산천지리를 훑어보면서 설명하는 것 같았다.

그가 니혼알프스라는 곳에다 콘고지金剛寺라는 큰 절을 지었다. 놀라운 것은 그 뒷산 계곡에 온천물이 흐르는데 그 온천수를 연결해서 사시사철 절에서 온천수를 쓰고 있었다.

내가 그곳에서 며칠을 묵으면서 그의 움직임을 지켜봤는데 정말로 기이하였다. 그는 늘 자기 부인과 함께 움직였다. 그래서 어디를 가더라도 여자들 속에서 생활했다. 여자들은 그가 장님이라서 전혀 개의치 않는데 자기는 그 여자들의 알몸을 다 본다고 했다. 하도 기가 막혀 어떻게 그럴 수 있느냐고 물었더니 돌아온 대답이 가관이었다.

"눈을 떠서 보지 마시고 눈을 감고 보십시오. 다 보입니다."

라며 너스레를 떨었다.

신기神氣가 들린 박수도 자기 감각기관을 저렇게 구분없이 쓰는데 삼계의 도사 부처님은 말할 게 뭐 있겠느냐 싶었다.

五根을 자유롭게 쓸 수 있는 지위는 적어도 관세음보살 정도는 되어야 한다. 그래서 그분의 이름을 관세음이라고 했다. 세상의 소리를 듣는 것이 아니라 눈으로 본다는 뜻으로 그렇게 불려지고 있다.

海東疏 次釋意識 意識卽是先相續識 但就法執分別相應生後義門 則說爲意

다음으로 의식을 풀이한다. 의식은 앞의 상속식이다. 그러나 법집분별에 상응해서 뒤의 뜻을 일으킨다는 문으로 나아가면 意가 된다.

의식은 범부들의 상식이다. 의식을 풀이하는데 두 방향이 있다. 먼저 상속식이라고 했을 때 이것은 意 쪽으로 가 붙는다. 그러면 현식의 범위인 7식에 있게 된다. 그래서 이것을 상속식이라고 한다고 하였다.

세상을 분별해서 새로운 식을 만든다는 전제로 보면 生起識이 된다. 생기식은 식을 일으킨다는 뜻이다.

意는 법집분별을 한다. 법집은 세상을 말하고 분별은 거기에 그 당체가 있다고 생각하는 것이다. 예를 들면 세상은 하느님이 창조를 했다든지 아니면 세상은 무극이 만들어 낸 소산물이라든지 하는 것 따위다.

인간은 의식으로 수학과 과학을 만들어 내었다. 수학을 왜 배우는지 아시는가. 생활에 전혀 필요없는 함수와 적분 같은 것을 배우는 이유는 思考의 기술을 익히기 위해서이다. 거기서 인간끼리의 정상적인 대화가 이어지고 연역과 귀납의 논리와 계산이 이루어진다.

의식은 인간사회에서 반드시 필요하지마는 시작점부터 틀어져 있다는 데 문제가 있다. 동쪽으로 가야 하는데 서쪽으로 가면서 제아무리 미사여구를 붙여도 그것은 이미 틀린 것이다. 그러므로 의식을 쓴 마지막엔 좋은 결과가 나오지 않는다.

산수에서 2곱하기 1은 3이라고 하고 연산을 해 나가면 억 만 번을 계산해도 정답이 나오지 않는다. 정답이 나오지 않는 그 의식의 분별로 어떻게 세상을 제대로 살 수가 있겠는가.

아이들에게 이치적으로 생각하고 합리적으로 행동하라고 하면 그게 가능한 일인가. 그들은 아예 무슨 말인지 모른다. 마찬가지로 범부들에게 잘 분별하고 잘 판단해서 행동하라고 하면 그게 가능하다고 생각하는가. 천만의 말씀이다. 범부들은 이미 그 사고기능이 오염이 되어 있기 때문에 무엇을 생각해도 다 틀리게 되어 있다.

그래서 인간은 죽는다. 삶 자체가 이미 틀려 있는데 어떻게 안 죽을 수가 있겠는가. 그래서 인간은 죽음의 길로 방향이 정해져 있고 정치 문화 사회 경제가 그 길 위에서 이뤄지고 있다.

海東疏 約其能起見愛煩惱從前生門 說名意識

그것이 능히 견애번뇌를 일으키므로 앞의 것을 따라 생긴다는 문쪽으로 나아가면 의식이라고 한다.

의식은 見愛번뇌를 일으킨다. 見은 소견이고 愛는 탐애다고 했다.

즉 見은 내적번뇌고 愛는 외적탐욕이다.

이 식을 상속식으로 보면 밖의 세상을 말한다고 했다. 이제 그 세상에 대해 見과 愛를 일으키면 의식이 된다. 그러면 아집이 나온다. 즉 상속식에서 법집이 나오고 의식에서 아집이 생기는 것이다. 그 아집에 我와 我所가 있다.

의식이 만들어진다는 쪽으로 보면 7식인 상속식에 포함되고 만들어진 것에 대해 소견과 애착을 일으킨다면 의식인 6식이 된다.

海東疏 故言意識者卽此相續 乃至分別六塵名爲意識

그렇기 때문에 의식은 곧 상속식이라고 했고, 이어서 6진을 분별하므로 의식이라고 했다.

6진은 색성향미촉법인 세상이다. 의식은 6진을 상대로 움직인다. 이것은 몽롱한 상태로 자기 자신이나 사물에 대하여 인식하는 지각작용이다. 이 작용은 사회나 역사 속에서 일어나는 사건이나 흐름에 대해 자기 나름대로의 견해나 사상을 내도록 한다.

그것을 보고 6진을 분별한다고 한다. 그런 분별작용은 인간만이 가지고 있다. 왜 인간만이 갖고 있느냐 하면 인간 위의 생명체는 이 의식을 쓰지 않고 意를 쓰기 때문이다.

그 意에는 다섯 가지 층계가 있고 맨 위쪽에 마음이 있다고 했다. 그 마음을 벗어나면 부처가 된다고 했다. 그러니까 인간은 지각작용을 쓰는 생명체 중에서 가장 거칠고 저급한 인식작용을 쓰고 있다고 한 것이다.

동물들은 이 의식을 쓰지 않는다. 그들은 그저 먹을 것과 움직이는 것에 조건적으로 반응하는 수준으로 살아간다. 하지만 인간은 거기에 대한 분석을 하고 생각을 한다. 그 認知인지작용이 바로 의식이라는 것이다.

海東疏 此論就其一意識義 故不別出眼等五識 故說意識分別六塵

이 논에서는 한 개의 의식을 취하다보니 따로 眼 등의 五識을 말하지 않고 있다. 그러므로 의식이 육진을 분별한다고 했다.

우리 몸에서 인지작용을 하는 부분이 여섯 군데가 있다. 눈은 사물을 볼 때 그냥 보지 않는다. 한번 슬쩍 보는 것 같은 그 짧은 순간에도 사물의 크기와 색체를 단숨에 스캔한다. 그 판별이 바로 눈이 갖고 있는 眼識이다.

그렇다면 귀는 어떤가. 귀도 마찬가지다. 물론 코 혀 촉감도 그렇다. 의식을 뺀 다섯 가지가 다 자기 식을 가지고 있다. 하지만 그 식들은 단순하다. 조금 더 정밀하고 분명한 판단이 필요할 때는 의식의 도움을 받는다.

그래서 따로 하나하나의 식을 말하지 않고 6식 전체를 대표해서 의식을 내세웠다는 것이다. 의식은 眼耳鼻舌身이 色聲香味觸을 상대하는 5식의 위 수준에 있기 때문이다.

海東疏 亦名分離識者 依於六根別取六塵 非如末那不依別根 故名分離

또한 이름이 분리식이라 한 것은 육근이 개별적으로 육진을 취하는 것이 말나가 각각의 根에 의하지 않는 것과는 다르기 때문에 분리라고 한 것이다.

　분리식이라고 했을 때 분리는 무엇을 끌어당기는 손가락과도 같다. 손가락은 모두 분리되어 있다. 그러므로 그것들을 펼쳐서 사물을 끌어들일 수 있다. 거기다가 손바닥까지 가세하면 여섯 부분이 바깥 여섯 세계인 6진을 끌어당기게 된다.

　사람의 손가락 다섯 개는 五識을 상징한다. 5식이 바로 眼耳鼻舌身이다. 5식은 무엇이든 긁어모아 6식에게 가져다준다. 5식은 見을 끌어오고 6식은 거기에 愛를 일으킨다.

　의식은 5식을 바탕으로 法을 만들어 낸다. 여기에서의 法은 중생 세계다. 그러니까 의식은 법을 상대로 見愛를 일으킨다. 정확히 우리가 그런 삶을 살아가고 있다.

　이 의식작용은 7식인 말나와는 같지가 않다. 말나는 6식 전체를 움켜쥐고 있다. 즉 5식은 손가락이고 6식은 손이며 7식은 손목이라고 말할 수 있다. 그것들은 모두 심장에 의해 움직인다. 그 심장이 아려야식인 8식이다.

　그래서 위 문장에 6근은 6진을 각각 취하지마는 7식은 각각의 根에 의지하지 않는다고 한 것이다. 非如는 같지 않다는 말이다. 그러므로 다르다고 번역하였다.

海東疏 又能分別去來內外種種事相 故復說名分別事識

또 거래와 내외와 갖가지 일과 모습을 분별하기 때문에 분별사식이라
고도 한다.

　의식은 중생 중에서 인간만이 쓰는 인식작용이다. 그것은 6식이
다. 6식은 지각작용을 하는 생명체 중에서 제일 뒤떨어지는 수준이
다고 했다.

　그것을 지금 분별사식이라고도 한다고 했다. 이 이름을 잘 기억해
두어야 한다. 6식의 이름이 여러 개가 있지마는 이 이름만이 뒤에서
또 자세하게 나올 것이기 때문이다. 이 분별사식의 뜻은 글자 그대로
모든 일들을 분별해서 알아내는 지각의식이라는 것이다.

　그래서 가고 오는 일과 안과 밖, 그리고 사물의 상태를 인식하고
여러 방면으로 계산하고 상상하는 것을 분별사식이라고 한다고 했다.

海東疏 依見愛煩惱增長義故者 是釋分別事識之義

견애번뇌를 증장시킨다는 뜻에 의거해 라고 말한 것은 바로 분별사식
의 뜻을 풀이한 것이다.

　견애번뇌는 見과 愛의 번뇌다. 見은 자기의 소견이라고 했다. 자
기의 소견이 강하면 남을 이길지는 몰라도 자신에게는 지고 만다.
야밤에 색안경을 끼고 다니면 남에게는 공포를 주겠지마는 자신의
움직임은 대단히 불편해지는 것과 같다.

　愛는 탐애를 말한다고 했다. 사물에는 감정이 없다. 그냥 그대로
있을 뿐이다. 거기에 인간의 감정이 들어가면 그 고유한 물체의 가치

와 모습이 바뀌어져 버린다.

금은 수많은 물상 중에 하나의 광석이다. 그런데 그것이 보석이라고 했을 때는 완전히 달라진다. 그러면 그 금이 갖고 있는 광석 자체의 가치와 모습이 왜곡되어져 버린다.

학은 고고하고 뱀은 요사스럽다는 판단을 내리면 그 동물의 정체성이 훼손된다. 그것이 바로 사물을 제대로 판단하지 못하게 막는 愛번뇌의 미혹이다.

見愛의 장벽은 자신의 참 모습인 진여를 알지 못하게 만들어버린다. 진여는 원래부터 이 견애의 장애로부터 벗어나 있기에 그렇다.

그러므로 분별사식은 사물을 끊임없이 분별하고 나눈다. 그와 동시에 견번뇌를 증장시킨다. 그리고 줄기차게 탐애한다. 그러면서 탐욕을 증장시킨다. 그래서 見과 愛번뇌를 증장시키는 것이 바로 분별사식이라고 한 것이다. 그것이 우리가 쓰는 의식이다.

海東疏 以依見修煩惱所增長 故能分別種種事也
견수번뇌의 증장으로 온갖 일들을 분별한다.

여기서 견수번뇌는 위에서 말한 견애번뇌와 같은 뜻이다. 修는 닦을 수자가 아니라 행할 수字다. 즉 보고 움직이도록 하는 번뇌다.

중생의 마음은 불완전체다. 거기다가 숙세에 쌓아온 죄업의 습기가 두텁게 더덕더덕 붙어 있다. 그 습기는 사람마다 모두 다 다른 형식으로 적집된 상태다. 그런 제각기의 마음으로 세상을 보면 세상이 어떻게 보이겠는가. 그래서 각양각색의 인간들이 천차만별의 세계관을 가지고 있다.

그래서 궁여지책으로 획일화된 교육프로그램이 나왔다. 모두 다 세상을 다르게 보지마는 어쩔 수 없이 그것을 하나로 통일하자는 것이다. 거기서 정례화된 학문이 나오고 사람끼리의 윤리가 나오고 사람이 행해야 하는 도덕이 나왔다.

이제 그것을 서로가 어기지 말고 지키자고 법을 만든다. 그렇게 하지 않으면 인간세상을 하나로 통제할 수가 없다. 통제가 되지 않으면 제각기의 見과 愛의 충돌로 살인과 절도, 그리고 온갖 폭행이 만연할 것이기 때문이다.

그래서 인간을 사회적 동물로 만들어 통솔해야 했다. 그 방법이 바로 학교를 만들어 획일적 사고를 하도록 요구한 것이다. 그 교육의 틀 속에서는 OX만 있다. 중간 답인 세모는 아예 없다. 사실은 세모가 답인데 학교는 이미 OX의 답을 정해놓고 그 안에다 그들의 무한사고를 가둬버렸다.

갑자기 오래된 기억 하나가 떠오른다. 유럽 어디, 아마 오스트리아인 것 같다. 어딘지는 확실히 기억이 나지 않지마는 그 수도원 담벼락에 아래와 같은 문구가 씌어 있었다. 소승불교 수도원인데 대승불교의 사상이 적혀 있어서 뇌리에 깊이 박혔다.

In the black, there is white.
In the wrong, there is right.
In the dark, there is light.
In the blind, there is sight.

검은 것에 흰 것이 있다.

틀린 것에 맞음이 있다.

어둠에 밝음이 있다.

못 보는데 보는 것이 있다.

그러니까 학교교육은 범부로 살아가기 위한 기본 교육에 불과하고 그 위에 범부를 벗어나는 어른들의 교육이 따로 있는 것이다. 학교교육이 끝이 아니라 그 위에 이 견애의 소견을 다스리는 가르침도 있다는 것을 이번 기회에 알아야 한다.

어른들은 완성된 인격체가 아니다. 세월이 쌓인 덩치 큰 미성숙자일 뿐이다. 부모가 데데하면 집안이 엉망이고 국민이 변변찮으면 나라가 엉망이다. 중생이 덜 성숙되면 중생세계가 개판이 된다. 그 속에 우리가 살고 있다. 그러므로 이 세상은 언제나 시끄럽고 요란하여 한시도 편안할 날이 없다.

그러므로 어른들도 자기완성을 위해 見愛를 벗어나는 방법을 계속해서 배우고 행해야 한다. 그런데도 어른들은 이 교육을 받으려 하지 않고 아이들만 학교에 다니면서 공부하라고 한다. 뭔가 잘못되어도 한참 잘못되었다. 분명히.

海東疏 上六相內受想行蘊相從入此意識中攝 上來廣明生滅依因緣義竟

위 6相 내에 수상행 蘊온의 相이 이 의식 중에 다 포함되어 있다. 위에서부터 광범위하게 생멸인연의 뜻을 밝혀왔는데 그것을 마친다.

6상은 6추를 말한다. 육추는 구상차제 중에서 삼세를 제외한 여섯 가지 거친 모습이다. 그것은 지상 상속상 집취상 계명자상 기업상 업계고상이다.

受想行識은 우리 몸을 구성하고 있는 다섯 개의 요소 중에서 한 개인 色을 뺀 나머지다. 한 개는 생명의식이 없는 육신이다. 이 다섯 개를 五蘊오온이라고 한다.

그러니까 色蘊은 무생명인 몸체다. 그것이 제 기능을 다하려면 이 네 개의 감각기관이 붙어 있어야 한다. 그렇지 않으면 단순히 고깃덩어리인 色蘊색온에 그친다.

그 외에 受蘊은 집취상에 해당되고 想蘊은 계명자상에 해당된다. 그리고 行蘊은 기업상이다. 이런 것들은 위 6추상을 설명하면서 차례대로 다 밝혔었다.

이제 오온 중에 나머지 하나인 識蘊인데 그것을 이제까지 설명해 왔다. 정리하자면 色蘊 중에 受想行 이 세 개는 나머지 하나인 의식에 들어가 작용한다는 것이다. 그러니까 의식은 몸통인 이 육신과 감각 느낌 충동력까지 모두 포함하고 있다는 말씀이다.

위로부터 설명해 온, 생멸은 어떤 인연에 의해서 일어나는가에 대한 해설은 이것으로 마치는 것이 된다.

"범부는 왜 나고 죽는가?"
"心 意 識을 쓰기 때문입니다."
"生死로 부터 벗어나려면?"
"心 意 識을 쓰지 않으면 됩니다."

고려대장경 속에 들어 있는 **대승기신론해동소기회본**은 6권으로 되어 있다. 이제 3권이 끝이 났다.

△此下第二重顯所依因緣體相 於中有二 一者略明因緣甚深 二者廣顯因緣差別

여기서부터는 두 번째로 거듭 인연에 의한 체상을 나타낸다. 거기에 둘이 있다. 첫째는 간략하게 인연이 심심하다는 것을 밝히고 둘째는 널리 그 인연의 차별을 드러낸다.

첫 번째로 생멸은 인연에 의한다는 뜻을 밝혔다. 이제 두 번째다. 여기서는 그 생멸인연에 의한 체상을 나타내는 부분이다.

체상은 당체와 모습이다. 그러니까 생멸하는 그 인연은 어떤 실체를 가지고 있으며, 또 어떤 모습을 가지고 있느냐에 대하여 풀어볼 것이다. 물론 그 내용은 깊고 깊다. 그리고 그 뒤에 생멸하는 인연의 차별을 단계별로 드러내어 줄 것이다.

起信論 依無明熏習所起識者 非凡夫能知

무명훈습에 의해 일어난 識은 범부가 능히 알 수 있는 것은 아니다.

무명은 어리석음이다. 그것이 불성인 진여를 오염시켜버렸다. 이해가 되시는가? 무명은 어둠이고 진여는 밝음이다. 그런데 무명이 진여를 이겨버렸다. 다른 말로 하자면 어둠이 빛을 이겨버린 것과 같다. 이게 이해가 되시는가? 이것을 **혈맥기**에서 두 번째로 묻고 있다.

어쨌거나 어둠이 이겼으니까 지금 중생이 있다. 우리의 마음인 아려야식 속에는 밝음과 어둠이 공존해 있다고 했다. 그 밝음을 본각이라고 했고 어둠을 불각이라고 했다.

불각은 무명과 합세해 본각을 덮어버린다. 그러면 어둠이 득세한다. 그 어둠이 본각을 후려쳐 업식 전식 현식 지식 상속식 의식까지 내려오도록 만들었다. 그래서 6식을 쓰는 범부가 이렇게 있다.

야훼가 흙으로 아담을 창조했다. 그리고 입으로 생명을 불어넣었다. 여자가 있으면 좋겠다 생각하고 이브를 만들었다. 그리고 에덴동산에 살게 했다. 거기에 뱀도 만들었다. 그 뱀의 유혹에 이브가 넘어가 아담이 사과를 따 먹었다. 그때 지혜의 눈이 열려 부끄러움을 알게 되었다. 그 죄로 그의 후손들은 누대로 죽음을 당해야 했다. 우화 같은 이야기 하나다.

그 인간창조에 기준을 두고 설명해 보자. 아담 속에는 유혹을 당할 수 있는 요소가 원천적으로 들어 있었다. 그러므로 아담 그 자체가 완전체가 아니다. 즉 야훼가 아담을 만들었을 때 완벽하게 만들지 못했다는 것이다.

아담의 마음속에는 순수무구한 본각과 유혹을 불러들이는 불각이 함께 들어 있었다. 그것을 아려야식이라고 부른다. 불각은 무명으로 인해 유혹된다. 그 유혹이 이브를 매개로 아담을 타락시켰다. 이게 바로 여기서 말한 무명훈습이다.

이제 무명훈습이 어떤 것인지 대강 알 것이다. 무명이 훈습해 버리면 밝음이라도 어떻게 하지를 못한다. 중생은 본질적으로 부처였다. 그런데 무명이 훈습해서 중생으로 만들어 버렸다. 그래서 세세생생 죽음의 세계에서 윤회하고 있다.

　사람들은 이 사실을 어떻게 받아들일까. 하지만 사실인데 어찌하
겠는가. 어떻게 이해하든 간에 이것은 명백한 사실이다. 왜냐하면
이 문제를 깨달은 부처가 말씀하신 것이기 때문이다.

起信論 亦非二乘智慧所覺

또한 이승의 지혜로도 알 수 있는 것이 아니다.

　二乘이승은 성문과 연각이다. 성문은 소승불교의 교리를 배워 깨달
은 성자다. 그 속에 네 단계의 성자가 있다. 수다원과 사다함 아나함
과 아라한이다.

　연각은 부처가 없을 때 독학으로 깨달은 성자다. 그러니까 부처의
가르침에 의해 깨달으면 성문이 되고 부처의 가르침하고는 관계없이
자기 혼자서 깨달으면 연각이 된다. 그 연각을 벽지불이라고도 부른다.

　성문이라고 했을 때 보통 성문의 최고성자인 아라한을 지칭한다.
그러므로 여기서 말한 이승은 아라한과 벽지불이다. 이분들은 범부
의 수준을 완전 넘어서 있다.

　이런 대단한 분들이라 할지라도 아려야식에서 범부가 되어가는 과
정을 이해하지 못한다는 것이다. 문장의 첫 자인 非는 알 수 있는
세계가 아니다는 부정의 강조어이다. 그러니까 그들로써도 이 識의
세계를 전혀 감을 잡지 못한다는 그 말씀이다.

起信論 謂依菩薩從初正信發心觀察 若證法身 得少分知

74

이를테면, 보살이 처음부터 올바른 믿음으로 발심해 관찰하다가 법신을 증득하게 되면 조금이나마 알게 된다.

지식의 원천은 아려야식이다. 그러니까 우리가 쓰는 지각작용의 원천은 제8식인 아려야식이 된다. 그 식의 범주는 범부나 이승이 알 수 있는 그런 범주가 아니라고 했다.

어린아이는 부모의 마음을 모른다. 상상도 못한다. 그래서 되도 않은 일에 떼를 쓰고 억지를 부린다. 청소년도 모른다. 그래서 사춘기에 부모의 속을 그렇게 썩인다. 갓 결혼한 신혼부부라고 해서 부모의 속을 다 알 수가 있는 것도 아니다. 그들도 모른다.

부모의 마음은 부모가 되어봐야 알 수가 있다. 그 전에는 안다고 해도 그것은 아는 것이 아니다. 그저 조금 이해하는 것일 뿐이다. 정말 다 알려면 자기들도 자식을 낳아 키워봐야 그때 그 부모의 속을 다 이해할 수 있는 것이다.

개구리가 뭐 이런 거 저런 거 생각하면서 세상을 사는가. 그냥 사는 것이다. 그러다가 뱀에게 잡히면 죽는구나 하고 끝나는 것처럼 인간도 뭐 세상 살면서 이런 거 저런 거 생각하고 사는 것인가. 그냥 정신없이 살다가 죽을 때가 되면 죽는구나 하고 죽는다. 이게 거의 모든 범부들이 이 세상을 사는 수준이다.

그러므로 이 識의 원천이 무엇인지에 대해서 관심을 가지지 않는다. 식이라고 하니 어렵게 들릴 수가 있겠다. 쉽게 말하자면 범부가 쓰는 마음, 또는 정신이라고 하면 되겠다. 그런 정신작용 전체를 識이라고 부른다.

이 식이 있으므로 해서 내가 있고 의식도 있고 업도 있다. 그러므로 나의 주체는 이 식이다. 그러므로 이 식부터 우선 연구해야 되지마는 그렇게 하지를 않는다. 그냥 개구리처럼 그렇게 살다 죽을 뿐이다.

인간을 개구리에 비교하다니 너무 그 존엄성을 무시하는 거 아닌가 하겠지마는 우리 위의 생명체에게 비하면 인간 역시 본능적으로 살아가는 개구리 정도밖에 되지 않는다는 말씀이다.

그러나 초발심보살은 그렇지 않다. 초발심보살은 자신을 깨우치기 위해서 발심한 자들이다. 그들은 수많은 세월 동안 공덕을 닦아 금생에 10주의 세계에 올라선 자들이다. 10주에 올라서면 그들은 정정취 중생들이고 현자의 대열에 들어선다.

우리가 흔히 말하는 초발심보살하고는 완전히 다르다. 보통 금방 신심을 일으켜 절에 들어간 자들을 초발심보살이라고 한다. 하지만 진짜의 초발심보살은 10주부터 시작한다.

범부 중에 초발심보살은 사실 없다. 초발심은 처음 발심한 자들이다. 그런데 발심을 하려면 뭔가를 분명히 알아야 하는데 그들은 아는 것이 없다. 그런데 어떻게 발심을 하겠는가. 그래서 그들은 초발심을 하지 못한다.

사찰의 불교대학을 나왔다고 해서 초발심보살이 되는 것은 아니다. 거기서 경전 몇 개와 불교예절 얼마를 배웠다고 해서 초발심보살이 되는 것은 아니다.

초발심보살은 실로 엄청난 세월 동안 공덕과 지혜를 닦아 현자의 지위에 올라간 자들이다. 그래서 대승의 초발심보살은 소승의 아라한과 맞먹는다고 하는 것이다.

그런 분들이야말로 식의 원천을 관찰하고자 하는 의문을 심도있게 일으킨다. 그들은 이 식들을 아주 예리하게 관찰한다. 그래야 그 식들을 뛰어넘을 수가 있다. 그래서 그들은 무량한 세월 동안 그것을 알기 위해 수행에 수행을 거듭해 나아간다. 그 기간은 정확히 1대아승기겁이다. 그리고 10지에 올라선다.

"십지의 초지가 무엇입니까?"
"처음 듣습니다."
"헉!"

거기서 다섯 계단을 더 올라가면 5지가 나온다. **보우경**에서 이 난승지부터 법신보살이라고 부른다고 하셨다.

그러니까 우리가 쓰는 식의 원천은 범부는 물론 삼현을 뛰어넘어 십지보살이 되어서도 오리무중이라는 것이다. 설령 그 위에 법신보살이라고 해도 아주 조금만 이해하는 정도라고 하였다. 그런데 어떻게 우리가 그 식의 원천을 감히 넘볼 수가 있겠는가.

起信論 乃至菩薩究竟地 不能盡知 唯佛窮了

그렇게 나아가 보살 구경지에 다다라도 다 알지 못한다. 그것은 오직 부처님만이 완벽하게 아신다.

보살구경지는 제10지인 법운지다. 그러니까 부처가 되는 수행의 마지막 단계다. 이때가 되면 그 자비가 하늘의 구름과도 같다. 구름은 창공을 자유롭게 떠돌다가 인연 닿는 곳이 있으면 감로의 단비를 뿌려 중생을 생장케 한다.

그런 대표적인 분들이 관음보살 문수보살 같은 대승보살들이다. 등급으로 보면 정말 대단한 분들이다. 그분들은 모두 다 제8 부동지를 넘어서서 무분별지로 중생을 제도한다.

그러니까 그런 보살마하살들도 이 식의 세계는 다 알지 못한다고 한 것이다. 물론 그럴 수밖에 없다. 식을 다 꿰뚫어 보면 부처가 되어 버리는데 어떻게 보살의 신분으로 계속 복덕과 지혜를 닦고만 있겠는가.

부처는 바로 이 식의 근원을 깨닫고서 부처가 되었다. 그래서 마명보살이 위에서 시각을 설명할 때,

以覺心源故
名究竟覺

이라고 하였던 것이다. 즉 마음의 근원을 깨달으면 부처가 된다고 한 것이다. 그 마음의 근원이 바로 제8 아려야식이다. 식은 거기서부터 시작된다. 그러므로 이 식의 차원은 부처님만이 완벽하게 알 수 있다고 한 것이다.

起信論 何以故是心從本已來 自性淸淨而有無明 爲無明所染 有其染心
왜냐하면 이 마음은 원래부터 자성이 청정하지만 무명이 있다 보니

78

그 무명에 물들어 오염된 마음이 있게 되었다.

중생의 마음을 있는 그대로 적나라하게 드러낸 말 중에서 가장 뛰어난 어휘가 이것이다. 이 문장은 이해하기가 정말 쉬운 것 같지마는 또한 매우 어려운 뜻을 내포하고 있다.

원래부터 자성이 청정하다면 무명이 없어야 한다. 그 무명 때문에 오염된 마음이 있게 되었다는 것은 이치상 앞 뒤 문장이 맞지가 않다.

하지만 우리의 마음을 표현하는 데는 이런 형식의 언어 전개 외에는 딱히 어떻게 표현할 방법이 없다. 우리는 언제나 이것 아니면 저것이라는 상대적 논리로 판별하다보니 이것이면서도 저것이라고 하는 이론에는 즉각 거부감이 일어난다.

사실 세상 모든 이치는 바로 위와 같은 말씀에 부합하고 있다. 동이지마는 서가 되고 남이지마는 북이 된다. 동쪽에서 계속 나아가면 서쪽에 다다르고 남쪽으로 계속해 나아가면 북쪽이 되므로 우리의 마음을 딱히 꼭 집어서 무엇이라고 단정할 수가 없다.

이런 말씀은 언뜻 보기에는 대단한 모순이나 궤변 같아 보이지만 이 속에는 엄청난 본연의 이치가 들어 있다. 이런 논리를 빼어나게 설명한 경전이 **금강삼매경**이고 그것을 가장 멋지게 풀이하신 분이 원효성사다.

성사는 이 **금강삼매경**을 풀이하면서 중생의 마음을 연기법으로 열고 중관법으로 닫으며 이론으로 세우고 空으로 부수었다. 그리고 연역법으로 풀이하고 귀납법으로 거두며 상대적으로 대립시키고 통합적으로 융해하는 방법을 썼다.

그분은 언어와 문자로 할 수 있는 한 우리가 공부하고 있는 이 일심의 세계를 걸림없이 구사하고 능숙하게 표현하셨다. 거기서 **금강삼매경론**이 불후의 명작으로 찬란하게 태어난 것이다.

아무래도 이 **금강삼매경론**을 이쯤에서 한번 언급하는 것이 좋겠다. 그러려면 중국불교의 창시자라 할 만한 道安법사부터 먼저 소개할 필요가 있다.

도안법사는 대승불교가 중국에 안착되도록 한 중국불교의 위대한 개척자다. 그분에 의해 인도불교가 중국불교화 되었다. 즉 대승불교의 주도권을 인도로부터 중국으로 완전 탈바꿈시킨 분이 이 분이다.

이분은 서기 314년에 상산에서 태어났다. 우리가 잘 아는 삼국지의 조자룡과 같은 지역 출신이다. 12살에 출가하였고 서기 385년에 돌아가셨다. 그러니까 71년 동안 이 지상에 머물렀다.

인도에서 일어난 대승불교지만 그의 피나는 노력에 중국불교화가 되었다. 그 결실로 200여 년이 지난 후에 보리달마가 인도에서 부처님 법을 갖고 중국으로 건너와 직접 선법禪法을 전해 주었다. 그 선법이 조사불교의 시초가 된다. 그로부터 다시 200여 년이 흐른 후에

一日不作
一日不食

하루 일하지 않으면
하루 먹지 않는다.

는 슬로건을 내 건 백장스님이 나타나 중국불교의 사찰 규칙과 제도, 그리고 선원 조직과 체계를 정비하였다. 그것이 바로 현재 한국불교가 따르고 있는 사찰규범의 시원이다.

도안법사는 추남 중 추남이었다. 불교 역사상 공식적으로 가장 잘생긴 스님은 아난다존자고 가장 못생긴 스님은 도안법사라 할 만큼 대단히 못생긴 것만은 틀림없다.

그는 자신이 정말 못생겼다는 것을 잘 알고 가급적 스승의 눈앞에 나타나지 않으려 했다. 그것이 스승에 대한 기본 예의라고 생각했다. 그래서 3년 동안이나 논밭을 가꾸는 농감 소임을 자청해 사원 밖을 외로이 떠돌았다.

그렇게 그는 스승의 눈 밖에서 대중의 곡식을 만들어 내는 일만 충실히 이행했다. 육조대사가 곡식을 빻는 방아를 열심히 찧어서 5조의 인가를 얻은 것처럼 도안법사도 스승의 심기를 건드리지 않고 논밭을 다니면서 주경야독으로 자기 수행에 열중했다.

스승은 한마디 불평도 없이 묵묵히 자기의 소임을 다하는 그를 가상히 여겨 경전공부를 시키기 시작했다. 그런데 경전을 보고 느끼는 그 비범함이 상당히 남달랐다. 스승은 그의 총명함과 진실함에 반해 그를 인도로 유학을 보내주었다.

거기서 그는 신통술에 능하고 덕망이 높은 불도징대사를 만나는 행운을 얻었다. 그가 얼마나 불도징스님을 존경해 마지않았는지 중국에 올 때 부복하듯이 그분을 모시고 돌아왔다.

그 불도징대사가 중국에 와 주위 왕들의 귀의를 받아 직접 건립한 사찰이 893개나 된다. 거기다가 거의 1만 명 가까운 제자를 두었다.

그러다 117세에 열반에 들었다.

이 시기가 삼국을 통일한 진晉나라가 망한 후 5호16국이 난립하던 시대였다. 딱히 누가 더 강대국이라고 할 만한 나라가 없어 도토리 키재기 식으로 서로가 서로를 못 잡아먹어 으르렁거리던 때였다.

그러다 보니 서로 학덕이 있고 명망이 높은 큰 스승을 모셔서 자국민의 정신함양과 국위선양에 도움을 주고자 하였다. 거기에 제격인 스승이 바로 도안법사였다. 그래서 그분을 모셔가려고 서로 간에 전쟁을 세 번이나 일으켰다.

결국 전진국의 왕 부견이 그 전쟁에서 이겨 도안법사를 그들의 수도 장안으로 모셔가는 데 성공했다. 도안법사는 그 전진국에서 불교를 크게 일으켰고 그 밖의 나라들에게도 불법을 전파하는 데 힘썼다. 그 덕분에 고구려 소수림왕 2년에 순도스님이 파견되어 우리나라에 처음으로 불법이 들어오게 되었다.

전진국의 부견이 죽고 난 뒤 불교를 돈독하게 믿던 요흥이 후진이라는 나라를 세웠다. 그는 국빈으로 인도승인 구마라지바를 장안으로 모시고 와 불경을 대대적으로 번역하도록 했다.

요흥의 후원으로 그가 번역한 경전은 380권이 넘는다. 그때 번역한 것 중에 하나가 우리가 잘 아는 **금강경**이다. 그래서 譯者를 요진 삼장 구마라습이라고 부른다. 요진은 요흥이 세운 진나라라는 뜻이다.

그로부터 또 300년이 지난 후 신라에 원효가 나타났고 또 100여 년이 지난 후에 연꽃에서 태어났다는 인도스님 연화생비구가 티베트의 왕 걸률쌍뎨찬의 초청으로 티베트에 들어가 밀교불교를 완성했다.

부견왕은 도안법사의 씨를 받기 위해 전방위로 노력했다. 가히 눈물겨운 읍소로 그분의 씨를 남겨줄 것을 애원했다. 사실 역사적으로 보면 그뿐만이 아니다. 요흥왕은 구마라습을, 걸률쌍뎨찬은 연화생을, 문무왕은 원효의 씨를 받으려고 무진 애를 썼다. 그 기대만큼 사실 그분들은 모두 다 인류를 위해 적정한 후손을 남기고 떠나셨다.

도안법사가 남긴 특이한 법칙은 부처님께 귀의한 우리 모두의 성을 釋氏석씨로 바꿔야 한다고 주장한 것이다. 세속의 성은 중생의 성씨이기 때문에 그것을 버리고 석가모니의 석씨를 성으로 삼아야 한다는 것이다.

그 전통으로 중국에는 아직도 스님들 모두가 다 법명 앞에 석을 붙인다. 물론 일반불자들도 계를 받으면 전부 석자를 붙인다. 한국승들도 그런 전통을 따라가는 스님들도 있기는 있지만 전부 다 그렇게 하지는 않는다.

夫一心之源離有無而獨淨
三空之海融眞俗而湛然
湛然融二而不一
獨淨離邊而非中

일심의 근원은 有無를 떠나 독자로 청정하고
삼공의 세계는 진속을 융합해서 맑고 고요하다.
맑고 고요하게 둘을 융합했지만 하나도 아니고
독자로 청정해 가변을 떠났지만 중간도 아니다.

非中而離邊

故不有之法不卽住無

不無之相不卽住有

중간도 아니면서 가변을 떠나 있다 보니

있지도 않는 법성이라 해서 無에 주착하지 않고

없지도 아닌 현상이라 해도 有에 주착하지 않는다.

不一而融二

故非眞之事未始爲俗

非俗之理未始爲眞也

하나도 아니게 둘을 융합하다 보니

眞이 아닌 현상이라 해서 애초부터 俗된 것이 아니었고

俗이 아닌 이치라 해도 애초부터 眞이라 할 것이 없다.

融二而不一

故眞俗之性無所不立

染淨之相莫不備焉

둘을 융합하되 하나가 아니므로

진과 속의 성질이 세워지지 않음이 없고

染과 淨의 모습을 갖추지 아니함이 없다.

離邊而非中
故有無之法無所不作
是非之義莫不周焉

가변을 떠났으나 중간도 아니어서
有와 無의 법이 작용하지 않는 데가 없고
是와 非의 뜻이 두루하지 않는 곳이 없다.

爾乃無破而無不破
無立而無不立

그래서 부숨이 없으면서도 부수지 않음이 없고
세움이 없으면서도 세우지 않음이 없다.

可謂無理之至理
不然之大然矣

이것을 일러 이치가 없지마는 지극한 이치가 있고
그렇지 않지만 크게 그러한 것이라고 하는 것이다.

위 글은 원효성사가 **금강삼매경**을 풀이한 논서의 시작 글귀다. 여러분들은 이 글을 읽은 느낌이 어떠하신가. 나는 이 명문을 읽고 심장이 터져나갈 것 같은 감격을 받았다. 실로 말과 글로써 결코 형언

할 수 없는 큰 감동이 일어난 것이다.

중생의 마음을 인간의 조악한 문자로 이렇게까지 기가 막히게 풀이한 이 운율은 도저히 사람이 쓴 글이라고 할 수가 없었다. 경전을 풀이하는 원효성사의 통 넓은 마음과 해박한 지식에 말할 수 없는 큰 감동을 받아 오랫동안 가슴이 울렁거리는 시간을 보냈다.

원효의 사상은 허공과도 같고 그 작용은 청정수와도 같다. 허공은 모든 것들을 다 포용하고 청정수는 어느 생명이건 다 살아 있도록 작용한다. 그런데도 사람들은 자기가 알고 있는 지엽적 분야나 어느 특정한 개인에게 이 원효의 일심사상을 억지로 접합시키려고 한다.

그분의 사상을 칸트나 니체, 또는 쇼펜하우어, 까비르, 칼릴 지브란 같은 종교가나 철학자에게 어떻게든 연관시키려 한다. 하지만 그것은 정말 잘못된 시도다. 그것은 무모한 연계고 어설픈 연관으로 그분의 본질에서 한참을 빗나가도 한참을 빗나간다.

그분의 사상은 어떤 특별한 것에만 매이는 정합성성격이 아니다. 그러므로 어느 사람이나 어느 철학을 넘어 어느 종교에만 국한시킨다는 것은 있을 수 없는 일이다.

그분은 철학자이면서도 사상가고 수행자이면서도 평민이다. 문학가이면서도 음악가고 도덕가이면서도 방탕자다. 거기에다 모든 경전의 해설가이면서도 집필가다.

그러므로 그분의 사상은 어느 사상에 들어가도 다 융합하고 어떤 철학에 들어가도 다 즉합한다. 종교에 이어 학문은 말할 것도 없고 인류를 넘어 일체중생에까지 그 사상은 장애없이 스며들고 걸림없이 작용한다. 그렇기 때문에 그분을 어떤 한 사상의 분야나 특정 사람에 국한시키려 하면 안 된다는 것이다.

그렇기에 情識을 갖고 숨 쉬는 모든 생명체들은 원효의 일심사상으로부터 벗어날 수가 없다. 모두 다 그분의 사상 속에서 하나가 되고 합일이 되어 약동하고 생동한다. 한마디로 원효사상은 모든 인류의 사상동맥이며 일체중생의 바탕기운이라 할 수가 있다.

서라벌의 이상한 스님, 원효를 일약 대스타로 만든 사건이 있었다. 신라에는 국왕과 백성의 안위를 위하여 비정기적으로 황룡사에서 백고좌법회를 열었다.

백고좌는 백 개의 높은 자리라는 뜻이다. 백 분의 불상과 보살상을 모시고 백 명의 고승들이 국가를 위해 **인왕반야경**을 독송하고 강설하는 국가적인 법회였다.

백 명의 고승들은 다 당대에 명성이 쟁쟁한 분들이었다. 모두 중국에서 수학한 유학파 승려들로써 제각기의 교파에 정통한 내로라하는 분들로 초청되었다.

그런 전통으로 삼국통일을 이룬 문무왕이 국가의 안위와 국민의 안태를 위해서 다시 백고좌법회를 열기로 하고 큰스님들을 뽑기 시작하였다.

원효대사도 문무왕의 초청으로 그 후보에 올랐지만 중국불교의 법통을 이어받지 못했다는 기득권의 텃세와 계율을 철저히 지키지 못하는 파계승이라는 상소에 탈락하고 말았다.

성사 본인이 거기에 참석하고자 원한 것이 아니라 그를 따르는 무리들이 간절히 청원하여 일순 초청되었지만 얼마 뒤에 어쩔 수 없이 취소가 되었다는 전갈을 받은 것이다.

그로부터 얼마 후 문무왕의 왕후가 병이 들었다. 온몸에 종기가 돋아나는 일종의 피부병이었다. 왕족과 대신들이 신들과 산천에 제사를 지내고 쾌차함을 빌었지만 아무런 효험이 없었다.

사실 이런 경우는 불교 역사적으로 종종 일어나는 일이기도 했다. 왜 그런지 몰라도 신라나 고려, 그리고 이조의 왕족들은 창병이 많았다. 그로 인해 불교가 다시 일어나는 기회가 되기도 하였다.

부처님도 만년에 창병으로 고생하셨다. 그분의 종족인 아난다존자도 창병으로 오랫동안 고생하였다는 기록이 있다. 그래서 그런지 불교의 흥망은 이 창병으로 인연된 일화가 여러 곳에서 나온다.

우리가 잘 아는 해인사의 창건 연기 또한 그런 경우의 하나다. 양나라 때 신통과 예언으로 유명한 寶誌보지스님이 있었다. 그 스님의 법을 이어받은 신라스님들이 있었는데 순응과 이정대사였다.

그 스님들은 애장왕 때 우두산에 있던 원당암에 들어가 수행을 했다. 원당암은 그분들이 거기에 들어가기 백여 년 전에 지어진 조그마한 암자였다.

그분들이 보기에 우두산은 산세가 수려하고 지형이 특출하여 큰 수행자들이 많이 배출될 것 같은 기운이 감돌았다. 그래서 그곳을 큰 수행의 도량으로 일으키기 위해 중창불사를 기원하였다.

그때 궁중에서는 효공왕의 왕후가 등창이 나서 큰 우환이 되었다. 아무리 약을 쓰도 안 되고 침을 놓아도 그 효험이 나타나지 않아 근심이 그치질 않았다.

가뜩이나 후삼국시대가 본격화하여 견훤과 궁예의 공격에 간단없이 시달리던 시기였기에 효공왕은 내우외환에 머리가 아파 죽을 지경이었다.

그래서 어디 유명한 사찰을 지어 불보살들에게 호국과 安民을 기원해야 되겠다고 골똘히 생각하고 있을 때였다.

그런 시기에 하루 왕후가 잠깐 낮잠을 자는데 우두산 산신이라며 그녀에게 나타났다. 그러면서 그대 병을 치유해 줄 분은 우두산에서 지금 수행하고 있는 순응과 이정대사라고 하였다.

비록 꿈이었지만 그 일이 너무 생생하여 효공왕에게 보고하였다. 효공왕은 급히 우두산에 믿을 만한 대신을 보내어 그 스님들을 정중히 모셔오라고 하였다.

대신이 우두산 입구에 다다라보니 예사로 깊고 큰 산이 아니었다. 이곳 어디에서 그 스님들을 만날 수 있을까 하고 걱정하던 중 한 마리의 호랑이가 나타나서 그들을 인도하여 원당암까지 가게 되었다.

그 스님들께 자초지종을 설명하고 같이 서라벌로 가자고 했더니 구태여 서라벌까지 갈 필요가 없다고 하였다. 그러면서 오색으로 된 실을 내어 주면서 왕후의 문고리에 이것을 걸어두고 자면 수삼일 내에 왕후의 등창이 나을 것이라고 하였다.

대신이 반신반의 하면서 그 오색실을 받아 효공왕에게 바쳤다. 효공왕이 그 비방대로 했더니 신기하게도 왕후의 병은 씻은 듯이 나았다.

그에 감탄하여 효공왕은 우두산을 가야산으로 개명하고 원당암 옆에다 큰 사찰을 지어서 그 스님들을 모셨는데 그것이 지금의 해인사다.

그 일화처럼 문무왕후의 이상한 병으로 수심이 깊어가던 그때 누가 대국에 가면 틀림없이 명약이 있을 것이라는 희망을 주었다. 그 소리를 듣고 왕은 중국에 보낼 신하를 뽑아 특명으로 신약을 구해오라고 했다.

신하가 배를 타고 서해바다를 건너가는데 거센 풍랑이 일었다. 신하는 왕의 큰 특명을 받고 중국으로 가야 하니 제발 이 풍랑을 멈춰달라고 용왕에게 빌었다. 그러자 신기하게도 거친 파도가 잠잠해지더니 물속에서 한 명의 백발노인이 나타나 그를 용궁으로 인도하였다.

불안과 두려움으로 떨고 있는 그에게 금해鈴海라는 용왕이 나타났다. 용왕은 그에게 책 한 권을 내어 보이면서 이것을 인간 세상에 유포하라고 하였다. 그러면 왕비의 종기가 씻은 듯이 나을 것이라고 하였다. 그 책이 바로 **금강삼매경**이다. 그러니까 왕비의 피부병은 이 책을 가져오는 모티브가 된 셈이다.

부처님이 설하신 연기경의 최고경전인 **화엄경**도 용수보살이 나타나기 전까지는 용궁에 있었다. 범부들이 그것을 볼 수 있는 복덕이 되지 않다보니 용궁에 보관할 수밖에 없었다.

그처럼 **화엄경**을 능가하는 이 **금강삼매경**도 부처님이 열반에 드시자 더 이상 지상에서 유전되는 것을 일시적으로 막아버린 것이다.

금강삼매경은 중인도 마갈타국 왕사성의 동북쪽에 위치한 영취산에서 사리불 등 아라한 1만여 명, 해탈보살 등 대승보살 2천여 명 범행장자 등 장자 8만여 명들에게 설해진 대승경전이다.

이 경의 내용은 보살들과 장자들이 차례로 등장하여 부처님과 일심에 대해 문답하는 형식으로 짜여졌다. 권수는 1권으로 총 8품으로 되어 있는데 지금은 7품만 남아 있다. 경전의 시작은 아가타비구의 찬탄 게송에 의해 발기된다.

내용은 굉장하다. 우리가 알고 있는 대승경전의 그 어떤 경전보다도 수려하고 특별하다. 그 이유는 어느 틀에도 묶이지 않은 사상과 주제다. 즉 중관불교의 공사상과 유식불교의 일심사상을 본각과 시각으로 종지를 삼고서 그 뜻을 정교하고 섬세하게 그려내고 있기 때문이다.

그뿐만 아니라 이 경전은 소승불교와 대승불교 전체의 핵심들을 모두 포함하고 있다. 그래서 어느 한 교파나 학파에 국한되지 않는다. 그래서 부처님이 아난다존자에게

我所囑累
唯是經典

내가 대대로 권유할 것은
오직 이 경전뿐이다.

고 하셨다. 이것만 봐도 이 경전의 위대성이 어느 정도인지 가히 짐작이 갈 것이다.

그토록 이 경전은 차원이 높고 의미가 심오하다보니 대승의 불자들에게만 회향될 수 있는 법이어서 보통 범부들에게는 감불생심이었다. 그래서 용수보살과 함께 용궁에서 잠시 나왔다가 다시 용궁으로 소환되어졌던 것이다.

그로부터 3백여 년이 지난 뒤 중국불교의 창시자라고 할 수 있는 도안법사가 출현할 때 잠깐 고개를 내밀었다가 다시 숨어버렸다. 그러다 다시 3백 년이 흐른 뒤 원효가 이 세상에 나왔을 때 드디어 용궁으로부터 나왔던 것이다.

용왕은 사신이 보는 앞에서 한 권으로 묶어진 그 낱낱 장을 다 풀어 헤치고서 다시 섞어버렸다. 정렬된 페이지 숫자를 없애고 모두를 뒤섞어버린 것이다. 사신이 왜 저렇게 하는 것인가 의아해하고 있는데,

"그냥 보내면 魔마들이 작난作亂칠 수가 있다."
"그럼 어떻게 그 쪽수를 맞출 수가 있겠습니까?"
"대안대사에게 보여주면 그분이 맞춰 줄 것이다."

사신의 이야기를 듣고 왕은 즉시 대안대사를 찾았다. 그는 여전히 색주가에서 통음한 채 몸 파는 여인들과 더불어 시시껄렁한 대화를 주고받으며 허랑방탕한 시간을 보내고 있었다.

궁으로 불려온 대안대사가 **금강삼매경**을 살펴보더니 눈이 휘둥그레졌다. 조금 전까지의 비틀거리던 모습은 온데간데없고 예리한 눈빛으로 한 장 한 장의 페이지를 진지하게 맞추어 나가는데 마치 풀어흩어진 옥구슬을 하나하나 꿰어나가는 것 같았다.

왕은 그 옆에서 마른침을 삼키며 신기하다는 듯 대사의 손동작을 하나도 놓치지 않고 진지하게 지켜보고 있었다. 대사가 이제 끝났다고 하자 왕이 정중하게,

"그것을 설해 줄 수가 있겠소?"

"저의 실력으로는 못합니다."

"대사가 못한다면 그럼 누가 할 수 있겠소?"

"딱 한 분, 원효만이 할 수 있습니다."

성사가 상주에 계실 때 왕의 간절함이 담긴 전갈을 받았다. 어떻게 든 빨리 오셔서 **금강삼매경**을 해설해 달라는 요청이었다.

경전을 본 성사는 대번에 경이 지향하는 큰 뜻을 통찰했다. 이 경 전은 대소승의 모든 경전을 한 권으로 압축하고 있다. 그 내용은 대 단히 광탕曠蕩하고 심오해서 마음이 호한하고 두뇌가 명석한 자가 아 니면 도저히 손댈 수 없는 최상의 경전이 된다고 간파했다.

그러면서, 이 내용은 합해서 말하면 一味觀行이 요체가 되고 열어 서 말하면 十重法門이 종지가 된다고 하였다.

일미관행은 일심의 세계에 들어가는 관법과 수행인 **定慧**를 말하 고 십중법문은 백행이 만족하고 만덕이 원만해지도록 하는 열 단계 의 중요한 법문이다는 것이다.

성사는 암소 한 마리를 구했다. 소는 두 개의 뿔을 가지고 있다. 상징적으로 본각과 시각을 표시하기 위해서였다. 암소는 그 사이에 나타난 불각을 의미한다. 두 뿔에다 벼루를 놓으면 두 각이 하나로 卽合하고 벌리면 중생세계가 무량하게 펼쳐진다는 의미로 이 절묘 한 방법을 택한 것이다.

거기에 벼루의 거치대를 만들어 서라벌에 도착할 때까지 성사는 걸림없고 막힘없이 해설서를 써내려갔다. 며칠이 걸렸는지는 정확히 몰라도 어쨌거나 소달구지 위에서 5권을 썼다고 **송고승전**에 나온다.

이 경전을 풀이하고자 성사는 **화엄경과 유마경 부인경 영락경 아함경** 등 11부류의 대소승경전을 28번이나 인용하셨고 **기신론 대지도론 중변론 보성론** 등 대소승 논소 12종류를 24번이나 끌어오셨다. 그야말로 암소 등에서 대소승 경전과 논소 전체를 총망라하여 이 경전을 풀이하셨던 것이다.

그런데 서라벌에서 하룻밤을 자고 이튿날 궁궐로 들어가 강설을 하려고 하는데 암소 등 위에서 애써 집필해 놓은 5권짜리 해설서가 흔적도 없이 사라져버린 것이 아닌가.

성사는 이 사실을 급히 왕궁에 알리고 법회를 3일간 늦춰줄 것을 요청했다. 잃어버린 그것을 혹시나 찾을 수 있지나 않을까 하는 기대 일수와 만약에 찾지 못한다면 다시 써야 하는 보충시간이 필요했기 때문이다.

이틀을 기다렸지만 불행히도 그것은 다시 돌아오지 않았다. 그래서 하루 만에 다시 급하게 써야만 했다. 그것이 현재 남아 있는 3권짜리 略疏약소다. 이것이 바로 인간 세상에 나타난 무극의 보물인 **금강삼매경론**인 것이다.

그분이 모든 스님들을 제치고 법상에 올라가 **금강삼매경**을 설하는 데 대한 불만으로 그 잔당들이 그렇게 황당한 짓거리를 저질렀으니 정말 정말 통탄할 노릇이 아닐 수 없다. 누가 그렇게 시켰는지 몰라도 그분을 시기하고 질투한 속 좁은 기득권 세력들의 무지한 행동으로 모든 중생들이 큰 손해를 입게 된 것이다.

시간에 쫓기면서 급히 쓴 3권도 이렇게 훌륭한 논서였는데 소달구지 위에서 쓴 5권짜리가 있었다면 얼마나 멋지고 대단했을까를 생각하니 아쉽고 아깝기만 해 분통이 터진다.

어쨌거나 연기된 3일이 다가와 문무왕과 그 대신들, 그리고 이름난 삼국의 고승들, 초대받은 유교의 유생들과 도교의 도인들, 성골과 진골의 귀족들 등이 궁궐을 가득 메우고 원효의 등판을 기다리고 있었다.

이윽고 원효가 장엄하고 여법하게 차려진 법상에 올라 좌우를 쓱 둘러보았다. 거기에는 문무왕의 초대를 받아 왔지만 그래도 원효의 설법을 마뜩찮게 여기는 고승들이 겹겹이 줄을 지어 앉아 있었다.

그때 원효는 내심으로 팽배해 있는 그들의 아만과 교만을 먼저 꺾어 놓아야 당신의 설법이 제대로 먹혀들어갈 것 같아 거침없이 매서운 일갈을 날렸다.

昔日採百椽時雖不預會
今朝橫一棟處唯我獨能

전에 백 개의 서까래를 찾을 때에는 내가 들어가지도 못했는데 오늘 한 개의 대들보를 놓는 데는 나 혼자 능히 그 일을 해 내는구나.

이 묵직하면서도 뼈있는 일성에 그곳에 모인 자칭 큰스님들이라는 스님들은 서리를 맞은 파초처럼 완전 기가 죽어 버렸다. 잔뜩 주눅이 든 그들은 모두 고개를 숙이고 부끄러움에 전신을 떨어야 했다.

이제 성사의 금과옥조 같은 해설이 시작된다. 위엄과 격식을 갖추고 아무도 해설하지 못하는 그 심오한 경전을 만고의 원칙이 되도록 조목조목 풀어 나가는 그 실력에 그들은 정말 탄복하지 않을 수 없었다.

성사가 **금강삼매경**에 대한 해설서를 쓰기 이전에는 그 어느 누구도 이 경에 대한 관심과 언급이 없었다. 그러니까 성사가 이 경전에 대해 최초로 해설서를 쓰고 설법을 하신 셈이다.

그로 인해 비로소 숨어있던 **금강삼매경**의 가치가 일체중생에 현양되고 그 진의가 세상천지에 밝게 드러나기 시작했으니 대승불교의 종주국이었던 중국에서 봤을 때 얼마나 당황하고 기절초풍할 일이었겠는가.

그렇게 원효의 독창적인 해설과 함께 오랜 세월의 침묵을 깨고 혜성처럼 나타난 이 **금강삼매경**은 보름달같이 그들의 불교세계에 휘황하게 얼굴을 내밀었던 것이다.

그것도 중국유학을 하지 않은 변방의 이상한 스님이 해설한 소疏와 함께 역으로 중국에 과감히 전해졌으니 그들의 놀라움이 얼마나 크고 황당했는지 가히 상상하고도 남음이 있는 사건이 된다.

이 소문을 들은 당나라 학승들은 앞 다투어 그것을 구해 보기 시작하였다. 그들은 이 해설서가 **금강삼매경**의 뜻을 막힘없이 일목요연하게 너무도 잘 드러내었다는 데 대하여 실로 감탄과 경악을 금치 못하였다.

그때는 중국이 上國이어서 변방의 문화와 사람들을 무조건 오랑캐라고 완전 무시하는 경향이 있었다. 그것도 중국에 한창 대승불교가 꽃을 피우던 시절이라서 그곳에서 수학하지 않은 스님들은 정식 스님으로 취급조차 하지 않던 추세였는데도 그 **금강삼매경약소**에 이루 말할 수 없는 큰 감동과 충격을 받았던 것이다.

그래서 그들은 이것은 사람이 쓴 게 아니고 보살이 쓴 것이 확실하다고 믿었다. 어떻게 감히 범부가 이토록 심도있게 경전의 진의를 파헤칠 수 있느냐 하면서 이것은 누가 뭐래도 보살의 걸작이 틀림없다고 추앙해 받들기 시작하였다.

그 여론이 중국 천지에 비등하자 눈 밝고 덕망 있던 큰스님들이 이 약소를 논으로 격상시켜야 한다고 주창하였다. 그 결과 성사가 쓰신 약소는 아무런 저항없이 결국 論의 반열에 올라서게 된 것이다.

사실 신라에서 중국에 유학한 많은 스님들이 다 자기가 전공한 분야에 나름대로 소를 쓰거나 주석을 달았다. 그 중에서 유독 원효성사의 이 약소만이 그들의 요구대로 드디어 모든 대장경에 당당히 論이라는 이름으로 등재될 수 있었던 것이다.

經은 부처님 말씀이고 論은 보살들의 글이며 疏는 큰스님들의 해설서다. 그러므로 그들이 성사의 해설서를 보고 이것은 보통스님이 쓴 게 아니라 보살이 쓴 것이라고 확증을 해 준 것이다. 그러니까 **기신론**을 마명보살이 썼듯이 **금강삼매경론**은 원효보살이 썼다는 것이다.

이런 원효의 독창적이고 파격적인 약소에 의해 **금강삼매경**은 중국불교를 뒤 흔들고 그 여파로 티베트까지 들어가 티베트불교의 한 교파인 닝마파의 교과서가 되기도 하였다.

그렇다보니 성사가 열반하시고 난 뒤에는 그 어떤 스님도 감히 이 경전에 대해 더 이상 해설서를 쓸 수가 없었다. 그 영향으로 기라성 같은 고승들이 즐비하던 당나라와 송나라를 거치면서도 이렇다 할 해설서는 나타나지 않았다.

그러다가 明代에 가서야 원징이라는 중국스님이 처음으로 金剛三昧經注解를 쓰고 靑代에 가서 주진이라는 스님이 金剛三昧經通宗記를 쓰기에 이르렀다. 그만큼 중국 천지에 원효의 **금강삼매경론**이 태풍처럼 휩쓸다보니 그 어느 중국스님도 감히 그분을 대적하는 해설서를 쓸 수가 없었던 것이다.

말 좋아하는 호사가들이 있다. 그 사람들은 언제나 얕은 식견으로 문제를 일으킨다. 그들은 이 **금강삼매경**이 중국에서 만들어진 위경僞經이라고 한다. 또는 원효 본인이 직접 지은 자술경전이라고 한다. 또 중국에서는 경을 조작했고 신라에서 그것을 편찬했다고 한다.

사실 예로부터 중국에는 부처님경전 외에 새로 만들어진 경전이 하나 있었다. 그것은 바로 **육조단경**이다.

육조단경은 선종 제6대조인 혜능이 소주 지방의 대범사에서 설한 1권의 자서전적 일대기다. 그것을 원나라 종보라는 스님이 1290년에 모두 10항으로 편찬을 했다. 그러니까 혜능이 별세한 지 577년 뒤의 일이다.

달마로부터 시작된 선불교는 唐宋당송 5백여 년 동안 황금기를 이루었다. 거기서 조사의 진면목을 가장 적나라하게 잘 드러낸 분이

혜능이다. 혜능은 조사불교의 거두였으며 모든 참선자들의 표상이었다. 그래서 후대사람들이 존숭의 극치로 그분의 설법을 묶어 經이라 불러준 것이다.

엄밀한 의미로 말하면 그것은 經이 아니라 조사의 어록이다. 그럼에도 불구하고 그 해박한 사상성과 간결한 문체 때문에 우리나라와 중국 일본 등의 여러 나라에서 부처님 경전과 같은 특별한 대우를 해주고 있는 것이다.

그런데 만약에 이 **금강삼매경**이 중국 본토에서 조작된 경전이라고 한다면 중국에 두 개의 경전이 만들어진 셈이 되는데 그러면 정말 큰 논란이 일어나게 된다.

또 그들 말대로 **금강삼매경**을 원효가 지었다면 선종에서 그렇게도 떠받들던 **육조단경**보다 더 빨리 만들어진 경전이 되는 것이라서 그들이 진정 그것을 인정할 수 있었겠느냐는 것이다.

어떤 유명한 법학자 한 분은 이 경은 중국에서 만들어진 것이 틀림없다고 단언까지 했다. 그냥 시비가 일듯하여 가만히 듣고 있었지마는 정말 대단한 식자우환이구나 하는 생각이 들었다.

또는 중국의 작품에 신라의 대안대사나 여타의 스님이 재편성한 경전이라고 한다면 원효가 그렇게 어리석은 분이 아니다. 그분이 보았을 때 경전도 아닌데 거기다가 약소를 써서 대승의 요지를 주석하실 만큼 그렇게 경전을 보는 혜안이 없으신 분이 아니라는 것이다.

또한 그것이 원효가 쓴 것이라고 한다면 중국 유학을 한 스님들이 그냥 가만히 두고 보지는 않았을 것이다. 평상시에 그들이 원효를 대하는 감정을 보면 정말 큰일을 내고도 남을 사람들이었을 것이니까 그렇다.

왜 이렇게 사람들이 자꾸 이 **금강삼매경**을 위경이라고 쓸데없이 분란을 일으키느냐 하면 이 경전이 가지고 있는 일심사상과 탁월한 문장구성이다.

부처님이 설하신 경전치고는 일심의 세계를 너무 정교하게 파헤치고 매우 완벽하게 전체 문장이 구성되어 있다는 것이 가장 큰 의심이 들게 만든다는 것이다.

그 사람들은 **능가경**이나 **해심밀경** 같은 경전을 보지 못했던 것 같다. 이러한 경전들도 가히 혀를 내두를 정도로 정교하고 완벽한 사상체계와 탁월한 문장으로 구성되어져 있다.

고대 중국 사람들의 문장력과 통찰력을 감탄하기 전에 부처님은 그들보다도 억만 배나 더 수준 높고 더 월등한 분이라는 사실을 인정한다면 중국의 위경설은 즉시 잠재워질 수밖에 없다.

어쩔 수 없이 이 **금강삼매경**은 부처님이 설하신 대승경전이라는 사실을 역사적 근거로 분명하게 제시한다.

먼저 도안대사가 채집한 經錄경록에는 이 경전이 오래전에 있었지만 한역한 자는 누군지 알 수가 없다고 했다. 그러니까 정황으로 보면 이 경전이 그때 이미 있었다는 말이다. 안타깝게도 이 경록은 현재 전해지지 않고 있다.

100여 년 뒤에 양나라 승우스님이 지은 15권짜리 出三藏記集에는 이 경전을 오래전에 잃어버렸다고 했다.

당나라 도선스님이 664년에 10권으로 지은 大唐內典錄에는 대승

경전의 목록이 7천여 권이나 된다. 거기에는 이 경전이 빠져 있다고 되어 있다. 그러니까 있긴 있는데 어디에 있는지 모른다고 했다.

그렇게 이 경전은 이름만 드러내고 그 내용은 용궁에 꼭꼭 숨어 있다가 원효의 출현과 함께 이 세상에 완전한 모습으로 얼굴을 내밀었던 것이다. 마치 명장이 나오면 그에 맞는 명마가 나온다는 속담이 제대로 실현된 것과 같은 것이다.

아무리 원효라 하더라도 용왕은 이 경전을 호락호락 쉽게 내어줄 수는 없었던 모양이었다. 성사의 식견이 무르익고 보살행이 완숙한 만년에 가서야 드디어 그분께 전달한 것만 보아도 이 경전의 비중과 가치가 어떠한지 새삼 능히 짐작이 가는 것이다.

그러니까 도안대사가 처음으로 소개한 이 **금강삼매경**은 가끔씩 중국스님들에 의해 그 이름만 언급되다가 근 300년이 지난 후 아무 연고도 없는 신라에 혜성처럼 나타난 원효로부터 그 내용이 만천하에 혁혁히 드러나게 되었던 것이다.

그 후 당나라 후기인 730년에 지승스님이 일체의 경전을 20권으로 편찬하였는데 그 책 이름이 開元釋敎錄이다. 거기에 보면 176명의 삼장법사가 나온다. 그분들이 번역한 대소승의 경률론 7,046권이나 된다. 거기에 사라졌던 **금강삼매경**의 이름이 드디어 정식으로 나오고 그 장수가 28장이 된다고 하였다.

그 이후 송나라 황제의 칙명으로 남산율에 정통한 찬영스님이 엮은 30권짜리 **송고승전**에는 이 경전이 30장 가량 된다고 했다. 그 속에는 533명이나 되는 唐宋당송 때의 모든 고승들의 전기와 그에 따른 저술들이 기록되어져 있다. 거기에 이 **금강삼매경론**에 대한 이야기가 실려져 있다.

이런 사실적 기록을 무시하고 끝내 이 경전이 원효대사의 저술이라고 우긴다면 그것도 뭐 나쁠 것이 없다고 본다.

부처님 말씀이 아닌데도 經이라는 이름을 붙인 경전은 인도에도 있었다. 우리에게 친숙한 **미린다팡하**로 잘 알려진 **나선비구경**이다. 나선비구는 소승의 아라한이다.

그 다음이 대승불교의 종주국인 중국에서 편찬된 **육조단경**이다. 이 경전은 위에서 말했지마는 조사불교의 대 부흥가인 육조에 의해 설해졌었다.

그에 못지않게 한국에도 경전이 하나 만들어졌다면 그 얼마나 영광스러운 일이겠는가. 문수보살도 보현보살도 가히 저술치 못하는 경전을 신라의 원효가 대소승 경전의 내용을 축약해 만들었다면 이 또한 분에 넘치는 경사가 아니고 무엇이겠는가.

그렇게 보면 인도에서는 아라한이 나선비구경의 모델이 되었고 중국에서는 조사가 육조단경의 주인공이 되었으며 한국에서는 보살이 **금강삼매경**과 그 논을 직접 저술한 셈이 된다. 이것은 정말 한국불교 역사뿐만 아니라 한민족 역사 중에서 가장 감격스럽고 가장 명예로운 일이 된다.

각설하고, 이 시점에서 중요한 것은 누가 언제 어떻게 이 경전과 논을 썼는가가 아니라 이 경론의 내용을 진솔하게 받아들여 우리 자신을 혁명시키는 데 있다는 것이다.

부뚜막에 소금도 넣어야 짜다는 말이 있다. 허구한 날 누가 소금을 만들고 어떻게 여기까지 왔나라고 연구만 한다면 그 소금이 우리에게 전혀 이익됨이 없듯이 천 날 만날 이 **금강삼매경**을 누가 만들었고 어떻게 전해졌는가에 대해 논쟁하고 시비만한다면 우리에게 하등 이익이 없다는 것이다.

그러니 **금강삼매경**의 저작자와 연도문제의 시비는 이 정도로 마무리하고 그 내용을 깊이 연구하고 살펴서 有無로 인한 이분법적 사고방식으로 갈등과 분열이 만연하는 중생세계를 치유하는데 우리 모두 힘을 써야 할 것이다.

"그렇게 대단한 경론이라면 우리도 공부합시다."
"이미 **기신론해동소**에서 다 공부하고 있습니다."

뜬금없이 이 시점에서 왜 이 생소한 경전과 논서를 언급하느냐고 의아해 한다면 지금 설명하고 있는 아려야식의 본질과 현상을 **기신론해동소**처럼 기가 막히게 설명한 대표적인 경론이라서 잠시 소개를 했던 것이다. 그러니 너무 이상타 여기지 마시기 바란다.

起信論 雖有染心 而常恒不變 是故此義唯佛能知
비록 오염된 마음이 있으나 언제나 항상 변하지 않는다. 그러므로 이런 뜻은 오직 부처님만이 능히 아신다.

바람이 먹구름을 몰고 와 태양을 덮었다. 태양은 어둠에 파묻혔다. 하지만 태양은 변함없이 그대로 빛을 발하고 있다.

그처럼 원래는 내 마음이 청정하였는데 지금은 오염이 되어 어리석은 삶을 살고 있다. 청정하면 광명이 나오고 오염되면 어리석음이 나온다. 광명을 찾으려면 오염만 제거하면 된다.

왕자였지만 적국의 침입으로 왕궁을 잃고 떠돌이가 되었다. 왕자는 과거고 떠돌이거지는 현재다. 그러나 거지의 마음속에는 왕자의 혈통이 남아 있다.

그러므로 반드시 왕궁으로 돌아가 왕이 되고자 한다. 현재는 비록 밥을 빌어먹는 거지신세가 되어 있지만 국가를 다스릴 수 있는 그 혈통의 기백은 변하지 않고 그대로 있다. 그 혈통의 종자가 불변이다.

海東疏 初中有三 先標甚深 次釋 後結 初中言無明熏習所起識者 牒上所說依阿黎耶識 說有無明不覺而起等也

첫 문장 가운데 셋이 있다. 먼저 심심함을 표시하고 다음은 풀고 뒤에는 결론이다. 첫 줄 가운데서 무명훈습으로 일어난 식이라는 것은 위에서 말한 아려야식이다. 거기에 무명불각이 일어나 있다는 것이다.

중생은 생멸한다. 즉 중생은 생사에 유전한다. 지금까지 우리가 왜 생멸을 해야 하는지 그 이유와 연유를 다각도로 공부해 왔다. 즉 생멸하는 씨앗은 무엇이며 조연은 무엇이었던가다.

이제 여기서는 생멸하는 체상을 밝히고 있다. 체상은 본체와 모습이다. 그러니까 우리가 생멸하는데 우리 마음의 본체와 모습은 어떤 모습을 띄고 있느냐하는 것이다. 물론 우리 마음은 아려야식이다.

거기에 대하여 먼저 그것은 심심하다고 전제를 내세웠다. 심심은 매우 깊고 오묘해서 그 심연을 알 수가 없다는 뜻이다. 왜 그런지는 다음에 설명한다. 그리고 마지막에는 그렇기 때문에 심심하다고 결론을 내린다.

아려야식은 불완전하다. 거기에 불각이라는 오염물질이 들어 있기 때문이다. 그러므로 언제든 천변할 수 있는 요소를 갖고 있다. 그 요소는 무명을 부른다. 그리고 둘이 합세한다. 거기서 식이 일어난다. 그렇게 만드는 것을 무명불각이라고 한다.

마지막에 等은 그래서 현 상태로 유지되어 있다는 뜻이다.

海東疏 非餘能知唯佛窮了者 標甚深也

나머지는 알 수가 없고 오직 부처님만이 완벽하게 아신다는 것은 심심을 표시한 것이다.

나머지는 일체중생을 말한다. 땅 밑을 기는 미충에서부터 대승 십지보살까지 모두가 다 여기에 속한다.

마음의 근원인 아려야식은 아무도 모른다. 금박에 덮인 스포츠복권 숫자는 긁기 전에는 누구도 모른다. 그처럼 오염된 우리의 마음을 벗겨내기 전에는 그것이 무엇인지 아무도 모른다. 조금 벗겨 내었다고 다 아는 것은 아니다. 그래서 대승의 십지보살들도 다는 모른다고 한 것이다.

그것은 오로지 부처님만이 아신다. 부처님만이 마음에 오염된 것을 완전히 벗겨내셨기 때문이다. 그래서 그분만이 아신다. 금박을 완전히 긁어버리면 숨어 있던 숫자가 선명하게 드러나듯이 마음의 껍데기를 완전 벗겨버리면 아려야식의 속살이 그대로 드러나기 때문이다.

그만큼 우리의 마음은 알기가 어렵다. 내가 내 마음 안다는 것이 정말로 어렵고 난해하기만 하다. 그래서 그것은 심심하다고 한 것이다.

別記 若此心體一向生滅直是染心 則非難了

만약에 이 심체가 한결같이 생멸하는 것은 직설적으로 염심 때문에 그렇다고 한다면 알기가 어렵지 않을 것이다.

기신론에서 아려야식의 세계는 깊고도 깊어서 아무도 모르고 오로지 부처님만이 아신다고 하였다. 어째서 그 세계가 그렇게 어렵고 어려운 것인지 성사는 특별히 그 이유를 **별기**로 제시하셨다.

누가 묻는다. 왜 우리는 생멸해야 합니까. 마음이 생멸하기 때문에 생멸하는 것입니다. 왜 마음이 생멸합니까로 되물을 때 마음의 본체가 생멸하는 것은 오염된 마음이기 때문에 그렇습니다 라고 대답한다면 전혀 문제가 되지 않는다.

선천적으로 특이한 병을 갖고 태어났다. 그래서 언제나 병원을 다녀야 한다. 그때 왜 병원을 그렇게 쉬지 않고 다녀야 하느냐고 물으면 몸이 아파서 그렇다고 대답하면 이 말은 맞다.

독충에게 물렸거나 질병에 의해 시력을 잃으면 어느 곳에든 헤매고 처박히게 되어 있다. 그처럼 우리 마음이 오염이 되면 육도를 윤회하면서 생멸하는 것은 당연한 일이다.

그러므로 우리 마음이 오염되었기 때문에 생멸하는 것이다고 한다면 어떻게 알기가 어렵겠느냐고 하신 것이다.

又若一向常住唯是淨心 亦非難知

또 만약 한결같이 상주하는 것은 오직 이 정심이다고 한다면 또한
알기가 어렵지 않을 것이다.

한결같이 상주한다는 것은 영원히 그대로 있는 것을 말한다. 정심
은 청정한 마음이다. 즉 태풍 같은 바람이 아무리 세차게 불어도 바
위는 꼬떡없는 것처럼 우리의 원래 마음은 항상 그대로 있다고 말한
다면 이해하기가 쉬울 것이다.

큰 바위는 세월 따라 온갖 풍상을 겪어도 언제나 제자리에 그대로
있다. 그것이 상주고 영원이다. 그러면서도 바위는 견고하고 불변하
다. 그처럼 우리의 마음은 그 어떤 죄업의 칼바람에 맞아도 언제나
맑고 깨끗하다. 이렇게 말한다면 이것도 금방 이해가 되는 것이다.

別記 設使體實淨而相似染者 亦可易解

설사 본체는 진실로 청정하지만 그 모습은 오염된 것이라고 한다면
또한 쉽게 이해가 갈 것이다.

우리의 마음은 보석과도 같다. 그런데 그것이 제자리에 있지 못하
고 육도를 굴러다니다 보니 온갖 죄업의 더러움을 묻히고 말았다.
하지만 그 보석의 본 모습은 그대로 있다.

겉모습은 더럽고 추하게 바뀌어져 있다. 어떤 때는 고통받는 지옥
중생의 모습으로, 어떤 때는 배고파 허덕이는 아귀중생의 모습으로,
또 어떤 때는 어리석고 무서운 축생의 모습으로 나타난다.

하지만 그것은 단지 표면일 뿐이다. 우리의 진짜 마음은 그런 육도의 모습이 절대로 오염시킬 수 없는 것이다고 한다면 그것도 쉽게 이해가 갈 것이다. 여기서 어떤 수강자가 엉뚱스레 이렇게 묻는다.

"무염수태라는 말도 이 말입니까?"
"띄웅!"

천주교 교리 중에서 무염수태無染受胎라는 말이 있다. 무염시태라고도 하는데 마리아가 범부 여자들처럼 남자와의 성관계에 의하지 않고 수태를 했다는 내용이다. 그것을 왜 이 대목에서 묻는지 띄웅하지 않을 수 없다.

말이 나왔으니 무염수태한 얘기는 조사불교에도 있다. 보리달마가 중국에 와서 부처님의 법맥을 2조 혜가에게 넘기고 다시 인도로 돌아갔다.

하루는 혜가에게 차마 눈뜨고는 볼 수 없을 정도로 추루한 문둥이가 하나가 찾아왔다. 그리고 제가 전생에 무슨 죄를 많이 지었기에 이런 흉측한 몰골로 태어나 이렇게 모진 고생을 하느냐고 물었다.

그렇게 인연이 되어 혜가는 그에게 승가의 보배가 되라는 뜻으로 승찬이라는 법명을 내리고 그를 집중 지도하였다. 그는 스승의 크나큰 은혜와 불굴의 수행으로 문둥이의 신분을 뛰어넘어 선종 제3조가 되는 영광을 안았다. 그러자 희한하게도 그때부터 문둥병이 서서히 사라져갔다.

승찬의 나이 82세 때 14살인 도신을 만났다. 승찬의 첫눈에 들어

온 도신은 승찬을 무한히 감동시켰다. 승찬의 눈가에 이슬이 맺혔다. 이제 드디어 불법의 진수를 넘겨줄 제자를 제대로 만났다는 기쁨에서였다.

도신은 스승의 수족이 되어 90이 넘도록 지성스레 모셨다. 승찬은 제자의 시중을 받으면서 유명한 저술 하나를 남겼다. 즉 도교와 불교를 직관한 시각으로 수행자의 지침서인 희귀한 걸작을 하나 남겨놓았으니 그것이 바로 불후의 명저 信心銘이다. 그리고 뜰 앞에 나뭇가지를 잡고 서서 세상을 떠났다. 드라마 같은 이야기지만 사실이다.

선종 제4조가 된 도신은 선종의 수도원을 공식적으로 개설하여 부처님의 후계제자로 활동하였다. 그 중에서 선종의 지침서인 入道安心要方便法門을 저술하였다. 이 책은 제목 그대로 불도에 들어가 마음을 안주시키는 중요한 방편법문이라는 뜻이다.

도신의 수도원에는 언제나 500명이 넘는 눈 밝은 제자들로 붐볐다. 수행도 몸소 모범을 보이려고 60년 동안이나 장좌불와를 하였다. 장좌불와는 등을 바닥에 대지 않고 수행하는 고행방법이다. 그러므로 잠을 잘 때도 앉아서 자거나 서서 잔다.

그런 그에게 볼품없는 형색의 도승 한 명이 방문했다. 나이가 80이라고 했는데 유불선을 통달했다고 했다. 그는 도신에게 달마로부터 전해 받은 해탈법문을 죽기 전에 꼭 듣고 싶다고 했다. 도신은 그가 예사의 보통 인물이 아님을 직감했다.

하지만 가르치기에는 너무 연로한 것이 마음에 걸렸다. 그래서 나에게 사실 달마로부터 내려온 해탈법문이 있는데 가르쳐주고 싶어도 당신이 너무 늙어서 전해 줄 수가 없다고 했다. 정히 듣고 싶다면 몸을 새롭게 바꾸어 오라고 했다.

　도승은 알겠다고 하면서 山門을 나갔다. 그리고 개울가에 가서 몸을 씻었다. 그때 젊고 아름다운 처녀 하나가 빨래를 하러 강가에 왔다. 노승은 그녀에게 다가가 정중하게 당신의 몸을 좀 빌리자고 했다. 그러자 처녀가 그럼 저는 어떻게 되는 것입니까 라며 걱정스레 되물었다.

　도승은 천하의 선지식을 낳은 과보로 오랫동안 천상의 복을 받을 것이다고 했다. 그러면서 12살까지만 키워달라고 했다. 그 때가 되면 누가 자기를 데리러 올 것이다고 했다. 그렇게 해서 노승은 그 처녀의 몸으로 들어갔다. 그래서 그 처녀는 무염수태를 하게 된 것이다.

　엉겁결에 수태를 한 처녀가 집으로 돌아가 부모에게 말했다. 부모는 남들이 알면 뭐라 하겠느냐 하면서 도망치듯이 야반에 그 마을을 떠났다. 그리고 세월이 흘러 범상치 않은 아이 하나를 낳았다. 그 아이가 바로 홍인대사다.

　홍인이 12살 때 그곳을 들러 볼일을 보러 가던 도신의 일행과 필연적으로 마주쳤다. 그는 비록 어린 소년에 불과했지만 그 풍모가 빼어나고 인물이 수려해서 그들 일행을 멈추게 하기에 충분했다. 도신과 홍인의 눈동자가 마주치자 순간 번갯불이 튀었다. 도신이 물었다.

“성이 무엇이냐?”
“佛性입니다.”

　이 한마디에 도신의 눈동자는 휘둥그레지고 가슴은 천둥이 치듯이 뛰었다. 그의 성이 周씨인데도 그는 천연덕스럽게 佛性이라고 답했던 것이다.

도신은 전생에 약속했던 대로 미처 가르쳐주지 못했던 법을 전해주고 후계자로 삼기 위해 그가 머물고 있는 쌍봉산으로 그의 어미를 대동해 데리고 갔다. 거기서 홍인은 도신을 30년이나 지극히 모시면서 대소승경전의 내용에 이어 달마선과 조사선을 깊이 있게 두루 익혔다.

참고로 홍인은 원효성사보다 17살이 많다. 현장은 성사보다 16살이나 많고 혜능은 20살이나 적다. 그리고 마호메트는 48살이나 많다. 6세기를 넘어가면서 이렇게 많은 분들이 같은 당대에 태어나 제각기의 민족 속에서 위대한 업적을 남기고 떠나갔다.

여기서 말하고자 하는 포인트는 그 처녀다. 예수를 낳은 마리아는 성녀라는 칭호로 2천년이 넘도록 동서의 수많은 신자들이 아베마리아를 부르면서 그녀를 찬미하고 찬송하는데 홍인을 낳은 그 처녀는 이름조차 남김없이 너무나 조용하게 역사의 뒤안길로 사라졌다는 사실이다.

예수는 인간들을 하나님의 종으로 끌어넣었고 홍인은 하나님 같은 것은 원래 없다. 우리의 마음이 그렇게 만들어 내었다 하면서 인간들을 하느님으로부터 해방시키는 데 크나큰 역할을 하였다.

홍인은 달마로부터 내려온 대승불교의 소의경전인 **능가경**을 **반야부** 경전으로 완전히 바꾸었다. 즉 우리가 잘 아는 **금강경** 신행의 시초도 이 홍인대사로부터 시작되었다 해도 과언이 아니다.

그리고 달마선을 버리고 조사선을 만들어 조사불교를 부흥하는데 혁혁한 공헌을 했다. 스승인 도신이 먼저 이러한 시도를 하였지만 그 결실은 홍인시대에 와서야 비로소 이루어졌던 것이다.

그리고 홍인은 동아시아 전체를 조사불교 천지로 만드는 기라성같은 제자들을 길러내었다. 그 중에서도 남돈북점의 거목들인 혜능과 신수를 탄생시켰다. 그분들의 가르침으로 우리나라의 조사불교도 천 년이 넘는 시간 동안 걸출한 고승들을 끊임없이 배출하면서 오늘날까지 왔다.

누가 더 위대한 성자를 낳은 것인가. 한 처녀는 하느님의 자식이라는 예수를 낳았고 또 한 처녀는 이 마음이 곧 하느님이라는 선종의 대가를 낳았다.

똑같이 무염수태로 위대한 아들을 낳았는데 그녀들을 대하는 후손들의 태도는 너무나 달랐다.

한번 생각해 보시기 바란다. 그 처녀가 홍인을 낳아줬다고 그의 수많은 제자들이 그녀의 동상을 세우고 그녀를 찬탄하고 그녀를 추모하는 행사를 마리아처럼 거창하게 기념해 왔다면 어떻게 되었을까.

부처를 만나면 부처를 죽이고 조사를 만나면 조사를 죽여라는 임제 같은 걸걸한 제자와 시도 때도 없이 몽둥이를 들고 설치는 덕산같은 거친 후예들이 세기를 넘어 날뛰는 조사불교에서 과연 어떤 대접을 받았을까. 상상해 보시기 바란다.

그녀를 보살의 화신으로 모시지 않은 것이 참 몰인정하고 예의없는 처세였다고만 할 수 있을까. 모를 일이다. 그녀가 그냥 질투심 많은 보통의 여자였다면 그런 차별된 대우에 조금은 섭섭함을 느꼈을지도 모르겠지마는.

如其識體動而空性靜者 有何難了

그 식의 본체는 움직이지만 그 공성은 고요한 것이라고 한다면 어찌 이해하는데 어려움이 있겠는가.

　마음이 움직였기 때문에 꿈을 꾼다. 마음이 움직이지 않는데 어떻게 꿈이 있겠는가. 몸이 마음을 필요로 하지 않을 때에는 마음은 따로 놀 곳을 찾아 나선다. 그것이 꿈의 세계다.

　밤새도록 산을 타고 물을 건너고 하지마는 마음은 숨이 차거나 물에 젖지 않는다. 꿈에 본 그 세계는 마음이 만들어 낸 환상의 공간이기 때문이다. 그러므로 마음이 움직여 만들어 낸 모든 물상들은 전부 다 가짜다.

　꿈속에서 호랑이에게 쫓기고 미친개에게 물려도 깨고 나면 아무 흔적이 없는 것은 마음이 원래 거울처럼 공성이기 때문이다. 거울은 일체만물을 담고 내어도 그 표면에 흔적이 없는 것이 바로 공한 성품을 가지고 있어서 그런 것이다.

　그처럼 우리 마음도 요동은 하지마는 그 요동에 의해 나타난 모든 것들은 전부 꿈처럼 공한 것이다고 한다면 이해하는 데 무슨 어려움이 있겠는가 하는 것이다.

別記 而今此心體淨而體染 心動而心靜 染淨無二 動靜莫別

그러나 이제 이 마음의 본체는 청정하면서도 오염되어져 있고 움직이면서도 그 고요하기만 하다. 염정이 둘이 없고 동정에 차별이 없다.

이제부터는 일반적인 상식의 논리를 뛰어넘는다. 마음의 본체는 청정하면서도 오염되어져 있다고 했다. 이 말은 모순이다. 청정하면 청정한 것이지 오염은 또 무엇인가. 청정하다는 말은 현 상태다. 그런데 왜 또 오염은 되어 있냐는 것이다.

상태는 하나만 말해야 한다. 청정하든지 아니면 오염이 되었든지 둘 중 하나여야만 되는데 두 가지를 한꺼번에 다 말하고 있으니 이것은 언어의 화법에 맞지 않는다. 그래서 모순이라고 한다.

부자면 부자지 부자이면서도 거지다고 한다면 그 신분이 부자라고 하는 것인지 거지라고 하는 것인지 알 수가 없다. 이게 말이 된다고 하는 것인가.

염정에 차별이 없다고 했다. 어떻게 염정에 차별이 없을 수 있는가. 염은 오염이고 정은 청정이다. 오염과 청정이 같다고 한다. 이것이 어찌 같다는 말인가. 도무지 이해할 수가 없다.

마음은 움직이면서도 고요하다고 했다. 마음이 움직이면 움직이는 것이지 또 고요하다는 것은 뭔가.

움직임과 고요함은 완전 반대다. 그런데 같이 보고 있다. 이것은 벌건 낮이면서도 깜깜한 밤이다고 하는 것과 같다. 이것이 이해가 되는 말인가.

동정에 차별이 없다고 했다. 동은 움직임이고 정은 고요다. 이 둘이 차별이 없는 것인가. 엄연히 차별이 있지 어떻게 차별이 없는 것인가. 이것은 궤변이다. 정말! 그렇지 않은가.

別記 無二無別 而亦非一 如是之絶 故難可知

둘이 없고 다름도 없다. 그러면서 또한 하나도 아니다. 이와 같은 논리가 끊어지다 보니 가히 알기가 어렵다고 하는 것이다.

청정과 고요를 부처로 표현하고 오염과 요동을 중생으로 말해보자. 부처와 중생은 둘이 없다꼬?! 부처는 부처고 중생은 중생이지 어떻게 둘이 없다는 것인가. 엄연히 고통에 몸부림치는 중생이 있고 해탈로 자재하는 부처가 있는데 어떻게 둘이 없고 다름이 없다고 하는가.

부처와 중생이 다름이 없다꼬?! 부처는 법당에 등상으로 조용히 앉아 계시고 중생은 집에서 입에 단내가 나도록 뛰어다니는데 어떻게 다름이 없다고 말할 수 있는 것인가.

부처는 32상과 80종호를 가지고 수많은 위신력과 신통력으로 중생세계와 부처세계를 자유로이 넘나들면서 중생을 이롭게 하고 중생은 뭐라도 찍어 바르지 않으면 안 되는 심술궂은 얼굴에다 가진 것이라고는 쥐뿔도 없고 중생세계조차 돈 없으면 마음대로 돌아다니지 못할 정도로 나하나 먹고 사는 데도 급급하기만 한데 어떻게 부처와 중생이 다름이 없다고 하는 것인가.

그러니까 중생과 부처는 둘이 없고 차별도 없다고 하니 결과적으로 둘이 같다는 말인가. 그런 것인가? 그렇지도 않다. 같다는 말이 아니다. 이런! 둘이 다름도 없고 차별이 없으면 같은 것이지 또 뭐 아니다라는 것은 뭔가. 도저히 이해할 수가 없다. 바로 그거다.

그래서 이것은 중생으로써 이해할 수 없는 영역이라는 것이다. 이런 말씀은 **미린다팡하**에서도 나온다.

Neither the same nor the different.

The neither as the same nor as another.

같지도 않고 다르지도 않다.
같은 것 같지만 아니고 다른 것 같지만 아니다.

이렇기에 무명에 의한 識식은 중생의 상식을 떠났으면서도 중생 속에 있고 중생의 언어를 떠났으면서도 중생의 삶에 나타나고 있다. 이런 뜻은 모두 非一이면서 非異인 아려야식에서 비롯된다. 그래서

同而非同 異而非異

같지만 같은 것이 아니고
다르지만 다른 것도 아니다.

고 하는 것이다.

海東疏 何以故下 次釋深義 從本已來自性清淨而無明所染有其染心者 是明淨而恒染

하이고 밑에는 다음으로 마음의 뜻을 풀이한 것이다. 종본이래로 자성이 청정하지만 무명에 오염되어 그 오염된 마음이 있다는 것은 청정하지만 항상 오염되어 있다는 것을 밝힌 것이다.

원문에 하이고 라는 글이 있다. 그 밑에 우리의 마음은 깊고도 깊다는 뜻을 풀이하고 있다.

우리의 마음은 범부가 갖고 있는 그 어떤 이론이나 문자로 표현해 낼 수가 없다. 범부가 쓰는 문자는 범부에게 해당되는 것이지 범부가 가진 인식의 세계를 벗어나버리면 그것들은 전혀 무용지물이 되어버리기 때문이다.

잡목 사이를 바쁘게 날아다니며 쉴 새 없이 지저귀는 뱁새의 요란스러움은 뱁새들의 세계에서만 통하는 것이지 다른 동물에게는 전혀 의미가 없는 것과 같다.

그처럼 대단하게 글 잘 쓰고 말 잘하는 범부라 하더라도 중생의 언어와 문자를 떠나 있는 이 마음의 근본세계는 어떻게 중생의 식견으로 그것을 표현해 낼 재간이 없다는 것이다.

海東疏 雖有染心而常恒不變者 是明動而常靜 由是道理 甚深難測
비록 오염 된 마음은 있으나 항상 불변하다는 것은 요동함이 있으나 언제나 고요하다는 것을 밝힌 것이다. 이와 같은 도리이므로 깊고 깊어서 측량하기가 어렵다고 했다.

하나에 하나를 보태면 둘이 된다. 이것은 영아들도 아는 숫자다. 그리고 둘에서 하나를 빼면 하나가 남는다. 이것은 어린이들도 다 아는 산수다. 범부가 살아가는데 이것 이상의 수학은 없다. 모두 다 이 기초산수를 바탕으로 고등수학이 전개된다.

그런데 이런 수학이 전혀 통하지 않는 데가 있다. 가장 고차원적이고 심오한 수학은 바로 숫자의 수학이 아니고 마음의 수학이다. 인간이 만든 숫자와 연산은 인간에게만 사용된다. 인간 위의 세계로 올라가면 이것은 전혀 쓸모가 없게 되어버린다.

그러므로 아무리 손익계산에 능한 범부라 할지라도 이 지점에 올라서면 완전 앞이 캄캄해 헤맬 수밖에 없다. 우리 위의 세계는 그분들이 쓰는 마음의 수학이 따로 있기 때문에 그렇다.

海東疏 如夫人經言 自性淸淨心 難可了知 彼心爲煩惱所染 亦難可了知

저 부인경에서, 자성청정심은 가히 알기가 어렵다. 그 마음이 번뇌에 의해 오염되었다는 것도 가히 알기가 어렵다 고 하셨다.

우리의 본래마음이 자성청정심이다. 그것을 어떻게 알 수 있단 말인가. 그런데 그것이 번뇌에 오염되었다는 것도 알 수가 없다는 것이다.

자성청정심은 佛果와 같다. 그리고 번뇌는 어둠과도 같다. 불이 이기는 것인가. 어둠이 이기는 것인가. 물론 불이 이긴다. 불과 어둠은 상극이다. 불이 나타나면 어둠은 사라진다. 그것이 정상이다.

그런데 지금 이 문단은 어둠이 이겼다는 것이다. 그것을 이해할 수가 있나. 거기다가 불이 어둠 속에 숨어 있다고 한다. 이것을 어떻게 이해해야 하나.

지금 말하는 이 대목은 앞서 **혈맥기**에서 이미 두 번이나 언급한 내용이다. 이것은 정말 불가사의한 일이다고 했다. 어떻게 어둠이 불을 이길 수가 있느냐는 것이다.

　다시 말하자면 어떻게 어둠이 불을 공격하느냐는 것이고 둘째는 불이 어떻게 어둠에게 공격을 당할 수 있느냐는 것이다. 이것은 사람의 식견으로써는 도저히 풀리지 않는 문제다고 하였다. 그래서 이 세상에서 가장 불가사의한 일이 된다고 하였다.

海東疏 楞伽經言 以如來藏是淸淨相 客塵煩惱垢染不淨

능가경에서 말씀하시기를, 여래장은 바로 청정상이지만 객진번뇌의 구염으로 청정하지 못하다.

　사람들은 다 자기가 아는 것만큼 생각한다. 그 생각의 범주를 벗어나 버리면 부정하거나 인정하지 않으려 한다.

　우리 마음이 원래는 청정한 모습이었지만 객진 번뇌로 청정하지 못하다고 했을 때 좌우가 맞지 않는다. 이것은 등식이 아니다. 그러므로 답이 나오지 않는다.

　그런데 이 세계를 심리학이나 정신학에서 규명하려고 한다. 그것은 절대로 불가능하다. 이것은 어둠 속에 사는 짐승이 햇빛에 움직이는 생명체의 마음을 연구하고자 하는 것과 같다. 그것은 애당초 가능하지 않는 일이다.

　불교는 과학이 아니라고 했다. 불교는 과학으로 증명이 되지 않는다. 그리고 심리학으로써도 증명되지 않는다. 과학과 심리학은 저급한 의식으로 도그마한 학문에 불과하다. 불교의 영역은 현대 과학과 현대 심리학의 세계를 완전히 벗어나 있다는 것을 좀 알았으면 한다.

불교가 과학이면 뭐한다고 거기에 신앙이 있으며 불교가 심리학이라면 뭐한다고 참선을 해서 그 마음을 궁구하려고 하겠는가.

불교는 범부의 기준으로 맞다 아니다와 잣대로 이렇다 저렇다로 평가할 성질이 아니다. 그저 가르치는 대로 의심없이 수용하고 하라는 대로 단순하게 따라 행하면 자기도 모르게 성장되어가는 과정에서 무량한 대복을 짓고 무한한 지혜를 일으킬 수 있다. 그게 생로병사를 벗어나는 길로 다가가는 진솔한 불교에의 마음자세다.

[海東疏] 我依此義 爲勝鬘夫人及餘菩薩等 說如來藏阿梨耶識共七識生 名轉滅相

나는 이 뜻에 의해 승만부인과 나머지 보살들에게 여래장인 아려야식은 7식과 더불어 일어난다. 그것을 전멸상이라고 한다고 했다.

능가경의 말씀은 계속된다. 이 말씀은 **승만경**에도 나온다. 여래장은 아려야식의 다른 이름이다. 아려야식은 8식이고 거기서 7식과 6식, 그리고 전 5식이 나온다. 즉 아려야식은 모든 식의 원천인 셈이다.

제8식의 아려야식은 없어지지 않는다. 그러나 7식은 없어진다. 이것을 앞에서 파도는 물에서 나온다. 그러므로 파도는 없어지지만 물은 없어지지 않는다고 하시면서 7식은 없어져도 8식인 아려야식은 없어지지 않는다고 하셨다.

아려야식이 없어지지 않는 이유는 그 속에 본각이 들어 있기 때문이다. 그 본각이 불각과 뭉쳐져 있으면 아려야식이 되지마는 불각이 떨어져나가면 진각인 본각만 남게 된다. 그러면 완전무결한 부처가 된다. 그때서야 그 자체가 영원하고 변이變異되지 않는다.

세상에 영원하고 불변한 것이 무엇이 있는가. **수능엄경**의 말씀이다.

1. 깨달음菩提

2. 적멸의 상태涅槃

3. 참되고 한결같은 우리 본래의 마음眞如   ─

4. 부처의 성품佛性   ─

5. 맑고 깨끗한 진식菴摩羅識

6. 허공같이 빈 여래장空如來藏

7. 크고 원만한 부처의 거울 같은 지혜大圓鏡智

다. 부처는 이 모든 것의 집합체면서도 결정체다. 그러므로 부처가
되지 않으면 그 어떤 영원함도 불변함도 없다.

영원을 약속하지 않은 사랑이 있었던가. 그런데 다 헤어졌다. 어떻
게든 살아보려고 발버둥 쳤다. 그런데 다 죽었다. 그런 인생에 무슨
영원이 있고 불변이 있겠는가. 도깨비놀음에 좀비 같은 범부의 인생!
그래서 범부가 불쌍하다고 하는 것이다.

海東疏 大慧 如來藏阿黎耶識境界 我今與汝及諸菩薩甚深智者 能
了分別此二種法

대혜여. 여래장인 아려야식의 경계는 나와 지금 너, 그리고 깊고 깊은
지혜를 가진 모든 보살들만이 이 두 가지 법을 능히 분별해 알 수가
있다.

여래장은 여래를 감추고 있다는 뜻이다. 그 여래가 바로 본각이다. 그러니까 아려야식은 본각과 불각을 동시에 갖고 있다. 그러다가 본각 쪽으로 힘이 쏠리면 수행자의 삶이 되는 것이고 불각 쪽으로 힘이 쏠리면 중생의 삶이 된다.

그렇게 만드는 그 아려야식의 실체는 범부로써는 헤아릴 영역이 아니다. 범부는 모두 다 생로병사 속에서 아득바득 4단과 7정을 일으키며 힘들게 살아간다. 하지만 그 감정의 본성에 대해서는 아무도 모른다.

4端은 맹자가 공손추와의 대담에서 말한 성선설의 작용이다. 우리가 잘 아는 호연지기라는 말도 이 공손추와의 대담에서 나온 말이다. 맹자는 성선설을 주장하고 순자는 성악설을 주창했다. 맹자의 성선설은 인간본성은 모두 선하고 어질다는 것에서부터 시작한다.

仁에서 불쌍한 마음이 나오고
義에서 부끄러운 마음이 나온다.
禮에서 경양의 마음이 나오고
智에서 옳고 그름을 판단하는 마음이 나온다.

맹자는 이 선천적이고 도덕적 능력인 네 가지의 마음을 크게 넓히면 세상을 편하게 하고 그렇지 못하면 부모조차 모시지 못한다고 하였다.

7정은 인간의 본성이 사물을 접하면서 느끼는 자연적 감정이다. 즉 기쁨과 노여움 슬픔 즐거움 사랑 미움 욕망이다. 이런 것들은 다 그 근원인 아려야식에서 나오지마는 그 아려야식에 대해서는 범부가 알 수 없다는 말씀이다.

그래서 이 아려야식은 지혜를 갖고 있는 보살들 정도라야 이해를 하는 것이지 그 나머지 중생들은 알 수가 없다고 하신 것이다.

외양간에서 여물을 씹는 소가 내가 왜 여기서 여물을 먹고 있나를 생각한다면 그는 이미 소가 아닌 것처럼 아려야식의 세계를 이해한다면 그는 이미 사람이 아니라 보살의 수준으로 올라간 성자가 된다는 말씀이다.

海東疏 諸餘聲聞辟支佛及外道等執著名字者 不能了知如是二法

나머지 모든 성문과 벽지불과 외도들, 그리고 명자에 집착하는 자들은 이와 같은 두 법을 능히 요지하지 못한다고 하셨다.

앞에 문장은 아려야식에 대해 알 수 있는 능력을 가진 분들이고 이 문장에서는 그것에 대해 알 수 없는 사람들을 대표적으로 나열해 놓으셨다.

성문은 소승의 성자들을 말한다. 그리고 벽지불은 연각승을 말하고 외도들은 불교 이외의 모든 종교나 철학가 내지는 사상가들을 말한다.

화엄경에 보면 부처님 말씀을 받아들이지 못하는 저열근기가 다섯 부류가 된다고 하셨다.

첫째는 사견에 빠져 있어서 부처님말씀이 도저히 들어가지 않는 자들이다.

둘째는 진리에 순응하는 것보다 세속적인 명예와 이익을 추구하는 자들이다.

셋째는 문자와 언어에 구속되어 진실한 도에 들어가지 못하는 학자들이다. 그들은 언제나 머리로만 연구하고 가슴으로는 믿지 않는다. 그러므로 그들은 알면서도 신행은 하지 않는다.

넷째는 성품이 좁고 마음이 용렬한 자이다.

다섯째는 방편과 수단으로 된 교법을 최고라고 믿고 實敎로 나아가지 못하는 자들이라고 하셨다. 이 다섯 부류의 사람들이 위에서 말씀하신 범위에 들어간다.

[海東疏] 是故此義唯佛能知者 第三結甚深也

이와 같으므로 이 뜻은 오직 부처님만이 능히 아신다 한 것은 세 번째로 심심하다는 것을 결론 맺는 부분이다.

우리가 아는 의식의 세계는 범부로서는 요원하고 암유하다. 그 위에 상속식이 있고 또 그 위에 지식이 있다. 또 그 위에 현식과 전식 업식, 그 위에 아려야식이 있다. 그러니 어떻게 범부의 지식으로 모든 식의 원천인 아려야식을 알 수 있겠으며 그에 파생된 일체의 식들을 규명하겠는가.

이것은 마치 볼펜구멍으로 우주를 살피고 그 세상의 끝을 궁구하고자 하는 것과 같이 절대 가능하지 않은 일이다.

의식의 기원은 아려야식이다고 했다. 그것은 원래부터 거기에 있었다. 범부는 그것을 알려 해서는 안 된다. 그러면 머리가 쪼개지고 심장이 터져버린다. 그것은 포니엔진을 가지고 백두산을 실으려 하는 것처럼 실로 무모한 도전이 된다.

그런데도 가끔가다 그것을 알려고 겁없이 덤비는 자가 있다. 그런 사람들은 백이면 백 모두 다 마지막에 실성해버린다. 문제는 실성했는데도 자기는 모르고 있다는 사실이다.

그러므로 범부가 그 의식의 세계를 알려 하는 것은 불가능하다. 그것은 알려고 해서 알아지는 영역이 아니다. 성장하면 자연히 알아지는 것이다. 그러므로 자신의 성장부터 먼저 해야 한다.

그 의식의 근원은 부처님밖에 아는 자가 없다. 그만큼 그 의식의 저변은 깊고도 깊어서 그 누구도 감히 넘보지 못하는 甚深심심한 영역이어서 아무도 모른다고 한 것이다.

海東疏 △以下第二廣顯因緣差別 於中有六 一明心性因之體相 二顯無明緣之體相

이 밑으로는 두 번째로 널리 생멸하는 인연차별을 나타낸다. 그 가운데 여섯이 있다. 첫째는 심성의 因에 대한 체상을 밝히고, 둘째는 무명의 緣에 대한 체상을 나타낸다.

두 번째라고 했는데 그럼 첫 번째는 무엇인가. 첫 번째는 생멸하는 인연의 체상을 나타낸 부분이다.

거기에 두 대목이 있었다. 하나는 간략하게 생멸하는 그 인연은 심심하다는 것을 밝혔는데, 그것을 이제까지 설명해 왔다. 그 생멸하는 원인인 아려야식은 깊고도 깊어서 부처님밖에 모르신다로 결론을 맺고 있다.

이제 그 다음 대목이다는 뜻으로 두 번째가 되었다. 이제부터는
생멸하는 인연에 대한 차별을 나타내는 내용인데, 그 가운데 여섯
대목이 들어 있다고 한다.

그 중 첫 번째가 心性이 되는 그 원인에 대한 체상을 밝히고, 두
번째는 거기에 왜 무명이 달라붙는지 그 반연의 체상을 나타낸다.
그러니까 위에서 甚深하다는 그 의미를 하나하나 풀어서 설명해 나
가겠다는 것이다.

海東疏 三明染心諸緣差別 四顯無明治斷位地 五釋相應不相應義
六辨智礙煩惱礙義

셋째는 염심에 대한 모든 연의 차별을 밝히고, 넷째는 무명을 다스려
끊는 지위를 나타낸다. 다섯째는 상응과 불상응의 뜻을 풀이하고,
여섯째는 지애와 번뇌애의 뜻을 가린다.

세 번째는 우리 마음이 어떻게 오염되어져 있는지에 대해 그 차별
과 정도를 밝히고, 네 번째는 매우 중요한 부분이 되는데, 그것은
우리를 중생으로 만든 그 무명을 어떻게 다스리고 어떻게 끊는 것인
지에 대한 방법을 제시하고 있다.

그리고 다섯 번째는 오염된 마음과 우리 마음이 어떻게 상응하고
상응하지 않는지에 대해서 설명한다.

마지막 여섯 번째는 우리 마음을 덮어서 어둡게 만드는 지혜의 장
애와 번뇌의 장애가 무엇인지에 대하여 해설하는 것으로 끝을 맺는

다고 하셨다.

② 심성의 因

起信論 所謂心性常無念故 名爲不變

이른바 심성은 항상 무념이다. 그래서 불변이라고 한다.

　우리 마음의 본성은 무념이다. 무념은 요동하지 않는 마음이다. 그것은 마치 전원을 켜기 전의 텔레비전 화면과도 같다. 거기에는 요동하는 영상이 없다. 한결같이 있는 그대로다. 그래야만이 깨끗하고 맑은 화면을 그대로 받아들이고 내보낼 수가 있다.

　우리 마음의 본성은 요동하지 않는 거울과도 같다. 거울이 움직이면 세상이 따라 움직인다. 내 마음이 움직이면 세상이 따라서 움직이게 되어 있다. 내 마음이 정지되면 세상은 정지되어 있는 그대로 비춰진다.

　그래서 멈추면 비로소 보인다는 말이 나왔다. 문제는 어떻게 그 요동치는 마음을 멈추느냐. 그것이 범부가 풀어야 할 최대 숙제다. 안타깝게도 그렇게 숙제는 주어졌지만 그것을 풀 수는 없다. 그것은 범부에게 단지 달콤한 희망고문일 뿐이다.

　마음을 내려놓으라는 말도 같은 말이다. 마음을 어떻게 내려놓는단 말인가. 이것 역시 범부에게는 요원한 훈시다. 되지도 않는 일을 되는 것처럼 주문하는 것은 일종의 희망학대와 다름 아니다.

　텔레비전 화면에 움직이는 영상은 수없이 변화하고 생멸한다. 그러나 그 바탕은 변하지 않는다. 우리 마음도 세상을 따라 수없이 변화하고 생멸한다. 그러나 그 바탕은 언제나 그대로다. 그것을 불변이라고 한다.

우리 마음은 원래 망념이라는 것은 없다. 우리 마음은 천년이 가고 만년이 가도 항상 변하지 않고 그대로 있다. 그러므로 우리에게 변치 말자고 하는 약속이라는 것은 없다. 변화하는 마음을 한 곳에 묶어두고자 하는 일이 애초부터 없었기 때문에 그렇다.

海東疏 初中釋上雖有染心而常不變之義 雖擧體動而本來寂靜 故言心性常無念也

처음 가운데서, 위에서 비록 염심이 있으나 항상 불변하다는 뜻은 본체의 움직임은 본래적정하다는 것을 말한 것이다. 그래서 심성은 항상 무념이다고 하였다.

위에서라고 했는데 그 위는 여기서 위로 아홉 문단을 거슬러 올라가면 그 내용이 나온다. 즉 우리의 마음은 오염되어져 있지만 항상 불변하다는 것이다.

그러니까 중생의 몸으로 온갖 고생을 다하도록 죄업에 오염이 되어있지만 그 마음 내면에는 원래의 부처가 아무런 손상없이 그대로 존재하고 있다는 것이다.

거울에 더러운 것들이 들어가 거울을 오염시킨 것처럼 보여도 거울 그 자체는 조금도 달라진 것이 없다. 또한 파도가 아무리 바다를 요동치게 만들어도 바다는 언제나 그대로 있듯이 그 본체는 항상 적정하다는 것이다.

본각을 설명할 때 이것을 수염본각이라고 했다. 즉 중생을 따라다니는 부처지만 그 속에는 본각인 지정상과 부사의업상의 공덕은 늘 상주해 있다고 한 그것이다.

ⓜ 무명의 緣

起信論 以不達一法界故 心不相應 忽然念起 名爲無明

일법계를 요달하지 못하면 마음이 상응하지 못해 홀연히 망념이 일어난다. 그것을 이름하여 무명이라고 한다.

법계는 하나다. 즉 세상은 한 덩어리다. 그러나 범부는 세상을 천차만별로 나눈다. 결코 하나로 보지 못한다. 그것은 원래의 자기 마음과 별도로 움직인다는 말이다.

부처는 세상을 하나로 본다. 그런데 범부는 그렇지 않다. 그래서 분별이 나온다. 분별은 생각을 바탕으로 해 있다. 그 생각이 바로 망념이다. 망념은 원래 없던 것이었는데 마음이 분별하기 시작하면 흙먼지처럼 일어난다. 그것이 무명이다고 했다.

세상을 정확하게 보지 못해서 망념이 일어난다고 했다. 그 망념이 무명이다고 했을 때, 그 무명은 어리석음이기 때문에 그것을 기준으로 세상을 보면 세상이 똑바로 보이지 않는다. 그것은 꼭 눈이 침침해서 무엇인가가 잘 보이지 않을 때 더 정확히 보려고 눈을 비벼 눈동자에 염증을 일으키고 보는 것과 같다.

第二中言心不相應者 明此無明最極微細 未有能所王數差別 故言心不相應

두 번째 구절에서 말한 마음이 불상응한다는 것은 무명이 최극으로 미세하여 능소와 왕수의 차별이 있지 않음을 밝힌 것이다. 그래서 마음이 불상응한다고 하였다.

상응은 무엇인가와 맞아떨어지는 것을 말하고 불상응은 무엇인가와 안 맞아떨어지는 것이라고 했다. 여기에서 무엇인가는 우리의 원래 마음인 본각진성이다.

본각진성은 항상 적정하다. 그런데 거기에 무명풍이 불기 시작하면 굴뚝에 연기가 피어오르듯이 우리의 마음은 망념을 일으키기 시작한다.

그렇게 만드는 그 무명은 미세하기가 지극히 미세하다. 그렇기 때문에 그것이 비록 작용을 한다고 해도 세력을 얻기 전에는 주관과 객관, 그리고 왕수와 심소의 차별을 감지하지 못한다.

주관과 객관은 능소를 말하고 왕수와 심소는 마음의 분별작용을 말한다. 즉 아려야식에서 무명이 작용은 하되 전식이 나오기 전을 말하는 것이다.

먼지 중에서도 큰 먼지가 있고 미세먼지가 있으며 초미세먼지가 있다. 큰 먼지는 털어버리고 미세먼지는 닦아내면 된다. 그러나 초미세먼지는 보이지도 않고 느낌도 없다.

그 초미세먼지가 사람의 폐를 피폐하게 만든다. 그것은 정말 위험하다. 그래서 대처하기가 쉽지 않다. 그처럼 극미세한 무명도 중생을 생사의 위험에 빠뜨린다. 그러나 그것을 대처하기가 정말로 만만치 않다는 것이다.

海東疏 唯此爲本 無別染法能細於此在其前者 以是義故說忽然起

오직 그것이 근본이 된다. 다른 염법으로써 이보다 미세하여 그 앞에 있는 것이 없다. 이런 뜻이기에 홀연히 일어난다고 한 것이다.

무명은 상대해 다스리기가 정말로 어렵다. 그것이 쉽게 대치對治되는 것이라면 왜 중생이 있겠는가. 모두 다 무명을 제거하고 부처가 되었을 것이다. 하지만 중생이 이렇게 부지기수로 많이 있다는 것은 그 무명을 범부의 재간으로써는 어떻게 할 수가 없기 때문이다.

그 이유는 세상천지에 이것보다 더 미세하고 극세한 것은 없어서 그렇다. 눈에 보이는 적은 공격하기도 쉽고 방어하기도 용이하지만 예고없이 달려드는 이 초극미한 무명은 그 어떤 악성바이러스보다도 더 은밀하게 움직인다. 그래서 홀연히 일어난다고 했다.

홀연히라는 말은 징후와 예측이 불가능하다는 것이다. 자신의 허점을 전혀 느끼지 못할 때 이미 공격당해버리기 때문에 어떻게 손을 쓸 시간과 여유가 없는 것이다.

정신을 차려보면 이미 중생으로 만신창이가 되어 있고 천근같은 죄업이 내 목줄을 사정없이 옥죄고 있는 현실에 있다. 그렇다고 해서 자기가 그 무명에 뒤덮여 있다고 생각하는 줄 아는가. 천만의 말씀이다. 자기는 누구보다도 늘 똑똑하고 자유롭다고 한다. 그것이 문제라는 것이다.

如本業經言 四住地前更無法起 故名無始無明住地

본업경에서 말씀하시기를, 四주지 앞에는 다시 법이 일어남이 없기 때문에 무시의 무명주지라 한다고 하셨다.

본업경은 보살영락본업경의 준말인데 중요한 대승경전이다. 이 경 하권에 보살이 받아 지니는 삼취정계와 10중금계가 있다. 그래서 **범망경**과 함께 대승계의 근본이 들어 있다고 하여 대승불교에서 대단히 존중히 여기는 경전이다.

원효성사가 이 경전에 대하여 해설서 두 권을 쓰셨는데 다행히도 그것이 **본업경소**라는 이름으로 현재까지 온전하게 내려오고 있다.

四住地사주지는 중생이 삼계로 떠돌아다닐 수밖에 없는 네 가지 큰 바탕번뇌다. 즉 견일체주지 욕애주지 색애주지 유애주지인데 여기에다 무명주지를 보태면 5주지가 된다고 앞에서 이미 설명하였다.

무명은 모든 번뇌의 원천이 되고 근본이 된다. 그래서 四주지 앞에는 그 어떤 번뇌도 없다고 하신 것이다. 즉 四주지 앞에 무명이 있다는 말씀을 완곡하게 표현한 강조어이다.

海東疏 是明其前無別爲始 唯此爲本 故言無始 猶是此論忽然義也

이것은 그 앞에 별다른 시초라는 것이 없고 오직 근본이 되는 것을 밝히신 것이다. 그렇기 때문에 무시라고 하신 것이니, 이것은 이 논에서 홀연히 라는 뜻과 같다.

세상은 밝다. 그런데 눈을 감아버리면 세상은 깜깜하다. 그 상태에서 길을 떠난다. 그러면 시궁창에 처박힐 것이고 어떤 때는 가시덤불 속을 헤맬 것이다. 그러다가 초원을 걷기도 하고 또 남에게 부딪쳐 얻어맞기도 할 것이다. 그러다가 꽃이 핀 꽃길을 걷기도 할 것이다. 이것이 바로 범부가 육도를 윤회하는 과정이다.

그런 과정의 삶을 만드는 것은 근본무명 때문이다. 근본무명을 갖고 있는 한 우리의 삶은 눈을 감고 살아가는 것과 같다. 그래서 언제나 세상을 촉으로 더듬고 감으로 느끼려고 한다. 그것은 비록 눈을 뜨고 있어도 당달봉사처럼 아무것도 정확히 볼 수가 없기 때문이다.

그래서 범부가 살려고 발버둥치는 행위들은 전부 무명에서 비롯된 것이기 때문에 그 결과가 그렇게도 쓰고 떫은 生死가 되는 것이다.

그렇다면 그 생사의 시작은 언제부터였는가. 창조주를 믿는 사람들은 그 신이 인간을 만든 시점부터 시작되었다고 한다. 그것을 **본업경**에서는 무시라고 하셨고 **기신론**에서는 홀연히 라고 하였다.

海東疏 此約細麤相依之門說爲無前 亦言忽然起 非約時節以說忽然起

그 말씀은 세추는 서로 의존해 있다는 문으로 보았을 때 그 앞에 없다고 하신 것이며, 또한 홀연히 일어난다고 하신 것이다. 그것은 시절로 보아 홀연히 일어난다는 말은 아니다.

세추는 삼세육추를 말한다. 물론 이것은 세 개와 여섯 개로 나눠지지만 모두 다 서로 연결되어져 있다. 그 맨 처음 시작이 바로 무명이다. 무명은 無始이기 때문에 시작이 없다고 했다.

모든 숫자는 연결되어져 있다. 그 숫자를 거슬러 올라가면 1이 나오고 그 1은 0에서 부터 시작된다. 그 0 앞에는 아무 숫자도 없다. 그렇다면 그 0은 어디서 나오는 것일까. 그 0은 영원에서 시작된다.

세상은 천차만별로 각양각색이다. 그것들을 다 끌어 모아 근원으로 들어가면 시작없는 시작이 나온다. 거기가 바로 무시다. 그러므로 영원과 무시는 시작이 없다.

그렇다면 세상은 처음에 어떻게 생겨났단 말인가. 모든 원시종교에서는 자기들의 신이 세상의 천지만물을 창조했다고 한다. 그래서 그 신을 창조신이라고 한다.

세상에는 그런 창조신들을 부족마다 다 가지고 있다. 그래서 그들의 부족이 다른 신을 믿지 못하도록 나는 질투하는 신이니 조심하라고 했다. 그렇다면 불교는 뭐라고 할까. **능엄경** 말씀이다.

"이 세상은 어떻게 생겨났습니까?"
"홀연히 생겨났다."

홀연히 라는 말은 범부가 미처 상상하지 못하는 사이에 일어나는 사건을 말한다. 봄이 오면 아무것도 없는 벌판에 새싹이 돋아난다. 하지만 그 새싹은 봄과 함께 시작되므로 우리가 예견할 수 있다. 하지만 무명은 시절을 초월해 있다. 그래서 시절에 구애받지 않고 일어나므로 홀연히 일어난다고 하셨다.

海東疏 此無明相 如二障章廣分別也

이 무명의 모습은 저 이장장에서 널리 분별해 놓았다.

二障章이장장은 원효성사가 쓰신 논서 중에 하나다. 다행히 원문 그대로 아직 남아 있다. 성사는 **해심밀경**과 **유가사지론** 같은 유식계통의 이론과 그 사상을 바탕으로 二障 세계를 확실하게 정립하셨다.

二障은 물론 번뇌장과 소지장이다. 중생의 번뇌와 습기에 대해 심도있게 해설하고 그것을 보살이 어떻게 끊어 없애는지 그 방법을 상세하게 기록하셨다.

이 **이장장**은 그분이 아주 초기에 쓰신 저술인 것 같다. 그분이 쓰신 **열반경종요 금강삼매경론** 등에서 지금 **해동소**에서 언급하시는 것처럼 말씀하시고 있기 때문이다.

<u>海東疏</u> 是釋上言自性淸淨而有無明所染有其染心之句
이것은 위에 자성은 청정하지만 무명으로 오염되어 있어서 염심이 있다는 구절을 풀이한 것이다.

논리라는 것은 생각이나 추론이 지녀야 하는 원리나 법칙이다. 그런데 위의 말은 그 원리나 법칙에 완전 어긋난다. 그러므로 이것은 수학도 아니고 논리도 아니다. 수학이면 좌우의 등식이 맞아야 하고 논리라면 앞뒤의 이치가 맞아야 한다.

그러므로 위 말씀은 전혀 맞지 않다. 자성은 청정하지만 그 마음은 오염되어 있다는 말은 하얀색인데도 검은 색이라는 말과 같다. 그러므로 전혀 이치에 합당하지 않다.

불은 어둠이 되지 않는다. 불이 없을 때 주위가 어둠에 파묻히는 것이지 불 그 자체가 어둠이 될 수는 없다. 불은 불이고 어둠은 어둠이기 때문에 이 둘은 서로 양립할 수 없다.

부처와 중생이 바로 이런 관계다. 자성이 청정한 부처지만 오염에 떡칠되어 있는 중생이라는 것이다.

여기서 다시 의문을 일으킨다. 어떻게 부처가 오염이 될 수 있단 말인가이다. 이것은 정말 불가사의한 일이다. 그렇지 않고서야 어떻게 부처가 중생이 될 수 있는가 하는 것이다.

別記 但除染心從麤至細 能令根本無明隨有漸捨漸輟之義 爲是義故 無明治斷在後方說

다만 염심을 없애려면 거친 것에서 미세함에 이르기까지 근본무명이 있는 곳을 찾아 차례로 버려야 한다. 점차적으로 그친다는 뜻이 이 뜻이다. 무명을 치단하는 방법은 뒤에 바야흐로 설할 것이다.

달고 시원하던 우물물이 언젠가부터 이상한 냄새가 나고 물맛이 떨어진다면 그 원인을 찾아보아야 한다.

그러면 우물물을 퍼내야 한다. 한 두레박 두 두레박으로 계속해서 퍼내어야 한다. 그렇게 우물 밑바닥까지 퍼 내려가야 한다. 이것이 바로 거친 마음으로부터 미세한 마음으로 나아가는 과정이다.

그러면 결국 바닥이 보이고 그 원인을 찾게 된다. 만약에 어디서 오염된 물이 우물 속으로 들어오는 것이 보이면 그것을 차단한다. 그 차단이 여기서 말한 치단治斷이다. 그렇게 하고 나면 다시 달고 시원한 우물물을 마실 수 있다.

　치단은 무명을 다스려 끊는다는 말이다. 이 말은 병들어 있는 자기 몸을 서서히 치유해 가는 것과 같다. 세상에 이것만큼 시급하고 중요한 것이 뭐가 있단 말인가. 그것이 바로 부처님의 가르침대로 자신을 살리는 길이다. 그 방법은 뒤에서 자세히 설해주실 것이다.

ⓑ **육염심**

起信論 染心者有六種 云何爲六 一者執相應染

오염된 마음에는 여섯 종류가 있다. 무엇이 여섯이 되느냐. 첫째는 집상응염이다.

　세상이 하도 오염이 되어 있다 보니 마음이 오염되어 있다고 해도 그리 놀라지 않는다. 물이 오염되면 썩듯이 마음이 오염되면 살 수가 없다. 그래서 누구나 다 죽는다.

　해양이 오염되면 인간이 못산다고 피켓을 들고 마이크로 소리소리 지르지마는 인간은 이미 제 명대로 다 못살게 되어 있다. 산천이 오염된다고 환경단체가 저리 난리를 치지만 시민단체 누구 하나 마음이 오염되면 죽는다는 사실은 섬뜩하게 경고하지 않는다.

　토양은 오염되어도 얼마간의 세월이 지나가면 자연회복이 된다. 하지만 마음이 한번 오염되면 자체회복이 되지 않는다. 계속해서 그 오염을 증가해 나가다가 결국 지옥의 고통을 맛보게 된다.

　지옥의 고통으로 그 오염이 다 벗겨지느냐 하면 그것도 아니다.

육도를 돌아다니면서 다시 오염에 물들고 다시 벗겨내곤 한다. 그 오염을 일으키는 DNA가 마음에 들어 있는 한 중생은 끊임없이 육도의 고통세계에서 자맥질한다.

오염된 물을 마시면 금생에만 죽는다. 오염된 마음을 쓰면 세세생생 죽어야 한다. 그러나 사람들의 수준은 자기 몸을 기준으로 살아가기 때문에 마음의 세계에까지 들어가지를 못한다.

어쨌거나 오염된 마음에는 여섯 단계가 있다고 했다. 첫째가 집상응염인데, 이것은 마음이 집착과 잘 맞아떨어지도록 오염이 되어 있다는 뜻이다. 그들이 누구일까. 바로 우리 같은 범부들이다.

접착제는 무엇과도 잘 붙는다. 한번 붙으면 결코 떨어지지 않는다. 그것을 상응이라고 한다. 그러므로 범부는 집착과 찰떡같은 카르텔을 가지고 있다. 접착제는 자기와 성질이 맞는 것만 잡아당기지마는 범부의 마음은 아무것이나 집어삼키려 하는 황소개구리처럼 눈에 보이는 것은 모두 다 잡아당긴다.

그러므로 범부의 눈길을 피할 수 있는 것은 없다. 좋으면 좋은 대로 집착하고 안 좋으면 안 좋은 대로 집착한다. 좋은 것은 가지고자 집착하고 안 좋은 것은 버리고자 집착한다. 중간치는 다음에 쓰려고 자기도 모르게 마음에다 깊이 담아 둔다.

그래서 범부의 마음은 야간에 서치라이트처럼 한시도 쉬지 않고 모든 것을 훑고 있다. **아함경** 말씀이다.

From affection grief arises.
From attachment grief arises.

From lust grief arises.

From craving grief arises.

애착으로부터 슬픔이 일어난다.

집착으로부터 슬픔이 일어난다.

욕망으로부터 슬픔이 일어난다.

갈망으로부터 슬픔이 일어난다.

이것을 누가 모르는가. 다 알고 있다. 그러나 범부는 애착과 집착 욕망과 갈망을 일으키지 않을 방법이 없다. 모두 다 자신이 의도적으로 행동하는 것이 아니라 피동적으로 그렇게 행해지는 정신작용이기에 그렇다. 그것이 문제다.

항생제내성이라는 것이 있다. 항생제를 반복적으로 쓰면 약효가 저하된다는 의료용어다. 하지만 누가 쓸데없이 항생제를 과다로 쓰고자 하겠는가. 병이 깊어서 피할 수 없이 과다하게 처방받아야 하는 상태가 되면 그것을 받아들여야 하듯이 범부가 자신을 먹여 살리려고 한다면 어쩔 수 없이 위 네 가지 집착심을 일으킬 수밖에 없게 된다는 것이다.

起信論 依二乘解脫 及信相應地遠離故

이것은 이승의 해탈이나 신상응지를 의거해야 멀리 벗어날 수가 있다.

이승은 성문과 연각이다. 성문의 해탈은 아라한이고 연각의 해탈은 작은 부처다. 똑같은 물이지마는 바다와 호수, 그리고 연못이 있 듯이 다 같은 열반이지만 작은 열반과 큰 열반이 있다.

작은 열반은 소승의 열반이고 큰 열반은 대승의 열반이다. 작은 열반은 연못과 호수 같은 것이고 큰 열반은 바다와도 같다. 작은 열반의 공통점은 모두 큰 열반으로 나아가다가 중간에서 멈춰버린 상태라는 것이다.

그들이 큰 열반인 바다로 들어가려면 또 다른 물을 받아들여야 한다. 그러면 물이 넘쳐서 흐르기 시작한다. 그것이 바로 대승의 작용이다. 대승은 다른 중생들을 내 몸처럼 가슴에 품으려고 한다. 그것은 큰 열반으로 나아가기 위해서이다.

문제는 작은 열반이나 큰 열반이나 다 같은 열반인데 뭐가 문제란 말인가이다. 어차피 생사는 벗어나 있는데 작은 열반인들 뭐가 어때서 자꾸 큰 열반을 말하는가 하는 것이다.

그것은 공덕과 기능의 차이에 있다. 작은 물에는 작은 고기가 살고 큰물에는 큰 고기가 살듯이 작은 열반에는 작은 공덕이 있고 큰 열반에는 큰 공덕이 있다. 아이들에게는 작은 돈도 큰돈이지만 어른들은 작은 돈으로는 좋고 큰 것들을 살 수가 없다.

작은 집은 그 기능이 작다. 어린이들은 작은 집에서 살아도 전혀 불편한 점이 없지만 어른들은 작은 집에 살면 답답하다. 그래서 어떻게든 큰 집으로 이사를 가고자 한다.

큰 집이거나 작은 집이거나 비를 피하는 것은 똑같지만 작은 집은 혼자서 살아야 하고 큰 집은 여럿이 어울려 살 수 있다. 작은 집은 언제나 외톨이로 있어야 하지만 큰 집은 축제와 연회가 열려 늘 사람들이 북적거린다.

그렇다고 이승의 열반이라 해서 얕보아서는 안 된다. 그분들의 열반도 사실 굉장한 차원이다. 비록 바다는 아니지마는 큰 호수와 같아서 마르지를 않는다. 그러므로 그 속에는 온갖 공덕의 생명들이 끊임없이 살아 숨 쉬고 있다.

우리는 흔히 범부가 집착을 하지 않으려 한다면 그렇게 할 수 있다고 하지만 그것은 절대로 불가능하다. 그 이유는 집착은 이승의 해탈이나 신상응지가 되어야 떨어지기 때문이다.

起信論 二者不斷相應染 依信相應地修學方便 漸漸能捨 得淨心地 究竟離故

둘째는 부단상응염이다. 신상응지를 의거해 방편을 수학해서 점점 버리다가 정심지를 얻게 되면 완전히 벗어나게 된다.

부단상응염은 끊지 못하게끔 오염되어 있다는 뜻이다. 이것은 상속식이다. 뭘 끊어버린다는 것이냐 하면 대대로 이어 온 죄업과 악습이다. 이것은 범부가 무슨 수를 쓰더라도 끊지 못한다는 것이다.

나쁜 기억을 갖고 있는 사람들은 어떻게든 그것을 잊어버리려고 한다. 하지만 그렇게 되지 않는다. 결코 잊을 수 없다. 설사 거친 마음의 의식작용에서는 잊었다 하더라도 그 내면에는 고스란히 잠재되어 있다.

금생에 배운 담배하나도 결단력이 없으면 끊지 못한다. 그런데 어찌 수억 만겁을 살아오면서 축적한 죄업과 악습을 쉽게 끊어버릴 수 있겠는가. 완전 불가능한 일이다.

범부가 죄업을 참회하면 업장이 녹는 것인가. 범부가 선업을 행하면 지은 죄업이 없어지는 것인가. 아니다. 절대로 그럴 리는 없다. 이미 인과가 맺어진 죄업은 없어질 수가 있다. 즉 상대가 있는 죄업은 받아야 한다. 그것은 불가항력이다.

그렇다면 어떻게 해야 그 죄업을 끊어버릴 수가 있는가. 그것은 신상응지부터 6바라밀을 수학해서 정심지에 올라가야 끊을 수 있다.

얼마 동안 6바라밀을 수행해야 한단 말인가. 장장 1대겁아승기야의 세월을 수행해야 한다. 실로 어마어마한 시간이다. 해운대 바닷가 모래 하나가 1억만년이라면 그 모래 다를 더하고 곱해도 안 되는 무량한 세월이다.

"죽으면 죽었지 그렇게 오래도록 수행은 못합니다."
"나도 그렇다. 그렇게 오랫동안은 나도 못한다."

하지만 걱정할 필요는 없다. 생사를 벗어나야 되겠다는 확고한 의지만 있으면 무량한 죄업을 갖고도 단숨에 이 1대겁아승기야를 뛰어넘는 특별한 방법이 있다. 그것을 알기 위해 이 **기신론해동소**를 배우는 것이다.

정심지는 10지의 초지다. 이것을 **화엄경**에서는 환희지라고 하고 **현량론**에서는 정승의락지라고 한다고 했다. 이 정도 올라가야 범부의 가슴속에 들어 있는 죄업의 상속이 떨어진다.

정심지라는 말은 중생의 삶 속에서 오염되어 온 억만 겁의 죄업이 사라져 마음이 깨끗해진 자리라는 뜻이다. 그래서 세상에서 제일 큰 기쁨을 누린다는 의미로 환희지라고 했고 더 없는 즐거움이 일어난다고 해서 정승의락지라고도 한다고 **혈맥기** 1권에서 말한 적이 있다.

起信論 三者分別智相應染 依具戒地漸離 乃至無相方便地究竟離故

셋째는 분별지상응염이다. 구계지를 의거해 점점 떠나다가 무상방편지에 다다르면 완전히 벗어나게 된다.

분별지상응염은 분별지와 맞아떨어지게끔 오염되어져 있다는 것이다. 분별지는 7식이다. 7식은 세상을 분별한다. 생멸하고 변화하는 物心의 모든 현상을 분별하는 세속지혜를 분별지라고 한다.

눈을 비비면 헛꽃이 난무한다. 그것을 나름대로 명제를 세우고 분석한다. 그리고 그것이 무엇이다고 정의를 내린다. 그런 사람이 있다면 그 사람은 바보다. 왜냐하면 그 헛꽃은 가짜이기 때문이다.

세상도 마찬가지다. 모두 다 내 오염된 마음에서 나타난 물상들이다. 그것을 연구하고 분석하고 정의를 내린다. 범부들은 그런 사람들을 보고 똑똑한 사람이라고 한다. 과연 똑똑한 사람들일까. 우리가 보면 그 사람들은 바보들이다.

그렇게 분별하는 분별지를 갖고서는 살 수가 없다. 살려고 분별지를 쓰지만 도리어 그 분별지 때문에 죽는다. 그래서 범부는 心意識을 씀으로 해서 죽는다고 하는 것이다.

그렇다면 심의식을 쓰지 않으면 살 수 있단 말인가. 그렇다. 심의식은 분별을 먹이로 팽창하는데 분별을 하지 않으면 먹이공급이 되지 않는다. 그래서 영원히 살 수가 있다.

그럼 범부가 분별을 하지 않을 수 있는가. 절대 불가능하다. 분별은 범부의 아이콘이다. 분별은 범부를 있게 만든다. 분별을 하지 않으면 이미 범부가 아니다. 그런데도 절에서는 언제나 분별하지 말라고 한다.

"분별을 멈추십시오."
"전혀 영양가 없는 말씀!"

분별은 삼현보살을 뛰어넘어 십지에 들어가 구계지를 넘어서야 점점 없앨 수 있다. 그러다가 무상방편지에 다다르면 완전히 없어진다.

구계지는 10지 중에서 2지인 이구지다. 이구지는 번뇌의 작용을 완전 떠난 자리다. 거기서 발광지와 염혜지 난승지 현전지를 넘어가면 원행지가 나온다. 그 원행지에 들어가야 드디어 분별지가 떨어진다.

그러니까 범부가 살려고 익혀 온 모든 지식작용은 10지 중에서도 절반이 넘은 제7지에 들어가야만 완전히 없어지게 된다. 그만큼 그 뿌리는 질기고 옹골차게 중생의 마음에 깊이 쌍 박혀 있다.

문신은 나를 멋지고 특별하게 만들어 준다. 야생적이고 매력지게 보이도록 한다. 그런데 그것을 지우기가 여간 어려운 일이 아니다. 그처럼 범부세계에서 자칭 똑똑하다고 하는 사람들은 그 학습의 잉크물을 제거하기가 이렇게도 힘이 든다는 것이다.

起信論 四者現色不相應染 依色自在地能離故

144

네 번째는 현색과 맞아떨어지지는 않으나 오염되어져 있다. 그것은 색자재지에 의하여 완전히 떠나게 된다.

현색은 현식에 나타난 색상이다. 색상은 색깔과 모양을 말한다. 그러니까 이 정도의 계위까지 올라가야 눈앞에 보이는 세상의 유혹에 끌리지 않는다. 화산이 폭발하고 벼락이 떨어져도 눈 하나 깜짝하지 않는 자리다.

이것은 꼭 눈앞에 펼쳐진 텔레비전에서 요란한 폭발장면이 나오면 아이들은 놀라서 기겁을 하지만 어른들은 아무렇지 않게 받아들이는 것과 같다. 그렇게 실체가 없는 형상이나 소음에 마음을 두지 않는다고 해서 색자재라고 한다.

범부와 현자를 넘어 성자인 10지 중에서도 제8지가 되어야 세상의 모든 색상으로부터 자유로울 수가 있다. 배고픈 덩개 눈에는 덩이 맛있게 보이지마는 인간은 더럽다고 멀리 피해버린다. 덩에 아무런 미련이 없이 멀리 피해버릴 정도로 수준이 높아졌다는 것이다.

배고픈 인간들은 불량음식이라도 먹어야 되지만 그렇지 않은 사람은 거들떠보지도 않는다. 아무리 많은 곡식을 쌓아 둔 개미집이라 하더라도 그것은 개미에게의 재산이지 인간에게는 하등 필요없는 부스러기인 것처럼 지혜와 복덕이 충만한 자들은 세상의 허드레 물상에 전혀 관심이 없다. 그 정도가 바로 색자재지다.

색자재는 두 가지 면이 있다. 세상에 대한 초연함과 자신에 대한 둔갑이다. 이 둔갑은 관세음보살만 하더라도 32가지 모습으로 자유자재하게 바꾼다.

그런 보살이라 하더라도 세상은 세상으로 보인다. 그렇게 보인다는 것은 아직도 그 마음이 오염되어 있다는 뜻이다. 그래서 마음에 의해서 세상이 나타나기 때문에 현색과는 상응하지 않지마는 그 마음은 오염되어져 있다고 하는 것이다.

起信論 五者能見心不相應染 依心自在地能離故

다섯 번째는 능견심과 맞아떨어지지는 않으나 오염되어져 있다. 그것은 심자재지에 의하여 능히 벗어날 수 있다.

능견심은 주체인 내 자신이다. 내 자신을 내 마음대로 할 수 있는 계위는 심자재 위에 올라섰을 때라야 가능하다. 그 전에는 천하없는 방법이나 세상없는 기술로도 자기 마음을 어떻게 할 수가 없다.

텔레비전 속에 아름다운 여자가 비키니를 입고 매혹적인 춤을 추거나 맹수가 튀어나와 으르렁거려도 색자재지를 증득한 보살은 거기에 관심이 없다고 했다. 그것은 진짜가 아니라 가짜기 때문이다고 했다.

심자재지는 여기서 한 단계 더 올라간 층계다. 색자재는 대상이고 심자재는 주체다. 이제 주체까지도 마음대로 조절하는 단계다.

이 사실로 보면 범부가 자신의 마음을 어쩌지 못하는 것은 너무나도 당연한 일이다. 그런데도 범부는 자신의 마음을 컨트롤하려고 한다. 그것은 불가능하다. 절대 불가능하다.

자신의 콧등을 자기 혀로 닦지 못하는 동물은 없다. 그러나 인간은 그것조차 하지 못한다. 그것이 범부의 한계다. 그런 재주로 어떻게 이 단계까지 넘볼 수 있단 말인가. 언감생심이다.

起信論 六者根本業不相應染 依菩薩盡地 得入如來地能離故

여섯 번째는 근본업과는 맞아떨어지지는 않으나 오염되어져 있다. 그것은 보살진지에 의거해 여래지에 들어가야 완전히 벗어날 수 있다.

근본업은 무명의 작업이다. 이 단계까지 올라오면 무명이 어떻게 활개를 칠 수가 없다. 태양이 없으면 어둠이 나타나듯이 무명은 지혜가 없을 때 나타난다.

이제 오염의 근원인 어둠이 없어져 버리면 드디어 혁혁한 밝음만 찬란히 빛난다. 그 단계가 부처의 자리다.

그러므로 부처는 오염이 없다. 오염이 없으니 밝음만 있다. 그 밝음이 불이고 그것을 가르쳐 준 것이 불교다. 즉 자신 속에 들어 있는 불을 일으켜 어둠의 무명을 밀어내도록 하는 것이 바로 불교의 가르침인 것이다.

그런 불교가 사람들에게 무시와 천대를 당하고 있다. 이것은 불교를 그렇게 대하는 것이 아니라 결과적으로 자신 속의 본각진성을 그렇게 홀대하고 있는 것이다. 그러니 어떻게 세상이 밝아지고 맑아지겠는가.

세상이 밝고 맑아지는 가르침을 등지고자 하는 자들이 이 세상에 득세하는 이상 이 중생세계는 언제나 어둡고 칙칙할 수밖에 없다. 이런 사람들과 정의를 논하고 공정을 말하면서 아득바득 살아가느니 차라리 이런 인간들이 사는 오염된 세상으로부터 벗어나고 싶은 생각은 정녕 없는 것인가.

海東疏 第三明染心諸緣差別 於中有二 總標 別釋

세 번째는 염심의 여러 인연이 되는 차별을 밝혔다. 그 중에 둘이 있다. 모아서 드러낸 것과 따로 풀이한 것이다.

이제 세 번째가 나왔다. 위에서 生死를 하는 여섯 가지 인연차별을 광범위하게 나타낸다고 하였다.

첫 번째는 심성의 원인이 되는 체상을 밝힌 것이고, 둘째는 무명이 되는 반연의 체상을 나타내었다. 이제 이것이 세 번째가 된다.

이 대목을 설명하는데 두 방면이 있다. 먼저는 오염이라는 것 전체를 모아서 밝히고 뒤에는 하나하나 떼어서 설명하겠다는 것이다.

문장 첫 머리에 오염된 마음에는 여섯 종류가 있다고 한 것이 바로 전체를 모아서 밝힌 부분이 된다.

海東疏 別釋之中 兼顯治斷 此中六染 卽上意識并五種意

따로 풀이한 중에서는 겸해서 치단도 나타내었다. 그 중에서 六染은 곧 위에서 말한 의식과 다섯 가지 意다.

따로 풀이한 것은 여섯 가지를 나누어서 풀이했다는 말이다. 그러면서 동시에 치단도 함께 설명하였다는 것이다.

치단은 오염의 농도에 따라 다스려 제거하는 방법이다. 빨래를 할 때 오염의 상태가 비교적 덜한 것은 물로 씻으면 깨끗해진다. 하지만 좀 더 심하면 비누로 빨고 더 심하면 화학세제로 빨아야 한다.

오염이 극심한 것은 삶아야 하고 더 심하면 락스에 담가 놓았다가 삶아서 빨아야 한다. 그러면 원래의 천색이 그대로 드러나게 된다.

우리의 마음은 오염에 범벅되어 있기 때문에 그 어떤 방법으로도 제거가 되지 않는다. 그러나 딱 한 가지 특별한 방법이 있다. 그 방법만 사용하면 아무리 더럽고 추잡하게 오염된 상태라도 아주 깨끗하게 지워버릴 수 있다. 그것을 가르쳐 줄 것이다. 천하없어도 그 방법 외에는 없다. 그러니 이상하게 지우려 하거나 다른 곳을 기웃거려서는 안 된다.

다섯 가지 意는 업식 전식 현식 지식 상속식이다. 그리고 마지막 하나가 의식이다. 이 여섯 가지의 識을 상대로 六染이 정립되었다.

海東疏 但前明依因而起義故 從細至麤而說次第 今欲兼顯治斷位 故 從麤至細而說次第

단 앞에서는 因을 의거해 뜻을 말하다 보니 세로부터 추로 내려왔고 지금은 치단의 계위를 나타내려 하다 보니 추로부터 세로 올라가는 단계로 설명하고 있다.

앞은 9相次第다. 구상차제는 미세한 번뇌로부터 거친 번뇌에 이르는 과정이다. 즉 무명업식을 선두로 전식 현식 지식 상속식 의식의 순서다. 세細는 미세를 말하고 추麤는 거침을 뜻한다.

거기서는 중생이 쓰는 의식의 원천이 어딘지를 알기 위해 그 원인을 찾다보니 미세한 것으로부터 거친 것으로 내려오게 되었다. 이 뜻이 바로 위 글에서 말한 첫 번째 문단이다.

그러나 지금은 그 반대로 추에서 세로 올라가는 반대의 과정을 말하고 있다. 이것이 바로 추에서 세로 올라간다는 말이다. 그 이유는 오염을 제거하는 방법까지 설명하기 위해서이다. 그것이 뒤 문장이다.

오염은 현실세계에서 인식되어야 한다. 중생이 왜 고통 받는지 그 이유를 설명해야 오염이 이해되기 때문에 가장 밑바닥에 있는 범부의 상태를 먼저 언급하지 않을 수가 없기에 그렇다.

海東疏 第一執相應染者 卽是意識 見愛煩惱所增長義麤分別執而相應故

첫 번째 집상응염자는 곧 의식이다. 견애번뇌가 증장되어 거친 분별로 집착하는 것과 상응하기 때문이다.

이것이 우리다. 우리는 지금 집상응염에 있다. 그래서 의식을 쓰고 있다. 의식은 견애번뇌를 증장시킨다.

견애는 소견과 애착이다. 見은 정신적이고 愛는 물질적이다. 이 둘은 범부로써는 어떻게 할 수가 없다. 저급한 의식을 쓰고 있는 범부로써는 견애로부터 자유로울 수 없다.

6식을 쓰고 있는데 見愛로부터 벗어나라고 하는 스승이 있다. 그런 스승은 가짜다. 즉 범부에게 자기를 버리라고 하던지 애착하지 말라고 하는 자가 있다면 그 사람은 범부를 몰라도 한참을 모르는 반거충이다.

범부는 범부기 때문에 그렇다. 그러므로 범부는 견애의 번뇌를 일으키게 되어 있다. 그런데도 그렇게 하지 말라는 것은 소에게 되새김질을 하지 말고 가만히 있어라고 하는 것과 같다. 소는 되새김질을 해야 소인 것처럼 범부는 견애의 번뇌를 일으켜야 지극히 정상적인 인간이 되는 것이다.

인간으로부터 벗어나고 싶은가. 그때 불교가 그 사람에게 필요하다. 인간으로 그냥 살고 싶은가. 그런 사람들은 지금처럼 견애에 묶인 삶을 살면 된다.

선택은 본인에게 달려 있다. 그러나 분명한 것은 내면에 복이 쌓이면 견애의 삶으로부터 반드시 벗어나고자 한다는 것이다. 그럴 때 불교가 다가오고 그 불교는 그런 사람들을 더 좋고 더 멋진 세상으로 이끌어 가는 것이다.

海東疏 若二乘人至羅漢位 見修煩惱究竟離故 若論菩薩 十解以上 能遠離故

이승의 사람들은 나한의 계위에 오르면 견수번뇌를 완전히 벗어난다. 보살로 말할 것 같으면 십해 이상이 되어야 그것으로부터 완전히 벗어난다.

이승은 성문과 연각이라고 했다. 성문의 최고 지위가 아라한이라고 했다. 그들은 그 위에 어떤 계위도 없다. 그러므로 그들의 최고 이상향인 아라한에 오르면 그들이 갖고 있는 소견과 탐애는 완전히 없어진다고 한다. 그것이 그들의 열반이다.

아이들이 최고로 좋아하는 음식은 짜장면과 아이스크림이다. 그것만 주면 그들은 최고의 행복에 젖어든다. 그러나 어른은 다르다. 어른은 그것으로 만족하지 않는다. 그 어른이 바로 대승의 수행자들 이다.

반드시 기억하고 있어야 하는 것은 소승의 최고경지인 아라한은 대승의 십해보살의 수준이라는 사실이다. 그것을 잊지 말아야 한다.

그러므로 이승들의 열반은 대승으로 봤을 때 덜 완성된 열반이다. 조금이라도 방심하면 견애번뇌에 빠질 수가 있다. 그 열반의 상태를 유지하고자 하면 계속해서 정진 속에 있어야 한다. 그래서 **증일아함 경**에 그들은 오로지 정진하고 있다고 말씀하신 것이다.

海東疏 此言信相應地者 在十解位 信根成就 無有退失 名信相應
여기서 말한 신상응지는 십해의 계위에 있다. 거기는 신근이 성취되어 퇴실함이 없다. 그래서 신상응이라고 한다.

신상응지는 믿음과 맞아떨어진 지위라는 뜻이다. **혈맥기** 1권에 성 사가 믿음에 대해 설명하는 부분이 나온다. 거기에,

信根旣立
卽入佛道
入佛道已
得無窮寶

믿음의 뿌리가 내리면

불도에 들어간다.
불도에 들어가면
무궁한 보물을 얻는다.

고 하셨다.

신상응지는 믿음의 뿌리가 내린 지점이다. 그래야 불도에 들어간다. 불도는 부처가 되는 노정이다. 즉 그 길에 올라선다는 뜻이다.

불도에 들어가려면 적어도 믿음의 뿌리가 내려야 한다. 그러면 무궁한 보물을 얻는다고 하셨다. 무궁한 보물을 가지고 있지 않다면 당신은 아직도 믿음의 뿌리가 내리지 못하고 있다는 반증이다.

도자기는 일단 1000℃ 정도의 고온에 완전히 구워야 쓸 수가 있다. 굽지 않은 도자기는 모양만 도자기일 뿐 아무 쓸모가 없다. 그것은 작은 충격에도 즉시 부서지거나 흙으로 와해되어 버린다. 거기에는 아무것도 담을 수 없다.

불교신자들의 믿음은 모두 다 굽지 않은 질그릇과 같다. 언제든지 그 믿음은 와해될 수 있다. 그런 그릇에는 보물은커녕 보리쌀 한 쪽박도 담을 수 없다. 그래서 그들은 늘 바쁘게 절에 다니지마는 마음은 항상 가난하고 궁핍하기만 하다.

초등생이 각과의 전문교육을 받으려면 6년은 견뎌야 한다. 그래야 각 과목의 선생을 만나 그 과목의 학문을 받아들일 수 있다.

불교신자도 한 스승 밑에 적어도 6년은 지도를 받아야 한다. 그래야만이 불교를 받아들일 그릇이 만들어진다. 그리고서 다시 각 과목의 전문 스승을 찾아 수 억 만년 이상을 수학하면 드디어 믿음이 뿌리가 내리게 되는 길이 보인다.

그러면 세상천지를 다 준다고 해도 불도를 버리지 못한다. 왜냐하면 그 불도의 값어치가 세상 전부보다도 더 크고 더 수승하기 때문이다. 그때가 되어야 불도의 초입으로 들어가는 발심행자가 된다.

그 전에는 믿음을 굽기 위한 기초신행을 할 뿐이다. 즉 엄격히 말하면 불교를 믿는 자는 아니고 불교를 믿으려고 애를 쓰는 자에 불과하다.

스님들도 마찬가지다. 스님들 치고 부처님을 완전히 믿는 자는 없다. 있다면 그는 스님이 아니다. 그렇다면 그분들은 뭐하는 분들인가. 그분들도 열심히 부처님 말씀을 믿으려고 정진하는 분들이다.

성사는 말씀하신다. 이 신상응지에 올라가면 퇴실이 없다고 하셨다. 퇴실은 뒤로 물러남과 동시에 갖고 있던 공덕을 잃어버리는 것이다. 그러나 믿음의 뿌리가 제대로 박히면 절대로 신행으로부터 퇴실되지 않는다. 그래서 믿음이 성취되는 자리라고 한 것이다.

海東疏 如仁王經言 伏忍聖胎三十人 十信十止十堅心

저 인왕경에 복인의 성태에 들어간 자는 삼십인이다. 십신 십지 십견심이다고 하셨다.

인왕경은 당나라 불공이 번역한 **인왕호국반야바라밀다경**을 말한다. 부처님이 16국의 왕들을 모아놓고 나라를 보호하고 국민을 편안하게 하기 위해서는 반야바라밀을 수지해야 한다고 설하신 경전이다. 그래서 이 경전을 대표적인 호국경전이라고 한다.

여기서 부처님의 위대함이 돋보인다. 인류사에 나타난 보통의 성자들은 늘 군주와 맞서거나 군주에게 핍박당하였다. 대표적인 자들이 바로 노자와 공자, 그리고 예수와 마호메트 조로아스터다. 그들은 군주와 의견이 맞지 않아 축출이 되고 군주의 노여움을 사 죽임을 당하는 처지로 그 생을 끝맺었다.

그러나 부처님은 주위의 모든 왕들을 하나같이 제압하였다. 물리적인 제압이나 대중을 선동한 여론으로가 아니라 오로지 자비와 지혜로 그들을 굴복시켰다.

그분은 한 명의 병사도 없었고 한 개의 칼도 없었지만 그분이 갖고 있는 위신력과 위엄으로 절대권력을 휘두르던 주위의 16왕들을 완전히 복종시켰다. 그것은 꼭 이리들만 사는 곳에 사자가 나타나 포효한 것과 같은 위대함이었다.

복인은 五忍오인의 하나다. 5인은 대승의 수행보살이 깨달음을 이뤄나가는 과정을 편의상 다섯 계위로 나눈 **인왕경**의 말씀이다.

그 첫 번째가 복인이다. 번뇌를 끊지 못하였으나 관지觀智를 익혀 번뇌를 다스리고 더 이상 일어나지 못하게 하는 지위다. 십주와 십행 십회향이 여기에 해당된다. 이 30계위에 들어가면 현자가 된다. 그러면 다시 범부로 물러나지 않고 성인인 부처의 세계로 들어간다. 그러기에 **인왕경**에서 성태에 들어간 자라고 하셨다. 성태는 성인이 되는 탯줄이다.

둘째는 신인이다. 직관하는 수행이 진전되어 증득할 법을 믿고 의심치 않는 지위다. 십지 중에서 초지와 제2지, 그리고 제3지를 말한다.

셋째는 순인이다. 앞의 믿음을 바탕으로 다시 더 나은 지혜를 연마하여 무생의 증과에 순응하는 지위다. 제4지 5지 6지다.

넷째는 무생인이다. 제법무생의 진리를 깨달아 증득하는 지위, 곧 제7지 8지 9지가 여기에 해당된다.

다섯째는 적멸인이다. 온갖 번뇌를 끊어버리고 청정무위하고 잠연적정한 자리에 안주하는 지위다. 곧 제10지와 등각 묘각의 계위가 된다고 하셨다.

[海東疏] 當知此中 十向名堅 十行名止 十信解名信

이 가운데서 십향은 이름이 堅견이고 십행의 이름은 止다. 십신해의 이름은 信이다는 것을 마땅히 알아야 한다.

인왕경에서 십회향은 堅견이다고 성사는 말씀하셨는데, 그 견은 굳세다는 뜻이다. 즉 신심이 굳게 결정되어 더 이상은 결코 뒤로 물러나지 않는 자리라는 의미다.

그리고 십행을 止라고 하신 것은 바라밀을 수행함으로 해서 악행은 그치고 선업을 증장시킨다는 뜻이다.

십신해는 信이다고 하신 것은 십해를 말한다. 그것은 믿음이 완성된 자리기 때문에 信이다고 하셨다. 물론 십해는 십주를 말한다.

그러니까 십회향과 십행, 그리고 십신해를 인왕경에서는 堅이고 止고 信의 뜻이라는 것을 알아야 한다고 하신 것이다.

[海東疏] 入此位時 已得人空 見修煩惱不得現行 故名爲離 當知此論 上下所明 約現起以說治斷也

그 자리에 들어가면 인공이 증득된다. 그러면 견수번뇌가 현행하지 않는다. 그래서 벗어난다고 하였다. 마땅히 알아야 할 것은 이 논서가 위아래로 밝힌 것은 현행으로 일어나는 것을 잡아 치단을 말하고 있다는 것이다.

신상응지에 올라가면 人空이 증득된다고 하셨다. 人空은 자신이 비었다는 것을 증득하는 자리다. **반야심경**에서 오온이 개공하다는 것을 체득하는 경지가 바로 이 지점이다.

항상 하는 말이지마는 **반야심경**은 하급 범부들에게 주어진 가르침이 아니다. 그것은 아주 근기가 센 상급의 범부들에게 내린 법문이다. 다 같은 학생이지만 초등학생과 대학생의 교재가 다르듯이 똑같은 범부에게 설해진 경전이지만 그것은 보통범부들에게는 전혀 맞지 않는 가르침이다.

플라스틱자동차와 쇳덩어리자동차를 운전하는 자들의 수준은 완전히 다르다. 이름이 같은 **車**라고 해도 쇳덩어리차는 아이들이 운전하지 못하는 것처럼 **반야심경**은 일반범부들이 요설하는 그런 경전이 아니다.

그런데도 이 경전을 수지하고 신행한다면 그들에게 아무 이익이 없다. 집착과 분별을 자르는 날카로운 칼은 상근기 범부들에게는 무한이익을 주지마는 하근기 범부들에게는 별다른 이익이 없을 뿐만 아니라 오히려 대단히 위험하기까지 하다.

현재의 불교신자는 말할 것도 없고 일반인들도 **반야심경** 모르는 사람이 없는데도 불교의 가르침이 점점 쇠퇴해지고 그 교세가 자꾸 허약해지는 이유가 무엇인지 아시는가. 바로 불교의식의 대표적인 경전이라 할 수 있는 이 **반야심경**이 사람들에게 전혀 불가능한 人空을 가르치고 있기 때문이다.

범부는 자신이 실재라고 알고 있다. 이것은 AI인간이 진짜 자기가 인간인 줄 착각하는 것과 같다. AI는 인공지능프로그램에 의해 움직이고 범부는 죄업에 의해 움직인다.

그러므로 범부의 삶은 조종당하는 꼭두각시와도 같다. 꼭두각시는 진짜 생명체가 아니다. 그것은 사람 흉내 내는 인형이다. 그것은 가짜다. 그래서 인간은 가짜다는 뜻으로 **반야심경**이 설해졌었다.

사실이 그렇다고 해서 범부를 보고 직설적으로 당신은 가짜다 라고 한다면 상당히 충격을 받고 대단히 기분 나빠할 것이다.

당신은 진짜가 아니다. 가짜가 진짜 행세를 하고 있다. 그 사실을 까발린 것이 실상론이고 그 대표적인 경전이 반야부 경전들이다. 그 중에서 가장 우리와 친숙한 경전이 **반야심경**이다. 그래서 이 경전을 선종에서 교과서로 삼고 있는 것이다.

그러니까 **반야심경**은 먹고 살기 위해 동서남북으로 뛰어다니는 우리 자체가 실은 없다고 냉철하게 直示한다.

이런 폭탄적인 선언을 듣고도 큰 충격에 빠지거나 펄쩍 뛸 정도로 놀라지 않는다면 그 사람은 바보거나 아니면 세상 참 단순하게 사는 사람 중에 한 사람이다.

"우리가 가짜면 뭐 도깨비입니까?"

"그럼 뭔데?"

이왕 말하는 김에 **반야심경**의 첫 머리 글자가 무엇인지 아시는가? 그리고 끝맺는 마지막 글자가 무엇인지 아시는가. 마하로 시작해서 사바하로 끝나지 않습니까로 대답한다면 아직도 **반야심경**의 뜻은 물론 원문조차도 모르고 있는 사람이다.

반야심경의 원문에는 마하摩訶가 없다. 그러니까 마하가 아닌 반야로 시작한다. 마지막에는 사바하가 아니라 승사하僧莎訶로 끝이 난다. 고려대장경 경판에 있는 **반야심경** 원문 자체가 그렇다.

역경사 중에서 단연 최고라는 현장법사가 이 **반야심경**을 한역하면서 왜 우리가 그렇게 좋아하는 마하를 서두에 붙이지 않고 사바하가 아닌 승사하로 특별히 끝을 맺었는지 좀 생각해 보시기 바란다.

이렇다보니 시도 때도 없이 **반야심경**을 독경하고 해설하고 사경하고 음송해도 원문 그대로 따라하지 못하고 있다. 또 그 뜻을 깊이 파악하지 못하다 보니 그들에게 아무러한 변혁의 힘이 일어나지 않고 있다.

그런데 어떻게 일반 국민들이 이 경전을 선호하고 여기에 무슨 매력을 느낄 수 있겠는가. 그저 말장난으로 희화화하고 진언처럼 주절거리는 이상한 경전이 되어 버리고 말았지 않은가. 본좌라는 허경영이 조차도 **반야심경**은 아무 진리도 없는 가치없는 글이라고 평가해 버렸다.

그런 소리를 듣는 것은 불자들 스스로가 **반야심경**이 주창하고 있는 人空의 뜻을 제대로 파악하지 못하면서 그냥 앵무새처럼 주구장창 외우고만 있어서 그런 것이다.

정리하자면 **반야심경**은 나我는 원래 없다는 뜻이다. 이론으로가 아니라 반야지혜로 내가 없다는 것을 완전히 관조하면 나에 붙어 있는 일체의 고통과 액난은 자연적으로 사라지게 된다는 가르침이다.

그러므로 염불할 때마다 나는 원래 없는 존재라는 사실을 마음에 각지시켜야 한다. 그리고 그렇게 되도록 몸으로 꾸준한 공덕과 복덕을 쌓아나가야 한다. 그렇게 하는 것이 하근기 범부가 **반야심경**을 대하는 가장 이상적인 자세며 신행이다.

"보통의 범부는 人空을 증득할 수 없습니까?"
"없습니다. 완전히 불가능한 일입니다."

人空을 증득하기 위한 실천의 수행없이 그냥 외우기만 하면 어떤 사람이 나는 대통령이다 라고 맨날 중얼거리는 것밖에 되지 않는다. 대통령이 진정으로 되고자 한다면 입으로는 자신을 다그치고 행동으론 그 능력을 끊임없이 쌓아가야 하는 것이다.

실상경전이 다 그런 것처럼 **반야심경**은 空을 증득하도록 일러주는 경전이지 그 경전자체가 특별히 효험이 있는 것은 아니다. 그것을 내가 어떻게 잘 이해하여 수행하느냐에 따라 그 효험이 나에게 극대화되는 것이다. 그러기에 그런 수행은 먹고 살기에 급급한 하근기 범부가 아닌 상근기에게 주어진 가르침이라는 것이다.

신상응지는 십주다. 거기에 들어가면 견수번뇌가 활개치지 못한다. 견수번뇌는 6식을 쓰는 범부에게 작용하는 지각의식과 탐욕이다. 신상응지에 올라가면 이미 삼현보살이 되기 때문에 그들에게는 이런 번뇌가 먹혀들지 않는다.

잉어를 잡으려는 낚시꾼은 피라미의 입질에는 관심이 없다. 큰 것을 잡으려는 자에게는 작은 유혹 같은 것에 마음을 빼앗기지 않는다는 뜻이다.

別記 不論種子 是故與餘經所說治斷位地亦有縣殊 不可致怪
종자를 논하고 있는 것은 아니다. 그러므로 나머지 경에서 설하신 치단의 지위와 다를 수가 있다. 그러니 괴이하다 여기지 말라.

여기에서 말하는 종자는 견수번뇌의 종자다. 즉 견수번뇌는 어떻게 시작되었는가에 대한 원인을 말한다.

그 원인에 대하여서는 경전과 논서마다 조금씩 다르게 표현하고 있다. 중생들의 이해를 돕기 위해 여러 방면으로 설명하다 보니 경론마다 약간씩 다름을 느낄 수도 있다.

그러므로 경전과 논서마다 왜 각기 조금씩 다른 것인가 하고 괴이하게 생각하거나 그 방편의 말씀들에 대해 의심을 가져서는 안 된다는 말씀이다.

海東疏 第二不斷相應染者 五種意中之相續識 法執相應相續生起 不斷卽是相續異名
두 번째 부단상응염이라고 한 것은 다섯 가지 意 중에서 상속식이다. 법집과 상응하여 상속이 생기한다. 부단은 곧 상속의 다른 이름이다.

부단상응염은 상속식이다. 법집은 세상을 實在로 있다고 믿는 정신착란이다. 집상응염의 범부가 신상응지를 얻으면 집착이 떨어짐과 동시에 아집이 없어진다. 그렇지만 아직도 그들에게는 법집이 남아 있다.

보통의 범부가 쉽게 생각하는 차원이다. 내가 없어져도 세상은 멀쩡히 존재한다는 생각에서 부단상응염이 있다. 그게 바로 법집과 상응하여 상속이 이어진다는 뜻이다. 그런 생각은 三賢의 수행에서 서서히 없어져간다.

부단은 연속이다. 연속은 상속이므로 부단은 상속의 다른 이름이다고 하신 것이다.

海東疏 從十解位 修唯識觀尋思方便 乃至初地證三無性 法執分別不得現行

십해의 계위로부터 유식관과 심사방편을 닦아 초지에 이르면 삼무성을 증득한다. 그러면 법집으로 분별한 현행이 없어진다.

십해는 십주다. 법집을 벗어나는 방법은 유식관과 심사방편을 닦아야 한다. 유식관은 세상천지는 오직 아려야식이 만들어 낸 소산물이라는 사실을 직관하는 수행이다.

심사방편은 尋思심사의 방법이다. 尋은 탐구고 思는 관찰을 말한다. 그러니까 심사방편은 유심에 대해 탐구하고 관찰하는 관조법이다.

이 유식관과 심사방편은 바라밀행이 뒷받침한다. 바라밀행으로 복덕과 지혜가 일어나기 시작하면 자연적으로 유식관과 심사방편의 수행법이 따른다. 이것은 아이가 크면 자동적으로 언어를 구사하고 사유작용을 하는 것과 같다.

그런 형식으로 수행을 계속해 나아가면 초지에 이른다. 그때 삼무성을 증득한다. 삼무성은 법상종에서 범부가 세상에 대해 변계소집성 의타기성 원성실성으로 집착하는 것을 空의 관점으로 보아 그것들은 원래 없는 것이다고 한 학설이다.

예를 들어 종이가 있다면 원성실성이다. 거기다가 호랑이 그림을 그리면 호랑이가 나타난다. 그것을 의타기성이라고 한다. 그 호랑이를 보고 진짜라고 생각하여 크게 놀라면 변계소집성이 된다.

종이와 그림, 그리고 놀람 이 세 가지는 원래 없었던 것이다. 그런데 범부의 생각과 착각에 의해 현실로 뚜렷이 드러나 있다.

세상은 나의 원성실성에서 일어난 의타기성의 모습이다. 그것들은 모두 허상이다. 거기에 희로애락과 집착분별을 일으키는 것이 변계소집성이다. 이 셋은 모두 다 가짜다.

그러므로 나와 세상은 실존성이 없다. 그것은 空하다. 그러므로 무상하여 영원함이 없다. 이것을 **유마힐소설경**에서는

1. 거품 같다.
2. 비눗방울 같다.
3. 불꽃과도 같다.
4. 파초 같다.
5. 환영幻影 같다.
6. 꿈같다.
7. 그림자 같다.

8. 메아리 같다.

9. 구름 같다.

10. 번갯불 같다.

고 하셨다.

　이런 가르침은 **금강경**이나 **대지도론**에서도 같은 패턴으로 말씀하시고 있다. 그런데 어떻게 이런 경전을 읽으면 소원이 성취된다는 것인지 이해할 수가 없다. 왜냐하면 소원을 발하는 주체가 이미 空해져 있기 때문이다.

海東疏 故言得淨心地究竟離故也

그렇기에 정심지를 얻으면 완전히 벗어난다고 하였다.

　초지에 올라가면 법집에서 벗어난다. 그러므로 범부는 법집에서 자유롭지 못하다. 그래서 그들은 절대의 신이나 창조의 신을 믿는다. 우주를 지배하고 세상을 좌지우지하는 조물주가 있다고 한다.

　그렇다보니 아무리 세상은 마음이 만들어 내었다고 해도 범부는 그것을 믿지 않는다. 그것을 믿으려 하면 법집이 떨어지는 십지에 올라가야 한다. 그러면 정심지를 얻어 神의 굴레로부터 완전히 해방된다. 그때의 기쁜 마음은 가히 주체할 수가 없다. 그래서 환희지라고 하는 것이다고 했다.

海東疏 第三分別智相應染者 五種意中第四智識 七地以還 二智起

時 不得現行

세 번째 분별지상응염이라고 한 것은 다섯 종류의 意 중에서 네 번째의 지식이다. 7지에 올라가서 두 지혜가 일어날 때에는 이것이 현행하지 않는다.

분별지는 오염된 마음에서 일으키는 정신작용이다. 어느 사이비 스승은 제자들에게 늘 분별을 잘하라고 가르치고 있다. 분별은 잘할 수가 없다. 분별할 대상이 있다 해도 그 대상에 대한 실체가 무엇인지도 정확히 모르고, 또 보는 시각의 업관에 따라 그 상태가 달라지기 때문이다.

선생은 현상을 가르치고 스승은 본질을 드러낸다. 선생은 학교에서 현상을 분별하는 방법을 가르친다. 그런 결과로 사람 사는 세상은 분열과 반목이 끊어지지 않는다.

분별의 결과는 죽음이다. 그러므로 범부는 죽는다. 무명의 가장 큰 병폐는 心意識을 낳고 그 심의식의 가장 무서운 폐해는 분별을 야기한다. 분별에 의해 탐욕과 진에가 나오고 갈등과 시비가 일어나기에 그렇다.

현상의 분별은 학교 선생만으로도 충분하다. 분별의 본질은 스승에게 배워야 한다. 스승이 분별을 가르치면 선생이 된다. 구태여 스승이라는 자에게까지 찾아가서 분별을 배울 필요는 없다.

문제는 무명이다. 무명은 어리석음이라고 수없이 말해왔다. 범부는 어리석음으로 존재한다. 그래서 고집이 세고 아만이 높으며 겁없이 달려든다.

그래서 이 무명으로 살아가는 자는 눈에 보이는 것이 없다. 죽음조차 겁내지 않는다. **결정의경**에 보면 범부는 세 가지 무명으로 세상을 분별한다고 하셨다.

첫째는 痴無明치무명이다. 범부는 우치하고 암둔하다. 그래서 명확하게 아는 것이 없다. 그런데도 정법에 능히 신심을 내지 못한다. 다만 삿된 스승에 빠져 사교를 믿는다. 그리고 망녕된 집착과 잘못된 소견으로 자기의 주체를 삼는다.

둘째는 迷無明미무명이다. 범부는 혼미해서 알지 못한다. 세상의 움직임이 진짜인 줄 알아 그 경계에 미혹하여 능히 그 결과를 미리 관찰하지 못한다. 그래서 탐욕으로 성내며 죄업을 지어나간다.

셋째는 顚無明전무명이다. 범부는 명료하게 알지 못한다. 정법 속에 있으면서 邪法사법을 일으켜 잘못된 소견을 일으킨다. 입으로는 항상 무상을 말하지마는 즐겁게 세상을 탐하고 있다. 이 모든 것이 무명의 작용이다고 하셨다.

海東疏 出觀緣事 任運心時 亦得現行 故言漸離

정관에서 나와 세상을 반연하면 마음이 움직일 때에 또한 현행한다. 그래서 점점 떠난다고 했다.

정관은 선정이다. 깨닫기 전의 선정은 일종의 누름이다. 잡초가 더 이상 못 자라게 돌로 눌러 놓으면 우선은 보이지 않는다. 하지만 조금만 더 있으면 그 옆 틈을 비집고 올라온다. 그러므로 잡초의 뿌리까지 제거해버려야 한다.

뱀의 목을 잡을 때도 확실히 눌러 잡아야 한다. 그리고 저 멀리 던져버려야 한다. 오랫동안 손으로 잡고 있으면 힘이 빠져 느슨해진다. 그 순간을 뱀은 안다. 그때 뱀은 있는 힘을 다해 손아귀를 빠져나가 자신을 문다.

분별지도 마찬가지다. 정관에 들어 있을 때는 힘을 쓰지 못한다. 그러다가 방선放禪하여 세상에 접하면 즉시 활동을 개시한다. 그러면 수행자가 정신이 혼미하여 평정한 마음을 잃어버린다. 그러면 그 분별지에 도리어 자신이 칭칭 엮이게 된다.

[海東疏] 七地以上長時入觀 故此末那永不現行 故言無相方便地究竟離

7지 이상에서 오랫동안 정관에 들면 말나가 영원히 나타나지 않는다. 그렇기 때문에 무상방편지에 다다르면 완전히 벗어난다고 하였다.

사람이 세상을 살다보면 파란만장한 일을 다 겪는다. 그 중에서 선한 행위는 좋은 기억으로 남고 나쁜 행위는 안 좋은 일로 기억에 남는다.

문제는 안 좋은 일이다. 생각하고 싶지 않아도 자꾸 생각이 난다. 내가 잘못한 일은 부끄럽기 짝이 없고 남이 잘못한 일은 아무리 생각해도 쉽게 용서가 되지 않는다.

내가 잘못한 일은 남이 모른다. 그러므로 남에게 구태여 말하지 않는다. 그러나 그 생각이 떠오르면 창피해 죽을 지경이다. 쥐구멍에라도 숨고 싶을 때가 있다. 정말 두 번 다시 떠올리고 싶지 않을 일들이다. 그런데 뜬금없이 문득 문득 생각이 난다.

나이가 먹을수록 잘못한 일이 가슴을 후빈다. 어떤 때는 주먹으로 가슴을 친다. 그때 왜 그랬을까 하는 후회가 막심하다. 절제없는 행동과 사려없는 언어로 남들의 가슴을 아프게 한 행동에 내 자신이 미울 때가 잦아진다.

남의 일들도 수시로 생각난다. 누가 나의 돈을 떼먹었다. 하루 이틀 급히 쓰고 준다고 해서 물건구매 대금을 치르고자 어렵게 모아둔 거금을 빌려 주었다. 그런데 아직도 갚지 않고 있다. 분명히 갚을 수 있는 형편이 되는데도 돈이 없다고 한다. 돈을 빌릴 때 아주 떼먹으려고 작정한 것 같다. 생각해 보면 분통이 터진다.

이럴 때 사람들은 자기 일이 아니므로 쉽게 마 깨끗이 잊어버려라 한다. 그래야 되겠다고 생각하고 일단 눌러 놓는다. 하지만 내가 어려울 때나 그 인간 생각이 날 때는 미치고 환장한다. 분통이 제어가 되지 않는다. 결코 잊어버릴 수 없다. 그래서 범부는 가슴에 담아둔 생각을 단절시킬 수가 없다고 하는 것이다.

海東疏 此第七地 於無相觀有加行有功用 故名無相方便地也

이 7지는 무상관에서 가행의 수행을 하게 되면 공용이 있다. 그래서 이름을 무상방편지라고 한다.

중생의 머리에 들어간 과거의 일들은 결코 중생 스스로 없애지 못한다. 그것은 삼현을 넘어 십지까지 뻗힌다. 십지에서도 절반의 계위를 넘은 제7 원행지에 다다라야 없어진다.

찐득거리는 콜타르를 옷에 묻혔다. 그것을 아이들에게 지우라고 하면 어떻게 될까. 지우기는커녕 그 기름얼룩을 더 크게 번지도록 만들어버린다. 그것뿐이 아니다. 잘못하다가는 그 옷감 자체까지 망치게 한다.

그렇다면 청소년들은 어떻게 될까. 그들도 그 얼룩을 쉽게 지워내지 못한다. 더 나아가 어른은 어떻게 할까. 어른 역시 쩔쩔 맨다.

그러나 세탁을 전문으로 하는 세탁사에게 맡기면 깔끔하게 없애준다. 아이들은 범부고 청소년들은 삼현보살이다. 어른은 7지 이전까지의 십지보살들이고 세탁사는 제7 원행지에 올라선 법신보살이다.

그만큼 중생에게 각인된 세상의 영상이나 자신의 생각, 그리고 과거의 잔영이나 기억들은 쉽게 지워내지 못한다. 하지만 제7 원행지에 들어가면 햇빛에 눈 녹듯이 완전히 없어져버린다. 이것을 위에서 말나가 영원히 나타나지 않는다고 했다.

그렇게 대단한 원행지라도 부처가 되려면 아직도 멀고 먼 여정이 남아 있다. 그래서 이 원행지에서 자신을 더 바짝 조이고 더 단단히 단련시킨다. 그러려면 자리이타의 다함없는 정진을 계속해야 한다.

원행지에서는 무상관에 든다. 무상관은 중생과 부처가 평등함을 깨닫는 직관이다. 그러면서 중생을 제도한다. 그러므로 방편지라고 한다. 그러니까 방편지로 相이 없는 중생을 제도한다고 해서 무상방편지라고 한다.

꿈은 형상이 없지만 좋은 꿈을 꾸면 기분이 좋다. 그처럼 비록 相이 없는 중생이지만 그들을 제도하면 큰 공덕을 얻는다. 그 공덕으로 부처의 세계로 한 단계씩 더 올라가는 힘을 얻는다.

別記 此義如解深密經說 論其種子 至金剛心方乃頓斷

이 뜻은 해심밀경에서 설하신 것과 같다. 그 종자를 논하면 금강심에
다다라야 드디어 완전히 끊을 수가 있다.

분별지상응염을 끊는 지위는 제7 원행지인 무상방편지에 있다고
했다. 그것을 어떻게 믿느냐고 할까 봐 성사는 그런 내용은 **해심밀경**
에 있다고 하셨다. **해심밀경**은 명칭 그대로 깊고 비밀스런 우리 마음
을 해설한 경전이라는 뜻이다.

해심밀경은 법상종의 교과서다. 법상종은 우주만유의 본체보다도
마음의 현상을 세밀히 분류하고 설명하는 이론으로 유명하다. 그래
서 그 종지가 **화엄경**처럼

三界唯一心
心外無別法

삼계는 오직 일심이다.
마음 외는 별다른 법이 없다.

고 하신다. 그러므로 대승의 모든 유식 사상은 이 경전에 근원을 두
고 있다고 해도 과언은 아니다.

그러나 안타깝게도 유심과 유식을 논하는 이 말씀이 우리나라에서
크게 두각을 드러내지 못하고 있다. 그것은 중관인 공사상이 너무
크게 한국불교를 지배하고 있기 때문이다.

그렇다고 해서 이 경전을 보지 않으면 안 된다. 세상에는 어둠이 있으면 밝음이 있다. 밝음만 인정하고 어둠을 인정하지 않을 수 없다. 바탕이 어둠이라면 현상은 밝음이다. 그처럼 空사상이 부처의 밝음이라면 연기사상은 중생의 어둠이다.

어둠 속에 있을 때 밝음을 찾는다. 이미 밝은 곳에 있다면 다시 어둠을 찾을 필요가 없다. 어둠 속에 있다는 전제하에 밝음을 찾는 것이다. 그러니까 내가 문제 많은 중생이라는 사실을 알 때 문제가 없는 부처의 세계를 찾게 된다는 것이다.

그러므로 空사상인 **금강경**을 배우는 사람은 반드시 연기사상인 **해심밀경**을 같이 배워야 한다. 이 둘은 사람의 두 발과 같고 식탁 위의 수저와 같다. 한 쪽만 배우면 절름발이가 되거나 영양불균형이 된다.

금강경을 교과서로 배우는 한국의 선종은 범부가 깨달음을 이룰 수 있다는 전제하에서 오늘도 맹렬히 정진한다. 그러나 **해심밀경**은 그런 범부들의 수행을 보고 어림없다고 한다. 대승의 모든 경전들처럼 3대겁 아승기야를 거쳐야 대오를 할 수 있다고 설명하고 있다.

해심밀경의 대가는 누가 뭐래도 단연 규기대사다. 규기는 현장대사의 제자로써 **해심밀경**을 바탕으로 수많은 해설서와 족적을 남겼다. 그러나 안타깝게도 51살의 나이로 절세하였다. 다행히 원효성사가 이 경전에 대한 3권의 해설서를 쓰셨는데 그것이 아직도 그대로 남아 있다.

중생이 일으킨 모든 죄업과 번뇌는 모두 불각에서 일어난 것들이다. 그러므로 중생이 갖고 있는 일체의 과거행적은 부처가 되어야만 모두 다 떨어질 수 있다. 그런 말씀을 대단히 원론적으로 말할 때 금강심에서 떨어진다고 한 것이다.

금강심은 10지의 마지막 단계에서 행하는 금강유정을 말한다. 이 선정은 시각 가운데 구경각을 설명할 때 성사가 금강이환으로 언급 하셨다. 거기서 자세히 설명한 적이 있다.

別記 如集論中之所廣說 上來三染 行相是麤 具三等義 故名相應

그 말씀은 집론 가운데서 널리 설해 놓았었다. 위에서 설한 삼염의 행상은 거칠다. 그래서 삼등의 뜻을 갖추고 있으므로 상응이라고 한다.

집론은 아비달마집이문족론을 말한다. 사리불이 부처님 열반 이 후에 일어날 쟁론을 미리 예방하기 위하여 지었다는 논서다. 거기에 보면 금강유정에 의하여 일체 거칠고 겹쳐진 번뇌를 영원히 쉬게 된 다고 하는 글이 나오는데 성사가 그것을 인용하신 것이다.

三染은 앞에서 말한 세 가지 종류의 오염이다. 즉 집상응염과 부단 상응염, 그리고 분별지상응염이다.

삼등은 뼈대와 주체, 그리고 객체가 같은 것을 말한다. 그러니까 나와 내 자신, 그리고 세상은 같이 움직인다는 뜻이다.

海東疏 第四現色不相應染者 五種意中第三現識 如明鏡中現色像 故名現色不相應染

네 번째 현색불상응염이라는 것은 다섯 가지 意 중에서 세 번째인 현식이다. 그것은 거울 가운데 색상이 나타나는 것과 같으므로 현생불상응염이라고 한다.

앞 세 개는 상응이었다. 그런데 여기서부터는 불상응이다. 불상응은 뭐와 맞아떨어지지 않는다는 뜻이다. 상응은 오염과 맞아떨어지고 불상응은 오염과 맞아떨어지지 않는다는 것이다. 즉 상응은 밑에서 끌어당기고 불상응은 위에서 끌어올리는 형국이다.

현색불상응염은 현색과 맞아떨어지지는 않지만 그래도 오염되어 있다는 말이다. 현색은 눈앞에 펼쳐진 세상천지의 모든 물상과 색상이다.

현색은 현식이다. 상태로 말하면 현색이고 지각작용으로 말하면 현식이다고 했다. 현색이 거울 가운데 그대로 나타나듯이 현식을 갖고 있는 보살들은 세상이 있는 그대로 자기 마음에 나타난다.

범부와 삼현, 그리고 제8지 이전의 보살들은 사상事像을 분별하고 차별한다. 그러나 8지에 들어가면 이제 분별이 떨어지고 차별을 벗어난다. 분별과 차별이 어느 지점에서 떨어지는지 이제야 확실히 아셨을 것이다.

그러므로 8지에서는 일체중생이 모두 다 하나로 보인다. 그래서 이때부터 무분별지로 중생을 제도하게 된다.

[海東疏] 色自在地 是第八地 此地已得淨土自在 穢土麤色不能得現 故說能離也.

색자재지는 제8지다. 이 지위는 정토의 자재함을 얻으므로 예토의 거친 색상이 나타나지 않는다. 그래서 능히 떠난다고 했다.

색자재라고 하니 세속에서 말하는 이성간의 색을 자유롭게 쓰는 것인가 라고 오해할 수 있다. 앞에서도 한번 언급했지마는 불교에서 色은 세속적인 색과는 전혀 다른 뜻을 가지고 있다. 그러므로 탐욕적인 색의 세계를 그린 色界라는 영화는 불교 용어하고는 아무런 관련이 없다.

똑같은 명제를 두고 받아들이는 내용이 전혀 뜻밖으로 나타나는 경우가 있다. 양생법을 익힌다는 어떤 도파의 사람은 이 색자재를 두고 여성의 유혹으로부터 완전히 벗어나는 시점을 말한다고 했다. 어이가 없어 멍하니 쳐다보다가 어디서 들은 이야기 하나가 떠올랐다.

초등학교 시험문제라고 했다. 개미를 세 등분으로 나누면 어떻게 되느냐고 하면서 괄호 세 개를 주었다고 한다. 아이 하나가 그 괄호에 정확히 세 글자를 써 넣었는데 교사가 그 답안을 보고 아연실색할 수밖에 없었다고 한다.

그 세 글자는 죽 는 다 였다. 교사는 머리와 가슴 배라는 답을 기대했는데 아이는 죽는다 라고 써넣었다는 것이다.

이 우스꽝스런 예를 드는 이유는 부처님이 색자재를 설하실 때는 분명 사상事像에 대한 초월이었는데 그것을 받아들이는 사람은 영 딴판으로 이해하고 있다는 것을 지적하고 싶어서이다.

색자재는 모든 물상과 색상에 대해 초연한 마음이라고 했다. 명품과 보석들은 세련되지 못한 인간들의 마음을 휘젓지마는 성숙한 성자들에게는 아무리 희귀한 물건이라고 해도 그저 보통의 사물로 보일 뿐이다.

그분들에게는 좋고 안 좋고의 분별이 없다. 그러므로 범부가 좋아하는 그 어떤 색상이나 냄새나 물상도 그분들의 마음을 흔들 수는 없다. 문방구 앞 게임기는 아이들의 마음을 끌어당기지마는 어른들은 그런데 관심이 없는 것처럼 그분들은 세상의 모든 것들에 특별한 관심이나 집착이 없다.

그러므로 불전에 산더미 같은 공양물을 쌓아 놓고 손발이 닳도록 빌어도 그분들이 머무는 색자재의 수준에 핀트를 맞추지 못하면 그것들은 그저 무용지물이 된다.

그분들은 어떤 이익을 주고받기 위해 범부와 물질적인 흥정을 하지 않는다. 의식적이거나 의도적으로 범부의 뇌물을 피하는 것이 아니라 아예 거래의 마음이 없다.

그런 색자재는 두 가지 방면으로 자재하다. 하나는 자신의 육신을 마음대로 조정하고 둘은 세상의 모습에 끌어당겨짐이 없는 것이다.

海東疏 第五能見心不相應染者 是五意內第二轉識 依於動心成能見故

다섯 번째 능견심불상응염이라는 것은 다섯 가지 意 중에서 두 번째 전식이다. 動心을 의거해 능견을 이루기 때문이다.

능견심불상응염은 능견심과는 맞아 떨어지지 않지만 오염되어 있다는 뜻이다. 능견심은 주체적 마음이다. 이것은 전식이다. 전식은 주체적 인식을 일으킨다.

전식에서 我慢과 我癡 我愛와 我見이 싹튼다. 그러므로 자신을 지탱하고 있는 이런 것들을 버린다는 것이 얼마나 어렵고 힘든다는 것을 새삼 알아야 한다.

물론 10주에 올라가면 我가 공하다는 것을 깨닫는다. 그래서 일체의 액난과 고통이 없어진다. 그것은 거친 我다. 거기서 我에 달라붙어 있는 거친 죄업은 털어내지마는 그 잠습과 씨앗은 그대로 內存한다.

담배냄새에 찌든 방안은 한 두 번의 환기로 깨끗해지는 것이 아니다. 방향제를 뿌리고 별짓을 다 해도 내부에 깊이 배인 냄새는 쉽게 가시지 않는다. 그러므로 오랫동안 창문을 열고 닦아야 그 속에 스며든 냄새가 완전히 제거되는 것과 같다.

동심은 움직이는 마음이다. 업식에서 한 번 더 요동하면 전식이 나온다고 하는 말이다.

海東疏 心自在地 是第九地 此地已得四無礙智 有礙能緣不得現起 故說能離也

심자재지는 제9지다. 이 지위에서 사무애지를 얻는다. 거기서는 장애가 되는 능연이 나타나지 않는다. 그래서 능히 떠난다고 하였다.

심자재라는 말은 마음을 자유자재로 쓴다는 뜻이다. 범부가 끝까지 자기 것이라고 믿는 두 가지가 있다. 그것은 자기의 마음과 육신이다. 그런데 마음도 어떻게 하지 못하고 육신도 어떻게 하지 못한다. 그런 어정쩡한 관계로 범부와 마음, 그리고 육신은 이 세상에 한시적으로 공존하고 있다.

대승의 보살마하살은 마음을 자유로이 쓴다. 그러므로 마음에 붙어 있는 육신을 언제든 만들 수도 있고 없앨 수도 있다. 그래서 그분들은 색자재를 넘어 심자재까지 쓴다고 한다.

이렇게 되기까지에는 무수한 세월 동안 공덕을 쌓고 무량한 세월 동안 지혜를 일으킨 결과다. 그런데도 세속에서는 번갯불에 콩을 구워먹는 형식으로 마음의 자유자재를 가르치고 배운다.

심자재지는 9지다. 9지를 얻으면 사무애지를 얻는다고 했다. 사무애지는 네 가지 걸림없는 지혜다. 이것은 **혈맥기** 1권에 네 가지 걸림없는 언어술을 설명하면서 자세히 풀어놓았다.

심자재라면 무엇에 걸리고 어디에 장애가 있겠는가. 하지만 심자재의 경지라 해도 아직 마음이라는 카테고리를 벗어나지 못하고 있으므로 완전 자유는 아니다. 그 마음까지 버려야 만이 무엇에도 속박되지 않은 진정한 해탈을 얻는다.

전식은 주체다. 그 자리는 객체인 현식이 아직 나타나기 전이다. 그러므로 객체인 외부 세계가 그 마음을 어떻게 하지를 못한다. 아직까지 외부의 반연이 생기기 전이기 때문이다. 그래서 능연이 나타나지 않는다고 하였다.

【海東疏】 第六根本業不相應染者 是五意内第一業識 依無明力不覺心動故

여섯 번째 근본업불상응염이라는 것은 다섯 가지 意 중에서 첫 번째인 업식이다. 무명력에 의해 불각심이 움직이기 때문이다.

근본업불상응염은 근본업과는 상응하지 않지마는 그래도 오염되

어 있다는 뜻이다. 이것이 바로 다섯 가지 意 중에서 가장 근본이
된다.

근본업은 불각이다. 불각은 무명과 카르텔을 형성한다. 이 카르텔
이 불각을 건드려 연합한다. 그 세력의 중간이 인간이고 그 끝 지점
이 지옥이다. 그만큼 무명은 중생을 파멸시키고 무수한 고통을 받게
만든다.

그 무명업은 시작도 끝도 없이 중생과 함께 한다. 중생이 있다고
하면 무명의 힘은 건재하다고 보면 된다. 무명이 있는 한 중생은 있
고 중생이 있는 한 또 다른 무명은 계속해서 작동한다고 봐야 한다.

그러니까 무명력의 시작은 마음속에 들어 있는 불각과의 융합이
다. 그런데 불각이 없어져버리면 무명은 어떻게 작용할 수 없다. 손
바닥 하나로는 소리를 내지 못하는 것과 같다.

쇠를 부식시키는 습기가 제 아무리 대단한 힘을 가졌다 하더라도
열기가 가득한 곳에서는 쇠를 어떻게 하지를 못한다. 그처럼 유일하
게 불덩이인 본각 앞에서는 무명이 어떻게 하지를 못한다.

무명은 어리석음이다. 어리석음을 없애기 위해 인간은 교육을 만
들어 내었다. 학교에서는 이 어리석음을 없애는 방법만 자꾸 가르친
다. 그것은 없앨 수 없다. 무명은 처음 그 이전부터 있었고 마지막
그 이후에도 있다. 무명은 원래 있는 것이다. 그러므로 무명은 그
어떤 방법으로도 없앨 수가 없다.

세상의 습기를 다 없앨 수는 없다. 습기는 세상 시작부터 있었고
세상 끝나는 마지막까지도 있다. 습기를 피하려면 불을 피우면 된다.
그러면 어떤 것이든 원형 그대로 있다. 습기와 무명은 같은 작용을

한다. 둘 다 원형을 부식시키고 제자리를 이탈하게 한다.

부처님은 불이다. 불을 부처라고 한다. 불이 있으면 어둠이 달려들지 못한다. 그 어둠이 무명이다. 불이 있어야 한다.

세간에서의 불은 육신을 살리고 출세간에서의 불은 마음을 살린다. 그래야 육신도 살고 부처도 산다. 그런 뜻에서 부처님의 가르침을 불교라고 한다. 마음속에 들어 있는 불을 일으키는 가르침이라는 뜻이다.

海東疏 菩薩盡地者 是第十地 其無垢地屬此地故
보살진지는 바로 10지다. 무구지가 이 지위에 속한다.

보살진지는 보살이 다한 지위다. 보살이 다한 지위는 10지를 넘었다는 뜻이다.

십지의 마지막 단계가 법운지다. 법운지와 등각은 서로 연결되어져 있다. 이것은 이제 막 바다로 들어간 강물과도 같다. 강물이 바다에 들어갔다고 해서 바로 짠맛과 하나가 되는 것은 아니다. 좀 더 시간이 지나야 들어간 강물이 바다와 하나가 되듯이 십지가 다했다 하더라도 바로 부처가 되는 것은 아니다. 그래서 등각이라는 자리를 두었다.

그러므로 보살진지는 등각보살이다. 등각보살은 더 이상 번뇌와 죄업이 없다. 그뿐만 아니라 번뇌와 죄업을 일으키는 원인도 없다. 완벽하게 진여만 남아 있다. 그래서 10지는 무구지고 그 자리는 등각보살이 된다고 하는 것이다.

海東疏 就實論之 第十地中亦有微細轉相現相 但隨地相說漸離耳

사실로 나아가 그것을 논해 볼 것 같으면 제10지 가운데도 미세한 전상 현상이 있다. 다만 地相을 따라 설하다보니 점점 떠난다고 했을 뿐이다.

10지 보살은 제1지 환희지에서부터 제10지 법운지까지 전체다. 그 중에서 보통 제8지 이상부터 보살마하살로 부른다. 마하는 크고 높다는 뜻을 가지고 있다. 그러므로 보살 중에서 크고 높은 보살이라는 뜻이다.

十地의 마지막 법운지에서도 미세하게나마 전상 현상의 흔적이 있다. 轉相은 9지에 있고 現相은 8지에 있다. 사람은 커서 어른이 되어도 어린이 성향을 조금씩 가지고 있다. 그러나 부르기를 다 어른이라고 부른다.

그처럼 업상은 제10법운지 보살뿐만 아니라 그 밑에 보살들도 내면으로는 다 가지고 있다. 동시에 그 밑에 중생들도 안으로 처음의 업상을 모두 가지고 있다. 어른과 아이는 불가분의 관계라서 딱 떼어서 분리할 수 없는 것과 마찬가지다.

다만 점차적으로 오염을 벗어나는 지위의 상태를 말하다보니 단계적으로 하나하나의 오염을 떠나는 순서로 설명하였다. 그래서 地位인 地相을 말했다고 하였다.

海東疏 如下文言 依於業識 乃至菩薩究竟地 心所見者 名爲報身 若離業識 則無見相

저 하문에서 말하기를, 업식에 의거해 보살구경지에 다다른다. 거기서 마음으로 보신을 본다. 만약에 업식을 떠나버리면 즉시에 보는 모습이 없어져버린다고 했다.

　업식은 意와 의식 중에서 가장 미세한 식이다. 모든 식들의 근원은 업식으로부터 시작된다. 아려야식은 상태를 말하고 업식은 기동을 말한다. 그러므로 작용하는 식들의 근원은 업식이 된다.

　업식은 8식이다. 우리가 6식을 쓰니 8식은 저 멀리 있다. 숫자상으로는 6 다음에 7이고 7 다음에 8이니 별로 큰 차이가 없을 것 같이 보이지만 그 결과는 엄청나다.

　한 예로 인간보다 한 수 낮은 동물들은 5식을 쓴다. 그들도 집이 있고 가정이 있고 처자식이 있다. 하지만 그들의 주거지를 우리 인간들과 비교를 하면 하늘과 땅 차이다.

　까치집이 있다. 엉성하고 볼품없다. 늑대들도 집이 있다. 어둡고 음침한 땅굴이다. 물고기들도 집이 있다. 수초가 있는 그늘진 물속이거나 햇빛이 잘 드는 물밑 자갈밭이다.

　딱따구리도 집이 있다. 나무에다 구멍을 내고 새끼를 친다. 한때는 그런 생각을 했다. 조류로 태어나더라도 딱따구리는 안 된다고 했다. 생나무에 구멍을 뚫으려면 적어도 수만 번은 힘들게 쪼아대야 한다. 조그마한 머리로 망치처럼 내리박는 그 둔탁한 소리는 듣기만 해도 머리가 어질한데 직접 쪼는 딱따구리의 대가리는 얼마나 지끈거리고 얼얼하겠는가 해서다.

　정도의 차이는 있겠지만 모든 동물들은 위에서 말한 것처럼 다 나름대로 집을 짓고 자식을 교육시키며 열심히 살아간다.

이처럼 지각능력이 단 1만 차이가 나도 동물들의 삶과 인간의 삶은 현격한 격차가 벌어진다.

본능의 5식을 넘어 6식인 의식을 갖고 있는 인간이 만들어 낸 세상을 보면 정말 혀가 내둘릴 정도다. 아파트를 짓고 자동차를 만들고 비행기를 날린다. 물속을 헤집는 잠수함을 만들고 땅속을 뒤집고 다니는 지하철에다 쇳덩어리인 인공위성을 하늘에 띄운다.

이렇게 대단한 인간의 능력이지만 7식을 쓰는 윗분들의 두뇌에 비하면 정말 부끄럽기 짝이 없는 조잡한 작품들에 지나지 않는다. 밤낮으로 6식의 머리를 쥐어짜 만들어 내놓았다 해도 모든 것들이 서툴고 미숙하며 허접하고 볼품이 없다.

6식의 인간들이 제 딴에는 심혈을 기울여 만들어 놓았다 하더라도 그것들은 고작 동물들을 상대로 우세를 보이고 있는 수준이지 따지고 보면 전부 결함투성이고 문제덩어리로 가득 차 있다.

마찬가지로 8식을 쓰는 보살들이 7식을 쓰는 생명체를 보면 또 얼마나 가엾게 보이고 처연하게 보이겠는가. 마지막에 업식의 작용을 벗어난 부처님이 아직도 업식 속에 갇혀 있는 보살들을 보면 또 얼마나 답답하고 숨이 막히겠는가.

모든 의식작용을 벗어난 자는 보살구경지에 다다른 분들이다. 그분들은 제일 마지막에 보신부처님을 본다. 그리고 그 보신부처와 하나가 된다. 바다에 떨어지는 빗방울은 마지막에 바다를 본다. 그리고 바다와 하나가 된다.

허공은 하나다. 쪼개면 부분이 되지만 장막이 없으면 하나가 된다.

장막은 我라는 마지막 주체적 의식이다. 그것이 업식이다. 그것이 없어지면 전체와 하나가 된다.

그러면 이제 나我라는 주체가 없어진다. 그러므로 무엇을 대상으로 볼 수 없다. 본다는 것은 아직도 부분에서 부분을 보고 있기 때문이다. 그래서 열반에는 可見이 없다고 하는 것이다. 가견은 무엇을 본다는 뜻이다.

범부의 불성이 바라밀로 완성되면 일곱 가지 공덕성이 나온다. 그것을 7불성이라고 한다. 이 7불성은 십지보살부터 드러나기 시작한다. 참고로 그것을 짝지으면 다음과 같다.

1지 - 5지 : 眞 實 淨 可見 善 不善
6지 - 8지 : 眞 實 淨 善 可見
9지 : 常 善 眞 實 淨 可見
10지 : 常 淨 眞 實 善 小見
부처 : 常 樂 我 淨 眞 實 善

1지에서 5지까지에는 不善이 들어 있다. 불선이라고 해서 악이라고 생각하면 안 된다. 단 선하지 못한 씨앗이 아직 들어 있다는 뜻이다.

그러다 법신보살인 5지를 넘어서면 불선의 핵이 빠진다. 9지인 심자재지에 올라서면 드디어 영원함인 常이 나타난다. 다시 한 단계 더 올라가면 可見이 小見으로 바뀐다. 소견은 작게 보인다는 뜻이다.

마지막 수행단계인 십지를 넘어가면 부처가 된다. 그러면 10지에 없던 樂과 我가 뚜렷이 드러난다. 거기서 열반 四德인 常樂我淨이 완연하게 갖춰지게 되는 것이다. 여기서 주목할 것은 10지까지 있던 見이 부처가 됨과 동시에 흔적없이 사라진다는 것이다. 즉 법신부처와 하나가 된다는 뜻이다.

세속에서 가장 아름다운 사람을 뽑는 기준은 眞善美이다. 그 진선미는 일시적으로 나타난 외적 미모를 사람들의 시각으로 평가하지마는 이 7불성은 한량없는 세월동안 전심수행으로 이뤄진 內外의 공덕상이다.

그러므로 이 7불성에 세속의 진선미를 갖다 대면 창공을 유영하는 봉황 앞에 애완용 참새 정도의 아름다움 밖에 되지 않는다.

海東疏 當知業識未盡之時 能見能現亦未盡也

업식이 다하지 않은 지위의 시점에서는 능견과 능현 또한 다하지 않는다는 사실을 마땅히 알아야 한다.

업식은 의식작용의 끝 지점이면서도 시작점이다. 중생으로 내려가는 과정에서는 첫 지점이 되고 부처가 되기 위해 환원을 하면 마지막 지점이 된다.

업식은 보살마하살 중에서도 마지막 분들이 없애는 가장 미세한 지각작용이이라고 했다. 이 지각작용은 我라는 주체적인식의 전식을 일으킨다. 이제 역으로 전식을 없애면 업식만 홀로 남는다.

사방으로 뻗어나간 넝쿨독초가 있다고 하자. 함부로 손댈 수 없는 독초이기에 한꺼번에 어떻게 하지를 못하고 그 지엽부터 조금씩 잘

라내기 시작한다. 한 가닥 한 가닥 제거해 나가다보면 마지막에 밑동까지 다다른다. 이제 그 밑동을 헤치고 뿌리를 완벽하게 제거해버리면 그 독초는 완전히 사라지게 된다.

하지만 실수로 그 뿌리 한 가닥을 남겨두면 언제 다시 줄기와 잎을 퍼뜨릴지 알 수가 없다. 그 뿌리 속에는 줄기와 잎을 만들 수 있는 요소가 들어 있기 때문이다. 이 말이 업식을 없애지 않으면 능건과 능현도 없어지지 않고 있다는 말씀이다. 이쯤에서 1권에서 시작한 앙굴리말라의 전생 이야기를 다시 번역해 연재한다.

왕이 머리를 감기 위해 수조로 나아가 섰다. 그러자 시중들이 그의 옷과 장신구들을 벗겨내었다. 옷이라고는 이제 속옷 하나만 남았다. 몸은 예나 지금이나 아름다웠다. 그들은 어릴 때 한솥밥을 먹으면서 동문수학하던 사이가 아니었던가.

왕은 하얀 꽃잎이 뿌려진 수조에 들어갔다. 그러자 대기하던 시중들이 왕을 씻기기 시작했다. 몸에다 귀한 향료를 바르고 수건으로 마사지를 했다. 면도를 해 수염을 정리하고 마지막에 머리를 감겼다.

왕은 다른 큰 수조로 옮겨가 온갖 꽃들로 장식된 화환을 목에다 두르고 동서남북의 모든 신들에게 자신의 왕국과 국민의 태평을 빌었다.

뿌사의 행사를 다 마치고 수조 밖으로 나올 때 포리사다는 칼을 치켜들고 벽력같은 소리로 뛰어들면서 내가 포리사다 라고 외쳤다.

그는 단숨에 수타소마를 낚아채어 그의 어깨에 메었다. 그리고 야차에게 배운 경공술을 써서 재빠르게 그 자리를 벗어났다. 다른 희생

자들은 머리를 땅으로 둘러메는데 소마는 달리 그의 어깨에 걸쳐 메었다. 그것은 소마에게 최소한의 고통을 주지 않기 위해서였다.

그는 높은 담을 가볍게 뛰어넘어 경호원들의 코끼리 등에 사뿐히 내렸다. 병사들이 놀라서 어리둥절 하는 사이 왕을 어깨에 메고 모든 궁수들과 보병들 사이로 바람처럼 달아났다.

한참 달리다가 뒤를 돌아본 포리사다는 아무도 쫓아오지 않는다는 사실을 알고 헉헉거리며 왕을 땅바닥에 조심히 내려놓았다.

"친구. 꼭 이렇게 나까지 잡아먹어야겠나?"

"그렇게까지는 하지 않으려 했는데 반얀 신이 너를 잡아오라고 했다."

"왜?"

"너의 내장을 먹고 싶은 모양이지. 일단 널 제물로 올리고 나머지 부분은 내가 먹도록 하겠다."

그 소리를 듣고 수타소마는 서럽게 울기 시작했다.

"왜 울어? 친구. 죽음이 두려워서 그래? 아니면 가족들 때문에? 그것도 아니면 왕좌와 부귀가 아까워서?"

"천만에. 나를 위해서가 아니다. 처와 아이들, 그리고 내 왕관과 부귀 때문이 아니다. 단 한 가지 약속을 이행하지 못해서이다."

"약속?!"

"그렇다. 오늘 아침 어떤 브라만에게 내가 뿌사를 마치고 돌아와 당신의 설법을 듣겠다고 약속했는데 그것을 지키지 못해서이다."

"그까짓 약속이 뭐 그리 중요해?"

"그것은 보통의 약속이 아니다. 난 약속을 이행해야 한다. 내가 그 약속을 지키도록 보내줄 수 없겠나? 그 설법은 정말 중요하다. 그것을 듣고 다시 너에게 오면 안 되겠나?"

수타소마는 설산동자와도 같은 심정으로 그 설법을 어떻게든 들어야 한다고 생각했다.

열반경에 설산동자 이야기가 나온다. 동자라고 하니 어린아이로 생각하는데 그렇지 않다. 동자는 순수한 마음가짐의 어른 구도자를 뜻한다. 그 순수함은 깨달음을 구하겠다는 간절한 소망이다. 영아가 오로지 어미의 젖만을 생각하듯이 구도자는 언제나 깨달음만 생각하기에 그렇다. 물론 **화엄경**에 나오는 선재동자도 같은 의미다.

그는 부처님 말씀을 듣기 위해 자신의 몸을 나찰에게 내어준다. 몸은 다시 태어날 수 있지만 무명에 젖은 마음을 밝히지 못하면 세세생생 죽음의 세계를 떠돌아야 한다. 그래서 그는 그 법을 듣기위해 자신의 몸을 초개같이 던진 것이다. 이 이야기는 모두 다 잘 아실 것이다.

"약속한다꼬?"

"그렇다. 난 그 설법을 들은 후 너와의 약속을 지키러 다시 너에게로 올 것이다."

"그걸 믿으라꼬?!

포리사다는 비웃듯이 되물었다. 그러면서.

"죽음의 문턱에서 벗어났는데 다시 돌아온다꼬? 아무도 그러지 않는다. 미쳤냐?"

"난 약속을 어기지 않는다. 설령 죽음이 기다린다 해도."

이 소리를 듣고 포리사다는 재미있다는 듯 낄낄 웃으면서

"내가 그렇게 바보로 보이냐?"

수타소마는 진지하게 말했다.

"포리사다. 네가 틀렸다. 정직한 사람은 어떤 고통을 받더라도 거짓말을 하지 않는다. 의심과 불신은 마음이 탁한 자가 하는 것이다. 내가 거짓말을 하면 바람이 산들을 옮기고 해와 달이 하늘에서 떨어지며 바닷물이 허공에 흐를 것이다."

그래도 포리사다는 그의 말을 믿지 못했다. 아니 믿을 수가 없었다. 다시 돌아온다니 그것은 있을 수 없는 일이었다.

수타소마는 포리사다에게 다시 진지하게 맹세했다.

"내가 인다파따에 가서 그분의 설법을 듣고 시주를 해야 한다. 그러고는 바로 이곳으로 돌아올 것이다. 나의 명예를 걸고 약속한다."

포리사다는 한참을 생각하더니 굉장한 인심이라도 쓰는 듯

"좋다. 가라. 대신 약속은 지켜야 한다. 나는 나의 숙소인 큰 반얀나무 아래서 그대를 기다리겠다. 하지만 난 진짜로 그 말을 믿지 않는다."

한때 대공활동이 활발하던 때가 있었다. 부산 구포에서 해인사로 들어가는데 역전에서 사복경찰이 불심검문을 했다. 주민등록증을 줬더니 그 주민증이 바뀐 지가 오래되었다고 했다.

오사카에서 금방 들어오다 보니 수화물태그가 붙은 가방이 있었다. 그것을 열어보자고 했다. 그 속에는 언제나 들고 다니던 휴대용영어

타자기가 있었다. 그는 나에게 조총련의 냄새가 짙게 난다고 했다.

동대구로 가 서부터미널에서 해인사로 들어가야 하는데 지금 열차를 놓치면 아주 곤란해진다. 오늘 내로 들어가려면 어떻게든 이 열차를 타야 하는데 그는 나를 데리고 대공분실로 가려고 했다.

아무리 나의 처지를 설명해도 그가 한사코 놓아주지를 않는다. 저 멀리 열차는 들어오고 있는데 실랑이가 끝나지 않는다. 마지막에 내가 한마디 했다.

"일단 나를 보내 주시오. 이틀 뒤 다시 오사카로 나가야 하는데 그때 반드시 들르겠소."

그러자 그는 반드시 약속을 지키라고 하고 나는 틀림없이 지키겠다고 하면서 어정쩡하게 헤어졌다.

"아니! 오라고 한다고 해서 정말로 왔습니까?"

"온다고 했으니 온 겁니다."

정확히 이틀 뒤 난 그가 말하던 대공분실로 찾아갔다. 그는 나무의자에 기대어 졸고 있다가 나를 보더니 화들짝 놀랐다. 그리고는 너무 황당하고 신기하다는 듯,

"당신 같은 사람 처음 봅니다."

"세상에는 반드시 약속을 지키는 사람도 있다는 것을 아시기 바랍니다."

"걱정마라 친구. 난 단지 그분께 설법을 듣기 위함이지 도망가는 것이 아니다. 그분의 설법을 듣고 난 뒤에 바로 말을 타고 네가 기다리는 곳으로 달려가겠다. 적어도 내일 새벽 동틀 때까지는 도착하겠다."

"나의 명예도 너에게 달려 있다."

포리사다는 말했다.

"나는 반얀나무 신에게 너를 잡아오기로 약속했었다. 만약에 네가 돌아오지 않으면 그 신과의 약속이 이루어지지 않는다. 나의 체면을 구기게 하지 마라."

"식인친구야. 너도 알다시피 나는 농담은커녕 단 한 번도 거짓말 한 적이 없다. 지금 나는 한 국가의 왕이다. 내가 왜 거짓말을 하겠나. 나를 믿어라. 내가 기꺼이 너의 희생물이 되어주겠다."

"오케이 믿겠다. 너는 국민에게 맹세한 명예를 가지고 있다. 그 명예를 지키길 바란다."

소마가 갔다. 포리사다는 무엇에 홀린 듯 잠시 그가 간 곳을 멍하니 바라보고 있었다.

- 그가 한 약속을 지키지 않는다면 그는 더 이상 명예로운 자가 아니다. 악은 악을 불러온다. 그때는 나의 칼이 그의 국토를 아작 낼 것이다. 두고 보자. 그가 진짜로 약속을 지키는지 -

그는 입술을 깨물고 빈손으로 터덜터덜 반얀나무 자리로 돌아갔다.

수타소마가 납치당하자 군인들은 망연자실했다. 하지만 그들은 왕의 위대한 능력과 덕망을 끝까지 믿었다.

왕은 현명하시다. 그분은 상대방을 감동시키는 변재술을 가지고 있다. 만약에 살인마와 대화하게 되면 틀림없이 그 살인마의 마음을 움직여 안전하게 돌아오실 것이다. 우리는 동요하지 말고 그분을 기다려야 한다고 했다.

그들은 그 자리에서 캠프를 치고 왕이 무사히 돌아오기만을 기다렸다. 그런데 정말로 왕이 저 멀리서 돌아오고 있는 것이 아닌가. 그 당당한 모습은 하늘에 보름달이 떠오르는 것과 같았다. 그들은 흥분했다. 그리고 쫓아가서 그를 반갑게 맞이하였다.

"폐하! 그 무도한 살인자로부터 어떻게 빠져나왔습니까?"

왕은 그들의 무한한 환대를 받으면서 가볍게

"그가 비록 난폭하고 무서운 살인자지만 내 말을 듣고 나를 돌려보냈다."

고 덤덤하게 답했다.

시중들은 뿌사의 의식을 치르기 위해 수조 옆에 벗어놓은 왕의 옷을 가져와 다시 입혀 주었다. 왕은 왕좌가 있는 전용 코끼리에 올라탔다. 그들은 거기서 아무 일도 없었다는 듯 다시 왕궁으로 돌아가게 되었다. 시내로 들어서자 모든 국민들이 왕의 행렬을 열렬히 환영하였다.

소마는 궁궐로 돌아온 즉시 그 수행자를 찾았다. 그가 나타나자 시중들에게 따뜻한 물로 목욕을 시키도록 했다. 그러면서 공경을 다해 수염을 정리하고 머리를 매만지게 했다. 그리고 빛이 나는 새하얀 옷을 입히도록 했다. 마지막으로 왕이 먹는 진수성찬을 드시도록 했다.

그리고서 왕은 전용목욕탕으로 갔다. 그의 설법을 듣기 위해 마음과 몸을 정결하게 하기 위해서였다.

목욕이 끝나자 수타소마는 그 수행자를 자신의 왕좌에 공경스럽게 앉혔다. 그리고 그와 대신들은 그 왕좌 밑에 가지런히 앉았다. 수타소마가 머리를 조아리고

"수행자여. 네 가지 진리를 듣고 싶습니다. 설하여 주옵소서."

수행자는 전단향을 푼 향수에다 두 손을 가지런히 씻고 그가 가지고 온 헝겊 가방을 조심스럽게 열었다. 거기서 금빛이 나는 고귀한 책 한권을 꺼내들었다.

"폐하! 이 네 가지 진리는 억만금보다도 더 비싸고 값집니다. 그것은 가섭부처님께서 내리신 법이기에 그렇습니다. 그 내용은 번뇌를 제거하고 열반을 얻도록 하는 가르침입니다."

여기서 말한 네 가지 진리는 우리가 통상 알고 있는 사성제四聖諦와는 다른 내용이다. 부피가 많아 아무래도 다음 권으로 넘어가야겠다. 독자 여러분들의 양해를 구한다.

㉧ 치단의 방법

起信論 不了一法界義者 從信相應地觀察學斷

일법계의 뜻을 요달하지 못한 자들은 신상응지로부터 관찰해가면서 끊는 것을 배워야 한다.

일법계는 세상이 하나라는 사실이다. 파도가 요동치면 하늘에 달은 천만조각으로 쪼개진다. 그러나 파도가 없어지면 단 한 개의 달만 완연히 드러난다.

마음이 요동치면 세상은 천만종류로 분별된다. 그러나 마음이 가라앉으면 세상은 단 한 개로 보인다. 세상을 하나로 보면 부처고 천만종류로 보면 중생이다.

부처는 생사를 하지 않는다. 중생은 생사를 한다. 생사를 하지 않으려면 부처가 되어야 한다. 그러려면 천만가지로 쪼개진 마음을 하나로 복원시켜야 한다. 그 작업이 수행이다.

그 수행은 신상응지부터 시작한다. 이제 분명 알아야 할 것이다. 수행은 언제부터 시작되는 것인지를. 그것은 신상응지다. 신상응지는 10주를 말한다. 10주부터 부처로의 도정에 오른다.

십주에 올라가기 전에 신행은 수행으로 나아가는 준비과정이다. 학생은 초등생부터 시작한다. 그 전에는 초등교육을 받기 위한 기초과정이다. 마찬가지로 범부는 수행하기 위해 기초지식을 쌓는 수준에 있다. 그러므로 범부는 수행할 수 없다. 수행은 10주가 되어야 정식으로 시작되는 것이다.

관찰은 주의하면서 정확히 살핀다는 뜻이다. 도대체 무엇이 문제였기에 내 자신이 일법계가 되지 못하였는가를 세밀히 분석하고 자세히 관찰하면서 상향하는 것이다. 거기서 무명을 끊는 방법을 익힌다.

학교에서는 무명을 끊을 수 없다. 거기서는 심의식의 머리를 써야 한다. 그러면 차별적 분별이 일어난다. 이 분별은 또 다른 무지를 끌어들인다. 그러므로 머리를 쓰면 쓸수록 세상과 나를 분별해 더 많은 문제를 일으킨다.

사랑도 하나가 될 때 완전하고 가족도 하나가 될 때 집안이 편안하다. 더 나아가 국민도 하나가 될 때 나라가 안전하게 발전한다. 그처럼 내 자신이 일법계와 하나가 될 때 중생은 비로소 완성된다. 그 자리가 부처다. **화엄경** 대의다.

統萬法
歸一心

만법을 거두어
일심으로 돌아간다.

하나의 자리는 一心이다. 일심으로 돌아간다고 하니 일심이 있는 줄 알지마는 일심은 없다. 불각이 떨어진 그 자리를 일심이라고 표현하고 있을 뿐이다. 불각이 없다면 진각조차도 사실 없다.

萬法歸一
一歸何處

세상 모든 것들은 하나로 돌아간다.
하나로 돌아가는 그곳은 어디인가?

모른다면 신상응지에 들어가서 그것을 궁구해 보아야 한다. 신상응지는 세속의 학문으로는 배우지 못한다. 이것은 머리를 써서 알아지는 것이 아니다. 가슴을 쓰는 쪽으로 방향을 잡아야 한다.

머리는 밖으로 뛰어나가고 가슴은 안으로 파고든다. 머리는 분별을 일으키고 가슴은 하나로 통합한다. 그러므로 학교 다음의 교육기관이 인간들에게 꼭 필요하다고 하는 것이다. 그곳이 바로 분별을 정지시키고 일법계를 알게 하는 불교수도원이다.

학교는 인간을 동으로 가라고 하고 불교수도원은 인간을 서쪽으로 가라고 한다. 이 둘은 절대 양립할 수 없다. 그래서 세속과 종교가 분리되어 있다. 하지만 동서는 한 직선에서 서로 연결되어져 있다.

그러고 보면 세속과 종교는 분리되지도 않는다. 그래서 보살과 부처는 중생 속에 머물면서 중생을 떠나 계신다.

그러므로 분별을 배웠으면 그 위에 융합하는 법도 배워야 한다. 그래야 천만가지로 쪼개진 마음이 제자리를 찾는다. 그때 세상과 나는 하나라는 것을 이해한다. 그것이 바로 일법계를 요달할 수 있는 발판이 되는 것이다.

起信論 入淨心地隨分得離 乃至如來地能究竟離故

그러다 정심지에 들어가면 조금씩 떠나다가 여래지에 들어가면 완전히 벗어난다.

정심지는 십지의 초지다. 즉 초지에 올라가야 수행의 결과가 조금씩 나타난다. **혈맥기** 3권에 始覺을 설명하였다. 거기에 불각과 상사각 수분각 구경각이 있었다.

불각은 범부의 깨달음이고 상사각은 삼현의 깨달음이라고 했다. 그리고 수분각은 보살의 깨달음이라고 했다. 수분각은 진짜의 깨달음이고 범부와 삼현의 깨달음은 비슷한 깨달음이라고 했다. 그것은 진짜의 깨달음에 나아가기 위한 기초라고 했다.

십지가 되어야 그 깨달음이 점차적으로 원만해져 간다. 마치 초승달이 하루 이틀 나아가다가 보름이 되면 둥근 달이 되듯이 초지부터 조금씩 깨달아 가다가 10지가 넘어가면 구경각인 부처가 되는 것이다. 그래서 십지의 깨달음을 수분각이라고 했다. 한 단계씩 올라가면서 깨달아 나아간다는 뜻이다.

여래지는 불지이며 보살이 끝난 자리다. 그 자리를 보통 등각이라고 표현한다. 등각은 이미 부처의 세계에 들어간 자리다. 여기까지 무명을 끊어 온 것은 마치 끓는 물에 얼음을 넣으면 처음에는 얼음이 보이지마는 점차 얼음이 녹아 물이 되어버리는 것과 같다. 그것을 본각으로의 환원이라고 한다.

海東疏 第四明無明治斷

네 번째는 무명을 다스려 끊는 것을 밝힌 부분이다.

생멸하는 인연과 차별을 널리 나타내는 과목에 여섯 문단이 있었다. 거기에서 네 번째 문단이 이 대목이다.

여기서는 무명을 어떻게 다스려 끊느냐 하는 것을 밝히고 있다. 무명은 대적大敵이다. 무명은 훈련된 군대도 없고 가공할 병기도 없다. 보이지도 않고 형체도 없다. 무명은 혼자다. 그렇지만 중생 전체를 포로화해 고통과 신음 속으로 처박아버린다.

그러므로 중생은 중생방위군을 결성해서 죽기 살기로 방어해야 한다. 어차피 가만히 있으면 죽음을 당할 몸 젖 먹던 힘까지 쏟아 부어서 달려들어야 한다. 그런 형식으로 시도 때도 없이 무명을 공격해야 한다. 조금만 소홀하면 도리어 무명에게 무서운 공격을 받는다.

무명은 덮어서는 안 된다. 무명은 곰팡이와 같아서 우선 덮는다고 해결되지 않는다. 그것은 어둠을 틈타 활동을 하지 못하도록 완전 소탕해버려야 한다. 무명은 언제나 우리 주위에 있다. 지혜의 빛이 사라지기만을 기다리고 있다.

무명은 머리를 쓰면 쓸수록 더 많은 머리를 요구하고 배우면 배울수록 더 많은 것을 배우도록 종용한다. 세속의 모든 교육은 이 무명을 조장시키는 데 있다. 심의식의 활용은 무명에게 힘을 실어주는 역할을 하기 때문에 그렇다.

무명은 썩은 고기에 파리가 달라붙듯이 지식을 쓰는 자들에게 달려든다. 무명은 지식을 먹고 산다. 그러므로 지식인들이 더 잘 속고 더 잘 기망을 당한다.

그렇게 대단한 무명이라고 해도 지혜에게는 완전히 꼼짝을 하지 못한다. 지혜를 만나면 고양이 앞에 쥐처럼 도망쳐버린다.

무명은 어리석음이라고 했다. 상징적으로 어둠이라고 했다. 어둠은 밝음이 없으면 달려든다. 그러므로 밝음을 일으켜야 한다. 그 밝음은 중생의 내면에 있다. 그것을 불의 성품이라고 했다. 그 불을 일으키면 무명은 사라진다.

50와트짜리 전구불빛은 자기 주위만 밝힌다. 그것이 성문들의 깨달음 불이다. 그들은 남까지 훤하게 비추지 못한다. 100와트짜리 전구는 연각의 불이다. 그들은 겨우 옆집정도까지 밝음으로 보호한다.

보살의 불빛은 골목정도를 밝히는 수준이다. 그래도 어두운 골목을 다니는 행인들에게는 없어서는 안 될 소중한 불빛이다. 성문이나 연각 보살의 전구에는 등차에 따라 아직도 어둠이 상존해 있다.

부처의 전구는 태양과도 같다. 아니 태양보다도 더 강하고 더 눈부시다. 태양은 반대편을 비추지 못하지마는 부처의 전구는 반대편은 물론 그 어떤 장애물도 통과하기 때문이다.

그러므로 거기에는 이제 어둠이라는 것은 없다. 그래서 부처에게는 무명이 없다고 하는 것이다.

海東疏 然無明住地有二種義 若論作得住地門者 初地以上能得漸斷

그런 무명주지에는 두 종류의 뜻이 있다. 만약에 만드는 쪽으로 말해 볼 것 같으면 초지 이상이 되면 점점 그것을 끊을 수 있다.

세상의 어둠은 빛의 부재현상이다. 빛이 있으면 어둠은 없다. 그렇다면 중생의 무명은 어디서 생기는가. 그것은 중생의 마음이 있고난 뒤부터 생긴 것이다. 거기에 불각이 있었기 때문이다. 불각과 무명은 같이 움직인다. 결코 혼자서는 존재할 수 없다.

중생은 언제 생겼는가. 중생은 세상보다 먼저 생겼다. 그러므로 어리석음도 세상 이전부터 있었다는 것이다.

그렇다면 그 무명을 어떻게 끊을 수 있단 말인가. 그 끊는 단계는 두 단계가 있다고 성사는 말씀하시고 있다. 첫 단계는 만드는 쪽에서 끊는 것이고 또 하나는 생기는 쪽에서 끊는 것이라고 하셨다.

만드는 쪽에서의 무명은 십지부터 끊을 수 있다. 즉 십지부터는 무명이 작동하지 못한다. 몸에 병이 있을 때 일단 좋은 약을 계속해서 먹으면 병세가 잡힌다. 더 이상 덧나거나 심해지지 않는다.

그러나 병은 아직도 몸속에 있다. 그처럼 십지부터는 무명은 있되 더 이상 세력을 일으켜 활동하지는 못한다는 뜻이다.

若就生得住地門者 唯佛菩提智所能斷

만약에 생기는 쪽으로 나아가보면 오직 부처의 지혜라야만이 능히 끊을 수 있다.

무명은 두 쪽으로 나눠 봤을 때 하나는 만드는 쪽과 둘은 생기는 쪽이다고 했다. 만드는 쪽은 10지 이하 생명체들이다. 제일 하층의 범부는 삶 그 자체가 무명을 만드는 데 있다. 모기에게 물리면 그냥 놔두면 자체치유가 된다. 그런데 그 가려움을 못 견뎌 긁기 시작하면 분명히 덧나기 시작한다.

아무것도 아닌 것을 건드려서 문제를 일으키는 자들이 범부들이다. 가려움이 도져 벌겋게 되다가 나중에는 화농이 생긴다. 그러면 더 가려워진다. 그것을 또 못 참아 계속 긁어대면 피부가 괴사된다. 살기 위해 항생제를 남용하기 시작한다. 그러다 결국 피부재생수술까지 받게 된다. 그런 스트레스가 쌓이고 쌓여서 병들어 죽는다.

범부의 삶은 이처럼 긁어 부스럼을 일으키는 데 있다. 한 개의 지식이 필요하다면 그 한 개로 만족하고 살아가야 했다. 그런데 그렇게 하지를 못한다. 그것은 그들의 마음속에 들어 있는 심의식의 욕망과 무명이 가만히 놔두지를 않기 때문이다.

범부는 그렇게 계속 불완전한 방법을 축적해 나아간다. 그리고 그 방법만큼 세상을 정신없게 만들어 버린다. 결국 세상은 범부의 지식에 의해 완전 파괴된다. 그리고 또다시 심의식을 동원해 또 다른 방법으로 세상만상을 만들어 나간다.

그처럼 무명에 의한 범부의 지식 욕구는 끝나지 않는다. 그것은 목이 마를 때 소금물을 마시는 것과 같다. 소금물은 일시적 갈증은 해소하지만 점차 더 많은 소금물을 마셔야 한다. 그러다가 인간의 몸은 파괴되어버린다.

이제 범부가 만들어 놓은 지식에 범부가 도리어 갇혀버렸다. 학교의 교과목은 점점 많아지고 세상은 하루가 다르게 발전해서 뒤따라가기조차 벅차게 되었다. 급기야 사람들은 이제 단순히 살아가는 자연인이거나 느린 삶을 살아가려고 한다.

이것을 안 자들이 그 지식을 향한 욕망을 정지시키려 한다. 지식으로는 중생이 안고 있는 근본적인 문제를 결코 풀 수 없다는 것을 깨닫게 된 것이다.

그래서 그 지식을 만들어내는 무명을 없애려고 열심히 수행을 한다. 그런 시도로 일차적 증과를 얻으면 아라한이 되고 삼현보살이 된다.

아라한과 삼현보살은 범부의 지식을 쓰지 않는다. 범부를 넘어가버리면 범부의 지식은 완전히 쓸모가 없어진다. 그것은 마치 밥을 얻어먹는 거지가 밥을 얻는 노하우를 가지고 있지만 거지의 신분을 벗어나 버리면 전혀 필요없는 것과 마찬가지다.

그러므로 범부는 무명을 만들어 내고 아라한과 삼현보살은 그것을 눌러놓는다. 십지보살은 그것을 드디어 끊어내기 시작한다. 그렇게 다 끊어 없애버리면 부처가 되는 것이다.

무명이 생기는 쪽은 무명의 근원을 말한다. 그 근원은 부처만이 없앨 수 있다. 무명은 어리석음이고 어둠이라고 했다. 어둠은 불에 의해 파괴되기 때문에 불을 일으킨 부처에게는 무명이 완벽하게 없다. 그래서 그분을 부처라고 한다.

그것을 알고 가짜 수행자들은 어떻게든 자기들도 불을 일으키려고 한다. 하지만 그들이 사용하는 불쏘시개는 화학물질이거나 독성을 품어내는 오염된 것들이다.

그래서 그들이 설사 불을 일으킨다 하더라도 그것은 중생을 죽이는 방사능불빛이거나 검은 연기를 내뿜는 쓰레기 불 밖에 되지 못한다. 이런 사실을 각지하고 언제나 그들을 경계해야 한다.

그런 자들은 惡覺을 일으킨다. 眞覺이 중생을 살리는 원자력 전기라면 악각은 중생을 죽이는 우라늄과 플루토늄과도 같다. 다 같이 원자력을 쓰지마는 하나는 중생을 살리고 하나는 중생을 죽이는 것과 같은 것이다.

[海東疏] 今此論中不分生作 合說此二通名無明 故言入淨心地隨分得離 乃至如來地能究竟離也

지금 이 논에서는 生作을 분명하게 말하지 않고 둘을 다 무명이라고 통칭하고 있다. 그러므로 정심지에 들어가면 부분적으로 떠나다가 여래지에 다다르면 완전히 떠난다고 하였다.

生作은 생기는 쪽과 만드는 쪽이다. 무명이 생기는 것은 원래부터 일어나는 것이다. 거기다가 범부들은 밤낮을 가리지 않고 다시 일으킨다고 했다. 아라한과 삼현보살들은 그것을 누른다고 했다.

불이 없으면 바로 어둠인 무명이 활동을 개시하므로 대소승의 수행자들은 어떻게든 자기들이 갖고 있는 불꽃을 더 크게 일으키려고 한다.

아라한의 불은 약하고 희미하다. 잘못하면 쉽게 꺼져버릴 수도 있다. 그래서 무명의 바람을 일으키지 않으려고 조용히 앉아 있다.

삼현보살들의 불꽃은 세고 환하다. 하지만 아직도 자체불빛이 아니라 공덕으로 얻은 불이므로 그냥 두면 즉시 꺼져버린다. 그래서 바라밀행을 계속해서 그 불빛을 이어나간다. 무명이 달려들 틈을 주지 않기 위해서이다.

기신론은 生作을 구분하지 않고 그냥 통칭으로 무명을 설하고 있다. 그러다보니 무명을 끊는 방법을 설할 때 일반적으로 거친 것에서부터 섬세한 쪽으로 올라가는 방향을 택하였다고 하였다.

◎상응과 불상응

起信論 言相應義者 謂心念法異 依染淨差別 而知相緣相同故
말한 상응의 뜻은 심념이 법으로 달라져 염정으로 차별을 하는 것이다. 그래서 지상과 연상이 같은 상태가 된다.

상응은 글자 그대로 서로 맞게 움직인다는 뜻이다. 위에서 한번 언급했듯이 무엇과 잘 맞아 떨어진다는 말이다. 그러니까 내 마음과 세상이 잘 맞게 움직이는 상태를 말한다.

덩개 눈에는 덩밖에 보이지 않는다는 말이 있다. 자기가 보는 세상이 자기에게 딱 맞게 나타나 있기 때문이다. 그런 것을 상응이라고 한다. 자기 생각과 나타난 물상이 같은 양상을 띠고 있다는 뜻이다.

心念은 마음의 망념이다. 이것이 망념의 법을 만들어 낸다. 법은 객관세상이다. 개의 망념은 자기 집이다. 자기 집도 아닌데도 자기 집이라고 생각한다. 그 망념으로 주인과 남을 차별한다. 그래서 설령 아라한이 방문해도 으르렁거리며 경계를 한다.

사람의 망념도 마찬가지다. 모든 것을 자기 기준에 맞춘다. 세상 모든 것들은 전부 다 자체적으로 고유한 가치를 지니고 있다. 그런데 그것을 자기의 망념으로 차별하여 좋고 안 좋고를 가린다.

그런 염정의 차별은 자신의 심념에서 나온 것이니만큼 자기의 소견과 애착은 누구보다 정의롭고 특별나다고 한다. 거기서 아만과 교만이 나온다.

起信論 不相應義者 謂卽心不覺 常無別異 不同知相緣相故

불상응의 뜻은 마음에 불각이 있다고 해도 常은 별다르게 달라짐이 없다. 그러면 동일하지 않는 지상과 연상이 된다.

불상응은 앞에 문단과 반대로 무엇과 맞게 작용하지 않는다는 말이다. 常은 진여의 상태다. 그것은 일법계다. 일법계는 常이다. 그 常은 본각이다. 불각이 있지만 그 세력이 약해서 본각을 어떻게 하지를 못한다.

그렇다보니 심념이 오염이 되어 있다 하더라도 그 심념 때문에 본각이 달라짐이 없다. 그러면 같지 않은 지상과 연상이 된다. 마음과 세상이 따로 움직인다는 것이다.

상응은 오염된 내 마음과 세상은 하나가 되고 불상응은 내가 오염이 되었다 하더라도 나我와 세상은 다르게 있다는 것이다.

그러니까 불상응은 세상은 있되 나하고는 무관하다는 말이다. 이 말은 세상에 금덩어리는 있되 나하고는 관계없다는 것이며, 세상에 정신병원은 있되 나하고는 관계가 없이 있다는 뜻이다.

내 정신에 문제가 생기면 정신병원에 들어가 그 병원과 내가 하나가 된다. 그것이 상응이다. 하지만 내가 멀쩡하면 나하고는 전혀 상관없는 그런 병원만 있다는 것이다. 그것이 불상응이다.

여기서 눈여겨보아야 할 대목은 상응은 지상과 연상이 같다는 것이고 불상응은 같지 않게 지상과 연상이 있다는 것이다. 원문에서 같다는 同자가 어디에 있는지에 따라 그 뜻이 완전히 달라지는 것이다.

상응은 마음에서 일어난 심념을 기준으로 말하고 불상응은 불각을 끼고 있어도 본각을 중심으로 말하고 있다. 그러므로 어느 것에 힘을 싣느냐에 따라 그 결과가 달라진다. 그래서 상응은 중생과 하나로 움직이고 불상응은 부처와 하나 되는 과정에서 움직이고 있는 것이다.

海東疏 第五明相應不相應義 六種染中 前三染是相應 後三染及無明是不相應

다섯 번째는 상응과 불상응의 뜻을 밝힌 것이다. 여섯 가지 오염 가운데서 앞의 세 가지 오염은 상응이고 뒤에 세 가지 오염과 무명은 불상응이다.

생멸하는 인연을 밝힌 여섯 가지 중에서 이제 다섯 번째다. 세상에는 두 종류의 길이 있다. 하나는 부처의 길이고 둘은 중생의 길이다.

부처의 길로 들어가면 불상응이 되고 중생의 길로 들어가면 상응이 된다.

불상응은 부처 쪽에서 당겨 올리고 상응은 중생 쪽에서 끌어내린다. 그러니까 불상응은 중생과 맞지 않다는 말이고 상응은 부처와 맞지 않게 오염이 되어 있다는 말이다.

앞의 세 가지는 집상응염과 부단상응염, 그리고 분별지상응염이고 뒤의 세 가지는 현색불상응염과 능견심불상응염과 근본업불상응염이다.

[海東疏] 相應中言心念法異者 心法之名也 迦旃延論中 名爲心及心所念法也

상응 가운데서 심념이 법과 다르다는 것은 심과 법을 말한 것이다. 가전연론 가운데서는 심과 심소염법이라고 했다.

心과 염법은 心과 法이다. 그것은 심왕과 심소다. 심은 제8 아려야식이고 심소는 그에 수반하여 일어나는 부속작용이다.

성사가 여기서 인용한 **가전연론**은 정확히 어떤 논서인지 알 수가 없다. 비슷한 이름을 가진 **가전연경**이 있는데 거기에는 이런 대목이 나오지 않는다. **가전연경**은 유와 무의 극단적 집착을 떠나도록 말씀하신 경전이다.

현재 실존하지 않는다고 해서 성사가 인용한 이 논서를 의아해할 필요는 없다. 유통되어 오다가 실전되었든지 아니면 또 다른 논서의 이름으로 번역되었는지 알 수가 없기 때문이다.

가전연론에서는 심과 염법을 심과 심소염법이라고 하였다고 하셨다. 여기서 心은 주체인 아려야식이고 심소염법은 아려야식이 작용해 만든 객체인 세상천지다.

依染淨差別者 分別染淨諸法見慢愛等差別也

염정차별에 의거한다는 말은 염정의 모든 법을 분별한다는 말이다. 그것은 견 만 애 등으로 차별하는 것이다.

염정차별은 마음에 들고 들지 않고를 차별하는 것이다. 다른 말로 하자면 세상을 분별하는 것을 말한다.

분별하는 잣대는 범부가 갖고 있는 오염된 마음이다. 그것은 見 慢만 愛다. 견은 소견이고 만은 교만이며 애는 애착이다.

소견과 교만, 애착은 범부를 있게 만드는 요인이다. 見은 끊임없이 자신을 굳세게 만든다. 자신은 없어져야 할 대상인데 오히려 세상의 정보와 분별로 자신을 강화한다. 그것으로 교만을 삼는다.

교만이 없는 범부는 없다. 범부는 누구 할 것 없이 교만심을 품고 있다. 권력과 힘이 갖춰지면 숨어 있는 그 못된 속성이 그대로 드러난다. 그렇지 않다면 그는 벌써 현자의 지위에 올라서 있다.

범부는 시비와 好惡호오를 분명히 가린다. 시비와 호오는 원래 없다. 옳고 그름은 어느 쪽에서 보느냐에 따라 입장이 즉시 바뀌진다.

好惡 역시 원래 없기는 마찬가지다. 好는 좋은 것이고 惡는 싫어하는 것이다. 그런데 범부들마다 다 자기의 취향과 안목이 다르므로 好惡가 가려질 수밖에 없다.

見 慢 愛 이 세 가지로 범부들은 자신을 철통같이 보호하고 있다. 그 보호를 강화하기 위해 집단을 만들고 나라를 세워놓고 있다. 여차 하면 그것들의 영역을 지키기 위해 전쟁까지도 불사한다.

海東疏 知相同者 能知相同 緣相同者 所緣相同也 此中依三等義以 說相應

지상이 같다는 것은 능지상이 같다는 말이고 연상이 같다는 것은 소연상이 같다는 말이다. 이 속에는 삼등의 뜻이 들어 있다. 그것을 의거해 상응이라고 한다.

능지상은 주체고 소연상은 객체다. 능지상이 나我라고 한다면 소 연상은 나에게 소속된 것들이다.

내가 초등생이면 내 친구가 초등생이고 내가 군인이면 내 주위가 모두 군인이다. 내가 인형을 좋아하면 인형이 내 주위에 쌓이고 내가 고양이를 좋아하면 고양이가 내 옆에 있다. 그럴 때 나는 능지상이고 내 주위의 모든 것들은 소연상이 된다.

내가 배고프면 식당에 있고 술 마시고 싶으면 술집에 있게 된다. 그처럼 내가 중생세계에 살면 중생세계가 나에게 맞는 것이고 중생 세계가 싫다면 그에 맞는 세계가 또 나타난다. 그러니까 지상은 능지 상이고 연상은 소연상이다고 한다.

그러므로 지상은 생각하는 주체고 연상은 그 생각되어진 주체에 의해 나타난 객체가 된다. 그래서 지상과 연상은 같다고 하는 것이다.

海東疏 謂心念法異者是體等義 謂諸煩惱數 各有一體 皆無第二故

이를테면 심이 염법으로 달라진다는 것은 본체가 같다는 뜻이다. 말하자면 모든 번뇌의 수에는 각자 一體가 있고 다 第二가 없는 것이다.

心이 염법으로 달라져도 그 본체는 항상 그대로다. 물이 구름이 되어 형체가 달라진다고 해도 그 속성인 본체는 그대로 있다.

많고 많은 모습으로 하고많은 중생들이 있지마는 그 바탕은 모두다 불성에 뿌리내리고 있는 것처럼 무량한 번뇌와 무수한 죄업들도 모두다 마음에 바탕을 두고 있다. 그러므로 第二가 없다고 한 것이다.

일체는 절대적인 진리와도 같이 그 본바탕은 불변이다. 나뭇잎이 아무리 많고 많아도 다 뿌리에 의존해 있다. 그처럼 세상의 모든 것들은 심념에 의해 생겨나고 심념은 마음에 의해 일어나고 있다.

그러므로 마음을 두고 특별히 다르게 생겨난 것은 없다. 그러므로 한 몸체인 마음 외에 그 어떤 第二가 없다고 한 것이다.

海東疏 知相同者是知等義 緣相同者是緣等義 彼前三染 具此三義 俱時而有 故名相應

지상이 같다는 것은 바로 지등의 뜻이고 연상이 같다는 것은 연등의 뜻이다. 앞에 삼염은 이 세 뜻을 갖추고 있다. 그것들이 함께 움직일 때 상응이라고 한다.

무엇을 안다는 것도 다 제8 아려야식의 산물이다. 그래서 知等이라고 한다. 그리고 아려야식이 변현하여 연상이 되므로 緣等이라고 한다. 等은 相과 같은 말이다.

그러므로 아려야식의 마음과 아는 것, 그리고 아는 대상이 모두 하나로 이뤄져 있다는 뜻이다. 주체를 만드는 근본식인 아려야식과, 거기서 생기는 외부의 객체가 모두 한 몸이라는 것이다.

앞에 三染은 집상응염 부단상응염 분별지상응염인데, 그것들은 이 세 가지에 의해 오염되어져 있다. 그래서 상응이 된다 라고 하는 것이다.

[海東疏] 問 瑜伽論說 諸心心法 同一所緣 不同一行相 一時俱有 一一而轉 今此中說知相亦同 如是相違 云何和會

묻겠다. 유가론에는 심과 심법에 대해 소연은 동일하지만 행상은 동일하지 않고 동시에 함께 있지만 각각으로 전변한다고 한다. 지금 여기서는 知相도 또한 동일하다고 하니 서로 어긋난다. 어떻게 해결할 수 있겠는가?

사실 이런 말씀들은 굳이 안 하셔도 될 사항들이다. 잘못하다가는 이 대목이 도리어 더 어렵고 복잡하게 만들 수 있다. 하지만 사람들의 의심은 끝이 없기 때문에 성사는 어쩔 수 없이 **기신론**의 내용과 상이한 **유가론**의 문장을 끌고 오셔야 했다.

유가론은 유가사지론을 말한다. 미륵보살이 짓고 무착보살이 엮은 100권짜리 방대한 대승의 논서다. **광석제경론**이라 할 만큼 모든 경전과 논서들의 요점들을 일목요연하게 발췌하고 시설하였다.

그 내용은 대승 유식의 본산인 법상종의 소의경전이라 할 만큼 범부의 마음과 그 작용에 대하여 세세하게 풀이한 것이 특징이다.

대학예비고사를 준비한 사람들은 이 법상종에 대해 알고 있을 것이다. 우리는 그때 법상종과 법성종이 헷갈려서 기억하기가 너무 어려웠다. 그래서 지어낸 것이 상스럽다 진표야 성스럽다 원효야 하면서 외웠다. 법상종은 진표율사가 드날렸고 법성종은 원효성사가 제창하였기 때문이다.

그러므로 유식을 말하고 있는 **기신론**이 **유가론**과 어긋나면 안 된다. 그런데 **유가론**에서는 행상은 동일하지 않다고 한다. 행상은 주관적 인식작용이다.

그러니까 **유가론**에는 심과 심법이 나오고 소연과 행상이 나온다. 둘 다 주체와 객체다. 그것이 동일하지 않다고 한다. 그것을 **기신론**에서는 지상과 연상으로 설명하면서 동일하다고 했다. 대승의 대표적인 법상의 논서들인데 왜 서로 어긋나는가 하고 질문한 것이다.

[海東疏] 答 二義俱有 故不相違 何者 如我見是見性之行 其我愛者愛性之行

답해 주겠다. 두 뜻은 다 맞다. 그래서 서로 어긋나지 않다. 왜냐하면 아견은 견성의 행이고 아애는 애성의 행이다.

두 뜻은 **유가론**과 **기신론**의 내용이다. **유가론**은 객관은 동일하지만 행상은 그렇지 않다고 했다. 행상은 마음에 비친 객관의 영상을 인식하는 주관적 작용이다.

객관은 자동적으로 행상과 동일 할 수밖에 없다. 하지만 행상은 그렇지 않다. 행상은 객관을 상대해 온갖 망념을 일으킨다. 내 마음이 착하면 보이는 여인도 착하게 보인다.

그러나 거기에 머물지 않는다. 바로 그 여인의 겉모습을 탐색해 또 다른 연상을 만들어 낸다. 그러므로 동시에 함께 있지만 각각으로 전변한다고 한다. 이것이 **유가론**의 이론이다.

아견은 아견을 일으키는 성품의 행상이고 아애는 애착을 일으키는 성품의 행상이다. 일차적인 주관적 행상으로 보면 틀림없이 객관적 소연과 동일하다. 이것은 **기신론**의 이론이다.

海東疏 如是行別 名不同一行 而見愛等皆作我解 依如是義名知相同 是故二說不相違也

그처럼 행이 달라서 동일한 행이 아니다. 견애 등은 다 내가 만들어 낸 것이다. 그와 같은 뜻으로 보면 지상이 동일하다는 것을 알 수 있다. 이러하므로 두 논서는 서로 어긋나지 않는다.

行이 달라서 라는 말은 행상은 끊임없이 전변한다는 뜻이다. 전변은 바뀌고 변한다는 말이다.

행상에 의해 나타나는 객관세계는 다 나의 소산물이다. 즉 오염된 마음이 만들어 낸 허상의 영상들이다. 그런 까닭에 어떤 見愛라 해도 다 나의 망념에 의한 객관대상이 된다.

그러므로 일차적인 주관적 행상으로 보면 틀림없이 객관적 소연과 동일하다. 그래서 **기신론**에 지상과 연상은 동일하다고 한 것이다.

海東疏 不相應中言卽心不覺常無別異者 是明無體等義 離心無別
數法差別故

불상응 가운데서 말한 심불각이지만 常과 별다르게 달라진 것이 없다
는 것은 체등이 없다는 뜻을 밝힌 것이다. 마음을 떠나면 별다른 수법차
별이 없기 때문이다.

    불각은 마음에 붙어 있다. 불각 혼자서 존재할 수 없다. 꿈이 혼자
서 존재할 수 없기에 마음에 붙어 있는 것처럼 불각도 독립된 존재가
아니라 본각에 붙어 있다. 그 본각이 바로 常이다.

    그래서 불각에는 체등이 없다고 했다. 체등이라는 말은 본체의 영
원성을 말한다. 그러므로 꿈처럼 불각에는 그런 것이 없다. 그러므로
새삼 별다르게 달라진 것이 아니라 원래 달라질 게 없다는 것이다.

    수법차별은 심왕에서 일어난 심수가 작용해 만든 허상의 제법을
분별하는 것이다. 드라마를 만든 것은 피디다. 그것을 심왕이라고
하면 그의 연출에 의해 움직이는 배우는 심소다. 그것을 보는 시청자
가 배우를 다시 분별하고 차별한다.

    피디는 요술쟁이다. 실재의 사람이 아닌데도 실재인 사람처럼 배
우를 연기시켜서 보는 사람을 울리고 웃기게 한다. 드라마와 배우의
실체는 없다. 다 허상의 영상이 움직이고 있을 뿐이다. 그것을 실재
의 體等이 없다고 하는 것이다.

海東疏 旣無體等 餘二何寄 故無同知同緣之義 故言不同知相緣相
此中不者 無之謂也

212

이미 체등이 없다면 나머지 둘은 어디다 붙을 것인가. 그러므로 동지 동연은 없는 뜻이기에 같지 않은 지상 연상이라고 한 것이다. 여기서 아니다는 뜻은 없다는 말이다.

본체가 없다면 지상과 연상은 어떻게 작용할 것인가 한다. 지상은 주관이고 연상은 객관이라고 했다. 본체가 없다면 이런 상대적인 개념은 세울 수가 없다. 방송국이 없다면 드라마도 없고 배우도 나올 수가 없는 것이다.

동지 동연은 동일한 지상과 연상이다. 그러므로 본각을 떠나서 불각이 만들어 낸 지상과 연상은 없는 것이다. 그래서 원문에 동일하지 않는 지상과 연상이라고 하였다.

동일하지 않다고 하니 지상과 연상은 그래도 있는 것이 아닌가 라고 생각할 수도 있다. 하지만 그것은 원래 당나귀뿔처럼 없다는 것이다.

[海東疏] 問 瑜伽論說 阿黎耶識 五數相應 緣二種境 卽此論中現色不相應染 何故此中說不相應

묻겠다. 유가론에서 아려야식은 五數와 상응해 두 가지 경계를 반연한다고 하였는데 이 논서에는 현색과 불상응하게 오염되었다고 한다. 어째서 여기서 불상응이라 하는 것인가?

다시 질문을 한다. 오수는 오변행심소를 말한다. 심소는 크게 51개가 있는데 그 중 다섯 개가 대표적이다. 觸촉 作意작의 受수 想상 思사의

이 다섯 개는 우리의 망념이 일어날 때에 반드시 함께 작용한다.

촉은 느낌이고 작의는 의도다. 그리고 受는 받아들임이고 想은 상상이며 思는 생각이다. 이 다섯 가지가 두 가지 상황에 직면한다. 하나는 내 마음에 드는 경우고 또 하나는 내 마음에 들지 않은 경우다.

그러니까 **유가론**은 이처럼 두 가지 경우라고 했는데 **기신론**은 오로지 불상응이라고만 했다. 이것이 어떻게 된 일이냐고 물었다.

海東疏 答 此論之意 約煩惱數差別轉義 說名相應 現識之中 無煩惱數 依是義故 名不相應

답해주겠다. 이 논의 의도는 번뇌수가 차별하여 전변한다는 뜻에 의해 상응이라고 했고, 현식 가운데서는 번뇌수가 없다는 뜻으로 불상응이라고 했다.

상응은 중생과 더불어 같은 방향으로 나아가는 작용이다. 중생은 수많은 번뇌에 의해 망념으로 나타난 객관세계를 차별한다. 그리고 그 차별된 모습을 다시 분별하고 또 차별한다. 그런 형식으로 나아가는 과정을 상응이라고 했다.

불상응은 수행자와 더불어 부처의 세계로 나아가는 작용을 말한다고 했다. 수행자가 닦은 한량없는 공덕과 지혜에 의해 무명의 번뇌수는 더 이상 꿈틀대지 못한다. 그래서 그것을 불상응이라고 했다.

상응은 범부로 하여금 不法을 행하도록 부추기고 불상응은 수행자로 하여금 佛法을 수행하도록 한다. 불법이란 발음은 똑 같아도 그 결과는 완전 다르다. 不法의 결과는 고통이고 佛法의 결과는 안락으로 귀결되기 때문이다.

海東疏 彼新論意 約徧行數 故說相應 由是道理 亦不相違也

저 신론의 뜻은 변행수를 잡아 말했으므로 상응이라고 했다. 이런 도리로 보면 또한 서로 어긋나지 않는다.

신론은 유가론이다. 거기서는 변행하는 주관에 의해 일어나는 무량번뇌를 상응이라고 한다고 했다. 무량한 번뇌는 중생과 잘 맞아떨어지기 때문이다. 그런 것들을 三等이라고 한다.

첫째는 결과의 성질이 원인의 성질과 같고, 둘째는 행동의 원인에 의한 행동의 결과며, 셋째는 8식과 그 밑의 식들은 같이 움직인다는 것이다.

보통 죄업이 두터운 범부가 세상을 인식하는데 그 의식작용을 크게 네 가지로 나눈다. 죄업이 두텁단 말은 오염의 농도가 짙다는 말과 상통한다. 그것에 대해 법상종에서는 다음과 같은 이론을 내세웠다.

첫째는 相分이다. 있는 그대로의 객관적 사물을 인식하는 것이 아니고 대번에 그 사물을 분별한다.

둘째는 見分이다. 그 분별에 의해 마음이 다각도로 변현하면서 자기 기준으로 그것을 인식해 받아들인다.

셋째는 自證分이다. 다음부터는 見分의 기준으로 객관세계를 보려하는 판단이 정립된다.

넷째는 證自證分이다. 그렇게 하는 것이 지극히 맞다고 인식하는 것이다. 이것이 범부가 세상을 보고 판단하는 방법이다.

㉛ 번뇌애와 지애

起信論 又染心義者 名爲煩惱礙 能障眞如根本智故

또 염심의 뜻은 번뇌애가 된다. 진여의 근본지를 막기 때문이다.

마음이 오염되면 번뇌애가 일어난다. 번뇌애는 번뇌로 인한 장애다. 그 장애는 진여가 갖고 있는 근본지를 막아버린다. 그러면 어리석은 범부가 된다.

근본지는 중생 모두가 원천적으로 갖고 있는 지혜를 말한다. 그것을 불성이라고 한다. 즉 불처럼 무엇을 훤하게 비추는 자체성품이다.

오염된 공기에 오랫동안 노출되면 폐가 석회화된다. 그러면 숨을 쉬는 데 장애가 있다. 그 장애는 육신이 움직일 수 있는 생명의 숨을 막아버린다. 그러면 육신은 죽게 된다.

사람들은 육신이 살고 죽는 데는 대단히 민감하다. 그러나 마음이 오염되고 청정한 데는 거의 관심이 없다. 돈에 따라 집이 달라지듯이 마음에 따라 육도의 세계가 달라진다. 그러므로 마음에 의해 육신은 다양한 모습으로 바뀌게 된다.

그렇기에 마음이 오염되면 그 육신을 자의적으로 바꿀 능력이 없다. 그때가 되면 육신이 주인이 되고 마음이 종속으로 움직인다. 그 결과 육신이 행한 과보로 인해 어느 세계든 피동적으로 끌려 다녀야 한다.

그래서 범부가 육도를 떠돌면서 고통스런 윤회를 하고 있는 것이다.

起信論 無明義者 名爲智礙 能障世間自然業智故

무명의 뜻은 지애가 된다. 세간자연업의 지혜를 막기 때문이다.

근본지가 막히면 무명이 활개를 친다. 무명은 어리석음이라고 했다. 어리석은 자는 무서운 것이 없다. 그들은 겁이 없다. 무턱대고 덤비고 공격한다. 지혜가 막혀 있기 때문에 그렇다. 그러다가 마지막에 정말 큰 강적을 만나면 묵사발이 된다.

어리석은 중생은 생각이 없다. 그런 자들이 떼를 지어 덤비면 현자가 아닌 성자도 어찌하지 못한다. 그들은 무섭다. 그 무엇도 두려울 것이 없다. 그들은 무리를 믿고 죽음조차 겁내지 않는다. 그러다가 자기가 직접 죽음에 처하면 두려움에 떨며 완전 꼬리를 내린다.

어리석은 범부는 세상을 뒤죽박죽으로 만든다. 언제나 세우고 부순다. 지혜로운 자가 세상을 경영하면 부수는 일이 없다. 한번 세우면 그것으로 완벽하다. 하지만 어리석은 자는 매양 부수고 다시 세운다. 그러다보니 세상천지에 어디 성한 구석이라고는 없다.

그들은 오늘도 세상을 부수고 다시 일으켜 세운다. 하지만 정신이 모자라는 자가 만든 공예품에는 온전한 완성은 없다. 언제나 두들겨 끼워 맞추고 또 바쁘게 보수한다.

그래서 어리석은 범부가 만들어 놓은 세상은 상처투성이다. 수리를 한다고 하지만 늘 하자덩어리로 끝난다. 그래서 다시 허물고 또 건립한다. 그래서 불각은 생출의 기능을 가지고 있다고 했다. 그 이유는 세간자연업의 지혜가 막혀 있기 때문이다.

세간은 중생이 살아가는 죄업의 세계고 자연업은 그들이 의지하는 기세간의 움직임이다. 그러니까 일체중생과 그들이 의지하는 자연의 상태를 훤하게 파악하는 지혜를 세간자연업지라고 하는데 그것이 무명에 의해 오염되어져 막혀 있다는 것이다.

起信論 此義云何 以依染心 能見能現 妄取境界 違平等性故
무슨 뜻이냐 하면 염심에 의해 능견과 능현의 망령된 경계를 취하는 것이 평등성을 위배하기 때문이다.

염심은 원초적으로 본각에 불각이 붙어 있는 상태다. 이러므로 중생의 마음은 원래부터 오염이 되었다.

윗물이 맑아야 아랫물이 맑다고 했다. 물의 근원이 오염되어 있다면 그 하류의 물들도 다 오염될 수밖에 없다는 말이다. 이것을 앞에서 검은 안경을 끼고 세상을 보면 세상은 모두 검게 보일 수밖에 없다고 했다.

오염된 마음에 의해 능견과 능현이 나타난다. 능견은 주체고 능현은 객체다. 즉 내 오염된 마음에서 내가 나오고 내 주관이 나오고 객관세계가 나온다는 말이다.

그러면 세상이 제대로 보일 리가 없다. 그래서 평등성을 어겼다고 하였다. 평등성은 세상이 한 덩어리 성품이라는 것이다.

起信論 以一切法常靜 無有起相 無明不覺 妄與法違 故不能得隨順世間一切境界種種知故
일체의 법은 항상하고 고요해서 일어나는 모습이 없다. 그런데 무명불각이 망령되게 법을 어겨서 세간에 수순하는 일체의 경계에 대해 온갖 방법으로 아는 것을 막아버렸다.

일체의 법은 진여의 법이며 제일의의 법이다. 그 법은 한결같이 영원하다. 그러면서 언제나 고요하다. 전원을 켜지 않은 텔레비전 화면은 있는 그대로 검고 고요하다.

세상은 거대한 텔레비전 화면과도 같다. 원래는 아무것도 없다. 그것은 텅 비어 고요하다. 그래서 세상의 바탕을 空이라고 한다. 그 속에 중생들이 제각기의 업을 가지고 영상처럼 출몰하고 있다. 그들은 사회라는 세트장을 만들고 인생이란 행위예술의 배우들로 활동하고 있다.

법계의 성품은 우리의 바탕성품이다. 거기에는 이것과 저것이라는 상대적 세상이 없다. 그런데도 중생은 언제나 상대적 관념으로 분별하고 차별한다. 거기서 좋고 나쁨이 나오고 친하고 미움이 발생해서 괴로움과 슬픔을 일으킨다.

그러다 혹성들의 충돌이나 핵무기들의 폭발로 기세간이 박살이 난다. 그러면 그들의 무대는 흔적도 없이 사라진다. 텔레비전에 들어가는 전원이 고장나버리면 그 속에서 움직이던 모든 영상들이 일시에 사라지는 것과 같다.

일체의 법은 세상의 근본바탕이다. 세상은 움직이지 않고 있다. 다만 움직이게 보이고 있을 뿐이다. 네온간판은 움직이지 않는다. 전구의 점등에 의해 움직이는 것처럼 보이지만 전원이 꺼지면 그것은 조금도 움직이지 않는 상태로 있다.

"지구는 움직이고 있잖아요?"

"맞아. 시속 10만 8천 킬로의 속도로 자전하고 있지."

"그런데 왜 세상이 안 움직인다는 겁니까?"

지구는 분명 움직인다. 서에서 동으로 24시간을 움직이면 하루가 된다. 그래서?! 그렇게 빨리 움직여서 어디로 갔다는 것인가. 제 자리에 있지 않는가. 서울 가는 열차가 아무리 빨리 가도 한국에 있고 태평양을 건너는 비행기가 아무리 빨리 가도 지구 속에 있지 않는가. 어디로 움직인 것인가?

젖먹이 아이의 눈에는 엄마가 다른 방에 가면 갔다고 생각한다. 그러나 어른들은 그 집안에 있다고 한다. 엄마가 어디로 간 것인가? 아니다. 그 집안에 있다.

영상 속에 마라토너가 뛰고 있다. 42.195킬로미터를 계속 뛴다. 그렇게 열심히 뛰어서 텔레비전 밖으로 나가버렸는가. 아무리 뛰어도 그 안에 있지 않는가.

세상은 이와 같다. 하나도 움직이지 않고 있다. 움직인다는 것은 범부들의 착시에 의한 좁은 시각에 있다. 그렇게 보도록 만드는 것이 바로 무명불각이다.

海東疏 第六明二礙義 顯了門中名爲二障 隱密門內名爲二礙 此義具如二障章說

여섯 번째는 두 가지 장애의 뜻을 밝힌 부분이다. 현료문에서는 2장이라고 했고 은밀문에서는 2애라고 했다. 이런 뜻은 이장장에서 잘 말해

놓았었다.

心意識의 결론이 내려지는 단계가 이 지점이다. 이제까지 심의식은 무명에 의해 훈습된 결과라고 설명하였다. 그래서 무명에 어떻게 오염되어 그 심의식을 쓰고 있는지에 대해 다섯 부분으로 설명해 왔다.

무명에 의한 심의식은 두 가지 장애 때문에 중생들이 고통받고 있다는 것을 드러내었다. 그 두 가지 장애는 번뇌애煩惱礙와 지애智礙다.

부처님말씀을 크게 두 부문으로 나눈다. 하나는 현료문이고 둘은 은밀문이다. 현료문은 그 뜻이 확연하게 드러난 가르침이고 은밀문은 비밀스런 말씀이라서 범부로서는 감을 잡을 수 없는 내용이다.

결국 현료문은 방편의 가르침으로 내려왔고 은밀문은 범부로서는 쉽게 해득할 수 없는 비밀교로 전해왔다.

기신론에서는 번뇌애와 지애라고 한 것이 현료문의 경전에서는 번뇌장과 지장이라고 하셨다는 것이다. **이장장**은 위에서 한 번 언급하였다.

海東疏 今此文中說隱密門 於中有二 初分二礙 此義以下 釋其所以
여기 이 문장 가운데서는 은밀문을 말하고 있다. 그 가운데 둘이 있다. 첫 부분은 두 가지 장애를 말하고 있는데 此의 이하의 문장이다. 거기서 그 까닭을 풀이하고 있다.

그런데 특이하게 **기신론**에서 말하는 二障을 성사는 은밀문이라고 하셨다. 우리의 마음이란 그 자체가 너무 오묘하고 심오하지만 두 가지 장애에 걸려서 아무런 능력을 발휘하지 못하는 것이 보통의 범부들에게는 알 수 없는 경계가 되기에 그렇다.

항상 하는 말이지마는 범부는 자기 마음의 작용에 관심이 별로 없다. 범부는 모든 것이 넉넉하지 않는 신분이다. 그러므로 자기 몸 하나 살리기에도 급급하다보니 그 속에 들어 있는 마음의 장애에 특별한 관심을 가질 여유가 없다.

그런 범부들에게 마음의 본성이니 오염이니 깨달음이니 장애니 하는 말들은 사실 대단히 사치스런 언어들이다. 그냥 세상에 반응하는 본능적인 마음과 거친 상상력만 갖고 살아가고 있을 뿐이다.

그래서 이런 것들은 그들에게 숨어 있는 내용이라서 은밀문이 된다고 하신 것 같다.

海東疏 初中言染心義者 是顯六種染心也 根本智者 是照寂慧 違寂靜故 名煩惱礙也

처음 가운데서 말한 염심의 뜻은 여섯 가지의 염심을 나타내고 있다. 근본지는 조적혜다. 그것이 적정을 어기면 번뇌애가 된다.

염심은 위에서 설명한 6염심을 말한다. 오염된 마음의 근원은 그 자체부터 오염되어져 있다고 했다. 그러므로 범부로서는 그 염심을 제거할 수 없다. 단지 소승수행자들처럼 오염을 가라앉힐 수는 있다. 이것은 마치 깨끗한 물을 마시기 위해 흙탕물이 가라앉도록 하는 것과 같다.

지켜보는 냄비가 더 느리게 끓는다는 말이 있다. 배가 고픈 사람은 일각이 여삼추다. 그러므로 느긋하게 기다릴 수 없다. 그렇게 기다릴 수 있는 사람은 아직 배가 덜 고픈 사람들이다.

배가 덜 고픈 사람은 맛을 음미할 수 있다. 그렇지 않으면 배를 채우는 데 목적을 두고 허겁지겁 먹어야 한다. 맛을 음미하는 사람은 복덕이 있어서 기다릴 수 있고 배를 채우는 사람은 복덕이 없어 급박한 삶을 살아가야 한다.

마음을 가라앉히고자 하는 자들은 느긋하게 기다릴 수 있어야 한다. 그런 사람들은 여유있는 자들이다. 삶이 빠듯한 자들은 술사를 찾는다. 그런 술사들은 약품을 쓴다. 설령 급히 가라앉았다 해도 그 물을 마시면 반드시 큰 병이 든다.

소승 나한들은 오랫동안 수행을 해서 기다림에 이골이 난 성자들이다. 그들은 가만히 기다리고 있다가 오염이 가라앉은 물을 마신다. 그리고 또 기다린다. 그러다가 또 목이 마르면 그렇게 정화된 물을 마신다. 그들에게는 갈애가 없다. 언제든지 맑은 물을 마실 수 있다.

하지만 가라앉혀진 오염의 찌꺼기는 그대로 남아 있다. 그분들은 그것을 버리려하지 않는다. 구태여 버려야할 이유가 없기 때문이다. 그래서 그분들은 그 안빈낙도의 즐거움에 머물러 있다.

대승의 수행자는 그 찌꺼기까지 완벽하게 버리려고 한다. 그래서 다시 오랫동안 수행을 계속해 나아간다. 적어도 3대겁아승기야의 무량한 시간 동안 모진 수행을 계속한다. 그 결과 그 오염된 것들을 모두 버린다. 그러면 다시 물이 오염될 일이 없다. 그분들이 부처다.

그분들은 그 물을 마음대로 사용한다. 오염물질이 가라앉도록 기다릴 필요없이 오고가는 목마른 사람들에게 언제든지 먹일 수 있다. 그 물은 흔들어도 되고 뒤집어도 된다. 사람의 몸에 꽂는 주사기에는 물론 그 어떤 것에도 다 들어가 희석된다. 그것이 그분들의 자비다.

우리들의 마음은 오염되어져 있다. 그것은 반드시 가라앉혀야 한다. 그렇지 않고 그것을 남들에게 먹이면 남들은 병이 들고 죽는다. 범부들은 서로 서로 모두 다 그렇게 자기의 정화되지 않은 마음을 상대방들에게 주입시키고 있다. 그 결과 범부들은 모두 다 병들어 죽는 것이다.

근본지는 조적혜다. 조적혜는 밝게 비추면서도 고요한 지혜다. 비춘다는 것은 세상을 꿰뚫어본다는 뜻이다. 그러니까 기능으로는 온 우주천지를 다 꿰뚫어보고 상태로는 조금도 움직이지 않는다는 말이다.

그래서 부처는 크고 원만한 거울 같은 지혜인 대원경지를 갖고 계신다고 하는 것이다.

海東疏 無明義者 根本無明 世間業智者 是後得智
무명의 뜻은 근본무명이다. 세간업지는 후득지다.

智碍지애를 일으키는 무명은 근본무명을 말한다. 근본무명은 원래부터 있었던 어리석음이다. 그것은 불각이다. 불각은 본각에 기생한다. 중생의 마음은 불완전무기체다. 그것은 처음부터 문제가 있었다.

그 처음이 바로 불각의 內存내존이다. 불각은 무명과 함께 움직인다. 둘은 떨어질 수 없다. 그러므로 마음이 있는 한 불각이 존재하고 불각이 있는 한 무명은 작동한다. 그래서 마음을 버리지 않으면 무명을 끊을 수 없다. 이것이 바로 명상과 선의 차이점이다.

범부는 마음을 목숨처럼 취급하고 수행자는 마음을 오염의 근원으로 생각해 그것을 버리려고 한다. 마음을 갖고 있으면 중생이고 마음을 버려버리면 부처다. 부처에게는 중생이 갖고 있는 마음 같은 것은 없다.

누가 그랬다. 불자가 되려면 부처님 마음부터 알아야 한다고 했다. 부처님은 마음이 없다. 설사 있다 해도 그 마음은 범부가 헤아릴 수 없다. 그러므로 그런 말은 틀린 말이다. 제대로 말하자면 불자가 되려는 사람은 경전부터 제대로 보아야 한다고 했어야 했다.

세간업지는 세상을 아는 지혜다. 그것을 후득지라고 했다. 후득지는 근본지의 반대개념이다. 근본지는 원래부터 있던 본각이고 후득지는 그것을 찾기 위해 수행한 결과다. 물론 다 같은 지혜지만 그 쓰임이 다르다.

후득지는 중생의 근기에 맞게 내려지는 수준 낮은 지혜고 갖가지의 방편술이다. 근본지는 법신부처가 가지고 있고 후득지는 화신불과 응신불이 가지고 있다.

근본지가 태양과도 같다면 후득지는 태양으로 얻어진 빛과도 같다. 그것들이 중생의 근기에 따라 그들의 삶을 이롭게 한다.

海東疏 無明昏迷無所分別 故違世間分別之智 依如是義 名爲智礙

무명에 혼미해지면 분별을 못하게 되어 세간을 분별하는 지혜와 어긋나게 된다. 이런 뜻이기에 지애라고 한다.

어리석으면 분별하는 지각에 이상이 생긴다. 가짜 돈과 진짜 돈을 구별하지 못하면 큰일이 난다. 종일동안 번 돈이 가짜 돈이면 가뜩이나 고달픈 삶이 너무 힘들어진다.

산을 오르내리느라 콩죽 같은 땀을 흘리면서 힘들게 캔 당귀가 전부 개당귀면 그것만큼 맥 빠지는 일도 없다. 그러므로 중생의 삶을 현명하게 살려면 진가眞假의 분별력을 예리하게 갖춰야 한다. 하지만 범부는 그런 분별력을 갖지 못한다는 데 문제가 있다.

중생세계의 분별은 자신을 전체로부터 분리시킨다. 어린아이들은 남녀 구분 없이 잘 지내지만 나이를 먹어가면서 나와 세상을 분별하기 시작한다. 그 분별은 자신의 개체성을 굳건히 하고 견애번뇌를 계속해서 쌓아나가도록 한다.

마음이 좁고 가진 게 없는 사람들일수록 분별을 거칠게 한다. 마음에 여유가 있고 가진 것이 넉넉하면 나와 남의 경계가 무너지고 나와 세상의 간격이 허물어진다.

분별하는 我가 강할수록 세상과 대립한다. 그것의 병폐를 안 사람이 제대로 성장하면 세상과 하나가 되고자 한다. 그 세상은 자연이다. 그래서 사람들은 노년에 자연과 함께 살아가려고 한다.

지역구 정치인들은 우리 쪽 사람과 남의 쪽 사람들을 분별한다. 그러다 대통령이 되면 모든 국민이 하나로 보인다. 비록 세속의 마음이라 해도 그 폭이 넓어지면 분별에서 통합으로 나아간다.

그러니까 일반 범부가 나와 남을 분별하고 나와 세상을 분별하는 그 수준이 이렇게 형편없고 조잡한 것이다.

그렇지만 범부는 그 수준을 넘어가지 못한다. 그들은 사람과 세상을 상대하는 장애를 갖고 있다. 그 이유는 의식으로 분별하기 때문이다. 그것을 智碍라고 한다. 智碍는 지혜가 막혀 있다는 뜻이다. 그러므로 知識으로 분별할 수밖에 없다.

智慧와 知識은 완전히 다르다. 지혜는 내 마음이 가라앉을 때 일어나는 각조의 작용이고 知識은 내 마음이 요동칠 때 타인들이 제공해 주는 정보다.

범부는 이 智碍 때문에 知識으로 세상을 살아간다. 어느 정도 맑게 보이던 시력이 흐릿해지면 안경을 껴야 한다. 그런데 그 안경에 심한 얼룩이 묻어 있다. 그 상태가 바로 知識이 분별하는 나와 세상이다.

6식인 知識조차 없으면 감각으로 분별해야 한다. 그것이 전5식 동물이 살아가는 방식이다. 그들의 분별은 정말 무섭다. 자기가 키워낸 새끼들도 먹을 것 앞에서는 그냥 두지 않는다. 정말 살벌하게 응징한다.

감각은 5식 동물이 쓰고 지식은 6식의 인간들이 쓴다. 지혜는 7식부터 일어난다. 그러므로 범부에게는 지혜가 없다. 그러다보니 윤회의 세계에 갇혀 있어도 갇힌 줄 모르고 죄업의 틀에 묶여 있어도 묶인 줄 모르고 살아간다.

벌이 방안에 들어오면 탈출구를 찾지 못해 창문에 부딪친다. 인간들은 그것을 보고 어리석다고 한다. 7식을 가진 현자가 우리들을 보면 윤회의 세계에 갇혀 있으면서도 빠져나오려 하지 않고 있다.

미물인 벌은 탈출하려고 안간힘을 쓰는데 똑똑하다는 인간들은 아예 그런 생각조차 가지질 않는다. 누가 더 불쌍하고 더 어리석은가.

그러니 6식의 기준으로 살아가는 범부는 智碍의 분별로 매양 헛발질이고 매양 헛수고만 일으키는 삶을 살고 있는 것이다.

海東疏 釋所以中 正顯是義 以依染心能見能現妄取境界者 略擧轉識現識智識

그 까닭을 풀이한 중에서 올바로 그 뜻을 나타내었다. 염심에 의한 능견 능현 망취경계는 간략하게 전식 현식 지식이다.

근본적인 염심에 의해 능견과 능현, 그리고 망취경계가 나타난다. 능견은 나의 주체고 능현은 보이는 대상이다. 망취경계는 망령되게 나타난 능현의 세계를 취하고자 하는 움직임이다.

정상적인 사람의 눈에는 눈앞에 어른거리는 날파리가 없다. 그러나 노인이 되면 그런 날파리가 어른거린다. 그것을 이제 손으로 자꾸 쫓으려 한다. 눈병 난 사람은 주체고 날파리는 객체며 자꾸 쫓으려고 하는 것은 망취경계다.

이 상태를 식으로 바꾸면 전식 현식 지식을 들 수 있다. 전식은 주체고 현식은 객체며 지식은 그것을 판단하는 지각의식이다.

知識이 아무리 판단을 잘 해도 그것은 이미 틀리게 되어 있다. 왜냐하면 지식이 분별하는 대상은 눈앞에 나타난 가짜 날파리와 같아서 실체가 없기 때문이다.

그래서 그런 망취경계를 연구하고 분석해서 취득한 학위증은 그 어떤 것이라 해도 수도원에서는 그 가치를 인정해 주지 않는다. 그런 것들이 다 부질없다는 전제하에 수도원이 있고 수도승이 있기 때문이다.

    그러므로 출가한 스님 방에 세속의 이력증명서나 스펙, 그리고 권력자에게서 받은 위촉장들이 보인다면 그들을 조심해야 한다. 그런 자들은 아직도 출가가 뭔지 모를 뿐만 아니라 불교가 뭔지 모르고 있는 반거충이 신분들이 틀림없기 때문이다.

海東疏 違平等性者 違根本智能所平等 是釋煩惱礙義也

평등성을 어기었다는 것은 근본지의 능소평등을 어기었다는 말이다. 이것은 번뇌의 장애를 풀이한 뜻이다.

    평등성은 일법계를 말한다. 세상의 모든 것들은 다 자기 나름대로 소중한 가치가 있다. 소똥은 쇠똥구리에게 양식이 되고 개똥은 피부에 난 버짐부스럼에 효과가 있다. 세상천지에 그 무엇 하나도 쓸모없는 것이 없다.

    그러나 인간은 똑똑하게 산다 해도 자연계에 아무런 이익이 없다. 죽어서도 역병 걸린 병자처럼 묻어버리거나 불태워버린다. 천지에 쓸모없는 생명체는 인간이 유일하다. 그것은 인간만이 오만 죄업을 지은 당체이기 때문이다.

    그래서 동물들도 인간의 사체는 더러워서 먹지 않는다. 그들끼리 먹어서는 안 된다는 혐오음식 중에 가장 앞선 메뉴다. 그렇다보니 인간의 주검은 고작 구더기나 맹금류 정도만 입을 댄다.

    인간의 죄업은 세상을 하나로 보지 못하는 데서 시작한다. 그래서 그들은 한없이 편협하고 끝없이 국집局執한다. 거기서 반목과 갈등이 일어나고 원한과 투쟁이 생긴다. 그것은 근본지를 어기며 살아가기 때문이다.

근본지는 能所가 없다. 능소는 나와 남이다. 상대적 분별이고 대립적 관념이다. 원래 우리 마음에는 그런 것들이 없다. 단지 중생으로 살아오면서 능소의 이념이 굳어지고 대립적 성격이 굳어졌을 뿐이다. 그 결과 번뇌애가 만들어지게 되었다.

일이 잘 안 풀리다 보면 머리가 아프다. 더 일이 꼬이면 골이 깨질 정도다. 그때가 바로 뇌가 탄다는 번뇌의 극지점이다. 그러면 눈에 보이는 것이 없다. 그때 사람들은 좀 쉬어라고 한다.

그러면 번뇌가 가라앉는다. 그때 근본지가 갖고 있는 후득지가 한순간 제 기능을 한다. 번뇌가 치성할 때는 후득지가 그 속으로 숨어버린다. 잘못하다가는 그 번뇌의 불꽃에 후득지가 큰 화상을 입을 수도 있기 때문이다.

海東疏 以一切法常靜無有起相者 是擧無明所迷法性 無明不覺妄與法違故者 是顯無明迷法性義

일체의 법은 항상하고 적정해서 일어나는 모습이 없다는 것은 무명에 미혹된 법성을 든 것이다. 무명불각이 망령되게 법을 어기었다는 것은 무명이 법성을 미혹케 한 뜻을 나타낸 것이다.

제법은 부동하다. 진리의 세계는 움직이지 않는다. 중생계를 살리는 태양이 움직이지 않고 일체생명을 육성하듯이 진리는 조금도 움직이지 않고 전 중생을 포용하고 생육한다. 다만 중생 스스로가 이리

230

저리 정신없이 날뛰고 있다.

6조혜능이 5조 홍인대사에게서 법맥을 받고 황매산에서 15년 동안이나 사냥꾼들 속에서 살다가 하산하는 이야기는 이제 누구나 다 잘 알고 있는 보편적 일화다.

마을에 갔던 사냥꾼이 광주에 있는 법성사에서 **열반경**을 강의한다고 하였다. 혜능은 이제 달마에게서 전수받은 5조의 법을 전법할 때가 되었다는 것을 알고 법성사로 향하였다.

사냥꾼의 의복에다 긴 장발을 하고 덥수룩한 수염을 가진 39살의 빼빼마른 장정 하나가 법성사로 들어설 때 법회를 연다는 큰 현수막이 바람에 펄럭이고 있었다. 그것을 보고,

바람이 부니 깃발이 움직인다.
깃발이 움직이니 바람이 분다.

고 하면서 두 스님이 논쟁을 벌이고 있었다. 장정은 그들에게 다가가 조용하면서도 위엄있게 말하였다.

The wind is not moving.
The banner is not moving.
Your minds are moving.

바람이 부는 것도 아니고
깃발이 움직이는 것도 아니다.

그대들의 마음이 움직이고 있는 것이다.

이 한마디 정곡을 찌르는 게송에 중국과 한국 그리고 일본에 조사
불교의 꽃이 피어나게 되었다.

우리의 마음은 원래 움직이는 것이 아니다. 움직이도록 만드니까
움직이는 것이다. 그 움직이는 것은 자동이 아니라 타동이다. 그것은
나의 의지가 아니다. 그러므로 내 마음은 무엇에도 자유로운 존재가
아니다.

마음이 움직이지 않으려면 무명불각이 없어야 한다. 무명이 불각
을 건드리기 때문에 이 둘은 언제나 함께하고 같이 작동한다. 그래서
무명불각이라고 한다. 이것들이 적정에 있어야 하는 내 마음을 요동
치게 하여 평등법계의 성품에 어긋나게 만들어버린다.

그러면 세상에 고통이라는 苦는 다 받아야 하고 아픔이라는 아픔
은 다 겪어야 한다.

海東疏 故不能得乃至種知者　正明違於世間智義也
그래서 능히 온갖 가지를 알지 못한다고 한 것은 세간지를 어긴 뜻을
정확히 밝힌 것이다.

멍청하고 아둔한 자가 있다. 덩치는 산만 하고 모습은 배불뚝이다.
법문도 잘 못하고 밥은 꾸역꾸역 많이도 먹는다. 틈만 나면 드러눕고
그렇지 않으면 참선한다고 멍하니 앉아 있다. 성격이 좋아 남들과
자주 어울리고 시도 때도 없이 잘도 웃는다. 이런 사람을 절에서 뭐

라고 부르는지 아시는가. 두 가지다. 바보 아니면 부처라고 한다.

부처가 그렇게 미혹하고 반거충인가. 부처는 매우 예리하고 민감하며 대단히 날카롭고 섬세하다. 그러면서도 자비롭고 위엄이 있다. 그것은 바로 후득지가 작용하기 때문이다.

그래서 부처는 세속에 모르시는 것이 없다. 완벽하게 모든 것을 다 꿰뚫어 보신다. 그 이유는 세간지며 자연업지인 후득지의 지혜를 가지고 계시기 때문이다.

別記 然二障之義 略有二門 一二乘通障十使煩惱能使流轉 障涅槃果 名煩惱障

그런 이장의 뜻에는 간략하게 두 문이 있다. 첫째는 이승의 통장이다. 거기서는 십사번뇌가 유전을 시켜 열반과를 막는 것을 번뇌장이라고 했다.

二障이장을 간략하게 두 부문으로 나눈다. 즉 이승의 통장과 보살의 별장이다. 통장은 이승 전체에게 해당되는 장애다.

十使煩惱십사번뇌는 번뇌가 일어나도록 하는 10종의 요인이다. 그 10종은 5리사利使와 5둔사鈍使로 나뉜다. 5리사는 다섯 가지 예리한 것인데, 我라고 하는 자체에서 일으키는 소견이다.

1. 나라고 할 것이 없는데도 나를 고집하는 아견이다.
2. 내 마음이 무상하다거나 영원하다거나 하는 집착된 소견이다.
3. 선과 악에 대한 인과를 불신하거나 겁내지 않는 소견이다.

4. 자기의 견해와 행동을 스스로 훌륭하다고 여기는 견해다.

5. 천상에 태어나는 원인이나 열반을 얻을 수 있다는 원인이라고 삿된 도를 믿는 잘못된 소견이다.

5둔사의 번뇌는 마음 표면에 붙어서 수행자의 마음을 휘두른다. 그래서 둔사라고 한다. 둔사라는 말은 나를 둔탁하게 만든다는 뜻이다.

1. 탐심과 욕심이다.

2. 성질과 원한이다.

3. 어리석음이다.

4. 거만과 오만이다.

5. 의심과 의혹이다.

이승이라고 해도 이것은 대승에도 해당된다. 번뇌가 이승에만 있고 대승에는 없는 것이 아니다. 모든 범부에게 다 작용한다. 그러므로 나도 당연히 여기에 엮여져 있다.

이것들이 나의 목에 고삐를 걸고 삼계육도를 사정없이 끌고 다닌다. 마치 어린 강아지 목에 붉은 소포 끈을 묶어 끌고 가는 개장수처럼 우리를 그렇게 끌고 다닌다.

그렇게 이 세상에도 끌려왔다. 열반의 세계로 나아가고자 하는 우리의 염원과는 전혀 관계없이 그렇게 붙들려서 여기까지 왔다. 식용 개만 끌려가는 것이 아니다. 우리도 그렇게 이 땅에 무자비하게 끌리어서 왔다. 그런지 아닌지 자신의 목을 한번 살펴보시기 바란다. 거기에 죄업의 목줄이 아직 채워져 있는지 없는지를?!

菩薩別障 法執等惑 迷所知境 障菩提果 名所知障 此門如餘
經論所說

보살별장에는 법집 등의 혹장으로 알아야 하는 경계를 미혹케 하여
보리과를 장애하는 것을 소지장이라고 했다. 이러한 門은 다른 경론에
서도 설하였다.

보살별장은 이승의 통장을 상대한 이름이다. 보살들은 아집을 뛰
어넘고 법집을 털어내기 위해 수행한다. 보통 아집은 십주에서 떨어
지고 법집은 십회향 끝에서 벗어난다.

법집은 혹장이다. 혹장은 미혹의 장애다. 그러다보니 세상을 명확
히 봐야 하는데 그렇게 하지 못하도록 막아버린다. 그것은 소지장의
장막에서 일어난다.

이승의 수행은 법집이 없다. 아집이 떨어짐과 동시에 그들은 아라
한이 되고 소승열반에 들어간다. 그러나 대승은 법집도 털어내야 하
기 때문에 다시 삼현의 수행을 계속한다.

그 수행에서 가장 힘든 것이 밖에 보이는 세상 모든 것이 가짜라는
것을 깨닫는 것이다. 그렇게 하려면 공덕을 지어 자신의 수준을 높여
야 한다. 그것은 움막에 살던 사람이 돈을 벌어서 저택으로 이사 가
면 움막에는 일말의 미련도 없어지는 것과 같다.

그러다가 세월이 지나면 그 움막은 기억에서 영원히 사라진다. 그
와 마찬가지로 삼현에서 복덕을 지어나가면 삼계는 하나의 보잘 것
없는 움막처럼 여겨진다. 거기에 무슨 미련이 있겠으며 거기에 무슨
탐착이 붙겠는가. 그래서 점점 움막 같은 세상으로부터 벗어나게 되

는 것이다.

二一切動念取相等心 違如理智 寂靜之性 名煩惱礙

둘째는 일체를 움직이게 만드는 망념이 형상 같은 것을 취하게 한다. 그러한 마음은 여리지인 적정의 본성을 어기게 한다. 그것을 번뇌애라 한다.

번뇌애는 지애에 비해 그 작용이 거칠다. 그래서 외부 경계가 된다. 그것이 일체의 세상이다. 그것을 움직이는 것은 망념이다.

망념이 세상에 집착해 그것을 가지고자 한다. 그런 작용은 탐욕의 불길에 기름을 끌어들이는 것과 같다. 결국 그 마음이 자신을 화장터로 끌고 가 태워 죽인다.

그러므로 죄업에 찌든 마음을 버려야 한다. 그런 마음을 가지고 있는 한 중생에게는 고달픔만이 있다. 그런 마음은 가지면 안 되는 것들을 자꾸 가지고자 하는 욕망을 일으킨다. 그것이 번뇌애다. 하지만 범부는 그러한 마음을 버릴 수가 없다. 그것이 문제다.

그 번뇌애는 여리지를 어기게 한다. 여리지는 진리의 세계를 통달해 아는 지혜다. 그것은 적정의 본성이다. 적정은 고요의 종극이다. 그러면 거기서 무분별지가 나온다. 그것이 여리지다.

세상이 비어 있기 때문에 일체의 사물이 그 속에서 다 나오듯이 적정의 세계에 들어가면 지혜라는 지혜는 다 나오게 되어 있다. 그 지혜 중에서 가장 으뜸 되는 것이 바로 여리지고 그 작용이 대원경지다.

根本無明昏迷不覺 違如量智覺察之用 名爲智礙

근본무명이 불각을 혼미케 하여 여량지의 각찰지용을 어기게 만든다.
그것을 지애라고 한다고 했다.

번뇌애에서 한 차원 더 올라가면 지애가 나온다. 지애는 所見의
장애물이다. 번뇌애는 무엇을 가지고자 하는 욕망이고 지애는 무엇
에 대한 가치평가다. 이 둘은 전혀 필요없는 것이다.

번뇌애는 영화를 보고자 하는 욕망과 같고 지애는 영화 속에서 다
뤄지는 내용을 보고 평가하는 것과 같다. 이 둘은 원래 없는 것들이다.
사람이 만든 가공의 세계에 놀아난 것이다. 설령 다큐라 하더라도
그 화면은 가짜다. 그러므로 번뇌애와 지애는 원래 없어야 정상이다.

지애는 쌓아온 지식이기에 버리기가 여간 어렵지 않다. 번뇌애는
누르고 억압하면 그 요동함이 멈춰진다. 그러나 지애는 죽인다 해도
자기의 소견과 이념을 버리지 않는다. 그것은 자신을 존재케 하는
정체성과 같은 것이다.

여량지는 현상계의 수량과 성질을 따라 그 차별상을 명백히 아는
지혜다. 범부가 갖고 있는 지애는 바로 이 여량지를 덮어버린다.

각찰지용은 각찰하는 작용이다. 각찰은 정확하게 살핀다는 뜻이
다. 범부는 세상을 더듬어 판단하지만 불보살은 세상을 직관으로 살
펴본다. 그 능력은 여량지의 각찰작용을 쓰시기 때문에 그렇다.

今此論中約後門義 故說六種染心名煩惱礙 無明住地名爲智礙

이제 이 논은 후문의 뜻을 말한 것이다. 그래서 육종염심을 번뇌애라고

하고 무명주지를 지애라고 한 것이다.

후문의 뜻은 둘째 번을 말한 것이다. 위에서 거친 단계를 번뇌애라고 하고 섬세한 단계를 지애라고 했다. 그러므로 육종염심은 거친 대상을 말하고 무명주지는 섬세한 자체를 뜻한다는 것이다.

그래서 **기신론**에서 여섯 종류의 오염된 마음은 번뇌애다. 그것은 여리지를 가리고 지애는 여량지를 가린다고 했다.

범부는 꼭 갖지 말아야 할 것만 가진다. 번뇌애와 지애를 가지면 죽음의 세계로 들어가고 여리지와 여량지를 가지면 열반의 세계로 들어가는데 그들은 죽으려고 번뇌애와 지애를 가지려고 한다. **자경문** 속에 한 게송이다.

邪言魔語肯受聽
聖敎賢章故不聞

자기를 죽이는 삿된 말과
마귀의 언어는 어떻게든 들으려 하고
자기를 살리는 성인의 가르침과
현인의 글은 죽어도 듣지 않으려 한다.

別記 然以相當 無明應障理智 染心障於量智 何不爾者 未必爾故 未必之意 如論自說

그런 상태로 보면 무명은 응당히 여리지를 막아야 하고 염심은 여량지를 막아야 하는데 왜 그렇지 않는가? 반드시 그렇지만은 않다. 그 뜻은 논에서 설하고 있는 것과 같다.

위의 설명처럼 원래는 무명이 여리지를 장애하고 염심이 여량지를 장애하여야 하는데 어찌된 영문인지 **기신론**에서는 무명이 여량지를 장애하고 염심이 여리지를 장애하는 쪽으로 말하고 있다. 왜 그런가 이다.

거기에 대한 답은 꼭 그런 등식으로 해석될 일만은 아니다고 했다. 그러면서 **기신론**에서는 6염심이 근본지를 장애하고 무명이 지애를 장애한다고 했다.

그러니까 염심이 번뇌애고 그것이 근본지를 막는다고 했고, 또 무명이 지애고 여량지인 자연업지를 막고 있다고 한 것이다.

"이렇게 어려운 것을 꼭 알아야 합니까?"
"그러면 뭘 알아야 하는데요?!"

우리는 지금 生死의 중병에 걸려 허덕이고 있다. 죽을병보다도 더 심한 것이 생사의 병이다. 죽을병은 이 한 목숨 끝나면 그만이지만 생사의 병은 죽고 나서 이보다 더 못한 상태로 어디든 다시 태어나고 다시 죽는다는 것이다.

그렇기 때문에 비록 어렵다 하더라도 이것을 어떻게든 배워서 생사를 벗어나는 방법을 찾아야하는 숙제를 풀어야 한다.

고질병에 걸린 환자가 그 병을 치료하기 위해서는 무슨 수를 써서라도 약을 구해야 한다. 그리고는 복용방법을 잘 읽어보아야 한다. 그것을 알지 못하면 오용하거나 남용하여 도리어 그 병을 악화시킬 수 있다. 아까운 돈을 들여서 구한 약이 자기에게 독이 되는 수도 있기 때문이다.

신체의 고질병을 치료하는 신약 설명서도 얼마나 어려운지 모른다. 듣도 보도 못한 영어 이름들로 가득 채워져 있다. 거기다가 너무 작은 글씨로 쓰여 있어서 읽는 것조차 힘이 든다. 어렵게 읽어도 무슨 뜻인지도 모른다.

어떤 약이든지 부작용은 있기 마련이어서 그 부작용에 대한 주의사항도 빨간 글씨로 깨알같이 적혀 있다. 조심해서 복용하라는 뜻으로 미리 경고해 주는 것이다.

마찬가지로 생사에 빠진 중생도 어떻게든 약을 구해야 한다. 다행히 그 불사약을 베푸는 佛法 속으로 들어왔다. 이제 심하게 앓고 있는 병세에 대해 스님과 우선 면담을 한다.

스님은 약효설명서를 보여주면서 이것만이 유일한 특효약이라고 한다. 그 단계가 지금 이것을 배우는 과정이다. 그런데 왜 이렇게 한문으로 되어 있느냐고 한다. 봐도 어려워서 무슨 말인지 모르겠다고 한다.

신체의 치료약은 깨알 같은 영어로 되어 있어도 아무렇지 않게 받아들인다. 그러나 마음의 치료약은 콩알만 한 한자로 되어 있어도 일단 어렵다고 엄살부터 떤다.

약품에 대한 설명서가 영어로 되어 있건 한자로 되어 있건 다 알 수 없는 것은 마찬가진데 영어는 그러려니 하면서 한자는 무조건 어렵다고 까탈을 부리고 이유를 다는 것이다.

신약 설명서가 너무 난해해서 어떻게 먹을지 모르면 그 방면에 전문가인 약사의 복약지도를 받는다. 그 지도를 따르면 신체의 질병이 낫는다. 그처럼 생사의 고질병을 앓고 있는 중생도 경론의 말씀들을 다 이해하지 못하면 이 방면에 전문가인 스님의 지도를 받으면 된다.

스님은 오염된 마음을 가진 환자의 상태를 세심히 살핀다. 그리고 불법영약을 믿고 복용해 흡수할 수 있을 단계까지 그 신심을 성숙시킨다.

그러다가 마침내 복용할 준비와 자세가 다 갖춰지면 그때 불법의 진수인 영약을 건네준다. 그 전까지는 생사에 병든 이유와 치료법, 그리고 치료과정을 낱낱이 설명하면서 현재의 상태가 얼마나 심각한지 계속 자각시킨다.

아직 그 약은 드러나지 않았다. 그 약은 환자가 살려달라고 간절히 원할 때 주어질 것이다. 본인 스스로가 목숨을 걸고 이 생사의 고해에서 어떻게든 빠져나가야 되겠다는 간절함이 극에 달할 때 그때 주어질 것이다. 그때가 바로 **기신론**과 **해동소**의 하이라이트의 부분이다.

[海東疏] 上來第二廣釋生滅因緣義竟

위로부터 오면서 두 번째로 생멸인연에 대한 뜻을 풀이했는데 그것을 마친다.

우리는 아직도 생멸문 속에 들어 있다. 그 생멸문 속에 생멸하는 인연을 이제까지 공부하였다.

우리를 생멸하게 하는 이유는 ·心意識을 쓰기 때문이다고 하였다. 그것을 풀이한 것이 여기까지 내려왔다. 먼저 심의식에 대하여 설명하고 그 다음에 그 심의식의 지각작용은 어떤 것인가에 대해서 살펴보았다.

그런 심의식이 없으면 어떤 상태가 되는지를 밝혔고, 그 뒤에 그 심의식을 어떻게 없애는지 그 방법을 풀이하였다.

그리고 심의식을 쓰면 마음이 오염되는데 그것을 6종오염, 또는 6염심이라고 하였다. 그리고 그 오염된 마음은 법계가 하나임을 알지 못하게 하니 그것을 없애는 데는 어떠한 순서가 있는지 그것을 단계적으로 설명하였다.

그리고 상응과 불상응을 들어 어떤 오염이 중생 쪽으로 상응하고 어떤 오염이 부처 쪽으로 불상응하는지에 대해서 밝혔다.

마지막으로 범부가 오염된 마음을 갖고 있으면 자기들의 삶에 어떤 장애가 있는지 밝혀 주었다. 끝으로 근본지가 막혀있고 자연업지가 발동되지 못하는 이유를 확실하게 짚어 주는 것으로 생멸인연의 내용을 마치게 된 것이다.

지루하게도 우리가 당해야 하는 생멸의 문제를 여기까지 성사께서 조목조목 설파해 주신 것이다.

좀 쉬어가자는 의미에서 1권에서 계속되어 온 **마투포사카경**을 번역해서 싣는다.

왕은 죽어가는 사마를 보면서 땅을 치며 오열했다. 그리고는 하늘을 우러러보고 울부짖었다.

242

- 세상의 모든 신들이시여. 이 젊은이를 살려주소서. -

그의 비통한 울부짖음이 영적으로 통하였는지 숨을 헐떡이며 죽어 가던 사마가 핏빛에 어린 눈을 가느다랗게 떴다. 왕은 소리쳤다.

"젊은이. 젊은이. 일어나요!"

사마가 꿈틀대었다. 그는 삶과 죽음의 경계를 넘나들면서 간신히 숨을 지탱하고 있었다.

- 오! 누구든 이 젊은이를 살려 준다면 내 왕좌와 내 국토를 전부 주겠노라! -

그 소리를 들은 사마는 떨리는 손으로 힘겹게 왕을 잡았다. 나는 괜찮으니 너무 죄책감을 가지지 말라는 뜻이었다. 왕은 흐느꼈다. 그러다 아주 목을 놓아 꺼이꺼이 울었다.

"젊은이. 내가 그대의 부모를 모시겠다. 그대가 해오던 것처럼 이제 내가 그렇게 하겠다. 나는 약속한다. 나는 나의 온 힘을 다해 그대의 부모가 하나도 불편함이 없게 지성으로 모시겠다."

왕은 입술을 깨물면서 사마 앞에서 단단히 맹세를 했다.

"그것만이 적어도 그대를 죽인 큰 죄를 참회할 수 있는 길이다. 말하라. 그대의 부모가 어디 계시는가? 나는 맹세코 그분들의 하인이 되리다."

사마는 남아 있는 기력을 다 짜내어 떠듬떠듬 간신히 말을 하기 시작했다.

"폐하!"

거의 끝나가는 숨소리로 사마는 왕을 불렀다. 그리고는 희미한 소리로 중얼대었다.

"당신이 만약 저의 부모님을 모셔 주신다면 저는 걱정없이 죽을 수 있습니다. 뒤쪽에 난 산길을 따라 가면 오두막이 나올 것입니다. 지금 가십시오."

사마는 마지막 숨을 몰아쉬며 헐떡였다. 그리고는 간신히,

"폐하! 영광이 함께하시길 빕니다. 불쌍한 우리 부모를 살펴주시기를 진심으로 비나이다. 그리고 저의 마지막 인사도 전해 주십시오."

이 말을 마지막으로 남기고 사마는 다시 혼절했다. 이제 죽음의 문턱을 넘어가는 것이었다.

"젊은이!"

왕은 다시 다급하게 그를 불렀다. 그는 사마를 세차게 흔들면서 정신을 차리라고 하였다. 하지만 사마의 눈은 더 이상 뜨지 못하고 무겁게 깊이 감겨져가고 있었다.

— 내가 어쩌다 이렇게 착하고 아름다운 청년을 죽였단 말인가! —

그는 주체할 수 없는 슬픔으로 가슴을 치며 울부짖었다. 그때 이상한 기운이 느껴졌다.

눈물로 범벅이 된 눈을 팔뚝으로 닦고 보니 강 가운데 아주 영롱한 불빛 하나가 강하게 빛을 내고 있었다. 왕은 두려움을 느끼며 그 불빛을 응시했다. 그 불빛은 허공을 빙빙 돌다가 점점 가까이 다가왔다. 자세히 보니 한 명의 빛나는 천신이었다.

"당신은 누구십니까? 무슨 일로 여기에 오셨습니까?"

강가에 다다른 천신은 공중에서 사마를 내려다보면서 망연자실한 표정을 지었다. 그리고 대답했다.

"일곱 전생 전에 내가 이 아이의 어머니였다. 나는 계속해서 이

244

아이를 지켜보고 있었다. 그런데 왠지 불행한 일이 이 아이에게 일어났다는 것을 직감하였다. 그래서 하늘에서 내려온 것이다."

"내가 잘못해서 죽였습니다. 이 젊은이를 살려주소서."

"천신은 인간계의 일들을 사사롭게 조정할 수가 없다. 그저 가슴만 아플 뿐이다."

"그래도 어떻게 좀 해 주십시오."

왕은 애원했다. 천신은 냉담하게 그의 행동을 꾸짖었다.

"사마는 순수무구한 아이다. 그대가 큰 죄악을 저질렀다. 오! 슬프다. 화살 하나로 세 명의 죄 없는 사람들을 죽이게 되었구나."

왕은 속죄의 심정으로 깊이 엎드렸다. 어떤 처벌이든지 달게 받을 준비가 되어 있다는 굴복이었다. 다시 고개를 들어보니 천신은 영롱한 불빛을 내며 저 멀리 사라져 가고 있었다.

왕은 일어섰다. 그리고는 주위에 흐드러지게 핀 꽃들을 꺾어와 사마의 몸을 덮었다. 그리고는 합장하고 그의 몸을 세 번 돌면서 경건하게 물을 뿌렸다.

그리고 물 항아리를 어깨에 메고 사마가 일러준 대로 오두막을 찾아 나섰다. 깊은 근심과 걱정 속에 걷는 두 발의 무게는 천근만근이나 되었다.

오두막에 다다르자 두쿠라카의 귀가 쫑긋했다. 누구 발자국이지?! 이 소리는 사마의 가벼운 발자국소리가 아니다. 그는 너무 이상해서,

"거기 누구세요?"

라고 물었다. 왕은 멈칫했다. 그리고 생각했다. 내가 만약 그의 아들을 죽였다고 하면 그들은 매우 화를 낼 것이다. 그리고 성난 감정으

로 나에게 달려든다면 나는 그것을 피하기 위해 나도 모르게 또 다른 죄를 지을 수 있다. 그러므로 우선 나의 신분부터 밝혀야 되겠다고 생각하고 물 항아리를 조심스럽게 내려놓고서,

"나는 삘리약까입니다. 바라나시국의 왕입니다. 나는 사슴을 사냥하러 왔습니다."

그는 예의를 다해 자기의 신분을 밝혔다.

"어서 오십시오. 폐하."

두쿠라카는 그를 반갑게 맞이하였다.

"영광이며 행운입니다. 폐하를 이 산중에서 다 뵙고요. 여기 오셔서 과일과 나뭇잎, 그리고 뿌리를 좀 드십시오. 특별한 것은 없지마는 폐하. 혹시 목이 마르시다면 시원한 물을 셀프로 드실 수 있습니다."

왕은 고민했다. 이분들은 나를 따뜻하게 맞이해 주고 있다. 하지만 내가 여기 온 이유를 말하지 않을 수 없다. 정말 얄궂은 운명이고 처지다.

"당신들은 보아하니 장님입니다. 숲속을 다닐 수가 없습니다. 오두막은 너무 정결합니다. 아마 이 과일들도 당신들이 따오지 않았을 것입니다. 누가 이것을 당신에게 갖다 주었습니까? 틀림없이 밝은 눈을 가진 이가 이 모든 것을 해결해 주었을 것입니다."

"그렇습니다. 폐하. 우리에게는 검고 긴 머리를 한 아들이 하나 있습니다. 사마라고 합니다. 그는 아주 잘생긴 효자입니다. 그가 모든 것을 해결해 줍니다. 그가 물을 길러가기 전에 이것들을 산에서 채집해 왔습니다. 그는 곧 돌아올 것입니다."

왕은 말문이 막혔다. 하지만 사실을 바로 실토하지 않을 수도 없었

다. 왕은 마른 침을 한번 삼키고 그들 앞에 무릎을 꿇었다. 그리고 온몸을 부들부들 떨면서 말했다.

"제가 아드님을 독화살로 죽였습니다."

"폐하. 지금 무슨 말씀을 하시는 겁니까?"

"용서해 주십시오. 그는 저의 화살에 맞아 지금 강둑에 피투성이로 누워 있습니다."

파리카가 이 소리를 듣고 벌떡 일어났다.

"뭐라꼬요?! 두쿠라카. 이 자가 도대체 누구입니까. 왜 사마를 죽였다고 합니까. 그럴 수는 없습니다."

"여보. 진정하시오. 이분은 바라나시국의 왕이오. 뭔가 사고가 일어났던 모양이오. 우리는 그를 질책하기 전에 왜 그런 일이 일어났는지부터 알아야 해요."

"어떻게 이 상태에서 마음을 진정시킬 수가 있습니까. 사마는 더없이 착한 아이입니다. 하늘에 태양처럼 빛나는 아이입니다. 밤하늘에 별같이 깨끗한 아이입니다. 우리는 그를 키웠고 우리의 정신적 지주입니다. 그 아이 없이는 우리는 한시도 살 수가 없습니다."

"알아요. 여보. 사마는 우리 전부입니다. 하지만 어떤 일이 있어도 수행하는 자는 분노와 미움을 일으켜서는 아니 되오."

주체할 수 없는 비통으로 파리카는 뜨거운 눈물을 주르륵 흘리면서 온몸을 파르르 떨었다.

- 사마 내 아들! 사마 내 사랑! -

그녀는 슬피 울면서 끊임없이 사마를 애타게 찾고 불렀다. 두쿠라카 역시 쏟아지는 눈물을 억제할 수 없었다. 이제 두 번 다시 숲에서

들려오는 사마의 아름답고 명랑한 노래 소리를 들을 수가 없다고 생각하니 가슴이 미어질 것 같았다.

그리고 이제 철저히 외톨이가 되었다는 데 대한 걱정과 불안이 엄습했다. 왕은 그들을 안정시키고 낮은 목소리로 읍소했다.

"제가 당신들을 바라나시국의 궁중으로 모셔가서 지성껏 보살피겠습니다. 그러니 너무 슬퍼 마십시오."

그러자 그들은 동시에 손을 저으면서 단호히 말했다.

"아닙니다. 우리는 여기를 떠날 수가 없습니다."

왕은 다시 말했다.

"궁중에서 생활하시면 모든 것이 편하고 안락할 것입니다. 그리로 모셔가고자 하옵니다."

"폐하. 우리는 여기에 있어야 합니다. 사마를 두고 갈 수가 없습니다."

"좋습니다. 그럼 제가 남아서 당신들을 모시도록 하겠습니다. 저는 활을 잘 쏩니다. 무엇이든지 잡아서 당신들을 섬기겠습니다."

"그것은 자랑이 아닙니다. 살생은 금물입니다. 우리는 생명체의 고기는 먹지 않습니다."

"죄송합니다. 저는 사마 대신 당신들을 케어 할 것입니다. 당신들의 하인이 되어 당신들께 시중들 것입니다. 허락하여 주십시오."

"폐하. 당신은 바라나시의 왕입니다. 우리는 당신의 발에 무릎을 꿇어야 하는 백성입니다. 폐하는 빨리 왕궁으로 돌아가셔야 합니다."

옆에 있던 파리카가 거들었다.

"폐하. 그것은 이치에 맞지 않고 매우 부적절한 일입니다."

왕은 놀랐다. 나는 그들의 자식을 죽였다. 나는 살인자다. 이들에게 용서받지 못할 죄를 저질렀다. 그런데도 이 사람들은 나에게 거친 욕설 한마디가 없다. 오히려 나의 형편을 걱정하고 있다. 여기까지 생각한 왕은 다시,

"그러나 저는 제가 한 일에 대해 속죄하고 싶습니다. 저를 당신들의 자식으로 받아주십시오. 지금부터 당신들은 저의 부모입니다."

"아니 될 말씀입니다. 폐하."

두쿠라카가 떨리는 손을 모아 왕에게 합장하고서 천천히 지팡이를 짚고 일어났다. 그러면서 조용히,

"폐하! 저희들의 소원을 들어 주소서. 저희를 사마에게 데려다 주십시오. 이 막대기를 잡고 앞에 가시면 우리들이 그 뒤를 따라가겠습니다."

왕은 급히 그들을 부축했다. 그들은 큰 충격을 받아 금방이라도 쓰러질 것처럼 기운이 다 빠진 상태였다.

"우리는 사마의 몸을 만지고 싶습니다. 우리는 조금이라도 그와 함께 있고 싶습니다."

왕은 그들을 데리고 강가로 가 사마의 시체를 보여준다는 것은 실로 끔찍한 일이라 생각했다. 정말 그것은 사람으로서 할 짓이 아니었다. 한 개의 화살로 세 사람을 죽이게 되었다는 천신의 말이 현실로 다가온 것이다. 정말 지옥의 고통을 맛보는 순간이었다. 왕의 다리는 중심을 잃고 후들거렸다.

"사마가 누워 있는 자리는 대단히 위험한 곳입니다. 거기에는 무서운 맹수들이 있습니다. 그리고 날은 저물어가고 있습니다. 아침에

가보는 것이 좋겠습니다."

"폐하. 여기의 맹수들은 저희들을 해치지 않습니다. 그리고 우리는 장님입니다. 언제나 어둡습니다. 우리는 사마에게 마지막 인사를 하고 싶습니다. 그곳으로 데려다 주십시오."

왕은 어쩔 수 없이 두쿠라카의 막대기 끝을 잡았다. 그러자 두쿠라카는 한손으로 파리카의 막대기를 잡았다. 그렇게 셋은 도살장에 끌려가는 소들처럼 고통스런 마음을 누르며 사마가 죽어 있는 강가로 비틀비틀 걸어가기 시작했다. 이 이야기는 다시 6권으로 이어진다.

海東疏 △第三廣上立義分中生滅之相 於中有二 先明生滅麤細之相 後顯麤細生滅之義

세 번째로 입의분 가운데에 있는 생멸의 모습을 널리 설명한다. 그중에 둘이 있다. 먼저는 생멸하는 추세의 모습을 밝히고 뒤에는 추세한 생멸의 뜻을 나타낸다.

기신론은 다섯 부분으로 나눠져 있다. 인연분과 입의분, 그리고 해석분과 수행신심분 권수이익분이다. 우리는 지금 해석분에 와 있는데, 해석분은 입의분에서 밝힌 의제들을 풀이하는 대목이다.

입의분에 생멸인연상이 있었다. 즉 마하연의 자체에 생멸하는 인연과 그 모습이 있다는 것이다. 마하연은 대승이고 그것은 중생의 마음이다. 거기에 있는 생멸할 수 있는 원인과 조연이 있었다.

이제 여기서부터는 그 생멸하는 모습이 어떤 것인지 설명해 주겠다는 거다. 거기에 두 가지가 있으니 먼저는 거칠고 섬세한 생멸상과 뒤에는 거칠고 섬세한 생멸의 뜻을 나타내는 것이다.

(ㄷ) 생멸상

起信論 復次分別生滅相者有二種 云何爲二 一者麤 與心相應故 二者細 與心不相應故

다시 또 생멸상을 분별할 것 같으면 두 종류가 있다. 무엇이 둘이냐. 첫째는 麤추인데 그것은 마음과 상응하는 것이다. 둘째는 細세인데 그것은 마음과 상응하지 않는 것이다.

생멸하는 인연은 心意識이다. 그것을 씀으로 해서 드디어 생멸하는 모습이 나타난다. 그런 생멸에는 크게 두 가지가 있다.

첫째는 麤추다. 추는 거칠 추字다. 즉 생멸을 하는데 거칠게 하는 모습이다는 것이다. 거친 생멸을 하는 자들을 목격한 적이 있을 것이다. 코에다 산소호흡기를 꽂고 마지막 호흡을 힘겹게 이어나가는 모습을 보았을 것이다. 그것은 정말 누구든 당해서는 안 될 처절한 모습이고 단말마의 모진 고통이다.

생멸은 생사다. 생사는 그 소리만 들어도 소름이 끼친다. 핏덩이로 태어난 죄업의 생명, 그거 어디 귀여운 곳이라고는 없다. 그냥 거룩하고 신비할 뿐이지 그거 어디에 예쁘고 고운 모습이 서려 있던가.

거룩한 것은 자연의 이치고 신비한 것은 새로운 생명이 태어난 경이로움이다. 그 경이로움을 일으키는 데 정말 많은 고통과 공력이 들어간다. 처녀총각이 끊임없는 밀당을 해서 현실적 조건으로 결혼

하는데 온갖 어려움과 시련을 겪는다. 그리고 합방을 한다.

종족번식을 위해 짝짓기를 하는 동물들의 행위를 보았을 것이다. 백수의 왕 사자에서부터 땅위를 기는 뱀과 물속의 물고기들까지 그들의 본능적인 짝짓기를 보면 종족번식이 정말로 어렵고 힘들구나 하고 느낄 것이다.

구사론에 보면 삼계의 중생들이 욕락을 즐기는 방법이 나온다. 우리 위의 저 먼 하늘 야마천에서는 짝짓기를 할 때 조용히 포옹만 한다. 그러면 무한의 희열을 느낀다. 그 위의 도솔천에서는 그냥 손만 잡는다. 그러면 끝없는 쾌감을 느끼게 된다.

또 그 위의 하늘인 화락천에서는 서로 미소만 짓는다. 그러면 말할 수 없는 희열과 쾌감을 느낀다. 마지막 타화자재천에서는 서로 의도만 갖고 응시만 해도 한없는 엑스터시를 느낀다.

범부는 짐승들이나 어류들처럼 온몸을 힘들게 요동쳐가면서 교접한다. 그렇게 해서 임신이 된다. 10개월 동안 산모도 태아도 죽을 고생을 다한다. 한 생명이 태어나는 데 얼마나 많은 사람들이 애를 태우고 매달리는지 모른다. 그러다가 핏덩어리 생명 하나가 죽겠다는 소리를 지르면서 이 세상에 태어난다. 그것이 범부의 生이다.

뒤통수가 많이 튀어 나온 원각이라는 스님이 있었다. 요즘말로 짱구스님이다. 그 스님이 무슨 일이든지 매끄럽게 잘하지 못하면 선배 스님들이 그의 아픈 곳을 건드렸다.

너는 임마! 태어날 때부터 엄마 힘들게 한 놈이다. 그런데 그것도 제대로 못하냐 라고 핀잔을 주었다. 그러면 그는 늘, 그분의 은혜를 갚기 위해서 출가를 하였습니다 라고 계면쩍게 웃어넘겼다.

아이가 태어나면 살기 위해 젖을 빤다. 젖 빠는 힘이 보통이 아니다. 개와 고양이 같은 새끼들이 무섭도록 젖을 빠는 것을 보았을 것이다. 그들은 어떻게든 살아남기 위해 죽을힘을 다해 젖을 빤다.

부화한 새 새끼들도 마찬가지다. 입이 찢어지도록 벌려야 어미가 먹을 것을 넣어준다. 입을 벌리지 않는 새끼는 돌보지 않는다. 살려면 다른 형제보다 더 높이 목을 빼야 하고 목구멍이 튀어나오도록 입을 벌려야 한다. 그들의 생존본능은 처연하면서도 처절하다. 그만큼 형제간에도 생존경쟁이 치열하다는 것이다.

인간도 마찬가지다. 죽지 않으려면 피어린 힘을 다 쏟아 젖을 빨아야 한다. 그러면 살 수가 있다. 그래서 살다가 어려운 고비를 만나면 젖 빨던 힘까지 다 쏟아 부어라고 하는 이유가 여기에 있다.

맹금류들은 둥지 밖으로 나간 새끼들은 돌보지 않는다. 짐승들은 자기를 따르지 않는 새끼는 거두지 않는다. 그들은 자식들에게 냉정하고 차갑다. 그래서 금수禽獸같다고 한다. 금禽은 날짐승을 말하고 수獸는 들짐승을 뜻한다.

그러나 인간은 자기 새끼만큼은 다른 중생들보다 더 잘 챙긴다. 집 밖으로 나가거나 건강하지 못한 자식들도 다 거둔다. 대승보살들은 자기 자식을 넘어 일체중생들을 다 자기자식들처럼 보살피고 양육한다. 보살들이 중생을 대하는 수준이 어느 정도인지 이제 알 것이다.

그렇게 태어난 신생아는 본능적으로 한 마리의 애벌레처럼 쉴 새 없이 먹고 싼다. 걸어 다니던 습성이 있는 자를 눕혀 놓으면 정말 미치고 환장해서 그런지 어떻게든 일어서려고 몸부림친다.

그때부터 인생은 정말 피눈물나는 경쟁으로 들어간다. 권투선수가 링에 올라가 있는 것처럼 그렇게 세상을 산다. 거칠게 표현하면 지구 철장 속에 투견 같은 신세로 그렇게 서로 물어뜯고 산다. 그런 숱한 어려움과 난관을 거치며 나이를 먹어간다. 그러면서 늙고 병들어간다.

그러다 죽는다. 죽는 모습은 끔찍하다. 육신은 죽으려 하는데 마음이 놓지를 않는다. 평생을 자기 것이라고 아끼고 다듬어 왔는데 그렇게 쉽게 내려놓을 수가 없다. 그때 말할 수 없는 고통과 아픔을 겪으면서 生死와 사투를 벌인다.

요양병원을 운영하고 있다는 어느 스님에게서 들은 이야기다. 일생 동안 참선수행을 한 선사 한 분을 자기병원에 모셔왔다고 했다. 한때는 선원에서 한 소식 얻었다고 할 정도로 대단한 선객이었는데 이제 年老할 뿐만 아니라 치매기가 있어서 같이 살던 대중들이 내쫓다시피 밖으로 내보냈다고 했다. 어느 날 그 선사의 병실을 찾아 인사를 드리는데 그 선사가 뜬금없이

"아저씨는 누구예요?"

라고 정색을 하며 물었다고 한다. 그 뜨악한 표정을 보고 그 스님은 큰 충격과 깊은 비애를 느꼈다고 했다.

情識이 있는 중생은 누구든 다 이런 生死의 과정을 겪는다. 이것은 僧俗승속 누구도 피해갈 수 없다. 생사를 벗어나지 못한 이상 반드

시 이처럼 태어나고 죽어야 한다. 그것이 중생의 마음과 더불어 하는 麤추의 생멸이다. 정말 두 번 다시 해서는 안 될 분단생사의 서글픈 단면이다.

죽어가는 모습은 끔찍하고 처절하다. 어떻게든 외면하고 싶지만 우리도 곧 그 당사자가 될 것이다. 미리 도망가지 않으면 너 나 할 것 없이 그렇게 속수무책으로 허망한 죽음을 다 당할 것이다.

죽음이라는 말이 무슨 뜻인지 아시는가. 뜨거운 피가 끓고 에너지가 펄펄 넘치는 사람이라도 일단 숨이 끊어지면 죽처럼 퍼져서 음지에 들어간다고 죽음이라고 한다.

그럼 우리만 죽는가. 아니다. 보살들도 죽는다. 세상에 태어난 생명치고 죽지 않는 자는 아무도 없다. 태어났다는 말은 죽는다는 것을 이미 내포하고 있다.

그러므로 반드시 죽는다. 관세음보살도 죽는다. 문수보살도 죽는다. 지장보살도 죽는다. 하지만 그들의 죽음은 부드럽다. 그래서 거친 죽음보다 낫다는 표현으로 섬세함이라고 한다.

보살들은 변역생사를 한다고 여러 번 말했다. 사람들이 때 지어 있으면 연예인이 등장하듯이 중생이 모인 곳이면 보살이 나타난다. 연예인은 자기들 쇼가 끝나면 훌훌히 떠나가지만 보살은 중생이 다 흩어지기 전까지 그들과 함께 남아 있다는 것이 다르다.

중생은 똑같은 쇼를 반복해서 보지 않으려 한다. 그래서 보살은 새로운 분장을 하고 특이한 모습으로 다시 그들 앞에 나타난다. 그렇게 하기 위해서 보살은 언제나 자신의 몸을 바꾸어야 한다. 이것이 변역생사다.

그들의 마음은 오로지 중생구제에만 있다. 거기서 그들은 무한의 복덕을 짓는다. 동시에 균등한 지혜를 닦아나간다. 그것이 바로 중생의 마음과는 상응하지 않고 부처의 마음과 상응하는 細세의 생멸이다.

㉠ 추세의 相

起信論 又麤中之麤 凡夫境界 麤中之細 及細中之麤 菩薩境界 細中之細 是佛境界

또 麤 중의 麤는 범부의 경계고 麤 중의 細와 細 중의 麤는 보살경계며 細 중의 細는 부처의 경계다.

추중의 추라는 말은 거친 생사 중에 거친 생사라는 뜻이다. 거친 생사를 하는 자는 범부다. 범부는 생사를 임의로 어떻게 할 수가 없다. 생각만 해도 식은땀이 흐르고 진땀이 솟는다. 그런데도 범부는 그것을 애써 회피하며 살아가고 있다.

두 눈을 갖고 세상에 볼 것 안 볼 것 다 보고 살지마는 정말 보지 말아야 할 것이 있다면 한 생명체가 죽어가는 모습이다. 그것은 부정할 수 없는 사실이다.

그런데도 가족들은 그 임종의 모습을 어떻게든 보려고 한다. 인간은 왜 이런지 모르겠다. 그런 모습을 자기 눈으로 다 보고서도 그런 상황으로부터 탈출하려는 생각은 하지 않는다. 거기다가 자기들도 그 운명을 아무 저항없이 무덤덤하게 받아들이고 있다.

말했다시피 범부가 죽는 모습은 추하다. 그리고 거칠다. 생명이 끊어지는 단말마의 요동은 너무 처참하다. 말로써는 형용할 수 없는 끔찍한 모습이고 몸서리치는 일이다. 이것이 추중의 추가 되는 범부의 생멸이다.

죽어가는 사람이 살아 있는 사람에게 남겨주는 마지막 교훈은 그 길을 따라오지 말라는 혼신을 다한 표정이다. 어서 피하라고 한다. 말은 못하지만 마지막 일그러진 모습으로 그것을 가르치고 있다.

그런데도 가족들은 그것을 알아채지 못한다. 그래서 그들도 뒤따라 죽는다. 그러면서 또 가족들에게 그런 고통스런 암시를 보낸다. 이 길을 따라오지 말라고 한다. 그래도 그 후손들은 그 길을 따라 계속해서 죽어간다.

`海東疏` 初中亦二 一者正明麤細 二者對人分別 初中亦二 總標 別解
처음 중에 또한 둘이 있다고 했다. 첫째는 정확히 추세를 밝히고 둘째는 사람을 대비해서 분별하였다. 처음 가운데 다시 둘이 있다. 묶어서 표시하고 따로 풀이한 것이다.

우리는 지금 생멸의 모습이 어떤가를 배우고 있다. 그리고 그 과정에 있다. 그렇게도 끔찍하게 말했는데 아직도 이 생멸의 모습에 섬뜩함의 전율이 일어나지 않으면 전생에 지어 놓은 복덕이 없거나 성격이 무디거나 둘 중 하나다.

중생의 마음은 태생적으로 잠시도 가만히 있지를 못한다. 나무가 조용히 있고 싶어도 바람이 불면 가지가 흔들리는 것처럼 우리의 마음도 그렇게 조용히 있지를 못한다.

그것은 불각이 본각을 움직이게 하기 때문이다. 불각을 가진 본각은 완전체가 아니기 때문에 외풍을 받으면 요동하게 되어 있다. 그것을 **능가경**에서는 바람이 불면 파도가 일어나 물이 출렁이듯이 마음도 그렇게 따라 움직인다고 하셨다.

그러므로 중생의 마음은 항상 생주이멸을 한다고 했다. 마음이 뜬금없이 생겨나 일순간 머무른다. 그리곤 다른 생각과 섞이어서 요동하다가 마지막엔 행동으로 옮기도록 하고서 사라진다고 했다. 중생의 모든 마음은 다 이런 과정을 밟고 생멸한다고 앞에서 말했었다.

그 다음에 중생의 마음이 그렇게 생멸하도록 도와주는 주체와 객체는 무엇인가를 설명하였다. 그것이 바로 심의식이라고 했다. 마음은 생주이멸할 수 있는 소지를 안고 있고 심의식은 그것을 활동하도록 인연을 만들어 주니까 그렇다.

이제 여기서는 그 결과인 죽음을 말하고 있다. 물론 죽고 나면 다시 태어나야 한다. 그래서 죽음만 말하지 않고 태어남도 같이 설명하다 보니 생멸이라고 하였다. 생멸과 생사는 같은 말이다.

海東疏 別解中言一者麤與心相應故者 六種染中 前之三染 是心相應 其相麤顯 經中說名爲相生滅也

따로 풀이한 중에서 첫째는 추인데 마음과 더불어 상응하기 때문이다고 한 것은 6종의 오염 가운데서 앞에 세 가지 오염이다. 心相應은 그 모습이 추하게 나타나므로 경전에서는 相生滅이라고 하셨다.

생멸하는 중생들은 두 부류가 있다고 했다. 분단생사를 하는 자들과 변역생사를 하는 자들이다. 분단생사는 범부들과 삼현보살들이 하고 변역생사는 십지보살들이 한다고 했다.

분단생사를 하는 중생은 슬픈 존재다. 그들은 오염된 마음과 더불어 상응한 삶을 살고 있다. 그 결과로 모두 다 본의 아니게 죽는다. 그것도 거친 죽음을 당해야 한다. 그래서 슬픈 존재라고 한다. 모두 다 이 사실을 알고 있다.

오늘은 먼저 죽은 자의 영정 앞에 내가 엎드려 있다. 그러다 내일은 내가 그 영정 속의 주인공이 된다. 그 영정 속에 영가도 죽고 싶어서 죽은 것은 아니고 나도 죽고 싶어서 죽지는 않을 것이지마는 그렇게 다 그 뒤를 따라가고 있다.

시한부인생을 사는 환자를 보면 연민심이 일어난다. 곧 죽어야 하는 운명이기 때문이다. 범부들치고 시한부인생을 살지 않는 자는 없다. 우리는 그들을 안타깝게 보고 보살은 우리를 처연하게 본다.

우리의 죽음은 거칠고 흉하다. 태어나는 모습이 예쁘고 신기하다면 죽음도 예쁘고 신기해야 하는데 그렇지 않다. 태어남은 모두 축하하는데 죽음은 모두 슬퍼한다. 뭔가 선후가 맞지를 않다.

그렇다면 평생 동안 뭘 어떻게 살았기에 그렇게 힘들게 산 결과가 이렇게 흉하고 거친 죽음으로 끝이 나야 한단 말인가. 사업 같으면 완전히 쫄딱 망한 상태로 빚만 지고 떠나는 것이 아닌가. 마지막엔 입고 있던 팬티까지 다 이 세상에 벗어놓고 떠나야 하는 이런 인생을 살려고 그렇게 애면글면하면서 살아왔단 말인가.

현명한 사람이라면 여기서 진짜 인생컨설팅을 한번 받아봐야 한다. 모두가 다 실패한 인생으로 끝난다면 나도 그럴 것인데 어찌하면 살아날 수 있는지 심도있는 컨설팅을 받아봐야 한다. 그 컨설팅을 해주는 것이 바로 이 **기신론해동소**고 **혈맥**기다.

海東疏 二者細與心不相應故者 後三染心

둘째는 섬세인데 마음과 더불어 불상응이기 때문이다고 한 것은 뒤에 세 가지 오염된 마음이다.

뒤에 세 가지 오염은 6염심 중에서 현색불상응염 능견심불상응염 근본업불상응염이다. 이 계위에 들어가면 변역생사를 한다.

변역생사를 하는 자들도 생사를 한다. 중생의 삶이 거친 바다에 일엽편주와도 같다면 그분들은 생사의 고해를 자유롭게 오고가는 유람선과도 같다. 그것을 타고 부처가 설법하는 곳이라면 어디든지 찾아다닌다.

거기서 그분들은 마음을 깨닫는 법을 배워 지혜를 키운다. 그리고는 다시 유람선을 타고 그분들을 기다리고 있는 중생들을 찾아다닌다. 그곳에서 중생들을 교화하면서 변역생사를 하고 복덕을 쌓으며 지혜를 일으킨다.

海東疏 是不相應 無心心法麤顯之相 其體微細 恒流不絕 經中說名 相續生滅也

불상응은 마음과 심법이 거칠게 드러나는 모습이 없고 그 당체가 미세하여 항상 유전하여 단절이 없다. 그래서 경에서는 상속생멸이라고 하셨다.

옛날에 가설극장이라는 것이 있었다. 소도시를 찾아다니며 영화도 틀어주고 쇼도 보여주었다. 거기에 예술단원이 있었다. 헐렁한 바지에 빨간 코를 달고 하얗게 분칠을 한 배우가 무대에 나와 입심 좋게 사람들을 웃기기도 하고 울리기도 하면서 새로 나온 신약을 팔았다.

가설극장에서 파는 신약이라고 해서 무조건 가짜일 거라고 생각할 필요는 없다. 그때는 아무리 좋은 신약이 나와도 어떻게 선전할 방법이 없었다. 그래서 5일장이나 면소재지를 찾아다니면서 그렇게 사람들을 모아 신약을 선전할 수밖에 없었다.

그런 역할을 해 주시는 분들이 바로 지금의 대승 십지보살들이다. 그분들은 일정한 모습이 없다. 중생들을 상대로 웃기고 울리는 그 모습이 수시로 바뀐다. 오늘은 사자 옷을 입고 내일은 아귀 옷을 입는다. 어떤 때는 천인의 모습으로 분장하고 또 어떤 때는 인간의 모습으로 변장해 중생들에게 불법의 약을 무상으로 나눠주고 있다.

그분들이 주는 약은 생사를 벗어나는 열반의 감로약이다. 그것을 먹으면 중생들이 갖고 있는 모든 고통과 죄업이 소멸된다. 약장수가 신약을 팔면 돈을 벌듯이 그분들은 열반약을 주고 복을 짓는다.

가설극장에서 정해진 쇼가 끝나면 그들은 다른 곳으로 이동한다. 그때 이제까지 덮어쓰고 있던 가면의 옷들을 벗는다. 이제 가면의 모습은 사라진다. 그것을 중생들이 봤을 때 생사라고 하고 그 이름을 변역생사라 했다.

변역생사하는 보살들이 중생들로부터 자신의 몸을 거둘 때는 나름대로 무척 힘이 든다. 오랫동안 변장과 분장을 해 왔기 때문에 덮어쓰고 있던 옷들을 힘들게 벗어야 하고 화장으로 떡칠된 얼굴을 수고롭게 지워야 한다. 그것들이 그분들의 생멸이 된다.

그렇게 자신과 중생을 위해 자리이타행을 하는 그 생활은 오랫동안 계속된다. 적어도 하늘의 수많은 별들의 숫자보다 억만 배나 더 오랜 세월 동안 그렇게 계속된다. 그래서 상속생멸한다고 하신 것이다.

海東疏 如十卷經云 識有二種滅 何等爲二 一者相滅 二相續滅 生住亦如是

십권경에서 식에는 두 종류의 멸상이 있다. 무엇이 둘이냐 하면 첫째는 相滅이고 둘째는 상속멸이다. 생주 또한 그와 같다고 하셨다.

생사를 하는 중생은 두 부류로 나뉜다. 거칢과 섬세다. 그것을 증명하기 위해 성사는 **십권경**의 내용을 인용하셨다. **십권경**은 보리유지가 번역한 **능가경**이다. 물론 식은 아려야식이다. 거기에 없어져야 하는 두 가지 모습이 있다고 했다.

하나는 허망한 모습이고 또 하나는 분열된 식이다. 범부는 이 두 가지가 뭉쳐진 생명체다. 즉 하나는 범부가 덮어쓰고 있는 육신이고 또 하나는 범부가 자기라고 알고 있는 의식의 마음이다. 이것들은 당연히 없어져야 하는 것이다고 하셨다.

相滅은 외형적인 모습이고 상속멸은 내면으로 이어지는 식의 흐름이다. 그 식에서 생주이멸이 생겨 중생이 생멸한다. 생주라는 말은 생주이멸의 줄임말이다.

海東疏 四卷經云 諸識有二種生住滅 所謂流注生及相生 滅亦如是
사권경에서는 모든 식에는 두 종류의 생주멸이 있다. 이른바 유주생과
상생이다. 멸 또한 그와 같다고 하셨다.

　십권경만 해도 충분한데 성사는 다시 사권경을 인용하시고 있다.
사권경에서는 중생이 생주이멸하는 모든 의식작용에는 두 가지가 있
다고 하셨다.
　유주생은 생사에 기름을 친다는 뜻이다. 기가 막힌 언어선택이다.
심의식을 쓰면 생사가 잘되도록 윤활유를 치는 것과도 같다는 것이다.
　불편한 진실이지만 사실 중생의 삶은 자신의 생사에 기름을 치는
나날들이다. 출세를 하고 명예를 얻는다면 더 중생다운 삶에 가속의
기름을 칠한 셈이다. 그것도 모르고 그들은 좋아하고 거들먹거린다.
우리보다 한 수 위에서 보면 정말 가련하게 보지 않을 수 없다.
　相生은 심의식에 의해 일어난 모습이다. 그 모습은 성주괴공을 한
다. 물론 그것에 의해 또다시 심의식은 생주이멸한다. 그래서 滅 또
한 그와 같다고 하신 것이다. 滅은 유주멸과 相滅이다.

海東疏 經中直出二種名字 不別顯相 故今論主 約於相應不相應義
以辨二種麤細相也
경전 가운데서는 두 종류의 이름은 직접 드러내었지만 나타나는 相은
구별하지 않았다. 지금의 논주는 상응과 불상응의 뜻을 잡아 두 종류인

해석분 **263**

추세의 모습을 분명히 하고 있다.

경전은 위에서 언급한 **십권경**과 **사권경**이다. **십권경**에서는 상멸과 상속멸을 말씀하셨고 **사권경**에서는 유주생과 상생을 말씀하셨다. 즉 내면적인 의식의 작용과 외형적인 중생의 모습을 동시에 말씀하시고 있는 것이다.

거기서는 생멸하는 중생의 모습에 대해서는 언급함이 없다. 그러나 여기서는 그 외형적인 생멸의 모습까지 설명하고 있다고 성사는 말씀하시고 있다. 그것이 바로 상응과 불상응이다.

상응은 거친 생멸을 가진 범부의 모습이고 불상응은 섬세한 생멸을 하는 보살의 모습이라는 것도 부연해 주고 있다는 것이다.

海東疏 對人分別中 麤中之麤者 謂前三中初二是也 麤中之細者 即此三中後一是也

사람을 대비하여 분별한 것 중에 추중 추는 처음 세 개 중에서 앞의 두개고 추중의 세는 그 세 개 가운데서 뒤의 한 개다.

알기 쉽게 사람을 들어서 구분해볼 것 같으면 추중 추가 있고 추중 세가 있다. 추중 추는 거친 것 중에서 거친 것이고 추중 세는 거친 것 중에서 섬세함이다.

그러니까 추중 추는 6염심 중에서 집상응염과 부단상응염이고, 추중 세는 분별염상응이다.

쉽게 말하자면 1 2 3 중에서 1과 2는 생사를 해도 참 흉하고 거칠게 하는 편이고, 3은 그나마 그 모습이 좀 괜찮게 생사를 하는 부류라는 뜻이다.

海東疏 以前中初二俱在意識 行相是麤 故凡夫所知也 前中後一是第七識 行相不麤 非凡所了也

앞 가운데서 처음 두 개는 모두 의식에 있기에 그 행상이 거칠다. 그러므로 범부가 알 수 있다. 앞에 중에서 뒤에 하나는 7식에 있기에 그 행상이 거칠지 않아 범부가 알 수 있는 바는 아니다.

처음 두 개는 집상응염과 부단상응염이다. 그것은 심의식 가운데서 제일 낮은 단계의 지각작용인 의식의 차원에 있다. 즉 의식을 쓰면 집상응염과 부단상응염의 오염된 삶을 산다는 것이다. 이것은 하얀 피부를 가진 자가 오랫동안 굴뚝에 들어가 살면 그 모습이 시꺼멓게 되는 것과 같다.

굴뚝에 들어가 사는데도 그 모습이 하얗게 지속된다는 사람은 하나도 없다. 이치적으로 불가능하기 때문이다. 마찬가지로 의식을 쓰는 범부들 치고 집상응염과 부단상응염에서 자유로운 자는 아무도 없다.

그래서 범부는 생사를 거칠게 한다. 행상이 거칠다는 말이 이 말이다. 거친 신음 속에 일그러진 모습으로 생명줄을 놓는 자들이 바로 범부기 때문에 그렇다.

그런 죽음의 모습을 누구나 다 보고 있다. 그것은 자신의 미래 모습이다. 그것을 보고도 그렇게 되기 위해 쫓아가는 우리들의 삶은 과연 정당성을 찾을 수 있는가. 아니면 그냥 되는대로 사는 것인가. 이쯤에서 깊이 한번 진지하게 생각해 봐야 할 것이다.

세 번째인 분별지상응염은 7식의 사람들이 하는 생사다. 삼현보살들과 대승십지보살 중에서 대부분의 모든 성자들이 여기에 속한다. 정확히 말하자면 10지 보살 중에서 제7 원행지까지가 다 이 부류들이다.

정리하자면 10신 범부들은 집상응염과 부단상응염에 오염되어 있고 삼현과 10지보살 중에서도 거의는 분별지상응염에 오염되어 있다는 것이다.

범부는 범부의 수준에서 살다 죽어버리기 때문에 그 위 단계에서 사는 분들의 생사는 알 수가 없다. 하루살이는 하루만 살다가 죽어버리기 때문에 한 철을 사는 메뚜기의 삶을 전혀 이해할 수 없는 것과 같다. 그래서 7식의 세계는 범부가 알 바 아니다고 하신 것이다.

海東疏 後中初二能現能見 能所差別 故菩薩所知 最後一者 能所未分 故唯佛能了也

뒤 가운데서 앞에 두 개는 능현과 능견이다. 능소가 차별되기 때문에 보살이 알 수가 있다. 최후에 하나는 능소가 분리되기 전이기 때문에 오직 부처님만이 능히 알 수가 있다.

뒤는 현색불상응염과 능견심불상응염, 그리고 근본업불상응염이다. 이 세 가지 중에서 앞에 둘은 능현과 능견이다고 했다.

능현은 나타난 모습이고 능견은 그것을 보는 자다. 그러니까 능현은 대상이고 능견은 보는 주체다. 보통 능견이 먼저 나오고 그 다음에 능현을 말하는데 여기서는 환원하는 단계를 말하다 보니 거꾸로 객체인 능현이 먼저 나왔다.

능소는 주체와 객체를 말한다. 보는 자가 있다면 보이는 대상이 반드시 있게 된다. 주체가 있는데 객체가 없을 수는 없다.

현색불상응염은 제8지 부동지보살들의 오염이다. 8지는 보살 중에서도 마하살이다. 마하살이라는 말은 인도말로 마하보살이라는 뜻이다. 마하가 크다는 의미를 갖고 있으므로 마하살은 큰 보살로 번역이 된다.

능견심불상응염은 제9지 보살들의 오염이다. 제9지는 선혜지다. 이때가 되면 근본지와 후득지의 지혜가 샘솟듯이 올라온다. 그래도 그들은 오염으로부터 벗어나지 못하고 있다. 그래서 그들도 생사를 할 수밖에 없다. 그런 생사를 변역생사라고 했다.

최후의 하나는 근본업불상응이다. 이것은 제10지 법운지에 있는 보살들의 오염이다. 그들에게는 나와 남이 없다. 즉 주체와 객체가 없다. 그것은 나我라는 주체가 아직 생기기 전으로 들어가기 때문이다. 그런 대단한 보살들인데도 자신이 어떻게 오염되어 있는지 모른다. 그러므로 그들도 생사를 한다.

사실 그분들은 상상도 할 수 없는 위대한 분들이다. 문수보살 보현보살 관세음보살 같은 분들이 다 이 범주에 속한다. 그런데도 생사를 한다. 그 이유는 근본업불상응염에 오염되어져 있기 때문이다.

생사를 하지 않는 분은 딱 한 분이다. 그분은 바로 부처님이시다. 부처만이 거칠고 흉측한 생사는 물론 섬세하면서도 섬세한 생사를 하지 않는다. 다른 말로 하자면 생사를 완전히 벗어난 자는 오직 부처님밖에 없다는 것이다.

그래서 거친 범부의 생멸은 보살이 알고 섬세한 보살의 생멸은 부처가 아신다. 부처만이 마음에 대한 오염의 원인과 정도, 그리고 그 대치법을 완벽하게 알고 계시는 것이다.

그러므로 그분을 말해 마하보디를 이룬 분이라고 부르는 것이다. 마하보디mahabodhi는 대각이다. 큰 깨달음을 이룬 분만이 오염된 중생의 세계를 꿰뚫어볼 수 있는 능력을 갖는 것이다. 그래서 원문에 오직 부처만이 능히 아신다고 한 것이다.

ⓛ 생멸의 뜻

起信論 此二種生滅 依於無明熏習而有 所謂依因依緣

이 두 종류의 생멸은 무명이 훈습해서 있는 것이다. 이른바 因에 의한 것이고 緣에 의한 것이다.

장마철 스멀스멀 번지는 검은곰팡이는 정말 혐오스럽다. 냄새와 미관은 그렇다하더라도 호흡기 질환에 치명적일 수가 있다. 그래서 곰팡이가 보이면 그 원인부터 제거하려고 한다.

죽음에 직면한 인간의 모습은 정말 슬프고 싫다. 그것으로 끝나는 것이 아니다. 다시 다음 생사를 고통스럽게 받아야 한다는 것은 정말 끔찍하기만 하다. 그런데도 범부들은 누구 하나 그 죽음의 원인을 파헤치려고 하지 않는다.

육신을 먹여 살리기 위해 학교교육을 십 수 년 동안 연속적으로 받는다. 큰돈을 들이고 정열을 바쳐 모든 과정을 이수한다. 그런데 정작 그 육신의 주인인 마음에 대한 교육은 단 하루도 받지를 않는다.

이것은 마치 자동차를 운전하기 위해 운전연수를 십 수 년 동안 받는 것과 같다. 그러나 운전하는 사람의 정신건강은 그 누구도 신경을 쓰지 않는다. 그러면 운전은 누구나 할 수 있어도 목적지가 없게 된다.

생각해 보시기 바란다. 목적지 없는 사람들이 자동차를 끌고 나와 모두 우왕좌왕하고 있는 상황을 상상해 보시기 바란다. 부딪치고 깨어지고 터지고 부셔지고 난리도 아닐 것이다. 그러면서 결국엔 모두가 한 쪽으로 가는 큰 흐름을 탈 것이다.

현재 우리의 삶이 정확히 그렇다. 그 과정에서 많이 배운 사람도 있고 적게 배운 사람도 있다. 잘난 사람도 있고 못난 사람도 있다. 웃는 사람도 있고 우는 사람도 있다. 자식을 낳아 기르고 장사도 하고 정치도 하고 교육도 하고 문화예술도 한다.

그러면서 작게는 가족 단위로 크게는 나라 단위로 떼를 지어 죽음의 도로로 나아간다. 일단 거기에 올라타면 유턴이 되지 않는다. 중간 램프가 어디에 있는지도 모른다. 그렇게 죽음의 한 방향으로 모두다 나아간다. 그 도중에 우리가 끼어 있다. 사실을 알고 나면 놀라 뒤집어질 일이다.

起信論 依因者 不覺義故 依緣者 妄作境界義故
因에 의한다는 것은 불각의 뜻이고 緣에 의한다는 것은 망령되게 경계를 만든다는 뜻이다.

자동차를 몰고 죽음의 도로에 올라타는 이유는 처음부터 방향을 잘못 잡은 탓이다. 그렇게 만든 것은 엉터리 표지판 때문이다. 그렇다면 시작없이 있어 온 그 표지판을 어떻게든 고쳐야 한다.

그래서 그 표지판을 새롭게 고치신 분이 부처님이시다. 그런데도 악습이라는 것은 무서운 것이다. 대대로 상속되어 내려 온 그 습기와 기억은 그쪽으로 세팅되어져 있기 때문에 표지판을 자세히 읽어보려고 하지 않는다. 그냥 앞 차를 따라 계속해서 그쪽으로만 나아가고 있다.

군중들은 서로서로를 믿고 의지한다. 하지만 어느 누구도 자신들이 어디로 가고 있는지 모른다. 그쪽으로 가면 죽음의 구렁텅이로 떨어진다는 사실을 누구도 인지하지 못한다. 서로서로 누가 아니깐 그쪽으로 가겠지 하면서 그쪽으로만 따라간다. 그냥 생각없이 앞서거니 뒤서거니 하면서 맹목적으로 따라붙고 있는 것이다.

보다 못해 중간 중간에 눈 밝은 스님들이 주장자를 들고 유턴을 하라고 소리소리를 질러도 그들은 그 막대만 볼 뿐 표지판은 보지 않는다. 그렇게 그들은 오늘도 자기 육신의 자동차를 몰고 죽음의 꼬리 물기를 하고 있다.

그 군중들이 바로 자신이 가는 길이 맞다고 여기게 만드는 緣이 된다. 나我인 因이 그들의 緣을 만나 죽음으로 끝이 나는 것이다.

다른 말로 하자면 나 자신의 무지에 의해 표지판을 잘못 보고 그 무지를 도와주는 군중이 나를 죽게 만든다는 것이다. 즉 조상은 물론 내 주위의 모든 사람들이 다 나를 죽음으로 나아가게 만드는 도우미 역할을 하고 있다는 것이다.

그러니까 불각 때문에 죽음의 길로 택한 것이 因이 되는 것이고 망령되게 무리지어 나아가는 군중들이 緣이 되는 것이다.

起信論 若因滅 則緣滅 因滅故 不相應心滅 緣滅故 相應心滅

만약에 因이 멸하면 곧 緣이 멸한다. 因이 멸하게 되면 불상응심이 멸하고 緣이 멸하게 되면 상응심이 멸한다.

잘못된 표지판이 없다면 생사의 길로 나아가는 군중은 없을 것이다. 그러므로 因이 없다면 곧 緣이 없어지게 된다. 因은 표지판이고 緣은 군중의 흐름이다.

중생의 삶과 상응하지 않은 오염된 마음을 불상응심이라고 했다. 그런 마음은 비록 오염이 되어 있지만 부처 쪽과 더 가깝게 움직이고 있다. 그러므로 因이 없어지면 그 因에서 나온 첫 단계인 불상응심이 없어진다는 뜻이다.

상응심은 중생과 함께 움직이는 마음이다. 그것은 緣에 의해서 증장된다. 그러므로 그 緣을 없애버리면 중생의 삶은 떨어진다.

개그콘서트에 의해 사람이 웃는다. 그 코너를 없애버리면 그 콘서트에 의해 웃는 일이 없어진다. 그래서 緣이 없으면 因이 없어진다고 한 것이다.

그런 까닭으로 불상응심은 因에서 나오고 상응심은 緣에서 나온다고 한 것이다.

起信論 問曰 若心滅者 云何相續 若相續者 云何說究竟滅

묻겠다. 만약에 마음이 멸하면 어떻게 상속한다고 할 수 있는가. 만약 상속한다면 어떻게 구경에 멸한다고 할 수 있는가.

두 가지 질문을 내어 놓았다. 하나는 상속이고 둘은 단멸이다. 상속은 영원이고 단멸은 소멸이다.

영원과 소멸은 완전 반대다. 영원에는 소멸이 없고 소멸에는 영원이 없다. 그런데 보통 마음을 두 가지 측면으로 재단한다. 우리 마음은 영원한 것인가. 아니면 우리 마음은 육신이 죽음과 동시에 사라지는 것인가. 앞에 것은 신 이상주의를 일으켰고 뒤에 것은 물질주의를 만들었다.

신 이상주의는 종교를 내세웠고 물질주의는 유물론을 공고히 했다. 그렇다면 당신은 이 둘 중 어느 쪽에 서 계시는가.

起信論 答曰 所言滅者 唯心相滅 非心體滅 如風依水而有動相

답하겠다. 말한 멸이라는 것은 오직 심상이 멸한다는 것이지 심체가 멸한다는 것은 아니다. 그것은 바람이 물에 의해 움직이는 모습과 같다.

존재하는 모든 것들은 두 가지 면을 가지고 있다. 그 둘은 현상과 본질이다. 나뭇잎 하나 없는 겨울나무를 본질이라고 하면 나뭇잎이 무성한 여름나무를 현상이라고 본다. 현상은 본질을 의거해 있듯이 그 수많은 잎들은 다 뿌리에 의존해 있다.

가을이 되면 나뭇잎들이 단풍이 되어 떨어진다. 현상은 환경과 조건에 지배를 받기 때문이다. 적어지는 일조량과 차가워져 가는 地氣에 의해 뿌리는 더 이상 잎들에게 영양분을 공급하지 않는다. 그러면 푸르른 잎들은 수분을 섭취하지 못하여 알록달록하게 마르기 시작한다. 그것을 단풍이라고 한다.

그 단풍을 보는 인간은 흥분한다. 나무는 생존을 위해 어쩔 수 없이 자신의 분신들을 눈물로 떨어뜨려야 하는데 인간들은 그 상태를 보고 아름답다고 경탄한다. 그래서 나는 인간들의 본성은 순자처럼 원천적으로 악하다고 보는 입장이다.

이것보다 더 무서운 소리가 있다. 산란 닭에게 클래식음악을 틀어주면 닭들이 좋아해 더 많은 알을 낳는다고 한다. 인간의 이기심이 얼마나 무서운지를 보여주는 단면적인 잣대이다.

닭이 평소보다 알을 많이 낳는다는 것은 닭 쪽에서 보면 그만큼 소음스트레스를 많이 받았다는 뜻인데 인간은 정작 그 반대로 생각한다. 정말 미치고 환장케 하는 이기적인 발상이다. 그렇게 인간은 오로지 자기 기준으로 세상을 판단한다.

계절적으로 나뭇잎이 다 떨어진다고 해서 나무가 죽는 것은 아니다. 오직 겉모습인 현상만 사라진다. 마찬가지로 우리의 마음은 거친 껍데기가 소멸되는 것이지 그 본체는 영원하다는 것이다.

起信論 若水滅者 則風相斷絕 無所依止 以水不滅 風相相續 唯風滅故 動相隨滅 非是水滅

만약에 물이 없어지면 풍상이 단절되어 의지할 바가 없어진다. 물이 없어지지 아니하므로 풍상은 상속하는 것이다. 바람이 멸하기 때문에 動相이 따라서 멸하지만 물이 없어지는 것은 아니다.

물이 없으면 바람은 없다. 바람을 본적이 있는가. 바람은 사물에 부딪치는 소리에 의해 나타난다. 부딪치는 사물이 없으면 바람은 그 모습을 드러낼 수가 없다.

태풍은 가난한 동네를 더 무섭게 두드리고 할퀸다. 바깥에 내어놓은 세숫대야부터 온갖 잡동사니들을 날려버린다. 그런 것들이 부딪히고 깨어지는 소리에 밤새도록 심장이 벌렁거린다. 그래서 판자촌에 태풍은 더 무섭고 공포스럽다.

그러다 태풍이 지나가버리면 파란 하늘과 함께 평온이 찾아온다. 그래서 빈촌의 밤은 태풍 전과 태풍 후에 더 없이 조용하다고 하는 것이다.

바람은 사물에 의해 그 존재성이 확인된다. 물과 나무가 없으면 바람이라는 모습은 나타나지 않는다. 그러기에 파도와 나무가 있는 한 바람은 언제나 그들과 출렁이고 흔들린다. 그것을 風相이라고 한다.

바람이 그치면 물은 고요를 찾고 나무는 정지에 들어간다. 출렁이는 것도 사라지고 흔들리는 것도 없어지지만 물과 나무는 그대로 남아 있다. 그것을 動相은 사라지지만 그 본체는 그대로 있다고 하는 것이다.

起信論 無明亦爾 依心體而動 若心體滅 則衆生斷絶 無所依止

무명도 또한 그러하여 심체에 의하여 움직이는 것이다. 만약 심체가 멸하면 중생이 단절되어 의지할 바가 없어진다.

무명은 바이러스처럼 독자적으로 힘을 쓰지 못한다. 숙주가 있어야 힘을 쓴다. 그것은 힘도 없고 모양도 없다.

귀신을 본 사람은 아무도 없다. 비정상적인 사람들만이 귀신을 본다. 정상적인 인간에게는 귀신이 나타나지 않는다. 그처럼 정상인에게는 무명이 없다. 비정상적인 인간에게 무명이 작동한다.

귀신은 비정상적인 인간을 매개로 움직인다. 그러므로 그 매개가 정상이 되어버리면 귀신은 거기에 작용을 할 수가 없다. 마찬가지로 인간이 정상이 된 부처에게는 무명이라는 것이 힘을 쓸 수가 없다.

심체는 중생의 마음이다. 그것이 없으면 무명은 달라붙을 수 없다. 무명이 중생을 만든다. 그러므로 심체가 없다면 무명이 작용할 수가 없는 것이다.

起信論 以體不滅 心得相續 唯癡滅故 心相隨滅 非心智滅

하지만 심체가 멸하지 아니하므로 마음은 상속하고 단지 어리석음이 멸한다. 심상이 따라서 멸하지만 심지가 멸하는 것은 아니다.

심체가 있는 한 무명은 계속적으로 작용한다. 인간의 몸이 있는 한 각종 질병은 간단없이 공격한다. 면역균형에 틈만 보이면 재빠르게 그 속을 헤집고 침범한다.

중생의 마음이 심체다. 그것은 불완전하다. 거기에 원천적으로 불각이 들어 있기 때문이다고 했다. 그 불각이 무명과 결탁하면 중생이 상속된다.

하지만 염생사고구열반락하는 발심을 일으켜 상속되는 중생의 마음을 없애버리면 순전히 진여만 남게 된다. 금을 얻기 위해 오랫동안 광석의 불순물을 제거하면 순금만 남게 된다. 心相은 불순물이고 心智는 순금과 같은 것이다.

心智는 바로 진여다. 거기엔 지정상이 들어 있다. 그 지정상은 근본지와 후득지를 일으킨다. 근본지는 본각이고 후득지는 시각이다. 무명의 바람이 멈추면 조적혜가 작용한다. 그것을 앞에서 신해라고 표현하였다. 그것이 바로 心智다.

海東疏 第二明生滅義 於中有二 先明生緣 後顯滅義 初中亦二 先明通緣 後顯別因

두 번째는 생멸의 뜻을 밝힌 것이다. 그 가운데 둘이 있다. 먼저는 생멸의 연을 밝히고 뒤에는 생멸의 뜻을 나타내었다. 처음 가운데는 먼저 통으로 緣을 밝히고 뒤에는 개별적인 因을 나타내었다.

불교는 생사의 고리를 끊어버리는 가르침이다. 그러므로 중생이 있는 한 이 불교는 항상 그 자리에 있다. 설사 불교라는 교단과 조직이 없어지더라도 불교의 가르침은 언제나 중생 속에 있다.

질병이 있으면 그것을 치유하는 명약이 있듯이 생사가 있으면 열반은 반드시 그 안에 있다. 그러므로 중생이 생사를 계속하고 있는 한 거기에 불교는 언제나 그들과 함께 숨 쉬고 있는 것이다.

병을 앓고 있는 자는 명약을 찾는다. 병을 안고 죽으려 하지 않는다. 그런 자들에게 명약은 주어진다. 그런데 생사를 하고 있는 자가 열반을 찾지 않는다. 그들은 육신이 자신의 주인이라고 믿고 있기 때문이다.

보통의 그런 어리석은 범부들 보다 한 수 높은 자들은 혼신을 다해 열반을 찾는다. 그런 자들을 위해 생사가 무엇인지를 가르친다. 그래야만이 그 생사로부터 벗어날 수가 있기 때문이다. 그래서 이 대목이 씌어졌다.

여기서 말하는 생멸은 생사다. 생사는 태어나고 죽는 것이다. 중생 세계에서 이것만큼 더 큰 사건이 어디 있는가. 그런데도 사람들은 그것을 평소에는 전혀 실감하지 못하고 있다.

닭장 속에 닭들은 가마솥에 물이 끓고 있는 줄 모른다. 그 와중에도 수탉들은 암탉을 차지하기 위해 치열한 경쟁을 벌인다. 닭벼슬을 세우고 거들먹거리며 세력을 넓힌다. 그 결말은 누구나 다 알고 있다.

닭들만 그렇게 끓는 물에 털이 뽑혀지는 것이 아니다. 인간들도 곧 화탕지옥에서 자기라고 떠받들던 아만과 허세가 뿌리 채 뽑혀지게 될 것이다. 그래서 옛 선사가

生死重大
無常迅速
如救頭燃
爲法忘身

생사는 중차대한데

세월은 빨리만 간다.

머리에 붙은 불을 끄는 것처럼

몸을 잊고 살 길을 찾아야 한다.

고 경고하였던 것이다.

海東疏 通而言之麤細二識 皆依無明住地而起 故言二種生滅 依於
無明熏習而有

통으로 말하자면 추세의 두 식은 모두 무명주지에 의해 일어난다.
그래서 2종생멸이라고 한다. 그것들은 무명의 훈습에 의해 있다.

통으로 말한다는 것은 둘의 공통점을 뜻한다. 추세麤細는 육추와
삼세다. 識은 크게 삼세와 육추로 나눌 수 있다. 그래서 두 식이라고
표현했다.

무명주지 속에 두 가지 큰 생멸이 있었다. 그게 바로 삼세와 육추
의 생멸이라고 하는 것이다.

무명주지라는 말은 원래부터 무명이 그렇게 있었다는 것을 일컫는
다. 무명은 어디서 오는 것도 아니고 어디로 가는 것도 아니다. 어둠
은 가고 오지 않는다. 그처럼 무명도 가고 옴이 없이 언제나 제자리
에 있다. 그것을 무명주지라고 한다.

삼세와 육추는 무명주지를 바탕으로 해서 일어난다. 독버섯의 포
자는 가고 옴이 없는 땅에 떨어진다. 땅에 떨어진 씨앗은 땅이 싹틔

워 준다. 그것을 땅의 훈습이라고 한다. 땅은 언제나 그 자리에 있지만 그 독버섯을 먹는 인간은 죽는다.

무명주지의 땅에 떨어진 생멸의 씨앗은 무명의 훈습에 의해 싹이 튼다. 그 싹이 자라면 중생의 생명은 죽는다. 그 작용을 무명훈습이라고 한다.

海東疏 別而言之 依無明因故 不相應心生 依境界緣故 相應心得起
따로 말하자면 무명의 因에 의해 불상응심이 생기고 경계의 緣에 의해 상응심이 일어난다.

중생이 생멸하도록 만든 원초적인 원인은 모두 다 무명에 의한다는 것이 부처님 말씀의 통설이다. 그것을 나눠서 설명한 것이 이 대목이다. 무명은 불상응심과 상응심 두 가지를 일으킨다.

위에서도 말했지마는 불상응심은 아직도 본각이 힘을 쓰고 있는 경우고 상응심은 벌써 불각이 힘을 쓰고 있는 상태다. 병이 깊지 않을 때는 몸이 병을 이기고 있고 병이 깊어지면 병이 몸을 이기고 있는 것과 같다.

다른 말로 하자면 불상응심은 세상을 살아가고 있을 때 아직 양심이 이기고 있는 상태고 상응심은 양심 같은 것은 개에게나 줘버려라 하면서 되는대로 그냥 막 사는 삶을 말한다.

그 결과는 무섭고 겁난다. 하지만 그들은 그것을 겁내지 않는다. 그래서 우리는 그들이 무섭다는 것이다. 자신을 내팽개치는 인과를 겁내지 않는데 옆에 있는 우린들 그냥 두겠느냐는 거다.

故言依因者不覺義故 依緣者妄作境界義故

그래서 因에 의한 것은 불각의 뜻이라고 했고 緣에 의한 것은 망령된 경계를 짓는 뜻이라고 했다.

　따로 분리하면 무명과 경계로 나눠진다. 방영되는 멜로드라마가 사실이라고 믿어 그것에 빠진다. 이제 그것을 보고자 하는 마음이 일어나면 불상응심이고 그것을 믿고 그 내용을 모방하고자 하면 상응심이다.

　한국방송 역사상 가장 많이 본 사극은 조선 중기의 의학자를 드라마 한 허준이다. 1999년도에 MBC에서 제작했는데 시청률이 무려 64.8프로에 이르렀다. 거기에 보면 허준의 스승이 유의태로 나온다. 그런데 실재로는 그 유의태가 허준보다 백 년이나 뒤에 나타난 명의라고 한다.

　사극을 그대로 믿는 자가 바보라 하지만 완전 다큐처럼 실감나게 제작한 상상 속의 역사에 한국 국민 반 이상이 방송사에 속절없이 속았고 그 속의 탤런트들에게 기만당하였다. 속은 내가 바로 무명이고 속인 방송사가 바로 경계라는 것이다.

　그 드라마를 보고 진짜처럼 연기 잘한다고 하면 불상응심이고 사람들에게 유의태는 허준의 멋진 스승이다고 하면 상응심이 된다.

不覺義者 根本無明也 妄作境者 現識所現境也

불각의 뜻은 근본무명이다. 망령되게 경계를 만든다는 것은 현식이 나타낸 세계다.

허준 드라마가 픽션이 아닌 다큐멘터리라고 하더라도 그것은 믿을 수 없다. 그 다큐를 재단하는 사람들에 의해 또 펙트가 달라질 수가 있기 때문이다. 그러므로 역사는 아무도 모른다. 지금 현재 살아 있는 사람의 마음도 모르는데 어떻게 죽은 사람의 마음을 정확히 유추해서 알아낼 수가 있단 말인가.

그러므로 역사드라마는 모두 다 허구다. 그런데도 그것을 보고 있다. 마치 사실을 보는 것처럼 거기에 다 빠져 있다. 나는 거기서 빠져 나왔지만 아직도 그 역사드라마를 보고 진짜인 양 여기는 멍청이들이 있다는 거다.

지각의식이 발달되지 않은 아이들은 화면의 모든 것들이 진짜라고 생각한다. 그것은 불각이다. 어리석기 때문이다. 다수의 어른들도 그것을 진짜로 받아들인다. 방송국 제작진이 꼭 진짜인 것처럼 그들을 현혹하는데 거기에 빨려든 것이다. 그처럼 내가 세상에 끌린다면 끌리는 나는 무명이고 끄는 세상은 현식이 된다.

海東疏 若具義說 各有二因 如四券經云 大慧 不思議熏 及不思議變 是現識因

만약에 그 뜻을 갖추어 말하면 각각에 두 因이 있다. 저 사권경에서 대혜여. 부사의훈과 부사의변은 현식의 因이다.

사권경은 능가경이라고 했다. 불사의는 불가사의의 준말이다. 이 말은 인간의 생각과 논의가 미치지 못한다는 뜻이다. 즉 인간의 생각과 상식으로는 도저히 상상할 수 없는 영역을 뜻한다.

세상에도 불가사의한 것들이 여럿 있다. 그 중에서도 인간이 만들어 낸 경이로운 구조물을 보통 7대 불가사의라고 한다. 시대별로 달리 표현하지만 보통 피라미드 마추픽추 만리장성 같은 것들이 이에 속한다.

사람들은 그 웅장함과 위용에 놀라며 경이로움과 신비감을 느낀다. 어떻게 저것들이 사람의 손으로 만들어졌는가 의심할 정도다. 그래서 불가사의하다고 한다.

그러나 그보다 억만 배나 더 굉장하고 특출한 것이 있다. 바로 중생의 마음이다. 천변만화하면서도 영구불변하는 인간의 마음은 그 어떤 생각이나 언어로써도 가히 표현해 낼 수가 없다.

그 마음의 작용은 부사의훈과 부사의변에서부터 시작한다. 앞에서 몇 번이나 이 문제에 대해 언급한 적이 있다. 세상에서 가장 불가사의한 것이 뭔지 아느냐 하면서 운을 뗀 게 있다.

이제 그 해답의 대목이 나왔다. 이 세상에서 뭐니 뭐니 해도 가장 불가사의한 것이 있다. 이 불가사의한 것에 의해 수많은 물상과 불가사의한 일들이 이 세상에서 일어나고 있다.

그러니까 제 아무리 대단한 드라마라 할지라도 모두가 다 작가의 상상력에서 나온 것처럼 세상의 거대한 조각과 경이로운 건물들은 모두 다 인간의 의식에서 나온 작품이라는 사실이다. 그런 인간의 의식작용에 그저 감탄과 탄복이 쏟아진다.

이제 어떻게 해서 그런 의식이 생겨났는지 그 이유를 확실하게 살펴보는 대목이 비로소 나온 것이다.

부사의훈은 불가사의하게 훈습한다는 말이다. 훈습은 작용이다.

즉 계속적인 작용으로 기존상태를 다른 모습으로 바꿔버리는 것을 말한다.

부사의변은 불가사의하게 변한다는 뜻이다. 어떤 작용을 받아 전혀 상상하지 못하는 쪽으로 희한하게 변해버린다는 뜻이다.

堂狗風月당구풍월이라는 말이 있다. 서당 개가 3년이 지나면 풍월을 읊는다는 속담이다. 비록 말 못하는 개라 하더라도 계속해서 글 읽는 소리를 듣게 되면 자기도 모르게 시구를 읊게 된다는 뜻이다. 여기서 앞 구절은 부사의훈이고 뒷 구절은 부사의변이다.

"堂狗湯麵당구탕면은 무슨 말인지 아십니까?"

"엿장수 집 3년이면 엿가위 두드린단 말인강?!"

"식당 개 3년이면 라면 끓인다는 말입니다."

海東疏 取種種塵 及無始妄想熏 是分別事識因
온갖 가지의 경계를 취하는 것과 무시망상훈은 분별사식의 因이다.

온갖 경계는 세상의 모든 물상이다. 우리의 마음은 그것들을 훑는다. 그리고 자기도 모르게 그것들을 가진다. 가진다는 말은 마음속에 저장한다는 뜻이다.

아이들은 무엇 하나 무심히 두지 않는다. 꽃이 있다면 반드시 꺾으려든다. 그 어떤 것이든 그대로 놔두는 법이 없다. 호기심에서 그렇다고 좋게 말할 필요는 없다. 어른이고 아이고 간에 중생인 이상 세상 모든 것들을 우선 끌어당기고자 하는 업력이 이미 마음속에 깊이 박혀 있기에 그렇다.

무시망상훈은 시작없이 망상으로 훈습한다는 뜻이다. 정확히 언제부터인지는 몰라도 중생의 삶이 그렇게 되고 있다. 태생적인 장님이 산수화를 그릴 때 그 작품들이 아무리 뛰어나고 훌륭해도 그의 상상이 시켜서 그리듯이 범부의 삶도 내가 아닌 망상이 그렇게 살도록 시키는 것이다.

분별사식은 세상의 일을 분별해서 아는 의식이다. 정확히 범부가 쓰는 지각작용이 이것이다. 이것은 그 원인이 무시망상훈으로부터 시작된다.

그러므로 분별사식으로 낸 답은 전부 다 오답이 된다. 결코 정확한 답이 나오지 않는다. 그래서 인생에 답이 없다고 하는 것이다.

망상은 망녕된 생각이다. 세상에 제 아무리 똑똑하다는 사람도 다이 망상으로 근본을 삼고 있다. 그 똑똑함 자체가 이미 어리석음으로 시작된 것이기에 그렇다. 거기에 무슨 의미 있는 인생이 나오고 그 어떤 좋은 결과가 나오겠는가.

그래서 범부는 망상가다. 모든 인간은 다 망상 속을 헤매고 있다. 돈키호테만이 망상가가 아니다. 보살이 보았을 때 우리 모두가 다 과대망상가다. 그래서 우리가 불쌍하다고 하는 것이다.

海東疏 解云 不思議熏者 謂無明能熏眞如 不可熏處而能熏故 故名不可思議熏也

풀이하자면 부사의훈은 무명이 진여를 훈습하는 것이다. 가히 훈습할 수 없는 것인데도 훈습을 하기 때문에 불가사의훈습이라고 한다.

경전은 어디서나 그 經義와 과보가 불가사의하다고 하신다. 그런 불가사의 외에 이 세상에서 가장 불가사의한 것이 두 가지가 있다.

눈에 보이는 세상의 불가사의는 아무리 경이롭고 굉장하다 하여도 그것은 불가사의가 아니다. 모두 다 인간이 만들어 놓고 인간이 생각하는 범주에 들어 있기 때문이다.

그러나 지금 말하고자 하는 딱 두 가지는 절대로 범부의 머리로써는 이해할 수가 없는 것들이다. 범부뿐만 아니라 성문 연각 보살들까지도 결코 알지 못하는 것이다. 그러나 그것이 엄연하게 떡 우리 중생세계에서 벌어지고 있다.

세상 모든 것들은 양과 음으로 존재한다. 즉 밝음과 어둠이 교차하면서 유정물과 무정물이 생기고 순환한다. 그러다 그 순환이 끝나면 다시 원점으로 돌아간다. 이것이 우주의 기본 원리고 작용이다.

그 순환의 작용을 일으키는 동력이 음과 양이다. 음은 어둠이고 양은 밝음이다. 여기서 아주 단순한 질문 하나를 던진다. 어둠이 이기겠는가. 밝음이 이기겠는가. 복잡하게 머리 굴려야 되는 답이 아니다. 아주 간단한 물음이다.

간단한 물음에는 간단한 답이 나온다. 답은 밝음이 이긴다는 것이다. 이것은 세 살 먹은 아이도 알고 백 살 먹은 노인도 안다. 다 아는 사실이다. 이것이 정답이고 이것이 진리다. 이것이 법칙이다.

그런데 특이하게도 이 법칙을 벗어나는 경우가 있다. 즉 어둠이 밝음을 이기는 경우다. 이런 일이 있을 수 있는가. 어둠이 꽉 찬 방에 불을 켜면 어둠은 순식간에 소멸된다. 그것이 정상이다. 그래야 되는 것이다. 그것이 답이다. 그런데 희한하게도 그렇지 않은 경우가 있다.

바로 어둠이 그 불을 집어 삼켜버리는 경우다. 이것을 어떻게 이해하여야 하나. 이것이 있을 수 있는 일인가. 절대로 그럴 수 없는데도 그런 일이 벌어져 있다.

어둠은 중생이고 밝음은 부처다. 그런데 지금 어떻게 되어 있는지 한번 보시라. 중생이 부처를 잡아먹은 상태지 않은가. 중생의 가슴속에 부처와 중생이 같이 들어 있었다. 그것이 중생의 근본마음이다. 그런데 중생이 부처를 삼켜버렸다. 그래서 중생이 되어 있다.

만약에 부처가 중생을 삼켰다면 일체중생은 모두 부처가 되어 있을 것이다. 그런데 그렇지 않다. 모든 생명체가 중생이 되어 있다. 이것을 어떻게 이해하여야 하나.

정확히 말하자면 어둠은 절대로 밝음을 공격하지 못하는데 어둠이 밝음을 공격해버렸다는 것이다. 즉 중생이 부처를 이겨버렸다는 것이다. 이것이 첫 번째 불가사의훈이다.

熏훈은 힘을 가해 그렇게 만들었다는 것이다. 그러니까 불가사의하게 중생이 부처를 공격해버렸다는 것이다.

海東疏 不思議變者 所謂眞如受無明熏 不可變異而變異故 故名不思議變

부사의변이라는 것은 진여가 무명의 훈습을 받으면 가히 변이될 수 없는데도 변이가 되기 때문에 부사의변이라고 한다.

두 번째 불가사의는 무엇인가. 어둠이 밝음을 공격했다. 그래서 어둠이 밝음을 점령해버렸다. 그 상태가 중생이라고 했다.

그러니까 공격한 것은 어둠이고 공격당한 것은 밝음이다. 이것이 첫 번째 불가사의라고 했다.

그런데 이것을 역으로 보면 더 황당하고 무계하다. 즉 밝음이 어둠에게 점령되었다는 사실이다. 어둠이 미쳐서 밝음을 공격했다 하더라도 어떻게 멀쩡한 밝음이 그렇게 어둠에게 속절없이 당할 수밖에 없었느냐는 것이다.

공격하는 것도 도저히 이해가 가지 않지마는 그렇다고 해서 그것에게 맥없이 당해버린 것도 전혀 이해할 수가 없다는 것이다. 그래서 그것을 불가사의변이라고 한다. 변은 당해서 변해버렸다는 뜻이다. 즉 부처가 중생에게 당해서 중생으로 변했다는 것이다.

海東疏 此熏及變甚微且隱 故所起現識行相微細 於中亦有轉識業識 然擧麤兼細 故但名現識也

이 훈습과 변이는 정말 미묘하고 은밀하다. 그러므로 현식이 일으킨 행상은 미세하기만 하다. 그 가운데 또한 전식과 업식이 있지마는 추는 세를 겸하다보니 간단히 현식이라고 하였다.

두 가지 불가사의는 정말 미묘하고 은밀하게 이루어진다. 절대로 그럴 수도 없고 그럴 리도 없는 일이지만 그렇게 되어 있다. 그래서 중생 속에 부처가 엮어들어 있다.

달걀은 그래도 크다. 뱁새 알로 바위를 치면 어떻게 될까. 물론 뱁새 알만 박살이 나겠지. 그런데 바위가 깨어진다면 어떻게 될까. 너무나 황당하고 기가차서 말문이 막힐 것이다. 그런데 그보다 더

터무니없고 놀라운 것이 바로 이 불가사의훈과 불가사의변이다.

부처와 중생이 싸우면 누가 이기겠나? 당연히 부처가 이기겠지. 차원이 어떤데 정말! 그런데 그렇지 않다. 둘이 싸우면 중생이 이긴다. 놀랄 노짜다. 세상도 그렇다. 설령 부처가 나타난다고 해도 중생은 눈 하나 깜짝하지 않고 빤빤히 쳐다본다. 부처는 중생의 그 뻔뻔한 오기에 두 손 두 발을 다 들고 만다.

현재도 마찬가지다. 부처가 사방에서 중생들을 죽음에서 열반으로 이끌고 팔만장경이 생사를 뽑아버리는 묘법을 쉴 새 없이 쏟아내도 중생들은 그런 것에 관심이 없다. 오로지 자기들 죽이는 데 바쁘기만 하다. 누가 이기고 있는가. 중생이 이기고 있다.

부처와 중생의 싸움은 처음부터 게임이 되지 않았다. 정말 일방적인 게임으로 끝났다. 아이와 어른이 싸우면 당연히 어른이 이기는 것처럼 이 싸움에는 부처가 분명히 이길 거라고 생각했다.

그러나 결과는 완전히 달라졌다. 그래서 불가사의하게 공격했고 불가사의하게 공격을 당해 그 상태가 바뀌었다고 하는 것이다.

그 이유를 아는 중생은 아무도 없다. 쉽게 알고 이해된다면 왜 불가사의라는 말이 붙었겠는가. 그것은 아무도 모른다. 오로지 부처만이 아신다. 왜 그때 졌는지는 오직 부처님만이 아신다.

그러므로 그 이유는 중생의 생각 그 너머에 있고 계산 그 너머에 있다고 해서 불가사의하다고 하신 것이다.

海東疏 取種種塵者 現識所取種種境界 能動心海起七識浪故

온갖 경계를 취한다는 것은 현식이 취한 모든 경계다. 그것이 능히 心海를 요동시켜 7식의 파랑을 일으킨다.

현식은 세상을 상대하는 수용인식이다. 세상은 중생이 만들어 내었다. 이해가 되지 않는다면 길거리를 가득 메우고 있는 군중들을 보라. 그 군중들은 누가 만들어 내었는가.

모든 군중들은 모두 다 인간들이 만들어 내었다. 그렇다면 건물 아파트 자동차 같은 것들은 또 누가 만들어 내었는가. 그것들도 인간이 만들어 내었다.

그렇다면 이 자연과 우주는 누가 만들어 내었는가. 그것들은 신이 만들어 내었다고 한다. 요한복음의 말이다.

모든 것이 그분을 통하여 생겨났다.
그분 없이 생겨난 것은 하나도 없다.

사람들의 인식수준은 신에게서 정지된다. 그러나 신도 세상도 다 인간의 마음이 만들어 내었다. 그것을 상대해 보고 느끼는 주체는 바로 나 자신의 주관적 시각이기 때문이다.

이런 문제는 서양철학에서 임마누엘 칸트가 살짝 건드렸다. 그는 사물의 모습은 우리가 보는 것이 아니라 우리가 어떻게 보는가에 따라 사물의 모습이 달라져 보인다는 철학사의 대전환을 가져왔다. 그것을 후세사람들은 코페르니쿠스적 사고대전환이라고 했다.

코페르니쿠스가 우주의 중심을 지구가 아니라 태양으로 바꾸어 천

문학의 대전환을 가져온 것처럼 그는 현상계를 밖에서 내면으로 끌어들이는 사고의 전환을 이루었다는 것이다. 그런 사상이 쇼펜하우어로 이어져 니체가 받아

God is dead
神은 죽었다

라는 유명한 말을 남기게 되었다. 그들은 이제 겨우 여기서 말하는 現識의 세계를 건드리고 있다. 하지만 그 위에 전식이 있고 업식이 있다는 것은 아직도 상상조차 하지 못한다.

현식은 위로 업식과 전식을 안고 있다. 아래로는 지식과 상속식, 그리고 의식을 끼고 있다. 그래서 현식은 중생세계를 만들어 내는 대표적 수용인식이 된다.

현식은 경계를 취한다. 경계는 눈에 보이는 대상이다. 그러면 가만히 있던 마음이 요동한다. 그래서 현식은 心海를 일으켜 7식의 파랑을 일으킨다고 하신 것이다.

海東疏 無始妄想熏者 卽彼現識名爲妄想 從本以來未曾離想 故名無始妄想

무시망상을 훈습한다는 것은 현식의 이름이 망상이다. 원래부터 한 번도 망상을 떠난 적이 없다. 그래서 무시망상이라고 한다.

현식은 세상을 있는 그대로 받아들이는 수용인식이라고 했다. 즉

밖에 보이는 세상은 나의 관념에 의해 시각화된다는 뜻이다.

그렇다면 세상은 무엇인가. 세상은 나의 망념이 만들어 낸 가상의 세계다. 그것을 **원각경**에서는 空華라고 표현하셨다.

허공의 꽃을 보고 싶은가. 그렇다면 책상 모서리에 머리를 한번 세게 쳐박아 보라. 번갯불이 번뜩하고 전혀 없던 허공의 꽃들이 눈앞에 난무할 것이다.

마찬가지로 세상은 없었다. 그것을 空이라고 한다. 거기에 망념이 작동하면 이런 중생세계가 공화처럼 어지럽게 나타나는 것이다.

그런 허망 된 세계를 보고 현식은 실재인 양 즉시 받아들인다. 그리고 그것을 다각도로 난도질한다. 그것이 범부들의 지식이다. 이제 범부의 지식 범주가 어느 수준인지 정확히 알았을 것이다.

허공에 핀 꽃을 보고 이론을 세우고 논리를 적용시켜 정의를 내린다면 그 정의는 가치가 있는 것인가. 가치가 없는 것인가. 전혀 가치가 없다. 그래서 망상에서 이뤄진 인간의 지식은 아무짝에도 쓸모가 없다고 하는 것이다.

범부는 그 지식을 믿는다. 그것은 망상에서 나온 지식이다. 그러므로 그 지식은 애초부터 내편이 아니다. 그것은 자신을 배신한다. 그래서 적과 나를 구분 못하게 만들어 버린다. 그러다보니 자신을 살린다는 것이 도리어 망상과 합심해서 자신을 죽이고 있다. 내가 살기 위해 변호사를 샀는데 변호사가 도리어 적과 작당해서 나를 공격하는 꼴이다.

그 결과 자기의 지식이 이제 자신의 인격이 되어 버렸다. 자기가 당해도 당한 줄을 모르게 지식이 그 사실을 완전히 은폐해 버린 것이다. 보기가 하도 딱해서 그 사실을 귀띔해 줘도 들으려 하지 않는다.

통탄할 일이다. 지식이 아닌 우리만이 그들 편이다. 그런데도 도리어 우리 같은 사람들을 자기들의 지식으로 이상하게 보고 경계한다. 범부들이 다 그렇다. 그런 범부들에게 그 지식을 버려야 영원히 살 수 있다는 불교의 교리가 통할 것 같은가. 어림없는 소리다.

海東疏 如上文言 以從本來未曾離念 故名無始無明 此中妄想當知亦爾

저 위에서 종본 이래로 한 번도 망념을 떠난 적이 없기 때문에 무시무명이라고 한다고 하였다. 여기서 말하는 망상 또한 그렇다는 것을 마땅히 알아야 한다.

종본 이래는 시작된 지점부터라는 말이다. 범부는 태생적으로 망념을 갖고 있다고 했다. 그것은 불각을 안고 있기 때문이다.

불각이 업식과 전식, 그리고 현식을 일으킨다. 그러므로 범부는 망념으로 만들어진 생명체다. 그래서 인간은 언제나 망념 속에서 살아간다. 단 한 번도 망념을 벗어난 적이 없으므로 인간들에게 진실된 모습이라고는 눈곱만큼도 없다.

그래서 무시무명이라고 하였다. 이 말은 원래부터 범부에게는 무명이 있었다는 뜻이다. 무명과 불각은 찰떡궁합이다. 거기서 나오는 것이 망상이다. 망상은 망령스런 생각이고 그로 인한 행동이 범부의 삶이다.

그러기에 범부는 이 망념으로 태어나고 망념으로 살다가 망념으로 죽는다. 그리고 다시 이 망념으로 다음 생애를 받아 태어나기에 진실된 모습이 없다고 하는 것이다.

海東疏 如十卷經云 阿棃耶識知名識相 所有體相 如虛空中有毛輪住 不淨智所行境界 由是道理故是妄想

십권경에서, 아리야식의 이름과 식, 바탕을 알고 보면 그 체상은 허공 가운데 모륜이 있는 것 같다. 그것은 청정치 못한 지혜로 행하는 바 경계다고 하셨다. 이런 도리로 보기에 그것은 망상이다고 하는 것이다.

망상에 대해 원효성사는 **십권경**을 끌고 오셨다. **십권경**은 **대승입능가경**이다. 경전이니까 하셨다 라고 번역했지만 이 말을 한 자는 야차왕 란카다. 란카는 이렇게 여쭙는다.

부처님께서는 항상 설법하심에, 법도 오히려 버려야 하거늘 어찌 하물며 법 아닌 것이겠는가 라고 하셨습니다. 그러면서, 어찌 두 법을 다 버리라 하시옵니까? 무엇이 법이며 무엇이 법 아닌 것이옵니까? 법을 버리는데 어떻게 둘을 말씀하셔서 허망하게 분별을 하라고 하시옵니까? 라고 묻는다.

그 다음 문장에 위 본문 문장이 나온다. 위 글에는 不淨智所行境界로 되어 있는데 경전 원문에는 不淨盡智所知境界로 쓰여 있다.

위 **해동소** 문장은 청정치 못한 지혜로 행한 바 경계다 로 되지만 **십권경**의 뜻은 청정하지 못한 것이 없어진 지혜로 알 수 있는 바의 경계가 된다. 여기에서의 경계는 경지, 즉 차원이라는 뜻이다.

아리야식이라는 이름, 그리고 그 인식작용에 이어 바탕을 찾아보면 실재가 없다. 그런데도 있다. 그것은 꼭 허공의 모륜과도 같다. 그것은 청정치 못한 지혜로 보기 때문에 그런 것이다고 풀이할 수 있다. 청정치 못한 지혜는 아리야식의 기준이다. 이것은 아리야식의 상태를 말씀하신 것이다.

경전의 뜻은 그 반대로 그 상태를 알 수 있는 능력을 말한다. 즉 청정하지 못한 것이 없어져야만 알 수 있는 경지라는 뜻이다. 그러므로 **해동소**의 문장도 그 내용에는 전혀 문제가 없다. 다만 경전과 글이 다를 뿐이다.

모륜은 눈을 감으면 어지럽게 나타나는 털의 난무다. 난무는 어지럽게 춤춘다는 뜻이다. 빗자루로 방을 쓸 때 햇빛에 어지럽게 춤추는 먼지를 본 적이 있을 것이다. 그런 것이 모륜이다. 모륜은 없다. 하지만 비질을 하면 봄날의 아지랑이처럼 솟아오른다.

망념도 그렇다. 평상시에는 없다가도 어떤 인연을 만나면 홀연히 일어나 정신없이 머리를 휘젓는다. 그것이 망령스런 생각인 망상이라고 하는 것이다.

海東疏 彼種種塵及此妄想 熏於自相心海 令起七識波浪 妄想及塵 麤而且顯

온갖 경계와 및 망상이 자상의 심해를 훈습해서 7식의 파랑을 일으키게 한다. 그러면 망상과 경계가 거칠게 나타난다.

온갖 가지 경계는 밖을 받아들이는 **外緣**이다. 그것이 내면으로 들어가면 망상이 일어난다. 그러면 고요한 마음이 흔들린다.

自相은 진여자체상을 말한다. 그것을 심해로 표현했다. 깊은 바다 속은 움직이지 않는다. 그처럼 우리의 원래마음은 움직이지 않는다. 남전선사에게 조주스님이 물었다.

"무엇이 道입니까?"
"平常心이 道다."

道는 도교에서 우주의 근원을 말하고 성리학에서는 형이상학적인 우주의 본체를 뜻한다. 즉 理致 또는 天理라고도 한다.

불교에서는 깨달음이나 열반을 의미한다. 그러니까 도가 무엇이냐고 물었더니 스승이 평상심이라고 했다.

사람들은 이 평상심을 보통의 일상적인 마음이라고 한다. 인터넷에서도 이것을 ordinary mind로 번역한 것을 보았다. 즉 보통사람들의 평범한 마음이라는 것이다.

하지만 천만의 말씀이다. 전혀 그렇지 않다. 이 평상심은 부처의 마음이고 열반의 상태다. 범부의 마음과는 하늘과 땅 차이다. 평상심이라고 할 때 平은 평등을 말하고 常은 항상을 뜻한다.

범부의 마음이 平하고 常할 수 있는가. 범부의 마음은 굴곡지고 무상하다. 그런데 어떻게 평상심이 범부의 마음이라고 하는가. 그것은 망언이고 망발이다.

평상심은 그 무엇에도 흔들리거나 요동되지 않는 부동의 마음이다. 그것이 道고 心海다.

TV 화면은 움직이지 않는다. 하늘이 무너지고 세상이 박살나도 그 화면은 움직이지 않는다. 어떤 경우라도 그 평면의 화면은 그대로 있다. 오직 영상만이 거칠게 요동하고 있을 뿐이다.

거기서 나오는 영상은 7식이다. 8식은 고요하다. 단 움직일 수 있는 요소를 갖고 있다. 바다는 조용하다. 단 파도로 움직일 가능성이 있다. 마음이 움직이면 망상이 일어난다. 그러면 세상이 요동친다. TV가 전기를 공급받으면 온갖 영상이 앞 뒤 좌우로 요동치며 별별 모습을 요란하게 드러내는 것과 같다.

海東疏 故其所起分別事識 行相麤顯 成相應心也
거기서 일어난 분별사식의 행상은 거칠게 나타나 상응심을 이룬다.

망상의 최고점은 분별사식으로 나타난다. 분별사식은 범부의 의식이다. 그러니까 우리가 쓰는 의식은 망상 덩어리다. 망상은 분별을 낳고 분별은 집착을 일으킨다. 집착은 편애를 만들어 세상을 상대적으로 이등분한다.

그래서 망상은 언제나 크고 작은 문제를 일으킨다. 큰 것은 집단의 전쟁이고 작은 것은 내 자신의 방황이다. 그러므로 인간들이 이 망상을 갖고 있는 한 세상에는 절대로 평화와 안락이 깃들 수 없다.

그런데도 인간들을 세대를 이어 평화를 모색하고 안락을 기원한다. 이것들은 결코 이뤄질 수 없는 공허한 바램이다. 그것은 쓸데없는 노력이고 애씀이다. 바람이 불면 나무는 흔들리기 마련이고 파도가 일면 달은 깨지기 마련이다. 그러므로 망상이 작용하는 한 인간들의 마음은 대립과 분열을 일으키게 되어 있다.

분별사식의 행상은 거칠다. 거친 망상은 거친 결과를 낳는다. 그 거친 결과가 죽음이다. 죽음으로 끝나면 얼마나 좋을까. 그러나 그 죽음은 또다시 거친 삶을 끌고 온다. 그것이 바로 상응심이다.

상응심은 집착과 부단과 분별의 삶을 사는 것을 말한다. 범부가 분별사식을 쓰는 한 이 세 가지의 삶은 피할 수 없다. 그래서 망상의 결과는 무섭고 두렵다고 하는 것이다.

기신론의 또 다른 한역자 실차난타스님은 麤추를 粗조로 번역하였다. 범부의 일생은 조악한 삶에 조악한 결과를 낳는다는 뜻으로 이 조字를 선택한 것 같다.

海東疏 欲明現識因不思議熏故得生 依不思議變故得住 分別事識
緣種種塵故得生 依妄想熏故得住

현식의 因은 부사의훈습에 의해서 생기게 되고 분별사식의 緣은 온갖 가지 경계 때문에 생긴다. 이것은 망상의 훈습에 의해 있게 된다는 것을 밝히고자 하신 것이다.

세상은 나의 진여가 무명에 두들겨 맞아서 생긴 환상이다. 그러므로 세상은 불가사의한 因에 의해 나타났다. 이제 그 세상이라는 緣에 의해 내가 좌지우지된다.

축구를 알았다. 그래서 축구시합을 하는 경기장에 간다. 거기에는 우리 팀과 상대의 팀이 있다. 우리 팀이 이기면 좋아서 어쩔 줄 모르고 상대팀이 이기면 신경질이 일어나 막 욕을 한다. 그러다가 두 패가 나눠져서 치고 박고 싸운다. 축구라는 것은 원래 없었는데 그것을 만들어놓고 싸움의 인과를 만들어 내고 있는 것이다.

축구를 안다는 것은 누구에게 듣고 알았다. 이것은 내 마음이 그 정보에 영향을 받은 것이다. 그리고 직접 축구장에 갔다. 그래서 그들의 경기를 보고 내가 흥분한다. 이것은 외부 환경에 의해 내가 영향을 받은 것이다.

하나는 정보고 다른 하나는 행위에 의해 내가 움직인다. 정보는 因에 의한 부사의훈이고 행위는 緣에 의한 밖의 세계다.

결과적으로 알고 있던 因에 의해 밖의 緣이 끌려 들어와 새로운 인연을 만들어 낸다. 이것을 망상의 훈습에 의해 생멸이 있게 된다고 하는 것이다.

海東疏 今此論中但取生緣 故細中唯說無明熏 麤中單擧境界緣也
이제 이 논 중에서는 단지 生의 緣만을 취하고 있다. 細 중에서는 오직 무명의 훈습을 말하고 麤 중에서는 단지 경계연만을 들고 있다.

우리는 지금 중생이 어떻게 생멸을 하는가에 대해서 파헤치고 있다. 생멸은 因에 의하고 緣에 의한다는 것을 앞의 문장에서 익혔다.

因은 원인이고 緣은 그렇게 하도록 도와주는 것이라고 했다. 성사는 이 대목에서 **사권경**과 **십권경**을 끌고 와서 생멸이 어떻게 해서 일어나는지에 대해서 설명하셨다.

그러나 이 **기신론**은 단지 생멸이 아닌 生의 緣만을 말하고 있다. 그러다 보니 細 生 중에서는 오직 무명이 작용해서 그렇다는 것이고 麤 生 중에서는 경계가 그렇게 만든다고 한 것이다.

別記 又四卷經 大慧 若覆彼眞識種種不實諸虛妄滅 則一切根識
滅 是名相滅

또 사권경에서, 대혜여. 만약 저 진식이 뒤집히면 모든 것들이 실답지
않게 된다. 그런 모든 허망한 것들이 멸하면 일체의 根識이 멸한다.
그것을 相滅이라고 한다.

진식은 본각진성을 말한다. 그러니까 진여자성이다. 이것을 부인
경에서는 자성청정심이라고 말씀하셨다.

진식은 조적혜고 근본지다. 진식은 부처가 갖고 있다. 이것이 뒤집
히면 중생이 나타난다. 마치 멀쩡한 사람이 병이 들면 졸지에 병자가
되는 것과 같다.

부처는 인간이 완성된 분이고 인간이 정상이 된 분이다. 그럼 인간
들은 다 무엇인가. 인간은 비완성자고 비정상적이다. 그런데 인간은
그것을 모른다. 그래서 인간에게는 실다움이 없다.

미친 사람에게는 실다움이 없다. 말도 행위도 생각도 다 뒤집힌
상태다. 진식이 뒤집혀 분별사식을 쓰는 범부에게는 아무것도 진실
된 것이 없다고 한 이유가 이것이다. 그런 상태로 어디에서 왔다가
어디로 가는지도 모른다. 그러면서 제 딴에는 머리를 굴릴 데로 굴려
가면서 불확실한 내일을 향해 정신없이 살아간다.

범부가 쓰는 이런 분별사식의 망념을 정지시켜버리면 일체의 허망
함이 사라진다. 병든 몸이 건강을 되찾으면 모든 감각기관에서 느꼈
던 아픔과 고통이 순식간에 없어지는 것과 같은 이치다.

근식은 육근을 말한다. 즉 우리 몸의 감각기관들이다. 그것들은

범부에게 필요한 근식들이지만 범부가 분별사식을 벗어나면 그것들의 작용은 없어진다. 그래서 근식이 없어진다고 하신 것이다.

別記 相續滅者 相續所因滅 則相續滅 所從滅及所緣滅 則相續滅
상속이 멸하게 된다는 것은 상속하는 원인이 멸하게 된다는 것이다. 그런 상속이 멸하면 소종과 및 소연이 멸하게 된다. 그것을 상속이 멸한다고 한다.

상속은 연속성을 말한다. 산은 옛 산이로되 물은 옛 물이 아니로다라는 古詩 한 구절이 있다. 딱 범부들의 수준에서 나온 말이다.
조금 더 생각의 폭을 넓히면 그 반대가 된다. 산은 풍화작용에 의하여 계속해서 허물어져 가고 있다. 그러므로 옛 산이 아니다. 물은 바다와 꿰어져 있기 때문에 과거와 현재를 나눌 수 없다. 그러므로 물은 어제 흘렀던 그 물이다.
한번 흘러간 물은 물방아를 돌릴 수 없다는 말도 다 범부의 차원에서 하는 소리다. 한번 흘러간 물은 다시 올라와 물방아를 돌린다. 그래서 중생세상은 끊임없이 윤회하고 그 속에 사는 인간들은 영원히 상속하고 있는 것이다.
所從소종은 무엇을 쫓는 주체고 所緣소연은 그 대상이다. 망상의 마음에서 노루 한 마리를 생각해 내었다. 생각은 소종이고 노루는 소연이다. 그 생각을 그치면 이 둘은 자연적으로 없어진다.
그래서 범부를 있게 만드는 망상이 사라지면 범부의 상속이 없어진다고 하신 것이다.

所以者何 是其所依故 依者謂無始妄想熏 緣者謂自心見等
識境妄想

왜냐하면 그것은 의거하고 있기 때문이다. 의거는 무시망상의 훈습을
말하는 것이다. 緣은 자심과 見 등의 식이 만든 경계와 망상이라고
하셨다.

서로 의거한다는 말은 연관성이다. 생각이 일어나면 대상이 현현
한다. 주체가 나타나는데 대상이 안 생길 리가 없다.

병이 생기면 몸이 균형을 잃는다. 그러면 온몸이 아파온다. 병은
아픔이다. 중생은 아픔 속에 있다. 망상으로 움직이면 반드시 부딪치
고 처박히게 되어 있다. 그래서 중생은 늘 아파한다.

무시망상은 시작없는 시작 이전부터 있어 왔다. 그래서 무시라고
하였다. 범부는 망상에 의해 존재하고 망상에 의해 끊임없이 고통
받는다.

범부를 보고 망상 피우지 말라고 한다면 어떻게 될까. 범부는 망상
을 연기처럼 피어오르게 하는 자체 동력을 갖고 있다. 그런데 그것을
정지시킬 수 있다면 그는 이미 범부가 아니다.

緣은 세상천지다. 세상천지는 자기의 마음과 감각기관이 만든 허
망한 물상이다. 꿈은 자기와 잠이 만든 허망한 세상이다. 꿈을 깨면
그것들은 순식간에 사라지듯이 망상이 없어지면 중생세계는 일시에
사라진다.

그러므로 중생세계는 범부들이 만들어 놓은 미치광이세계다. 이
런 세계에서 비정상적인 사람들과 끊임없이 경쟁하며 고역스럽게 살

아가는 것이 정녕 가치 있는 삶인 것인가. 이 삶 밖에 진짜 다른 방법이 없는 것인가.

다른 방법이 있다. 대승불교는 그것을 가르쳐주기 위해 탄생하였다. 이 세상이 정말 몸서리치게 싫다면 이 세계로부터 빠져나가야 한다. 이 중생세계가 그렇다는 것을 적시한 것이 불교고 그 빠져나가는 방법을 설하신 것이 불교교리다.

別記 此經就通相門 故作是說 論約別義 故如前說也

이 경전은 통상문으로 나아가다 보니 그렇게 말씀하신 것이고 기신론은 별상문으로 나아간 뜻으로 말하다 보니 앞에서처럼 그렇게 말한 것이다.

불교는 범부가 지극히 위험한 곳으로부터 안전한 곳으로 나아가는 방향을 제시하고 있다. 그런데 범부가 현재 자기가 처한 상태가 위험하지 않다고 한다면 안전한 곳이 필요없게 된다.

그래서 불교는 끊임없이 이 세상은 위험하다고 경고한다. **법화경**에서는 이 중생세계를 火宅이라고 표현하시면서 범부들을 일깨우셨다. **법구경**에서도 같은 내용이 나온다.

How can there be laughter.
How can there be pleasure.
When the whole world is burning.
When you are in deep darkness.

Will you not ask for a lamp?

어떻게 웃고 있을 수 있는가.
어떻게 즐기고 있을 수 있는가.
세상 전체가 불타고 있다.
그런데도 당신은 깊은 어둠 속에 있다.
등불은 왜 찾지 않고 있는가?

부처님은 세상천지를 불타는 집으로 보셨다. 여기서 무엇을 도모하고 무엇을 계획할 수 있단 말인가. 조금이라도 의식 있는 사람이라면 촌각을 다투어 가족들과 함께 탈출해야 한다. 그런데도 사람들은 이 세상 속에 있다. 아무리 나가자고 해도 그들은 이 불붙는 세상 속에 머뭇거리고 있다.

여기에서 어떤 사람은 정치와 경제, 그리고 문학과 예술을 가르친다. 또 어떤 사람은 그것들을 열심히 배우고 따른다. 한 수 위에서 보면 이 둘은 정상이 아니다. 불타는 집 속에서 뭔가를 가르치고자 하는 자들이나 그것을 배우고자 하는 자들이나 둘 다 제정신이 아니기는 마찬가지기 때문이다.

더욱이 사람들은 이 세상이 불타는 집이라고 생각하지 않는다. 그들은 마지막에 자신을 불태우는 불가마에 들어가서야 그것을 뼈저리게 느낀다. 모든 범부들이 다 그렇다. 그 전에는 모른다. 아니, 알고 있어도 그들은 회피한다. 자신의 잘못을 지적해 주는 스승을 피하고자 하듯이 그들은 이 사실을 직시해 주는 불교를 피한다.

스승의 말씀을 듣고 잘못을 고치고자 하는 자가 있는 반면 스승의 눈길을 피해 그 잘못을 계속해서 되풀이하겠다는 자도 있다.

그처럼 불교를 배워 자신을 어떻게든 살리려 하는 것이 아니라 불교를 피해 어떻게든 자신을 죽이고자 하는 자들이 있다. 후자가 범부다. 그래서 불교는 서서히 이 땅에서 필요없게 되어 가는지 모른다.

불교는 중생들이 겪는 생로병사를 없애도록 하는 가르침이다. 그 가르침을 받아들이기 싫다면 범부들은 누구나 다 불가마 속으로 들어가야 한다. 그 불가마는 금생으로 끝나는 것이 아니다. 그들은 끊임없이 태어나 간단없이 그 불가마 속으로 세세생생 들어가야 한다.

Born to die.
Live to burn.

죽기 위해 태어난다. 소름끼치는 소리다. 여기에 하나 더 붙인다. 타기 위해서 산다. 생각만 해도 모골이 서늘하고 밥맛이 떨어진다.

본인은 물론 사랑하는 자식들이 이런 끔찍한 죽음의 결과를 받아들이게 하고 싶지 않다면 진지하게 불교를 배워 그들을 탈출시켜야 한다. 불교는 죽음으로부터 벗어나는 방법을 정확하게 설하고 있기 때문이다.

밥만 먹여주는 것이 부모가 할 일이 아니다. 현명한 부모라면 자식들이 반드시 생사로부터 벗어나는 가르침인 불교를 받아들이도록 유도해야 한다. 그것이 진정 부모 자식 간에 최고의 축복어린 관계가 된다.

어리석은 부모는 어리석은 자식을 낳고 어리석은 자식은 또 어리석은 자식을 낳는다. 그래서 중생세계는 끝이 없다. 그것이 상속이다.

화엄경은 세상은 일심이 만들어 낸 가공의 세계라는 것을 가르친다. 열반경은 중생의 마음은 원래 움직임이 없다고 하시고, 원각경은 세상은 空華와도 같은 것이라고 하셨다. 능엄경은 범부의 감각기관은 자신을 살리고자 하는 것이 아니라 자신을 죽이는 것이라고 하셨고 아미타경은 그러므로 극락세계로 빨리 가라고 가르치시고 있다.

그런데도 사람들은 여기에 있으려고 한다. 뜨거운 화염의 불길을 계속해서 덮어쓰고자 한다. 생각만 해도 살이 떨리고 뼈가 저리는데 그런 참혹한 고통을 계속해서 받으려고 한다.

위에서 원효성사가 인용한 경전은 사권경과 십권경이다. 거기서는 생주이멸을 말씀하시고 있다. 어느 경전인들 중생들이 겪는 생로병사의 병폐를 가르치지 않는 경전이 없겠지마는 성사는 능가경을 기준으로 지금 이 생사의 문제를 풀고 있다.

사권경에서는 통상문으로 생로병사를 생주이멸로 설명하고 있다. 거기서는 생멸 전체를 하나로 뭉뚱그려 설명하다 보니 통상문이라고 하고 기신론은 그 하나하나를 떼어서 설명한다고 해서 별상문이라고 하셨다.

別記 若汎論生因緣諸識 各有四種因緣 如十卷經云 有四因緣眼識生

만약에 生의 인연을 넓게 논한다면 모든 식에 각각 네 종류의 인연이 있다. 십경권에서 말씀하시기를, 네 가지의 인연이 있어야 안식이 생긴다.

중생의 생멸은 크게 섬세한 생멸과 거친 생멸이 있다고 했다. 거친 생멸 가운데서는 因과 緣을 들었다. 因은 생멸할 수 있는 원인이고 緣은 그것을 도와주는 간접적인 영향이다. 그 因을 불각무명이라고 했고 그 緣을 외부세계라고 했다.

이제 범부가 생멸을 하는데 외부 세계를 어떻게 받아들이는지 6근 중에서 대표적인 眼識을 예로 성사는 **십권경**을 인용하셨다. 거기서 안식이 만들어지는 데는 네 가지 조건이 있다고 하신 것이다.

別記 何等爲四 一者不覺自內身取境界故

어떤 것들이 네 가지가 되는가. 첫째는 자심에 身根이 들어 있다는 것을 깨닫지 못하고 경계를 취하는 것이다.

안식은 눈으로 보고 사물을 판단하는 작용이다. 사물은 눈에 보이는 객관세계인 세상천지다.

눈이 세상을 본다. 그렇다면 눈만 있으면 세상을 본다는 것인가. 그렇지 않다. 눈은 마음의 창구일 뿐 눈이 보는 것이 아니다. 눈은 안경과도 같은 것이다. 안경이 세상을 보는 것이 아니다. 안경은 눈이 보는 것을 도와주는 역할만 한다.

그래서 세상은 눈이 보는 것이 아니라 자신의 마음이 본다는 것이다. 자신의 마음에 의해 세상은 보아지는 것이다.

마음이 삐딱하면 세상이 삐딱하게 보여질 것이고 마음이 바르면 세상은 바르게 보일 것이다. 마음이 슬프면 부처가 슬프게 보일 것이고 마음이 기쁘면 부처가 기쁘게 보일 것이다. 그래서 절에 올 때는 가장 행복할 때 와야 가장 아름다운 부처를 만나고 또 가없는 자비를 느낄 수 있다고 하는 것이다.

사랑하는 연인과 함께 있으면 세상은 아름답고 싱그럽기만 하지만 연인과 헤어지고 나면 세상은 온통 더럽고 거칠게 보아진다. 그래서 세상살이는 다 마음먹기에 달려 있다고 하는 것이다.

말은 다들 그렇게 잘하고 있다. 그렇다. 세상은 마음먹기에 달려 있다. 남편도 좋게 보면 한없이 좋고 나쁘게 보면 더없이 밉게 보인다. 그러므로 오늘부터 술 먹고 늦게 들어오는 남편도 좋게 봐줘야 되겠다고 일순 다짐해보지마는 막상 부딪치면 죽이니 살리니 하면서 그렇게 되지를 않는다.

어쨌거나 첫 번째는 마음에 의해 세상이 보아지는데 사람들은 세상 자체가 실재적인 아름다움과 더러움을 갖고 있다고 여긴다는 것이다.

세상에는 그런 것이 없다. 세상은 크지도 않고 작지도 않으며 고정된 모습도 없고 일정한 형태도 없다. 모두가 중생의 마음에 의해 판단되고 재단되어지고 있는데 범부는 그것을 모르고 세상이 독자적인 실상을 갖고 있다고 생각한다는 말씀이다.

別記 二者無始世來虛妄分別色境界熏習執著戲論故

둘째는 무시세래로 허망하게 색의 경계를 분별하고 훈습하여 집착하고 희론하여 왔기 때문이다.

세상은 自心이 그렇게 만든 것이다고 했다. 시네마스코프 스크린으로 굉장한 전쟁영화를 상영한다고 해도 그것은 다 영사기에 걸린 조그마한 필름에서 나오듯이 저 멀리 펼쳐진 광막한 은하의 세계도 다 작은 내 마음에 투영된 모습일 뿐이다.

영화의 은막에는 색깔이 없다. 영화에는 온갖 화려한 색상이 펼쳐지지만 불이 꺼지면 은막에는 아무것도 없다. 즉시 그 空한 상태로 돌아가 버린다.

세상은 색깔도 없고 모습도 없다. 전부 자기 마음속에 들어 있는 죄업의 색깔과 축적된 습기에 의해서 그렇게 보이는 것이다.

벌레들은 세상을 어떻게 볼까. 그들에게는 세상을 단순색상으로 본다. 단지 먹이만을 위해 본능적으로 움직이기 때문이다. 동물들은 세상을 어떻게 볼까. 그들은 세상을 흑백으로만 본다. 그래서 그들의 후각이 전반적으로 무척이나 발달되어 있다.

좀 더 수준이 올라가고 질량이 높아지면 보는 세상이 더 밝아진다. 잘 아실 것이다. 우리가 처음 접했던 아날로그식의 텔레비전 화면이 어떠했는지를 상기하면 바로 이해가 될 것이다. 그때 그 화면은 빗줄기가 끊임없이 나타나고 지지직거리는 소리가 쉴 새 없이 삐져나왔다.

그러다가 계속되는 과학기술의 발달에 의해 오늘날 전혀 잡음이 없는 총천연색의 디지털TV를 깨끗하게 보고 있다. 그 TV 화면은 밖에 있던 것을 찾은 것인가. 그렇지 않다. 범부의 마음속에 들어 있는 원래의 색깔을 찾아내어 겉으로 드러낸 한 부분이 실현된 것이다.

別記 三者識自性體如是故

셋째는 識의 자성과 그 體가 서로 같기 때문이다.

내가 통이 크면 세상은 크게 보이고 통이 작으면 세상은 작게 보인다. 내가 복이 많으면 세상은 살 만한 세상이 되고 복이 없으면 세상은 살기가 너무 버거워진다.

복이 없어 문화적인 삶을 살지 못하면 흑백TV조차 보지 못한다. 아마존의 원시부족이나 아프리카의 오지마을에서는 아직도 TV가 무엇인지 모른다. 그러다가 언젠가는 그들도 직직거리는 TV화면을 볼 것이다. 그때 우리가 그랬던 것처럼 그 정도에도 기가 막히도록 신기하고 방통해 할 것이다.

똑같은 물상이지마는 보는 자의 수준에 따라 그 색깔이 달라진다. 코끼리와 사자 같은 고등짐승들도 세상을 흑백으로 본다. 적어도 인간이 되어야 만이 7색의 바탕색소가 만들어 낸 7백만 화소의 세상을 그나마 볼 수가 있다고 했다.

비록 우리가 동물들의 수준을 벗어났다고 하더라도 우리보다 한 수 위의 성문들에게 비하면 우리는 정말 볼품없는 시각을 갖고 있다. 그렇게 점점 더 차원이 올라갈수록 세상은 더 아름답고 정밀하게 보이기 시작한다.

그러다가 부처가 되면 세상은 정말정말 아름답기가 그지없는 세상이 된다. 수 억만 화소를 넘어가는 색깔과 신묘하기 그지없는 모습이 수려하게 나타난다. 왜냐하면 부처는 그렇게 많은 아름다움의 극치색소를 내면에 품고 있기 때문이다.

세상은 내 마음의 크기만큼 보이고 내 마음의 수준만큼 느낀다고 했다. 세상을 지금보다 더 아름답게 보고자 한다면 내 마음의 크기를 넓히고 내 마음의 수준을 높이면 그렇게 된다. 그것이 바로 識의 자성과 그 體가 같다는 말씀이다.

別記 四者樂見種種色相故
넷째는 여러 가지 색상 보는 것을 즐기기 때문이다고 하셨다.

눈은 밖을 향해 내달린다. 아무것도 보지 말라고 하면 환장한다. 눈의 현혹으로부터 벗어나기 위해 벽만 쳐다보고 있어라는 것은 큰 고역이다. 눈은 뭔가를 살피려고 하는 강한 욕망을 갖고 있기 때문이다.

끊임없이 TV를 본다. 일어남과 동시에 TV를 보고 잠자리에 들어서야 TV를 끈다. 조금도 그냥 있지를 못한다. 바보상자라고 비꼬면서도 TV의 온갖 영상으로부터 자유롭지를 못한다.

TV가 전해주는 모든 것들은 지극히 사실 같으면서도 사실과는 다른 기사를 전해 준다. 다큐멘터리부터 오락프로그램까지 모두 다 방송작가들의 기획에 의해 무차별로 전송받는다.

전혀 가치도 없는 허구의 멜로드라마를 만들어 놓고 거기에 얼빵한 사람들을 옭아맨다. 얼빵이라는 말이 참 재미있다. 얼이 빵구가 났다고 해서 얼빵이라고 한다. 멍청하거나 어리벙벙한 자들을 멋지게 통칭한 말이다. 그런 사람들을 쌍끌이그물처럼 끌어들인다. 그들이 바로 이 대목에 해당되는 부류들이다.

까딱하다가는 속절없이 당한다. 그냥 자기도 모르게 그것을 제작

해준 광고를 봐야 하고 아무 쓸데없는 드라마를 연속해서 봐야 한다. 정신을 차리지 않으면 그 가짜 움직임에 내 멀쩡한 영혼을 사정없이 빼앗겨버린다.

그래서 원효센터는 도심 한가운데 있어도 TV가 없다. 세상에 사실만 봐도 다 못보고 죽는데 그런 엉터리화면을 보고 안이하게 시간을 버릴 수는 없기 때문이다.

이런 안식의 현혹으로 날마다 범부는 바깥 경계에 휘둘리면서 살아간다. 그것이 바로 내면으로 여러 물상을 보고 싶어하는 안식의 인연 때문에 그렇다고 하는 것이다.

別記 四卷經云 四因緣故眼識轉 謂自心現攝受不覺 無始虛僞過色習氣計著

사권경에서, 네 가지 인연 때문에 안식이 작용한다. 이를테면 자심이 나타낸 것을 섭수한다는 것을 깨닫지 못하며, 무시로부터 헛되고 거짓되게 경계를 경험하는 습기로 헤아려 집착하며,

성사는 **십권경**으로 양이 차지 않으셨는지 다시 **사권경**의 말씀을 인용하셔서 안식의 횡포를 증명하시고자 한다.

사권경의 내용도 **십권경**의 말씀과 대동소이하다. 그런데도 성사가 이 대목을 인용하시는 것은 **십권경**뿐만 아니라 **사권경**도 똑같이 안식은 중생의 생멸을 도와준다는 것을 말씀하시고자 하는 것이다.

섭수는 끌어당겨 안에 넣는다는 말이다. 그러니까 자신이 부르는 소리를 자신이 듣고 좋아하고 싫어하는 것과 같다. 그 소리는 밖에서

만들어진 소리가 아니라 자신의 내면소리다.

　그처럼 눈 밖의 모든 세상은 내 마음이 만들어 낸 것이라는 것을 모른다는 것이 첫 번째다. 그래서 **십지경**에,

　一切三界
　唯心轉故

　중생의 세상은
　오직 마음이 문제가 있어 생긴 것이다.

고 하셨다.

　그런 세상을 살아가며 그에 대한 정보를 속에다 담아둔다. 그것이 업이 되어 다시 눈 밖의 세상을 탐색하고자 한다. 거기서 시비와 호오를 가려 집착과 분별로 또 다른 업을 증폭시켜 나간다. 이것이 두 번째의 안식 작용이 된다.

　別記 識性自性 欲見種種色相 是名四種因緣水流處 藏識轉識浪生 식성을 자성으로 삼고 온갖 색상을 보려 한다. 이들을 네 가지 종류의 인연들이라고 하니, 그것은 물이 흐르는 장식에서 전식의 파도가 생기는 것이라고 하셨다.

　범부가 범부 자신에게 저지를 수 있는 가장 큰 해악덩어리는 자기 눈으로 직접 뭘 봤다는 것과 뭘 들었다는 것이다.

하루살이가 세상을 보면 얼마나 보며 들으면 얼마나 듣겠는가. 설령 봤다고 해도 그 눈으로 어떻게 봤겠으며 뭘 들었다고 해도 그 귀로 얼마큼 들었겠는가. 다 하루살이 자기 수준만큼 보고 자기 기준만큼 보고 들었을 것이다.

인간도 마찬가지다. 인간의 눈으로 뭘 봤다고 해도 그 사실성이 보장되지 않고 뭘 들었다고 해도 그 정확성이 없다. 모두 다 자기 그릇만큼만 보고 듣는다.

그래서 장자가 하루살이에게 겨울과 얼음을 말하지 말고 우물 안 개구리에게 바다를 언급하지 말며, 비뚤어진 선비에게 도를 설하지 말라고 했다.

인간들은 자기가 직접 보고 듣지 않으면 무엇이든 믿고 따르려 하지 않는다. 그들은 믿을 수 있는 물증을 내어놓으라고 한다. 그들이 믿을 수 있는 물증 그것은 진짜가 아니다. 아이들이 갖고 노는 수표가 가짜수표인 것처럼 어른들이 물증으로 받은 세상의 증명이론은 전부가 가짜다.

그 이유는 識性을 자성으로 여기고 세상을 본 결과물이기 때문이다. 識性은 자기들 기준이다. 그것은 진짜 잣대가 아니다. 진짜 잣대는 智性이다. 그러므로 그들이 갖고 쓰는 識性의 잣대는 이미 틀렸다. 그래서 안식의 폐해는 중생을 죽음의 세계로 집어넣는다. 이것이 세 번째의 안식작용이다.

그런데도 범부는 자기들의 눈으로 세상을 판단한다. 그래서 무엇이든 보고자 하는 욕망을 일으킨다. 무엇이든 다 일단 보고자 한다. 그래서 끊임없이 두리번거린다. 하지만 그 결과는 다음 생애를 끌어오는 죄업을 만드는 역할밖에 되지 않는다. 그것이 네 번째의 인식작용이다.

불나비가 왜 불을 보고 끊임없이 달려드는지 아시는가. 불나비 눈에는 그 불이 꽃으로 보이기 때문이다. 그처럼 범부도 끊임없이 가짜의 세상에 도전한다. 그 결과 불나비처럼 마지막에는 불에 타 죽는 것으로 끝이 난다.

藏識장식은 우리의 마음 전체다. 거기에 부처와 중생이 들어 있다. 안식의 작용은 그 장식 속에서 요동하는 것이다. 그래서 장식에서 전식의 파도가 생기는 것이다고 하셨다.

別記 言自心現攝受不覺者 是明根本無明因

자심이 나타낸 세상을 섭수하는데도 깨닫지 못한다고 한 것은 근본무명의 因을 밝힌 것이다.

초기치매를 앓고 있는 노인에게 기억의 잘못을 건드리면 무척이나 화를 낸다. 자기의 기억력을 의심한다는 데 대한 불쾌감이다. 아무리 그래도 그런 노인의 기억력에는 문제가 있다.

그처럼 인간의 지각능력에 대해 문제를 제기하면 기분 나빠한다. 자칭 똑똑하다는 지식인들은 더 심한 모욕으로 받아들인다. 아무리 그래도 그들의 지각인식에는 문제가 있다. 모욕으로 들리겠지만 사실이 그런데 어떡하겠는가.

TV드라마가 그럴싸하게 어떤 테마를 방영한다고 해도 그 영상은 가짜다. 그것은 작가의 머리에서 나온 부산물이다. 그것을 아는 사람은 세상이란 모두 다 내 마음이 대본없이 만들어 놓은 부산물인 줄 알아야 한다.

그것을 모르면 자심이 나타낸 것을 섭수한다는 것을 깨닫지 못하는 범부들이다. 벽에다 치매노인이 자기의 배설물로 황칠을 해놓고 누가 그렸는지 아주 잘 그렸다고 시부렁대는 것과 같다.

그 그림은 가치가 없다. 그것은 정상적이지 않는 자가 황칠한 것이기 때문이다. 세상은 하나도 실다운 가치가 없다. 그것은 비정상적인 인간이 만들어 낸 가짜의 모습들이기 때문이다.

사람들은 그 가짜의 모습을 고치고 바꾸려고 한다. 그런 노력은 모두 헛일이다. 문제를 일으키는 근원을 바꾸지 않고 거기서 파생되는 지엽적인 모습을 바꾸고자 하기 때문이다.

그 문제의 근원이 바로 근본무명이다. 그것을 갖고 있는 한 중생세계는 허구의 세계로 계속된다. 거기에 매달려 사는 중생이 있는 한 무명은 계속 작동된다. 그래서 이 세상에는 우리 같은 중생들이 연속해서 나타나고 계속해서 사라지는 것이다.

別記 其色麤相 現識所現 不在識外 自心所攝故

그 색은 거친 모습이다. 그것은 현식에서 나타난 것이다. 그 식은 밖에 있는 것이 아니다. 그것은 자심이 섭수한 것이기 때문이다.

범부가 사는 세상은 투박하고 거칠다. 거기에는 조금도 섬세함이 없다. 깡패들의 세상은 거칠다. 거기에는 섬세함의 신사도가 있을 수 없다.

맹수들은 거칠게 움직인다. 그러므로 그들의 삶은 거칠다. 사기꾼들의 세계는 더럽고 추악하다. 겉으로는 섬세한 것 같아도 그들의 마음은 야비하고 사악하다.

인간들의 마음은 오염되었다. 그래서 세상이 오탁악세가 되었다. 어리석은 사람들은 세상을 아름답게 꾸미고자 한다. 그것은 결코 가능하지 않다. 세상을 만드는 인간들의 마음부터 정화하지 않으면 그것은 절대로 불가능하다.

인간들은 다 자기가 갖고 있는 죄업만큼의 세상과 더불어 산다. 이것을 동류업의 세상이라고 한다. 금융가에 금융업이 모이고 카페거리에 카페가 늘어서 있는 것과 같이 우리도 이 세상이 좋아서 여기 이렇게 모여서 살고 있다.

그렇게 하는 마음이 바로 현식이다. 현식을 어떻게 대하느냐에 따라 지옥에도 가고 천상에도 간다. 하지만 인간은 도리어 그 현식의 세계에 빠져든다. 거기서 그들은 지식을 쓴다. 그러므로 그들은 결코 그 동류업의 세계로부터 빠져 나올 수가 없다.

장사를 좋아하면 시장가에서 산다. 그렇게 좋아하도록 만드는 것은 현식이다. 그 현식에 의해 거래하는 사람들이 나타난다. 거기서 손익계산을 따지면서 돈을 번다. 그 수완은 지식에서 나온다.

그 장사가 더 이상 전망이 없으면 손을 털고 다른 장사를 해야 한다. 하지만 그리 쉽게 접지를 못한다. 거기에 투자한 것이 많기 때문이다. 그러므로 그들은 그 장사의 삶으로부터 쉽게 벗어나지 못한다.

세상도 마찬가지다. 이 세상에 얼마나 많은 투자를 했는지 모른다. 십년 백년 여기에 살아온 것이 아니다. 억 만겁토록 살아오면서 나 자신을 투자한 중생세계다. 이런 중생세계를 두고 어디를 간단 말인가. 그래서 범부는 이 오탁악세를 떠나지 못하고 있다.

하지만 이 세계를 과감히 벗어나면 또 다른 현식의 세계가 보인다. 현식은 자기가 사는 세상을 바꾸는 능력을 갖고 있다. 철저한 분석과 예리한 상술이 없으면 대책없이 밑진 장사를 계속해야 하는 것처럼 과감한 용기와 현실을 보는 직관력, 거기다가 결단력이 없으면 결코 이 더러운 현식의 중생세계를 벗어나지 못하게 된다.

別記 言不覺者 無明不覺色塵非外 故能生眼識令取爲外 是爲初因 깨닫지 못하여서라고 말한 것은 무명에 의한 색진이 밖이 아님을 깨닫지 못한다는 것이다. 안식으로 취하여 밖이라고 하니 이것이 초인이 된다.

살아 움직이는 인간이 있는 한 시장경제는 멈추지 않는다. 그러므로 돈은 어디에서든 벌수가 있다. 인간들이 있는 한 거래되는 물건은 반드시 있기 마련이기에 그렇다.

그런데도 내가 돈을 못 번다는 것은 일차적으로 나에게 문제가 있다. 사람들은 우선 시장의 여건과 경기를 탓한다. 그렇게 해서는 돈을 벌수가 없다. 남들이 쉽게 돈 벌 때 나도 돈을 벌면 그 사람들이 누리는 보편적인 삶의 정도를 넘어가지 못한다.

시장은 경쟁이다. 그들의 기준을 뛰어넘어야 그곳으로부터 벗어나 더 큰 시장으로 나갈 수 있다. 모두 다 정치를 탓하고 사회를 탓할 때 그 틈새시장을 파고드는 적극적인 공략을 펴는 자만이 진정한 장사꾼이다. 즉 모두의 위기를 나 혼자의 기회로 바꾸는 획기적인 판매 전략이 필요하다는 것이다.

그렇지 않으면 없는 손님만 하염없이 기다리게 된다. 그런 사람에게는 불경기가 끝나지 않는다. 살아나려면 손님을 기다리는 수동적인 자세에서 손님을 끌어당기는 적극적인 자세로 바꾸어야 위기를 극복하고 큰돈을 벌 수가 있다.

모두가 다 아는 이야기 하나가 있다. 아프리카로 신발을 팔러 나갔던 두 영업사원이 일주일 뒤에 똑같이 회사에 팩스를 보냈다.

A : 열대지방이라 누구도 신발을 사려 하지 않습니다.
B : 모두 다 신발이 없으므로 시장이 무한대입니다.

불경기의 문제를 푸는 것은 자신에게 있는 것이지 손님에 있지 않다는 것을 여실히 보여주는 일화 한토막이다.

그래서 장사는 시절과 경기의 여건보다 그 장사하는 사람의 마인드가 중요하다고 하는 것이다. 이것을 누구보다 먼저 이해하고 대처하는 자만이 지루한 불황을 뛰어넘어 진정한 사업가로 도약할 수가 있다.

이런 뜻이 바로 색진은 밖에 있는 것이 아니고 내 안에 있다는 것을 깨닫는다는 말이다. 그런데도 범부는 안식이 바깥으로 향해 있다 보니 모든 문제가 밖에 있다고 한다. 그것을 첫 번째의 문제가 되는 初因이라고 하는 것이다.

別記 言無始虛僞乃至計著者 是顯無始妄想熏習因

무시로 헛되고 거짓된 것에서부터 헤아리고 집착한다고 한 것은 무시의 망상이 훈습한 因임을 나타낸 것이다.

위 글은 **사권경**에서 네 가지 인연에 의해 안식이 작용한다는 문장 가운데 하나다. 거기에는 무시로부터 헛되고 거짓되게 경계를 경험하는 습기로 헤아려 집착하며 로 되어 있다. 그것을 줄인 말이 위 별기의 글이다.

범부들은 그 삶 자체가 헛되고 거짓이다. 거기다가 눈에 보이는 물상마다 헤아리고 집착한다. 치매가 걸리면 그 치매 속에서도 거짓된 삶을 산다. 그러니까 거짓이 겹쳐지게 되는 셈이다. 이것은 정말 불편한 진실이다.

어떤 사람에게서 전화가 왔다. 스님의 말씀은 이해가 되는데 그 내용을 전달하는 글이 너무 강하다고 했다. 그래서 마음이 불편하다고 했다. 그 사람은 마음이 부드러운 스님의 글을 찾아야 했다.

액션영화를 만드는 감독에게 멜로영화의 달콤함을 요구해서는 안 된다. 달콤하고 부드러운 감정을 느끼려면 멜로영화를 보면 되는 것이지 액션영화를 찍는 감독에게 감 놔라 배 놔라 할 필요는 없다.

나는 거친 환경에서 거친 삶을 살아오다보니 성격이 투박해서 부드러운 말을 잘 구사하지 못한다. 그리고 국문학을 전공하지 않아 세련된 말이나 매끄러운 글 솜씨가 없다. 그저 직설적으로 사실을 있는 그대로 표현하고 있을 뿐이다.

현명한 사람은 그 내용을 받아들인다. 그렇지 않으면 그 내용을 전달하는 수단에 묶일 수가 있다. 이것이 바로 달을 보라는데 가리키는 손가락이 맘에 들지 않는다는 소리와 같다.

어쨌거나 범부들의 삶은 허위다. 처음부터 그렇게 가짜의 인생을 살아가도록 프로그램화 되어 있다. 그렇게 만든 것은 무시의 망상 훈습인이다.

망상은 무명에서 기인한다. 그러므로 범부의 망상은 시작도 끝도 없다. 무시의 망상으로부터 시작되었기 때문에 유종의 종말이 있을 수 없다. 그 망상이 영원하므로 중생의 삶은 영원할 수밖에 없다. 그런 무시무종을 천부경에서 멋지게 표현했다.

—始無始—
—終無終—

하나로 시작되었지만 시작 없는 하나고
하나로 끝나지마는 끝남이 없는 하나다.

그 하나가 중생 쪽에서 보면 무명이고 부처 쪽에서 보면 본각이다.

別記 謂現識本來取著色塵 由此習氣 能生眼識令取色塵也
이를테면 현식은 근본적으로 색진을 취하고 집착한다. 그것은 이 습기로 말미암아 능히 안식을 일으키고 색진을 취하는 것이다.

우리가 풀지 못하는 세계를 사람들은 4차원 세계라고 한다. 그러나 어떤 차원의 세계건 간에 세상은 전부 다 현식의 범위 속으로 들어간다.

이미 우리가 상상했다는 그 자체가 벌써 현식이 발동되었다는 것이다. 그러므로 현식을 벗어난 우주세계는 그 어디에도 없다.

"마음이 다 지어내었다 했잖아요?"
"마음은 당체고 현식은 작용기능이다."

현식은 앞에서도 수없이 말했지마는 눈앞에 드러난 세계를 받아들이는 수용인식이다. 그것은 내 마음이 그렇게 만들어 놨는데도 범부는 그것을 모른다. 그저 자연이나 조물주가 세상을 창조해서 그렇게 나타나 있는 줄 안다.

그러다 보니 그것이 진짜로 있는 줄 안다. 그래서 집착한다. 아름다운 비눗방울은 원래 없는 것이다. 그것은 아이들을 기쁘게 하기 위해 장난으로 만들어 낸 것이다. 아이들은 그것을 보며 괴성을 질러대고 정신없이 집착한다.

비눗방울은 조금만 있으면 사라진다. 있는 것 같아도 이내 없어진다. 그것은 원래 없는 것이기 때문이다. 그것이 현식이다.

막대의 기교로 더 크게 만들고 더 멀리 날려 보내면 아이들은 정신줄을 놓고 꺼뻑 죽으려고 한다. 그렇게 실체가 없는 그 비눗방울을 잡으려고 쫓아가는 것이 범부가 현식의 색진을 취하는 것과 같은 것이다고 말씀하시는 것이다.

別記 言識性者 是顯自類因 由前眼識自性分別 由此熏習 後生眼識如前自性也

식성이라는 것은 자류인을 나타낸다. 눈앞의 세상은 안식의 자성으로 분별한 것이다. 이 훈습으로 뒤에 안식을 내는 것이 앞에서의 자성과 같은 것이다.

識性은 자류인이다. 식성은 의식작용이고 자류인은 생각했던 대로 만드는 因의 동력이다. 의식작용은 생각이다.

그러니까 생각은 자류因이고 그렇게 된 결과는 자류果가 되는 셈이다. 이 둘은 인과관계가 확실하다. 의사가 되었다면 의사가 되고 싶다는 생각이 우선 되었다는 것이고 군인이 되었다면 군인이 되겠다는 생각이 먼저 되었다는 것이다.

그러므로 현재 보이는 세상은 자기가 그렇게 보고자 했던 세상이 그대로 드러나 있는 것이 된다. 담배를 좋아하면 흡연실 속에서 담배를 좋아하는 사람들과 같이 있게 되고 술을 좋아하면 술집에서 술을 좋아하는 사람들과 같이 있게 되는 것이다.

그렇기 때문에 자기가 사는 세상이 불공정하다고 한탄할 필요는 없다. 그 세상은 자기가 과거에 진정 원했던 세상이 나에게 나타났기 때문이다. 그것이 바로 안식은 앞에서의 자성과 같다는 것이다. 안식은 보이는 세계고 자성은 식의 자성이기에 그렇다.

그러니까 범부는 자기도 모르게 자기가 보고 싶은 것을 정확히 보고 자기가 살고 싶은 곳에 정확히 와 살고 있다는 것이다. 그러니 누굴 탓하고 무엇을 원망한 것인가.

言欲見種種色相者 是顯名言熏習因

온갖 가지의 색상을 보고자 한다고 말한 것은 명언훈습의 因을 나타낸 것이다.

범부는 평생을 눈으로 세상을 보고 산다. 눈의 안식은 조금도 가만히 있지를 않는다. 잠을 잔다고 해도 꿈속에서 또 다른 세상을 본다. 그만큼 눈의 識性은 무엇인가를 계속적으로 두리번거린다.

눈은 현재 나타난 세계만 보는 것이 아니다. 그것으로는 만족이 되지 않는다. 그래서 또 다른 세계를 찾아 헤맨다. 그 결과물이 스마트폰이다. 스마트폰은 종일토록 온갖 가지의 콘텐츠를 내 보낸다. 눈은 그 가상의 세계들을 보고자 달려든다.

그렇게 평생 동안 보고 느끼던 그 사실 같은 영상들은 모두 다 허위다. 아무것도 진실된 것이 없다. 그것처럼 바깥세상 또한 내 자신이 만들어 놓은 가짜의 모습이라는 것을 빨리 알아차려야 한다.

어쨌거나 눈은 계속적으로 名言훈습의 因을 만들어 낸다. 이름과 언어는 사물을 말하고 그 상태를 언급한다. 하지만 그것들은 원래 허깨비 같은 것이다. 그런데도 그것을 보고 또 다른 이름과 언어를 만들어 낸다. 그것이 바로 눈이 명언훈습의 因을 만든다는 것이다.

別記 謂前眼識能見色相 意識緣此能見眼識 意言分別取著欲見也

이를테면 앞에서 안식이 색상을 보고 의식을 반연한다. 보는 것은 안식이다. 그것을 意言분별로 취착해 보고자 한다.

안식과 의식은 따로 작용한다. 안식은 제멋대로다. 의식은 보고 싶지 않은데도 안식은 사물이 나타나면 바로 끌어당긴다. 사물은 색상이다. 보고 싶지 않은 사람이 나타나면 의식은 숨어든다. 그러나 안식은 주저없이 그의 모습을 훑고 탐색한다.

안식은 인식능력이 없다. 그냥 보고 순간적으로 느끼는 데 그친다. 그와 동시에 그 느낌을 의식에게 전달한다. 의식은 그것에 의미를 부여하고 행동으로 옮긴다. 그것이 반연이다.

그러므로 안식과 의식은 따로 작용하지만 동시에 상호작용을 한다. 안식은 있는 그대로를 받아들이고 의식은 그것에 의하여 意言분별을 한다. 의언분별이라는 것은 생각과 언어로 자기 자신과의 관계를 설정하고 온갖 형태로 상상하며 이해관계를 타산하는 것이다.

그래서 이익이 되면 또다시 보기를 갈망하고 손해가 되면 어떻게든 피하고자 하는 마음을 일으킨다. 그러나 안식은 눈치없게도 의식의 말을 듣지 않고 손해가 되는 물상이 나타난다고 해도 즉시에 쫓아가서 달라붙는다. 마치 주책맞은 강아지가 누구를 봐도 꼬리를 흔들면서 쫓아가는 것처럼 그렇게 물상을 쫓아간다.

別記 如說眼識 其餘諸識準之可知

안식을 설명한 것처럼 나머지 모든 식들도 이에 기준하여 보면 알 수가 있을 것이다.

안식이 범부의 생멸에 어떻게 작용하는지에 대해서 설명해 왔다. 안식은 여섯 가지 감각기관 중에서 하나다. 어느 것이든 다 중요하지 않은 장기가 없겠지마는 특히 눈은 사물을 제일 먼저 판단하는 감각 기관이기 때문에 우선에 둔 것이다.

눈은 범부에게 정말로 소중하고 중요한 기능을 담당하고 있지마는 세상을 전혀 진실하게 보지 못하고 있다. 세상을 현식으로 봐야 하는데 그렇지 않고 즉시 의언분별로 취착해 버리는 데 문제가 있다는 것이다.

예를 들어서 꽃을 꽃으로 보면 현식이다. 그런데 눈으로 보자마자 꽃의 모습을 판별하고 이름을 떠올린다. 그때 그 꽃의 고유한 정체성이 손상되어버린다. 그것은 마치 스크래치가 심한 오래된 안경을 끼고 사물을 보는 것처럼 실재를 정확히 보지 못하는 것에 기인한다.

눈으로 나를 몇 번 본 사람들은 나를 잘 안다고 한다. 어떻게 잘 아는지 들어보면 그것은 전혀 내가 아니다. 그들은 나의 껍데기를 보았다. 물건 같으면 포장지만 본 셈이다.

나의 마음은 환경과 사람에 따라 수시로 바뀐다. 그러므로 특정한 캐릭터가 없다. 그런데도 사람들은 떠도는 소문에 의해 나에 대한 평가를 다 내리고 있다. 그러면서 자기도 나를 안다고 한다.

하늘과 바다 없이는 그 어떤 생명체도 살아갈 수가 없다. 하늘은 만물을 품고 바다는 살아 움직이도록 한다. 그런데 범부의 눈은 그것들의 고유한 색깔조차 정확히 감지하지 못한다.

"하늘은 파란색 아닙니까?"

"파란색이라꼬?!"

그렇다면 불은 또 무슨 색인가. 불 없이는 누구도 생존할 수 없다. 그런데 눈으로 보는 그 불의 색깔은 또 무엇일까.

"빨강색입니다."
"가스레인지불은 초록색인데?!"

범부에게 가장 밀접한 하늘과 불조차도 정확하게 그 색상이 무엇인지 모르는데, 그런 눈의 기능을 믿고 세상과 사람에 대한 정의를 내린다. 그러니 삶 자체가 힘들고 어려울 수밖에 없다.

정리하자면 인간은 사물을 정확히 보는 기능의 눈을 제대로 가지지 못하고 있다. 그런 눈의 작용으로 의식을 쓰므로 그 의식은 정보 불량이 되어 자신을 죽음의 세계로 끌고 다닌다는 것이다.

그런데도 범부는 오늘도 자신의 눈을 믿고 세상을 살아가고 있다. 하이에나가 먹이를 찾아다니는 것처럼 자기 눈에 맞는 것만을 구하고자 한다. 그런 중생이기에 그저 슬프고 가련하다고 하는 것이다.

眼識만 그런 것이 아니다. 6근이 갖는 6식 자체가 그러하다. 즉 내 몸의 감각기관 전체가 다 나를 망치고 있다. 나 딴에는 나를 도우려 하는 것이 도리어 나를 죽이는 결과를 초래하고 있다는 것이다. 그것은 꼭 내가 좋아하는 담배를 피우는 것이 도리어 나의 건강을 해치는 것과 같다. **자경문**의 글이다.

身隨六賊故
或墮惡趣則極辛極苦

心背一乘故
或生人道則佛前佛後

내 자신이 육적을 따라다니다 보니
악취에 떨어져서 말할 수 없는 모진 고통을 받았다.
내 마음이 일승을 등지다 보니
사람으로 태어났어도 부처님 앞이나 뒤의 시기였다.

六賊육적은 바로 六根이다. 眼耳鼻舌身意 6근이 내 자신을 지옥 아귀 축생의 세계에 빠뜨린다는 뜻이다. 일승은 나의 근본마음인 본각지성이다.

범부의 삶은 밝은 본각을 두고 어두운 불각으로 살아가고 있다. 밝음을 멀리한 삶을 살았기에 인간으로 태어났어도 불인 부처의 앞과 뒤에 태어나는 결과를 초래하였다는 것이다.

눈으로 보라. 코로 냄새 맡아보라. 귀로 들어보라. 혀로 맛을 보라. 촉감을 느껴보라. 그것을 생각해 보라고 한다. 모든 감각 기능이 눈을 기준으로 움직이다 보니 전부 보라고 한다.

하지만 아무리 봐도 이미 육근의 기능이 오염되어 있다 보니 육진에 대한 오답만 나오게 되어 있다. 그래서 성사가 나머지 6근의 6식들도 안식을 기준해서 보면 알 수 있을 것이다고 하신 것이다.

海東疏 若因滅下 次顯滅義 於中有二 一者直明 問曰以下 往復除疑
약인멸 아래로는 다음으로 滅의 뜻을 나타내고 있다. 그 중에 둘이 있다. 첫 번째는 직설적으로 밝히는 것이고, 問曰 이라고 그 이하는 왕복으로 의문을 제거하고 있다.

기신론 원문에 보면 약인멸이라는 글이 보인다. 그 앞부분에는 중생이 생멸하는 이유 중에서 生에 대하여 자세히 설명해 왔다. 이제부터는 滅에 대해 그 뜻을 나타내 주는 대목이다.

여기에 두 문단 있는데, 처음에는 滅이 어떤 것인지 직설적으로 밝히고, 그 뒤에는 질문과 답을 통해서 滅에 대한 의문점을 풀이해 주고 있다.

海東疏 始中言若因滅則緣滅者 隨於何位得對治時 無明因滅境界隨滅也

시작한 중에서, 만약 因이 멸하게 되면 緣이 멸하게 된다고 한 것은 어떤 계위이건 그것을 상대해 다스릴 때에 무명인이 멸하게 되면 경계연이 따라 멸한다는 것이다.

원인이 없어지면 그것을 도우는 조연은 없게 된다. 원인은 조연을 당기고 그 결과를 내 놓는다. 그러나 원인이 없으면 조연이 있을 수 없다. 물론 결과도 없다.

치아는 충치가 될 수 있는 요인을 갖고 있다. 그 치아가 원인이다. 치아가 없다면 충치가 일어날 수 없다. 그래서 신생아치과가 없다.

단것을 즐겨 먹는다든가 칫솔질을 부지런히 하지 않으면 세균을 증식시켜 충치 충을 도와주어서 충치를 발생케 한다. 그 충치를 발생케 하는 것이 조연이다.

그러므로 치아가 없다면 치아를 충치로 만드는 조연이 없어진다. 그것이 바로 因이 멸하면 緣이 멸한다는 이치이다. 즉 중생이 죽는다면 그 죽음을 도와주는 뭔가가 있다는 것이다.

그런데 죽는 중생이 없다면 중생을 죽이는 그 조연은 아무 작용도 할 수 없는 것이 된다. 그래서 죽는 원인이 滅하면 죽게 만드는 조연도 없다는 것이다.

[海東疏] 因滅故不相應心滅者 三種不相應心親依無明因生 故無明滅時亦隨滅也

인因이 멸하게 되면 불상응심이 멸한다고 한 것은 세 종류의 불상응심은 직접 무명인에 의해서 생기는 것이므로 무명이 멸하는 때에 또한 따라 멸한다고 한 것이다.

因은 드라마다. 緣은 전기고 결과는 거기서 나타난 영상이다. 제아무리 성능이 좋은 최신형 TV 브라운관이 나왔다 해도 방송국에서 드라마를 송출하지 않으면 그 TV는 전혀 자기 역할을 할 수가 없다. 그래서 因이 멸하면 緣이 멸한다고 한다.

아버지는 因이고 어머니는 緣이다. 그래서 자식이 태어난다. 아버지가 없다면 어머니도 없고 자식도 없다. 이것이 바로 因이 없으면 緣이 없어진다고 하는 것이다.

중생의 마음은 오염의 척도에 따라서 불상응심과 상응심으로 나뉜다고 하였다. 불상응심은 위쪽으로 가 붙으려고 하고 상응심은 아래

쪽으로 가 붙으려고 한다고 했다. 물론 위는 부처 쪽이고 아래는 중생 쪽이다.

위쪽에는 불상응심 세 개가 있고 아래쪽에는 상응심 세 개가 있다. 상응심은 집상응심과 부단상응염심, 그리고 분별지상응염심이다. 불상응심은 현식불상응심과 능견심불상응심, 그리고 근본업불상응심이다.

무명에서 세 종류의 불상응심이 직접적으로 생긴다. 그러므로 무명이 없어지면 자동적으로 세 가지 불상응심은 없어진다고 한 것이다. 불상응심이 없어진다면 상응심은 자동적으로 없어지게 되어 있다.

海東疏 緣滅故相應心滅者 三種相應染心親依境界緣起 故境界滅時亦隨滅也

연이 멸하기 때문에 상응심이 멸한다는 것은 세 종류의 상응심은 직접 경계에 의거하여 일어나므로 경계가 멸하는 때에 또한 따라서 멸한다고 하였다.

因은 무명심이고 세 종류의 불상응심이라고 했다. 緣은 경계인데 그것이 또한 세 종류의 상응심을 일으킨다.

무명은 원래 없다. 어둠이 원래 없는 것처럼 무명은 원래 없다. 있는 것은 불각이다. 무명은 불각에 의해 요동한다. 그 태동을 因이라고 한다. 거기서 불상응심이 나온다.

그 불상응심이 더 크게 거칠어지면 세 종류의 상응심이 일어난다. 그 마지막 단계가 집상응심이다. 집착과 잘 맞아떨어지도록 마음이 오염되어져버린 상태라고 했다. 정확히 우리 범부의 마음이 여기에 있다고 했다.

세 가지의 상응심은 경계에 의해 일어난다. 경계는 외부 세계이다. 망고를 몰랐다면 망고를 먹고 싶은 마음이 일어나지 않는다. 그러나 망고가 뭔지를 알았다. 그래서 망고가 먹고 싶은 것이다. 거기서 망고에 대한 집착심이 일어난다.

애인이 없다. 그러면 그리움과 다툼이 일어나지 않는다. 애인 때문에 온갖 감정이 일어나고 사라진다. 그 속에서 그에 맞는 과보들이 계속해서 만들어진다. 애인은 누가 만들었나. 내가 만들었다. 그러면 세상은 누가 만들었나? 여기서 내가 애인을 만들어서 애증의 속을 태우는 것처럼 내가 세상을 만들어 놓고 무한의 고통을 받고 있다는 것을 확실히 알아야 한다.

상응심은 외부 환경에 의해서 일어난다. 그러므로 내 마음이 일으킨 외부의 현상이 없어지면 집상응염과 그 외 두 가지 상응심은 자동적으로 없어지게 되어 있다.

씨앗은 외부 환경에 의해 싹이 튼다. 그런데 빛과 물이 없고 흙이 없다면 씨앗은 움트지 않는다. 그러면 그 결과인 과실이 열리지 않는다. 그러므로 외부조건이 없으면 滅의 緣은 일어나지 않는다고 한 것이다.

海東疏 依是始終起盡道理 以明二種生滅之義 非約刹那生滅義也
이것은 일어나고 다하는 始終의 도리를 의거해 두 종류의 생멸 뜻을 밝힌 것이지 찰나를 잡아 생멸의 뜻을 말한 것은 아니다.

始終시종은 시작되고 끝맺음이다. 始는 생이고 終은 죽음이다. 그러므로 이것은 범부의 일생이다. 범부는 무명 때문에 생기고 경계 때문에 죽는다. 그것이 연속되면 윤회가 된다. 즉 범부의 윤회는 무명에 의해 시작되고 외부 경계에 휘둘리면서 계속 나아간다.

대승기신론을 배운 사람은 중생의 태어남과 죽음에 대해 확실히 알아야 한다. 왜 태어났는가. 무명의 因에 의해서 태어났다. 왜 죽는가. 거기서 심의식이 작동하였다. 그 심의식 때문에 세상이 생기고 그 세상의 휘둘림인 緣에 의해 내가 죽는것이다는 것을 명확히 알아야 한다.

처음에는 사람이 술을 마신다. 주체는 사람이다. 그러다 취하면 술이 사람을 마신다. 이제 주체는 술이 되고 내가 객체가 된다. 그러다가 더 취하면 술이 술을 마시게 된다. 사람은 없다. 이제 객체가 객체를 상대하는 것과 같은 것이다.

그처럼 범부는 처음에 세상을 만들어 낸다. 그리고는 세상에 휘둘린다. 그 다음에는 세상에 의해 정신을 못 차리고 쓰러진다. 그것이 범부가 하는 因果의 생멸이다.

지금까지 중생이 반드시 겪어야 하는 생멸의 시종을 무시무명으로 설명했다. 그 시종은 처음과 끝을 말하고 있다. 그러므로 순간순간에 일어나는 단막 생멸을 말하는 것은 아니다. 착오 없으시기 바란다는 뜻으로 성사가 마지막 문단을 쓰셨던 것 같다.

海東疏 此下第二往復除疑 先問 後答

그 밑으로는 두 번째다. 여기는 왕복으로 의심을 제거하는 부분이다.

먼저 묻고 뒤에 답한다.

첫 번째는 直明이었다. 즉 직설적으로 이제까지 중생의 생멸을 밝혀왔다. 하지만 그 개괄적인 설명으로는 시원하게 생멸의 의문이 풀리지 않아 가상적인 질문자를 내세워서 그 해설에 대한 합당한 질문을 하도록 한다.

그 가상의 질문을 받고 마명보살 자신이 거기에 대한 답을 내어주는 형식으로 해설은 이어진다.

海東疏 問中言若心滅者云何相續者 對外道說而作是問

질문한 가운데서 만약 心이 멸한다면 어떻게 상속할 수 있는가 하는 것은 외도의 설교를 상대로 이 질문을 만들어 내었다.

생사는 생멸이다고 했다. 중생은 살아 있는 모든 생명체를 말한다. 그들은 태어나고 죽는다. 그 사는 과정은 무지개를 쫓는 무지한 발버둥이라고 했다. 이제 그런 자가 죽으면 어떻게 될까.

산 자는 반드시 죽는다. 그렇게 끝이 나고 마는 것인가. 역사 이래로 사람들은 이 질문을 입에다 걸고 왔다. 그러나 그 누구도 이 질문에 대해 깔끔한 답을 내어놓지 못하였다. 적어도 석가모니부처님이 등정각을 이루시기 전까지는 그랬었다.

그 의문을 완벽하게 해결해주신 분이 부처님이시다. 그분은 중생은 죽어도 그 본성은 영원하다는 뜻으로 가르치셨다. 그러나 그분을 따르는 불자들은 그 말씀에 그리 큰 확신을 두고 있지 않는 것 같다.

확신을 둔다면 지금처럼 자신을 방기하는 느슨한 신행은 하지 않을 것이기 때문이다.

海東疏 如十卷經云 若阿黎耶識滅者 不異外道斷見戲論

십권경에서 말씀하시기를, 만약에 아리야식이 멸한다고 한다면 외도의 단견이나 희론과 다르지 않다.

성사는 이 문제를 풀기 위해 **십권경**을 끌고 오셨다. 당신께서 아무리 진지하게 설명하셔도 사람들은 그것을 곧이곧대로 잘 받아들이지 않는다는 것을 아셨기 때문이다.

그래서 경전을 인용하셨다. 하기야 경전이라고 해도 불자들이 그 말씀을 다 전적으로 받아들이겠느냐마는 그래도 성사는 당신의 의견보다도 경전의 말씀을 인용해 이 문제를 해결하려고 하셨다.

십권경의 말씀은 아리야식이 없어진다고 하면 외도의 단견이나 희론과 같은 생각이다고 하셨다. 아려야식은 중생의 마음이다.

외도는 正道를 벗어난 가르침이다. 불교 이외의 모든 종교들이 다 이 외도에 속한다.

지금도 그렇지만 부처님 당시에는 인도에 수많은 종교들이 난무했었다. 하늘을 믿거나 창조주를 믿거나 신을 믿거나, 태양 달 불 나무 용왕이나 뱀을 믿거나 산신 혹은 자연신을 섬기는 등 아주 다양한 형태의 믿음을 가지고 거기에 맞는 신행을 하였다.

현재의 우리나라도 마찬가지다. 외래종교와 자생종교 모두를 합치면 족히 수 천여 종을 넘어가고 있다. 가히 종교백화점국가라 해도 과언이 아니다. 다 그들 나름대로 숭앙하는 교주와 정연된 교리, 그리고 그들을 믿는 신자들이 있다. 그런 종교에 속한 종교단체는 길거리편의점 수보다도 많다고 한다.

그 중에서 불교를 빼고는 전부 외도라고 한다. 불교는 외부의 신을 모시거나 숭상하지 않고 오로지 자신이 수행해서 깨달음을 이루는 종교다. 그러니까 불교는 외적인 신의 속박으로부터 해방된 유일한 가르침인 셈이다. 그런 종교가 타 종교로부터 미신의 대상으로 저급하게 취급받고 있다. 웃기는 일이다.

불교 이외의 종교들이 내세우는 교리는 모두 다 단견 아니면 희론이다. 단견에는 두 뜻이 있다. 하나는 영혼은 소멸되어 버린다와 또 하나는 우리만이 구원받는다는 선민의식이다.

세상은 무상하여 실재하지 않는다. 중생도 죽으면 몸과 마음이 모두 없어져서 空無로 돌아가는 것이다고 주장하는 이론이 전자다. 즉 중생의 마음은 미래로 연결되지 않고 죽음과 동시에 단절된다고 하는 단편적 견해다.

세상에는 하고많은 神들이 있지마는 우리 신만이 최고며 우리 신만이 창조주다. 우리 신을 믿는 자만이 구원받아서 영생할 수 있다고 강조하는 유일신 종교가 후자다. 즉 자기들 神밖에는 그 어디에도 구원이나 영생이 없다고 단언하는 견해다.

희론은 말장난을 말한다. 어떤 때는 우리 마음이 영원하다고 했다가 또 어떤 때는 단절된다고 하면서 사람을 정신없게 만드는 이론이다. 주장하는 교리에 기준점이 없다 보니 상황과 편리에 따라 횡설수설하는 자들이 이에 속한다.

어떤 사이비교주는 자기가 부처라고 한다. 그는 사람이 죽으면 끝이다고 힘주어 말한다. 극락이고 천상이고 그런 것은 아예 없다고 한다. 그는 육도의 윤회를 부정하고 있다. 그러나 자기가 천도재를 지내 주면 죽은 영가가 다시 인간세상에 온다고 한다. 그것을 그는 윤회라고 한다. 그것은 왕래이지 윤회가 아니다. 윤회는 바퀴살처럼 여러 세계를 죄업으로 출몰하는 것이다.

그런 사이비와 외도들은 조직적이거나 교리적으로 덜 발달된 미숙한 종교인들이다. 그래서 그들이 내세우는 교리는 허점이 많고 앞뒤가 맞지 않는다. 그래도 그들은 말솜씨 하나로 사람들을 이리치고 저리 둘러치면서 자기 교리를 합리화시킨다. 어리석은 사람들은 그 말솜씨에 그냥 멍하니 현혹되어 속절없이 당해버린다.

海東疏 諸外道說 離諸境界 相續識滅 相續識滅已 即滅諸識
모든 외도들은 말하기를, 일체의 경계를 떠날 때 상속식은 없어진다고 한다. 그리고 상속식이 없어지면 모든 식은 없어진다고 한다.

단견에 빠진 외도들은 말한다. 눈에 보이는 세상이 없어지면 상속식도 없어진다고 한다. 그것은 세상의 물상과 자기들의 마음을 하나로 보는 것이다.

그들은 외부 물상에 의해 마음이 생기고 그 물상에 의해 마음이 없어진다고 한다. 그러니까 우리의 마음은 외부에 드러난 천태만상에 의해 일어나고 없어지는 것이다고 하는 것이다.

그리고 상속하는 식이 없어지면 모든 식도 따라서 없어진다고 한다. 상속하는 식은 우리 마음속에 들어 있는 영원성을 말한다. 그것은 아리야식 속에 들어 있는 진여다. 그것이 없어지면 그에 수반되어서 일어나는 7식이나 6식 같은 것들은 다 소멸된다고 주장한다.

海東疏 大慧 若相續識滅者 無始世來諸識應滅
대혜여. 만약에 상속식이 없어진다면 무시세래의 모든 식들도 응당히 없어져야 한다고 하셨다.

부처님은 대혜보살을 부르면서 명확한 답을 내리신다. 상속식은 결코 없어지는 것이 아니다고 주지시키신다.

여기서의 상속식은 구상차제에서 지식 다음에 나오는 그 상속식이 아니다. 지금 말하는 상속식은 아려야식 속에 들어 있는 본각진성인 진여를 말한다.

이 상속식이 우리의 진짜 마음이다. 이것이 없어진다면 그에 따라 일어나는 모든 麤細의 식들도 전부 없어져야 한다는 말씀이다.

아침이 밝아오면 그렇게 많던 밤하늘의 별들은 모두 다 사라진다. 그것들은 진짜 없어진 것인가. 그렇지 않다. 그 별들은 언제나 그 자리에 있다. 단지 인간들의 시각에 의해 나타났다 사라졌다 할 뿐이다.

가을서리가 내리면 무성하던 풀잎들이 다 말라 죽는다. 그러면 그 풀들은 죽은 것인가. 아니다. 죽은 것이 아니다. 다음 해를 준비하기 위해 뿌리에 영양소를 적집하고 있다.

중생의 생명도 마찬가지다. 평생 동안 빚어 온 온갖 반연들을 다

안고서 다음 생애를 준비하기 위해 죽는다. 그리고 인연이 닿는 곳에 그 반연들을 갖고 다시 태어난다. 죽었다고 해서 결코 죽은 것이 아니다는 것이다.

<code>海東疏</code> 此意正明諸外道說 如生無想天 入無想定時 離諸境界 相續識滅 根本滅故 末亦隨滅也

이 뜻은 모든 외도가 말한 것을 정확히 밝히신 것이다. 그들은 무상천에 태어나 무상정에 들어갈 때에 일체경계를 떠난다. 그러면 상속식이 멸한다. 그 근본이 멸하기 때문에 지말 또한 따라서 없어진다고 한다.

일부 외도들은 고행을 하면서 간단없이 명상한다. 그 목적은 무상천에 태어나기 위해서이다. 무상천은 색계 18천 중 12천인 광과천이다. 그 하늘에 태어나면 일체의 사념이 없어진다. 그러면 고요와 적막의 안정을 얻는다. 그것을 그들은 열반이라고 한다.

그래서 외도들은 어떻게든 그 하늘에 태어나고자 한다. 그 방법으로 지상에서 무상정을 닦는다. 무상정은 사념을 없애는 방법이다. 시도 때도 없이 일어나는 망념을 멈추는 일종의 선정이다. 그렇게 오랫동안 수행을 해나가면 죽어서 무상천에 태어날 수가 있다고 한다.

우리가 알고 있는 선정은 말할 수 없이 그 수가 많다. 중생이 수도 없이 많은데 선정이 어떻게 하나만 있을 수 있겠는가. 그래서 외도들은 아주 다양하고 복잡한 선정을 만들어 내었다. 유튜브를 보면 정말 별별 희한한 선정을 다 만들어 내어 사람들을 현혹하고 매료한다.

뭐 저런 인간들이 다 있나 하고 황당해 하지마는 그 가르침을 따르는 자들이 상당하다는 데 더 놀라지 않을 수 없다. 하기야 중생세계가 있는 한 사기꾼들은 언제나 설치기 마련이다.

앞에서도 한 번 언급하였지마는 돈이 있고 머리가 좋으면 식약청에서 검증한 약을 사먹는다. 하지만 돈도 없고 머리가 없으면 시장바닥에서 특효약이라고 떠드는 이상한 약을 사먹을 수밖에 없다.

똑같은 약이지마는 그런 약을 헐값에 사 먹으면 그 후유증은 상당히 심할 것이고 그 상태는 더욱 나빠지게 된다. 여기에서 돈은 복이고 머리는 지혜를 뜻한다.

그런 사이비들과 외도들의 선정은 우리와 그 목적도 다르고 그 취향점도 다르다. 그래서 부처님은 팔정도에서 불교의 선정을 正定이라고 하셨다. 선정을 해도 올바른 선정을 하라고 하신 것이다. 이 올바른 선정은 뒤에 나오는 수행신심분에서 자세히 설명해 줄 것이다.

海東疏 如來破云 若彼衆生入無想時 衆生之本相續識滅者 六七識等種子隨滅

여래가 설파하시기를, 만약에 중생이 무상정에 들어갈 때에 중생의 근본인 상속식이 없어진다면 6·7식 같은 종자들도 따라서 없어져야 한다.

사람들은 절에 오면 마음이 편하다고 한다. 절은 중생의 마음을 편안하게 해 주는 곳이 아니다. 그런 기대로 절에 오는 사람은 절의 기능이 무엇인지 몰라도 한참을 모르는 자들이다.

스님들은 세속의 삶에 지친 중생들의 마음을 편안하게 해 주는 정신과의사가 아니다. 더군다나 중생들을 따뜻하게 대해줘야 하는 어른보모도 아니다. 그들은 자기들 부모 마음도 헤아리지 않고 출가한 사람들이다. 그런데 뭣 한다고 남의 마음 편하게 해 주겠는가.

만약에 중생의 마음을 편안하게 해 준다면 그곳은 절이 아니다. 그런 절은 구청 역할을 하는 문화장소다. 절은 중생의 마음을 뒤집어 버리는 곳이다. 그러므로 세속에서 시달린 마음을 달래려고 절에 온다면 지금부터라도 그런 바람은 버려야 한다.

절은 명상을 가르치는 곳도 아니다. 절은 참선을 시키는 곳이다. 명상은 마음을 가라앉히는 방법이고 참선은 전혀 그렇지 않다. 마음을 편안히 하고 싶으면 명상센터를 찾아가면 된다. 절에서 만약에 명상을 가르쳐 준다고 한다면 그런 절은 명상센터이지 선을 가르치는 조사선의 사찰이거나 대승불교의 사원이 아니다.

절은 참선을 가르쳐 주는 곳이다. 참선과 명상이 어떻게 다른 것인지는 마지막 수행신심분에 들어가면 잘 설명하여 줄 것이다.

어쨌거나 불도는 참선을 하고 외도는 명상을 한다. 명상을 하는 이유는 마음의 평화와 안락을 위해서다. 그렇게 하려면 잡념을 없애야 한다. 그 잡념 없애는 방법이 명상의 기능이다. 그러면 고요한 잠심湛心을 가지게 된다. 그때 그들은 열반에 들었다고 한다.

열반은 깨달음을 이룬 결과다. 그래서 부처는 대각과 동시에 열반의 세계에 들었다. 범부들은 비파사나명상을 해서 열반에 들 수가 있다고 한다. 천만의 말씀이다. 범부는 명상으로 깨달음을 이뤄 열반에 들 수가 없다.

만약에 범부가 그것으로 깨달음을 이룰 수 있다고 가르친다면 그는 이상한 사람이다. 그런 명상으로 부처님도 깨달음을 얻었다고 한다면 그는 사이비다.

부처님이 어떤 비파사나수행을 하고 무슨 사마타행을 했는지 아는 사람은 아무도 없다. 모두 다 그것을 유추하고 상상할 뿐이다.

그리고 싯다르타 태자와 일반 범부가 받아든 선정의 시험지는 분명 차원이 틀린다. 설령 동일한 시험지라 하더라도 그 점수가 하늘과 땅 차이로 현격하게 다르다.

그분은 수만 겁 동안 보살로 수행해 온 결과로 깨달음을 이룬 것이고 우리는 수많은 세월 동안 죄업에 찌들려 있는 범부로 깨달음을 이루려 하고 있기 때문이다.

海東疏 不應從彼還起諸識 而從彼出還起諸識 當知入無想時 其相續識不滅 如是破也

그리고 응당히 제자리로 돌아올 때도 모든 식은 일어나지 않아야 한다. 하지만 선정에서 나올 때는 다시 모든 식들이 일어난다. 그러므로 무상정에 들어가도 그 상속식은 없어지지 않는 것이다 고 논파하시었다.

잠심으로 여여한 상태가 지속되면 적정 속으로 들어간다. 그리고 자신을 잊는다. 무념무상상태로 들어가는 것이다. 거기서 무한한 안락과 평화를 맛본다. 그것이 명상이다. 그것을 여기서 무상정이라고 한다.

하지만 그 무상정으로부터 벗어나면 바로 잡념이 일어난다. 언제까지나 범부가 무상정에 들어가 살 수가 없다. 사람도 만나야 하고 장사도 해야 한다. 그러면 그 무상정은 깨져 버린다. 그리고 이해타산과 분별집착이 일어난다.

일상생활을 하면서도 무상정을 계속할 수는 없다. 그렇게 하는 자는 삼현보살정도가 되어야 가능하다. 그런 수준을 소승에서는 아라한이라고 했다. 아라한은 외도가 얻은 명상의 극지를 넘어서 있다. 외도는 아라한 정도도 넘어가지 못한다.

아라한의 수준은 대승의 초발심보살들이다. 그런 보살들은 무상정과 관계가 없다. 그러므로 무상천을 목적으로 수행하지 않는다. 그분들은 오로지 색구경천만을 바라보고 있다. 이 색구경천을 기억해 두시기 바란다.

무상정에 아무리 깊이 들어갔다 해도 그 상속되는 아리야식은 없어지지 않는다. 단지 거친 번뇌와 죄업의 편린들이 잠시 숨을 죽이며 다시 활동할 시각만 기다리고 있을 뿐이다.

그러다가 그 여건과 조건이 맞으면 다시 그것들은 춤을 추며 나타난다. 바로 그 나타남이 없어지지 않는 상속식의 요동이다. 그러므로 상속식은 없어지지 않는다고 하신 것이다. 7식의 상속식이 없어지지 않는 한 8식 속의 상속식은 영원할 수밖에 없는 것이다.

海東疏 今此論中依此而問 若入無想定滅盡定時 心體滅者 云何還續 故言若心滅者云何相續也

이 논에서는 이러한 의문에 의해 질문한 것이다. 만약 무상정의 멸진정에 들어갔을 때 심체가 멸한다면 어떻게 상속하는 것인가. 만약 마음이 없어진다면 어떻게 상속하는 것인가이다.

이 논은 **기신론** 원문이다. 거기에 두 가지 마음에 대한 질문이 있었다. 하나는 영원을 물은 것이고 또 하나는 소멸을 물은 것이다.

먼저 마음의 영원에 대해서 물었다. 무상정에 들어가면 궁극에는 멸진정이 된다. 멸진정은 번뇌가 완전히 없어진 선정을 말한다.

멸진정에서 심체가 소멸한다고 한다면 거기에 어떻게 마음의 영원성이 있느냐 하는 것이다. 즉 마음의 본체가 소멸되어버리면 어떻게 마음이 영원하다 하겠는가 라는 질문이다.

마음이 상속한다는 말은 마음이 소멸되지 않고 영원히 계속해서 이어진다는 뜻이다.

海東疏 若入彼時心體不滅還相續者 此相續相何由永滅 故言云何 說究竟滅也

만약 무상정에 들어갔을 때 심체가 불멸해서 다시 상속한다면 그 상속상이 어떻게 영원히 소멸한다고 하는가. 그래서 어찌 구경에 멸한다고 하는가 라고 한 것이다.

둘째는 마음의 소멸에 대해서 물었다. 무상정에 들어가도 심체가 불멸하다면 어떻게 무상정이라고 말할 수 있느냐이다.

무상정에서는 멸진정을 얻는데 그러면 모든 것들이 다 없어져야 한다. 그런데 어떻게 영원한 무엇이 거기에 있느냐 하는 것이다.

무엇이 있다면 그것은 구경에 소멸한다고 말할 수 없지 않느냐 하는 질문이다. 구경은 마지막 끝 지점이다. 즉 최후라는 뜻이다. 무엇이 남아 있다면 최후에 모든 것이 다 소멸된다고 볼 수 없지 않느냐이다.

[海東疏] 答中有三 謂法喩合
답에는 셋이 있다. 법과 비유와 합이다.

질문에 대한 답을 하는데 세 가지 방법으로 풀어주겠다는 것이다. 먼저는 이치를 말하고, 둘째는 비유를 들어서 설명한다.
그리고 마지막에는 이치와 비유를 결합해서 그에 대한 명쾌한 답을 주겠다고 한다.

[海東疏] 初法中所言滅者 如入無想等時 說諸識滅者 但滅麤識之相 非滅阿黎耶心體 故言唯心相滅
처음 법 가운데서 소멸이라고 한 것은 무상등에 들어갔을 때 모든 식이 소멸한다고 했는데 그것은 단지 거친 식의 모습이 소멸된다는 뜻이지 아리야 심체가 소멸된다는 말은 아니다. 그래서 오직 마음의 모습이 소멸된다고 한 것이다.

무상정을 여기서는 무상등이라고 성사는 표현하셨다. 定이나 等은 같은 뜻이다. 定은 정지고 等은 이어짐이다. 둘 다 한결같음을 이른 말이다.
얼음이 얼기 시작하면 모든 개구리들은 활동을 정지하고 동면한다. 하지만 그 활동성은 내면에 그대로 있다. 무상정에 들어가면 거친 번뇌를 일으키는 識의 작용은 정지된다. 하지만 그 뿌리가 되는 아리야식의 심체는 그대로 남아 있다. 그래서 거친 마음의 모습만 없어진다고 했다.

아리야는 아려야식의 다른 번역이름이다. 그러므로 아리야가 따로 있는 것인가 하고 혼돈해서는 안 된다. 물론 아뢰야도 그렇고 아라야도 같은 이름이다.

[海東疏] 又復上說因滅故不相應心滅者 但說心中業相等滅 非謂自相心體滅也

또 위에서 말하기를, 因이 멸하기 때문에 불상응심이 멸한다는 것은 단지 心 중에 업상 등이 멸한다는 것이지 自相인 심체가 멸한다는 말은 아니다.

범부가 불같이 화를 낸다. 그러다가 점점 잠잠해진다. 마침내 조용하다. 그렇다고 해서 그 화를 일으키는 바탕이 없어진 것은 아니다. 단지 겉으로는 드러나지 않을 뿐 마음속에는 그대로 남아 있다.

비록 거친 분노의 모습은 없어졌지만 그 화를 일으키는 심체는 변함이 없다. 그처럼 진짜의 마음이 없어지는 것이 아니라 마음의 껍데기인 업상 등이 없어진다는 것이다.

[海東疏] 喩中別顯此二滅義 如風依水而有動相者 喩無明風依心而動也

비유 중에는 따로 이 두 滅의 뜻을 나타내었다. 바람이 물에 의해 움직이는 모습과 같다는 것은 무명은 마음에 의해 움직인다는 것을 비유한 것이다.

생멸을 풀이하는데 세 부분이 있다고 하였다. 그 두 번째가 지금의 대목이다. 여기에서는 滅에 대한 부분을 비유로 설명하고 있다.

바람과 물은 불가분의 관계를 유지한다. 바람이 없는 물은 있을 수 없고 물 없는 바람 또한 있을 수 없다. 이 둘은 상호의존하면서 생멸한다.

무명도 마찬가지다. 무명과 마음은 서로 깊이 껴안고 있다. 이 둘은 혼자서 독립하지 못한다. 같이 엉켜서 중생이 되도록 작동한다. 그러므로 물과 파도가 같이 작용하듯이 무명과 마음은 같이 작동한다는 것이다.

그러므로 내 마음이 있다고 한다면 거기에 이미 무명인 어리석음이 들어 있는 것이다. 그것이 문제투성이의 범부들 마음이다. 그것은 버려야 한다. 껴안고 있어야 할 대상이 아니다.

하지만 그 마음을 버릴 수 없다. 버리고 싶어도 버려지지 않는다. 내 마음이지만 내가 어떻게 하지를 못한다. 범부는 그렇게 자기 마음 하나도 어쩌지 못한다. 그런 범부들에게 완벽을 바란다는 것이 얼마나 가당찮고 어설픈 기대인지 알아야 한다.

海東疏 若水滅者則風斷絶無所依止
만약에 물이 없어지면 바람이 끊어져서 의지할 데가 없어진다.

물이 없으면 바람은 일어나지 않는다. 태풍이나 사이클론, 그리고 허리케인들은 모두 다 바다에서 일어난다.

그러므로 제 아무리 세차고 강력한 바람이라 하더라도 물을 의존하지 않으면 아예 발생하지 않는다.

봄바람도 그렇고 샛바람도 그렇다. 강을 끼고 있거나 호수가 있어야 이런 바람들이 일어난다. 봄을 알리는 최초의 전령사는 버들강아지다. 버들강아지는 물가에 서식한다. 제일 먼저 봄바람을 맞으면서 움이 트는 것이다. 그래서 봄은 강에서부터 온다고 했다.

물이 없으면 바람이 일어나지 않듯이 마음이 없으면 무명이 작동하지 못한다. 여기서 대승불교의 진면목이 나타난다. 그것은 마음이 없으면 불각도 무명도 중생도 없어진다는 사실이다.

그러니까 대승불교는 중생이 갖고 있는 그 마음이라는 그것까지 없애버리게 하는 이론이다. 얼마나 위대하고 혁명적인 가르침인가. 그 뜻을 제대로 이해한다면 누가 하라 하지 않아도 부처님께 스스로 고개가 숙여지고 저절로 무릎이 꿇어질 수밖에 없다.

海東疏 以水不滅風相相續者 喻於入無想等之時 心體不滅 故諸識相續也 是答初問也

물이 없어지지 않기 때문에 바람의 모습이 상속된다고 한 것은 무상등에 들어갈 때에 심체는 불멸하므로 모든 식이 상속된다는 것을 비유한 것이다. 이것은 첫 물음에 대한 답이다.

물이 있는 한 바람은 영원하다. 땅이 있는 한 먼지가 없어지지 않듯이 물이 있는 한 바람은 계속된다. 그것이 상속이다.

거센 바람이 불다가 사라진다. 그렇다면 바람 그 자체가 없어진 것인가. 아니다. 바람은 물이 있는 한 언제나 있다. 단지 거기서 일어난 일시적 거친 바람이 소멸되었을 뿐이다.

무상등에 들어가면 마음이 사라지는 것인가. 아니다. 마음의 거친 識相들이 떨어져 나간다. 하지만 마음의 본체는 그대로 남아 있다.

TV를 끈다고 해서 연기자가 사라지는 것은 아니다. 오직 화면에서 사라질 뿐 그 사람은 엄연히 살고 있다. 또 다른 채널을 틀면 거기에 또 나온다. 그러므로 그들은 사라지지 않고 그 영상만 사라진다.

첫 물음은 마음이 멸한다면 어떻게 상속할 수 있단 말인가였는데 그것에 대한 답은 이것이다 는 것이다.

[海東疏] 唯風滅故動相隨滅者 到佛地時無明永滅 故業相等動亦隨滅盡

바람이 멸하기 때문에 움직이는 모습도 따라 멸한다는 것은 불지에 도달하면 무명이 영원히 없어진다. 그렇기 때문에 업상 등의 움직임도 또한 따라서 모두 없어진다고 한 것이다.

문장 앞에 唯유가 있다. 이것은 그냥 발어사로 쓰셨다. 바람이 불면 나무가 흔들린다. 그것이 바람으로 움직이는 모습이다.

바람은 어떤 실체가 없다. 보이지도 않고 모양도 없다. 무명도 실체가 없다. 보이지도 않고 모양도 없다. 실체 없는 바람이 물에서 나와 세상을 뒤집어버리는 것처럼 실체 없는 무명도 중생의 마음을 움직여 고통의 세계로 처박아버린다.

바람이 잠잠하면 動相도 따라 멈춘다. 동상은 움직이는 모습이다. 바람을 없애려면 물을 없애야 한다. 그러면 바람은 일어나지 않는다.

무명을 없애려면 마음을 없애야 한다. 그러면 무명이 작용을 하지 못한다. 부처는 마음을 없앤 분이다. 그래서 무명이 부처를 어떻게 하지를 못한다.

사람들은 부처에게도 마음이 있는 줄 안다. 하지만 부처는 마음이 없다. 중생들에게만 마음이 있다. 아직도 그 까닭을 모르시는가. 마음이라는 것은 각과 불각이 뭉쳐져 있는 불순덩어리라고 했지 않는가.

부처에게는 이미 불각이 없기 때문에 마음이라는 개념이 성립될 수 없다. 그러므로 그분에게는 우리가 갖고 있는 마음이라는 것이 없다. 그래서 부처가 되면 무명이 없어진다고 한 것이다.

무명이 없어지면 자동적으로 업상 등의 動相이 사라진다. 바람에 의해 동상이 생기듯이 무명에 의해 마음이 움직여 온갖 지각의식들을 만들어 내기 때문이다.

그래서 부처가 되면 모든 움직임도 따라서 없어진다. 그래서 부처는 動相이 없는 열반의 세계에 있다고 하는 것이다.

海東疏 而其自相心體不滅 故言非是水滅也 是答後問明究竟滅

그러나 그 자상의 심체는 멸하지 않기 때문에 바로 물이 멸하는 것은 아니다고 한 것이다. 이것은 뒤의 물음에 대한 답인데 구경에는 멸한다는 것을 밝힌 것이다.

불각은 본각에 붙어 있다. 앞에서 성사가 아려야식을 설명하시면서 분명히 말씀하셨다. 생멸이 불생불멸에 붙어 있는 것이지 불생불멸이 생멸에 붙어 있는 것은 아니다고 한 말씀을 기억해야 한다.

생멸이 불각이고 불생불멸이 본각이다. 불각 때문에 무명이 작용한다. 그런데 불각이 없어져버리면 본각만 남게 된다. 그것이 自相인 心體다.

바람이 없어지면 온갖 動相이 사라지듯이 불각이 없어지면 모든 지각의식이 없어진다. 파도인 동상이 없어지더라도 물은 그대로 남아 있듯이 불각과 무명이 없어지더라도 심체는 그대로 남아 있다. 이것은 뒤의 답이다고 했다.

뒤의 물음은 어떻게 마지막에 모두 다 없어진다고 하는 것인가다. 이제 그 대답이 나왔다. 없어지는 것은 지각의식인 표면만 사라진다는 것이지 그 본체인 自相은 없어지는 것이 아니다는 것이다.

[海東疏] 合中次第合前二義 非心智滅者 神解之性名爲心智

합 중에는 차례대로 앞의 두 뜻을 결합하였다. 심지는 멸하지 않는다는 것은 신해의 성품을 말한 것인데 그것을 心智라고 한다.

생멸에 대한 이치적인 법과 이해하기 위한 비유가 끝났다. 이제는 결론을 내릴 차례다. 그것을 合이라고 한다.

부처는 마음이 없다. 불각이 없기 때문이다. 그렇다면 그분은 마치 바위처럼 의식이 없단 말인가. 그렇지 않다. 그분에게는 마음 대신 心智가 있다. 심지는 어리석음이 빠진 지혜의 마음, 즉 본각이다.

중생은 이 지혜를 가질 수 없다. 중생의 마음에는 불각이 개입되어 있기 때문에 온전한 지혜가 작동되지 않는다. 그래서 똑같이 지혜를 가졌지마는 범부의 지혜는 오염된 지혜고 부처의 지혜는 순정의 지혜라고 하는 것이다.

순정의 지혜는 神解의 성품을 가지고 있다. 신해는 신령스럽게 모든 것을 다 꿰뚫어 보는 초능력이다. 이 신해를 성사는 좋아하신 것 같다. 앞에서도 몇 번이나 이 신해를 언급하셨다. 그 신해를 여기서는 心智로 표현하셨다.

海東疏 如上文云智性不壞 是明自相不滅義也 餘文可知

위 문장에서 지성은 불괴라고 하였는데 그것은 自相은 불멸이라는 뜻을 밝힌 것이다. 나머지 문장은 가히 알 수 있을 것이다.

智性은 불괴다. 지성은 지혜의 성품이고 불괴는 파괴되지 않는다. 그러니까 지혜의 성품은 독자적으로 완벽하고 무결하다. 그러면서도 가장 강하고 또한 유연하다. 그러므로 그 무엇도 지혜의 성품을 파괴할 수 없다.

금강은 세상 모든 것들을 부순다. 이 세상에서 가장 무서운 것이 무엇인지 아는가. 그것은 무명이다. 무명은 어리석음이다. 어리석음만큼 겁나고 무서운 것이 없다. 그 무엇도 이것을 부술 수 없다. 하지만 금강이면 다르다.

금강은 철벽같은 어리석음의 장막을 깨부순다. 그래서 **금강경**이 나왔다. 우리의 마음속에는 무명으로 인한 분별과 집착이 철벽처럼 둘러져 있지만 금강이 그것을 깨뜨린다는 뜻으로 금강이라고 했다.

물은 모든 것을 살리고 윤택케 한다. 물 없이 살아서 존재하는 것은 아무것도 없다. 지혜의 성품은 물처럼 일체중생을 살린다. 그래서 부처에게는 중생세계를 부수는 금강의 지성이 있고 중생을 살리는 물의 지성이 있다고 하는 것이다. 물론 금강의 지성은 지혜고 물의 지성은 자비다.

이 둘의 지성은 불멸한다. 그래서 불괴라고 하였다. 이것은 영원하게 작용한다. 이것이 바로 중생의 마음속에 들어 있는 본각진성이다. 그것을 원문에서는 심지라고 표현하였다. 이것은 생멸하지 않는다. 여기 붙어있는 일체의 심식이 떨어져나가는 것이지 그 진성인 심지는 불괴불멸하다는 것이다.

나머지 문장은 **기신론** 원문 속에서 풀이하지 않은 다른 대목들이다.

海東疏 問 此識自相 爲當一向染緣所起 爲當亦有不從緣義

묻겠다. 이 식의 자상은 한결같이 염연으로 일어난 것이라고 해야 하는가. 그 반대라 한다면 또한 緣을 따르지 않는 뜻이 있다고 해야 하는 것인가.

두 가지 질문을 던졌다. 아려야식은 染緣염연으로 이렇게 생멸하는 것인가 하는 질문이 첫 번째다.

이 식은 아려야식이다. 아려야식의 自相은 心智고 智性이다. 이런 속성을 가진 자상이라서 엄청나게 대단하고 굉장한 것이지만 일단 중생 속에 들어오면 맥을 추지 못한다. 그 이유가 무엇인가? 그것은 염연이 되기 때문이다.

염연은 오염된 반연을 말한다. 아무리 맑고 깨끗한 거울이라 하더라도 먼지가 계속적으로 쌓이고 쌓이면 그 거울에는 더 이상 맑고 깨끗한 빛이 나오지 않는다. 그렇게 하도록 하는 것이 염연이다.

아려야식 속에 들어 있는 자상은 염연으로 이렇게 생멸하는 것인가 하는 질문이 첫 번째다.

그 다음은 반대쪽으로 보는 견해다. 아려야식에 들어 있는 자상은 먼지가 쌓이든 말든 자체상은 그대로 가지고 있다고 보아야 하는 것인가이다. 즉 자체상인 자상은 염연하고는 섞이지도 않고 융합되지도 않는다고 보아야 하는 것인가 하고 물은 것이다.

海東疏 若是一向染緣所起 染法盡時自相應滅 如其自相不從染緣 故不滅者 則自然有

만약에 한결같이 염연으로 일어난 것이라고 한다면 염법이 다할 때에 자상도 응당히 없어져야 한다. 자상이 염연을 따르지 않으므로 멸하지 않는다면 자상은 그대로 있어야 한다.

첫 번째 질문은 염법이 없어질 때에 自相도 같이 없어져야 한다는 논리다. 즉 중생은 아려야식의 자상을 갖고 있다.

그렇지마는 지금 염연에 의해 중생이 되어 있다. 그래서 만약에 중생이 죽어버리면 그 자체상도 함께 사라져야 하지 않느냐 하는 의문이다.

두 번째 질문은 그 자상이 그대로 있다면 중생은 없는 것이다. 아무리 자체상인 자상에게 염연이 작동해도 끝까지 그 영향을 받지 않아야 한다. 즉 부처의 본연을 그대로 지키고 있어야 하지 않느냐 하는 의문이다.

海東疏 又若使自相亦滅同斷見者 是則自相不滅還同常見
또 만약 자상 역시 멸하여 단견과 같은 것이라면 이것은 곧 자상이 멸하지 아니하여 또한 상견과 같다고 해야 할 것이다.

중생과 더불어 自相은 죽어버리는가. 그렇지 않으면 중생과 상관없이 자상은 홀로 영원히 그대로 있는 것인가.
자상이 죽어버리면 그것은 단견이 된다. 자상이 없어지지 않는다면 그것은 상견이 된다. 단견과 상견은 상대적 개념이다. 자상이 절대적이지 않고 대립적 관념에 묶일 그런 성질인 것인가.

海東疏 答 惑有說者 黎耶心體是異熟法 但爲業惑之所辨生 是故業惑盡時 本識都盡
답해 주겠다. 어떤 사람은 말하기를, 리야의 심체는 이숙의 법이다. 단 업혹으로 분별하여 생긴다. 그러므로 업혹이 다하게 될 때 본식도 함께 없어진다.

아려야식을 아리야식이라고 번역하기도 한다고 했다. 리야의 심체는 아려야식의 심체다. 그 심체는 이숙법이라고 했다. 이숙법은 이숙식이며 아리야식이다. 그것은 무량겁을 살아온 모든 번뇌와 죄업이 쌓여 있다는 뜻을 의미한다. 그래서 장식藏識이라고 말하기도 한다.

그러니까 이숙법은 업혹에 의해 만들어진다. 업혹은 죄업과 미혹이다. 그 작용이 분별과 집착이다. 그러므로 이숙법은 중생의 심체가 된다.

암은 유전과 환경에 의해 만들어진다. 그것은 몸에 깊숙이 붙어 있다. 그러므로 암과 몸은 한 덩어리로 움직인다. 치료를 놓치면 몸은 암과 함께 죽는다. 그러나 조기에 그 암덩어리를 잘 들어내면 그 암은 사라지고 원래의 살이 드러난다.

암이 기생하는 곳은 몸이듯이 업혹이 기생해 활동하는 곳은 아리야식이다. 그러므로 숙주인 불각이 없어지면 업혹은 달라붙을 수 없다. 그러면 자연히 그 속에 아리야식의 본체인 심체가 드러나게 된다는 것이다.

海東疏 然於佛果 亦有福慧二行所感大圓鏡智相應淨識 而於二處心義是同 以是義說心至佛果耳

불과에는 복혜의 두 행으로 작용하는 대원경지가 있다. 그것과 상응하는 것은 淨識이다. 두 곳의 마음은 그 뜻이 같다. 이런 뜻으로 마음이 불과에 이를 수 있는 것이다고 한다.

부처가 되는 데는 두 가지가 완성되어야 한다. 그것은 福과 慧다. 복은 복덕을 말하고 혜는 지혜를 뜻한다. 이 둘의 극치가 佛果다. 그러면 열반에 든다. 그때 대원경지가 발동한다. 열반은 불과의 상태고 대원경지는 불과의 기능이다.

불과에 이르면 淨識정식이 나온다. 정식은 無垢識무구식이며 清淨識청정식이다. 그것은 대원경지로 작용한다. 대원경지는 크고 둥근 거울 같은 지혜다고 했다.

사람들은 열반에 들어가면 그저 막막하거나 적적하다고만 생각한다. 하지만 천만의 말씀이다. 열반에는 이러한 대원경지가 허공에 매달아 놓은 거대한 CCTV처럼 전 은하계를 관찰하는 능력으로 발현한다.

업혹이 사라지면 본식은 사라진다. 본식은 아리야식이다. 그러면 심체만 남는다. 위 문장에서의 心體가 바로 여기서 淨識이다. 이 둘은 같다. 둘 다 중생의 마음으로부터 시작해서 그 마음을 버려 불과를 이뤄내는 것은 같다는 말이다.

海東疏 或有說者 自相心體 舉體爲彼無明所起 而是動靜令起 非謂辨無令有

혹은 어떤 사람은 말하기를, 자상은 심체다. 그 체는 무명이 일으킨 바다. 이것은 靜을 움직여 일어나게 한 것이다. 無를 가지고 有가 되도록 했다는 말은 아니다.

심체의 요동은 무명이 일으킨 것이다. 그러니까 중생은 무명이 만든 것이다. 바보노인은 원래 없다. 치매기가 그렇게 만든 것이다.

누가 인간을 만들고 천지를 만들었다고 하는가. 그런 자가 있다면 그는 바로 무명에 덮인 자다. 무명은 어리석음이라고 수없이 말했다. 그러니까 외도에서의 조물주는 불교에서 보면 무명이 되는 것이다.

356

이제 조물주를 믿는 외도의 수준이 불교에 비하면 어느 정도가 되는지 정확히 알 수 있을 것이다.

어리석은 자는 세상을 창조한 절대 권능자가 있다고 한다. 그리고는 그 자에게 끝없는 찬송과 예배를 드린다. 현명한 자는 그런 것은 없다고 한다. 그런 것은 내 오염된 망상의 마음이 지어 낸 허상이라고 한다.

조물주만 없는 것이 아니라 중생조차 원래 없다. 부처가 삐끗해 중생이 된 것이다. 이것을 靜을 움직여 動을 일으켰다고 하는 것이다.

세상에 미친 자는 아무도 없다. 그렇게 태어난 자도 없다. 정상적인 자가 미친 것이다. 이 말이 바로 無를 가지고 有가 되도록 한 것이 아니다고 하는 것이다. 즉 없는 것을 있도록 하는 것이 아니다는 말이다. 원래 있던 것이 이상하게 변했다는 것이다.

정말 아름다운 말씀이다. 이런 말씀이야말로 장미 억만 송이보다 더 싱그럽고 보석 천 바구니보다 더 값진 것이 아니겠는가.

海東疏 是故此心之動 因無明起 名爲業相 此動之心 本自爲心 亦爲自相 自相義門不由無明

이렇기 때문에 마음이 움직인다는 것은 무명으로 인해 일어나는 것이므로 업상이라고 한다. 이 움직이는 마음 또한 본래는 자체의 마음이며 또한 自相이다. 자상의 뜻은 무명으로 연유한 것은 아니다.

마음이 일어나면 결국에는 쓰디쓴 맛을 본다. 인간의 삶은 어떻게든 마음을 일어나도록 한다. 한 개의 마음이 수천수만의 마음을 파생시킨다. 마치 한 개의 바다에 수도 없는 물거품이 일어나도록 만드는 것과 같다.

영상에 비친 억만 개의 보석은 아무 쓸모가 없다. 그냥 불꽃놀이처럼 화려하게 보고 즐기는 것으로 끝이 난다. 그래서 범부의 삶은 마지막에 아무것도 가진 게 없이 종을 친다. 실체 없는 수많은 허상을 안고 빈털터리로 사라지는 것이다.

인생에 비친 산하대지와 천태만상은 TV에 나타난 화면과도 같다고 수없이 말했었다. 사람들은 TV 화면만 가짜라고 안다. 그 가짜를 만드는 자를 PD라고 부른다. 하지만 자기가 인생의 PD인 줄은 상상도 못한다. 사실은 자기가 세상을 무대로 기가 막힌 연출을 하고 있는데도 말이다.

그러므로 마음을 일으키면 윤회의 무대 속으로 들어간다. 그렇게 되지 않기 위해 수행자들은 반대의 방향을 택한다. 어떻게든 마음을 일으키지 않으려고 한다. 그래야만이 윤회의 자가연출을 끊을 수 있기에 그렇다.

그러니까 세속인들은 마음을 일으키는 삶을 살고 수행자는 마음을 정지시키는 삶을 산다. 이 둘은 양립할 수 없다. 양립을 도모하면 한걸음도 자기의 길로 나아가지 못한다. 둘 중 하나만 선택해야 한다. 그렇지 않으면 이것도 아니고 저것도 아닌 반거충이가 된다.

업상은 앞에서 구상차제를 설명할 때 심도있게 다루었다. 업상은 가만히 있는 마음을 움직이도록 하는 동력이다. 그것을 무명이다고 했다.

어리석은 자가 머리를 쓰면 어리석은 결과밖에 나오지 않는다. 중생이 그렇다. 제 딴엔 머리를 쥐가 나도록 쥐어짠 계획이라고 해도 그 결과는 언제나 실패로 끝난다. 그것은 그렇게 되어 있다. 그것이 정답이다. 왜냐하면 바보가 하는 짓은 언제나 바보짓으로 끝나야 하기 때문이다.

그렇다고 해서 나를 경멸하고 나를 비하할 수도 없다. 거울에 비친 현재의 내가 몹쓸 피부병으로 흉측한 모습을 하고 있다고 해도 그것은 나다. 그러므로 치료만 잘하면 매끈하고 윤택한 원래의 피부를 가질 수 있다. 그것을 일러준 것이 불교다.

自相은 원래의 모습이다. 피부병을 없애고 난 뒤에 나타난 결과가 아니라 원래 거기에 있었던 자연적인 모습이다. 그래서 自相은 무명으로 연유한 것은 아니다고 하신 것이다.

海東疏 然卽此無明所動之心 亦有自類相生之義 故無自然之過 而有不滅之義

그러나 무명이 일으킨 마음에는 또한 자류상생의 뜻이 있다. 그러므로 당연히 왕래가 없고 불멸의 뜻이 있다.

우리의 마음에는 자류상생의 본능이 있다. 그것은 원래로 돌아가고자 하는 환원동력이다. 운동하는 모든 것들은 원래의 자리로 돌아가고자 한다. 생명체는 물론 무생물체도 다 그런 자체적인 작용을 갖고 있다. **법구경** 말씀이다.

Like a fish which is thrown on dry land,

taken from his home in the waters,

the mind strives and struggles

to get free from the power of Death.

물에서 잡혀 나온 물고기가

땅바닥에서 퍼덕거리는 것처럼

우리 마음도 죽음의 세계로부터 도망치고자

혼신의 힘을 다하고 있다.

　이처럼 인간도 예외가 없이 어떻게든 원래의 자리로 회귀하려고 한다. 그런데 그렇게 못하도록 막고 있는 것이 있다. 바로 어리석음이 탐욕과 성냄을 일으켜 회귀본능을 막아놓은 것이다.

　물은 근원인 바다로 흐르고 싶은데 둑이 있으면 멎게 된다. 거기에 영하의 찬바람이 불면 얼어버린다. 우리의 마음도 근원인 부처의 자리로 흐르고 싶은데 마음의 벽으로 굳어버렸다. 거기에 무명의 바람이 불면 제각기의 성격을 가진 인간의 모습이 각지게 나타난다.

　그래서 인간의 마음은 차갑게 고체화 되어 있다. 건드리면 깨어지고 상처가 난다. 그래서 서로 반목하고 투쟁한다. 그러다가 그 골이 더 깊어지면 파당과 떼거리를 지어 폭력과 전쟁을 치른다. 피비린내 나는 살육을 일으키는 것이다.

　물이 흐르려면 막고 있는 장애물을 치워주면 된다. 그러면 얼음이 녹는다. 인간이 부처의 자리로 회귀하려고 하면 차갑게 고체화 되어 있는 그 마음을 녹여주면 된다. 그래서 부처가 불이라는 이름을 갖고 이 세상에 오셨다.

원래 얼음은 없었다. 물이 차가워져 얼음이 되었다. 원래 중생은 없었다. 부처가 이상해져 중생이 되었다.

얼음이 녹아 흐름에 장애가 없으면 근원의 자리인 바다로 돌아간다. 중생에게 무명인 어리석음이 빠지면 제자리인 부처로 환원한다. 그러면 실질적인 왕래가 없다. 가도 가는 것이 아니고 와도 오는 것이 아니다. 그 자리가 열반의 자리고 그 상태가 自相이다.

[海東疏] 無明盡時動相隨滅 心隨始覺還歸本源

무명이 다하게 되면 움직이는 모습도 따라서 없어지게 된다. 그러면 마음이 시각을 따라 드디어 본원에 돌아가게 되는 것이라고 하였다.

어리석은 자는 바깥 물상에 끌려다닌다. 그러면 늦가을 낙엽처럼 언제나 정신없이 나부낀다. 현명한 자는 자기 내면의 근원에 끌려간다. 그러면 언젠가 부처가 되어 고요와 안락을 영원히 누릴 수 있다.

외부로 내 마음이 치닫게 되면 끝도 없이 휘둘릴 수밖에 없다. 그래서 인간은 쉼 없이 윤회를 계속한다. 그렇게 하도록 동력을 제공해 주는 것이 무명이다. 무명이 없어져버리면 윤회하는 움직임은 완전히 없어져버린다.

불교의 수행은 진화를 앞당기고자 하는 노력이냐고 누가 물었다. 불교는 진화를 가르치지 않는다. 불교는 근원으로의 회귀를 말하는 것이지 앞으로의 진화를 독려하는 가르침이 아니다.

그러므로 무명의 바람이 사라지면 제자리인 근원에 돌아온다. 억겁동안 꿈을 꾸고 있는 중생의 장몽이 사라지면 始覺이 되는 이치가 여기에 있다. 잠을 깨면 제자리로 돌아오는 것처럼 중생이 육도를 정처없이 돌아다녔어도 시각을 이루면 조금도 움직임 없이 제자리에 있다는 것을 알게 된다. 그 자리가 바로 무명이 사라진 자리이다.

海東疏 或有說者 二師所說皆有道理 皆依聖典之所說故 初師所說 得瑜伽意

어떤 사람은 말하기를, 두 분의 말씀에는 다 도리가 있다. 그것은 모두 성전에서 설하신 것이기 때문이다. 먼저 분이 설한 것은 유가의 뜻을 말한 것이다.

세 번째 분은 말하기를, 앞에 분들이 해설한 생멸의 뜻은 모두가 다 일리가 있다고 하였다.

두 분은 앞에서 자기의 의견을 제시한 논사들이다. 첫 번째 분은 업혹에 의해서 생멸을 한다고 하였고, 두 번째 분은 심체가 무명에 의해 요동함으로써 생멸을 한다고 하였다.

생멸을 하는 것은 분명한데 그것을 어느 쪽으로 보느냐에 따라 그 설시한 내용이 다를 수 있다는 것이다.

그러면서 첫 번째 분이 설명한 내용은 **유가론**에서 얻은 뜻이라고 하였다. **유가론**은 **유가사지론**으로 미륵보살이 짓고 무착보살이 엮은 100권짜리 논서라고 했다. 대승의 유식사상을 가장 심도있게 풀이한 책이다 보니 몇 번이나 거듭해서 언급하는 것이다.

別記 依顯了門

그것은 현료문에 의거한 것이다.

불법은 크게 현료문과 은밀문으로 나누어진다. 현료문은 진리 자체를 밖으로 드러낸 것이다. 즉 언어와 문자로 직접 나타나 있는 문제를 알기 쉽게 짚어주고 풀어주신 것을 말한다.

海東疏 後師義者得起信意

뒤에 분의 뜻은 기신론에서 얻은 뜻이다.

緣起연기는 뢰야연기와 업감연기 법계연기, 그리고 진여연기가 있다. **기신론**은 이 중에서 진여연기를 선택해서 집중적으로 펼치고 있다.

진여연기는 진여자체가 무명에 의해 오염이 된다는 논리다. 그로 인해 법계차별의 모든 현상을 직접 만들어 낸다는 이론이다. 그러니까 따로 중생이 있는 것이 아니고 부처가 중생이 되어 있다는 논리다.

그래서 후자는 자상심체가 무명에 의해 생멸한다고 한 것이다. 이것은 정말 불가사의하고 기상천회하다고 성사가 **사권경**을 인용하여 앞에서 설명하셨다. 기억하시는지 몰라도 두 가지의 불가사의를 설명한 부분이 이 대목의 뜻이 된다.

別記 依隱密門

이것은 은밀문에 의거한 것이다.

은밀문은 밖으로 드러나지 않은 법을 설명하신 것이다. 그러니까 현료문은 중생의 수준을 고려한 설법이고 은밀문은 진리 그 자체를 직시하신 설법이다.

즉 현료문은 보편적인 중생들에게 진리를 이해시키기 위해 설해진 방편의 말씀이고 은밀문은 비록 소수가 이해하더라도 있는 그대로 실상을 적나라하게 드러낸 말씀이다.

기신론은 부처가 불가사의하게 무명에 오염되어서 중생이 되었다고 하니 이것은 정말 범부로써는 이해 불가한 일이 된다. 그래서 은밀문이라고 한 것이다.

[海東疏] 而亦不可如言取義

그렇다고 해서 그 말과 같이 뜻을 취해서는 아니 된다.

뜻과 말이 상충할 때가 있다. 뜻은 그렇지 않은데 어쩔 수 없이 말은 그렇게 해야 하는 경우다. 이것은 꼭 말에 빠지지 말고 그 진의를 취하라는 말씀이다.

요즘은 전혀 그렇지 않지마는 옛날에는 참 말을 세련되게 하지 못하였다. 모두 다 힘들고 어려운 시절이다 보니 입도 드세었고 말도 거칠기만 하였다.

어린 자식이지만 엄마의 기대를 저버리게 되면 어느 엄마든 그때 절규하듯이 툭 던지는 말이 있었다.

"나가 죽어라 이놈아."

얼마나 울화통이 터졌으면 그런 모진 말씀을 하셨겠는가 마는 그 말이 씨가 되었는지 나는 결국 집을 나왔고 타향에서 객사하는 신세가 되었다. 엄마의 속뜻은 그게 아니었는데 결과는 엄마의 말씀처럼 되어 버렸다.

엄마의 속뜻을 잘 따랐다면 세속에 순응해 지금쯤 증손자들의 재롱을 보면서 여유롭게 노년을 보내고 있을 나이인데 불행히도 현재의 나에게는 동서남북을 둘러봐도 사고무친의 신세에다 아무것도 가진 것 없는 병든 노승이 되어 버렸다. 허허.

海東疏 所以然者 若如初說而取義者 卽是法我執 若如後說而取義者 是謂人我見

왜냐하면 만약 앞에 분이 말한 대로 뜻을 취하면 곧 법아집이 되고 만약 뒤에 분이 설한 대로 뜻을 취하면 인아견이 된다.

연인끼리도 마찬가지다. 사랑하니까 보내 준다고 하지마는 그 내면에는 자기를 두고 가지마라는 애틋한 심정이 그대로 깔려 있다. 그처럼 속뜻은 그게 아닌데 상대방 말만 쫓아가다 보면 이상하게 되어 버리는 경우가 있다.

여기서도 마찬가지다. 두 분 다 중생의 생멸에 대해 나름대로 고맙게 설명을 해 주고 있는데 그 말만 액면대로 받아들이고 그 숨은 뜻을 저버린다면 도리어 이상한 집착에 빠져들 수 있다. 그것을 성사는 지적하시고 있다.

법아집은 법집을 말한다. 나 말고 밖의 세상이 실제로 존재한다고 믿는 그릇된 집착이다. 반대로 인아견은 세상을 보는 주관적인 나 자신이 실제로 있다고 믿는 잘못된 집착이다. 이 둘은 상대적이다. 즉 주관과 객관이라는 관념적 집착을 내세우고 있는 것이다.

　법아집이라고 하면 상대적으로 인아집이라고 해야 할 텐데 성사는 인아견이라고 표현하셨다. 인아견이 바로 인집이고 인아집이다.

海東疏 又若執初義墮於斷見　執後義者　卽墮常見

또 만약 처음의 뜻에 집착하면 단견에 떨어지고 뒤의 뜻에 집착하면 상견에 떨어진다.

　집착은 편견에 의해 나타난 정신적 장애다. 범부는 이 집착으로 인생을 산다. 그러므로 범부의 정신은 제정신이 아니다. 제정신이 아니기에 자신을 죽음으로 끌고 간다. 제정신일 것 같으면 이렇게 되도 않은 삶을 살겠는가. 거기다가 이런 기막힌 사실을 모를 수 있겠는가.

　어쨌거나 법아집에 떨어지면 斷見을 일으킨다. 법아집은 세상의 집착이라고 했다. 세상은 무상하고 무정하다. 거기에는 영원성이 없다. 그러므로 단견을 일으킨다. 단견은 더 이상 남아 있는 것이 없다는 소견이다. 세상과 살다가 죽으면 나 자신도 그렇게 끝나버린다는 생각이다.

　常見은 그 반대다. 비록 인연된 세상은 눈앞에서 사라지지만 나 자신은 영원히 그대로 남아 있다는 소견이다.

　전쟁영화에서 열연한 주인공이 죽었다고 하면 단견이고 그 사람이 죽지 않고 살아 있다 하면 상견이다. 그는 죽은 것도 아니고 살아 있는 것도 아니다. 어느 쪽으로 보느냐에 따라 소견이 달라진다. 그러므로 단견과 상견은 옳은 판단이 아니다.

부처와 중생도 마찬가지다. 부처가 중생이라고 하면 단견에 빠지고 중생이 부처라고 하면 상견에 빠진다.

원래의 自相 자리에는 부처도 없고 중생도 없다. 그러므로 단견도 없고 상견도 없다. 둘 다 잘못된 소견이고 전도된 시각이 낳은 관념일 뿐이다. 이 둘을 다 벗어날 때 거기에 양변을 떠난 중도가 있다.

海東疏 當知二義皆不可說 雖不可說而亦可說 以雖非然而非不然故

마땅히 알라. 두 뜻은 모두 불가설이다. 비록 불가설이지만 또한 가설이다. 비록 그렇지는 않지만 또한 그렇지 않는 것도 아니기에 그렇다.

이제 생멸에 대한 정의를 내린다. 생멸은 죄업에 의한 것인가 아니면 내면의 요동에 의한 것인가를 판가름한다.

그렇다면 생멸에 대한 정의는 무엇인가. 생멸?! 그게 있는 것인가. 분명히 있는 것 같지만 없는 것이 아닌가. 즉 현상은 틀림없이 중생이 생멸을 하지마는 본질은 전혀 그렇지 않다.

파도는 끊임없이 생멸을 하지마는 그 본질인 바다는 언제나 한결같이 제자리에 있다. 파도가 있다고 하면 법아집을 집착하고 물만 있다고 하면 인아집에 빠진다. 즉 파도가 생멸한다고 하면 단견에 떨어지고 물이 영원하다면 상견에 떨어진다.

세 번째 분은 성사 당신이신 것 같다. 자신을 토의하는 한 사람으로 올려놓고 본인 의견을 직접 피력하시는 것 같은 느낌이 드니까 그렇다.

생멸의 정의는 불가설이다. 이것은 실재없는 것이기에 정말 말로 설명할 수가 없다. 그럴지마는 중생이 이렇게 고통 속에서 생멸을 당하고 있지 않는가. 그러므로 투박한 범부의 언어로써나마 이렇게 설명하고 있는 것이다.

중생은 허상이고 부처는 실상이다. 하지만 지금은 부처가 중생이 되어 있다. 그럴 수 있는 것인가?! 정말 말도 안 되는 소리다. 그렇지만 이미 그렇게 되어 있다.

그렇다고 해서 중생이 있는 것은 또 아니다. 그러므로 그렇지 않다고 해도 안 되고 그렇지 않는 것도 아니다.

이런 말씀과 비슷한 문구가 **해동소** 앞부분에 한 번 나온 적이 있다. 거기서 성사는 대승을 설명해 마치시면서,

無理之至理
不然之大然

이치가 없지마는 지극한 이치가 있고
그렇지 않지마는 크게 그러하다.

고 하셨다. 이런 대승은 중생의 생멸 속에서 부단없이 작용하고 있다. 그러므로 큰 문단인 생멸문을 일차로 정리하면서

非然而非不然

그렇지 않지마는 그렇지 않는 것도 아니다.

고 하신 것으로 이제 마무리를 지으신 것이다.

海東疏 廣釋生滅門內有二分中 初正廣釋竟在於前

널리 생멸문을 풀이한 것에 두 분과가 있었다. 그 중에서 첫 번째인 널리 풀이한다는 것은 앞의 설명으로 끝을 맺었다.

이제까지 중생들의 생멸에 대해서 매우 폭넓으면서도 심도있게 파헤쳐 왔다. 그것을 이제 마친다는 것이다.

우리는 사실 전혀 생멸하지 않아도 되는 부처의 신분인데도 이상하게 중생이 되어 무량한 고통을 받아가며 끊임없는 생멸을 하고 있다는 사실을 이제까지 밝혀 왔었다.

이제 어떻게 할 것인가. 그냥 이대로 계속해서 생사를 거듭하며 윤회의 굴레에서 허덕여야 되는 것인가. 아니면 이 굴레로부터 어떻게든 빠져나가야 될 것인가가 숙제로 주어졌다.

그냥 이대로 죽이 되든 밥이 되든 중생세계에서 자신을 방기하고 살겠다고 하는 사람은 다음 글을 볼 필요가 없다. 지금부터 시작하는 내용은 이 고통의 중생세계를 어떻게든 빠져나가야 되겠다는 사람들을 위하여 그 방법을 이론적으로 설명해 놓았기 때문이다.

(ㄹ) 훈습

△此下第二因言重明

여기서부터는 두 번째로 인언중명이다.

해동소의 전개과정은 매우 복잡하면서도 난해하게 세분화되어 있다. 독자가 그 전체적인 목차를 대하면 지레 겁을 먹고 달아날 수가 있다. 그래서 **혈맥기**는 그 복잡함을 시각적으로 단순화시키기 위해 **혈맥기**만의 목차를 만들어 풀이해 오고 있다.

그러다 보니 **해동소**에서 나눈 **大分**을 없애고 그 연결되는 내용을 부각시키는 데 목적을 두었다. 그래서 이 훈습 대목을 생멸문을 넓게 풀이한 부분에 같이 포함시켜서 풀이하는 것이니 독자들은 너무 괴이하다 생각하지 마시기 바란다.

造論八由라는 말을 기억할 것이다. 이 논서를 짓는 여덟 가지 이유를 설명한 대목이다. 그 중에서 지금 두 번째를 아직까지 다각적이고 다면적으로 설명하고 있다.

그 두 번째는 여래의 근본 뜻을 풀이해 주어 모든 중생들로 하여금 올바로 이해하여 오류가 없도록 하는 취지에서 이 논서를 쓴다고 하였다.

그 내용들이 다섯 분과 중에서 해석분에 들어 있는데 현시정의 대치사집 분별발취도상이다. 이 세 가지 중에서 지금 첫 번째인 현시정의를 계속해서 파헤치고 있다.

현시정의에 두 가닥이 있었다. 하나는 심진여문이고 또 하나는 심생멸문이다. 그러니까 이제까지 심생멸문을 아주 폭넓게 설명해 온 것이다.

생멸문을 풀이하는 데 크게 세 문단이 있었다. 먼저 입의분에서 심생멸이라는 근간을 잡아놓고 그 다음 해석분에 들어와서 생멸하는 인연을 내세웠다. 그 후에 생멸하는 모습을 지겹도록 전반적으로 설명해 왔다.

여기서부터는 그 광범위한 설명에다 因言을 덧붙여서 밝히는 부분이다. 형체도 없고 색깔도 없는 우리 마음을 어떻게 설명할 것인가를 놓고 離言과 依言으로 해설한다고 했다.

離言은 진여문에서 끝이 났고 依言은 생멸문에서 계속해서 그 방법을 쓰고 있다. 依言은 말을 빌려서 설명한다는 뜻이다.

그러니까 이제까지 어쩔 수 없이 궁여지책으로 인간의 조잡스런 언어를 빌려서 우리 마음을 좌우상하와 내외종횡으로 아주 폭넓게 생멸을 설명해 온 것이다.

그렇다면 이제 어떻게 할 것인가. 그냥 지금처럼 생멸에 당하고만 있을 것인가. 그냥 무기력하게 업계고상에 처한 상태를 받아들이고 계속해서 윤회를 하면서 생로병사에 허덕여야 할 것인가.

어떻게 해야 이 생사의 사슬에서 벗어날 수가 있을까. 어떻게 해야 이 생사의 흐름에서 탈출할 수가 있을까. 그 방법은 그렇다면 있기는 있는 것인가. 있다면 도대체 어떻게 해야 하는 것인가.

지금부터 그 방법에 대하여 설명해 줄 것이다. 그래서 마명보살이 인언중명이라고 하였다. 즉 덧붙여서 중요한 것 하나를 밝혀 준다는 대목이다.

앞에서 과목을 넣을 때 성사께서 중현이라고 하셨는데 여기서는 중명이라고 다르게 표현하시고 있다. 중현은 중요한 것을 드러낸다는 뜻이고 중명은 중요한 것을 밝힌다는 의미다. 중현보다는 중명이 더 강조되는 말씀이라서 일부러 이 대목에서 顯 대신 明을 넣으신 것 같다.

海東疏 何者 如上文言 此識有二種義 能攝一切法生一切法 然其攝義前已廣說

왜냐하면 위에서, 이 식에는 두 종류의 뜻이 있다. 능히 일체 법을 함섭하는 것과 일체법을 생출하는 것이다고 하였다. 그 일체법을 함섭한다는 뜻은 앞의 광범위한 설명으로 끝이 났다.

이 식은 아려야식이다. 제8식이며 우리의 마음이다. 그러니까 우리의 마음에는 함섭하는 능력과 생출하는 능력이 있다고 했다. 함섭은 覺을 말하고 생출은 不覺을 뜻한다고 했다.

함섭은 원천적으로 본각의 항사성공덕을 갖고 있으면서도 동시에 생로병사를 하는 중생을 포함하고 있다고 이제까지 설명하였다. 그렇다고 해서 그 중생이 있느냐 하면 그것도 아닌 것이 중생은 본질적으로 그 실상이 없는 것이다고 하였다.

사람에게는 꿈은 원래 없는 것이다. 그냥 맨 정신만 있을 뿐이다. 잠을 자게 될 때 자신의 마음을 지키지 못하면 꿈이 일어나 사람을 가위눌리게 만든다.

잠은 바로 어둠이고 무명이다. 그래서 잠속으로 빠진다거나 떨어진다고 한다. 그럼 가위눌리는 고통을 벗어나려면 잠을 자지 않으면 되지 않느냐는 것이다.

바로 그것이다. 잠을 자지 않든지 마음을 없애든지 둘 중 하나만 해도 가위눌림은 없어진다. 즉 부처처럼 언제나 깨어 있든지 아니면 제멋대로 휘젓고 다니는 마음을 없애버리든지 하면 고통 속을 헤매는 자기중생은 없어져 버린다는 것이다.

그런 방향으로 이 논서는 우리를 이끌어 갈 것이다. 처음에는 마음을 밝게 가져서 어둠이 근접하지 못하게 하다가 점점 그 마음을 없애는 과정을 심도있게 지도해 갈 것이다.

海東疏 能生之義猶未分明 是故此下廣顯是義

생출한다는 뜻은 아직 분명히 밝히지 못하였다. 그러므로 이 아래는 그 뜻을 광범위하게 나타낸다.

위 원문에 能자가 있다. 이것은 뒤에 작용이 아주 자연스럽다는 것을 도와주는 조사다. 그러므로 힘들게 생출하는 것이 아니라 자연적인 생출이 된다는 의미다.

生出은 불각에서 이루어진다고 했다. 그러니까 정확히 말하자면 아려야식 속의 본각에는 함섭의 뜻이 들어 있고 불각에는 생출의 뜻이 들어 있다고 했다.

그런데 이 둘은 독자적으로 움직이지 못하고 샴쌍둥이처럼 서로 연결되어 있다. 샴쌍둥이는 각기 다른 이름을 갖고 있지마는 한 몸을 쓰고 있다. 한 몸의 피가 두 몸에 작용하는 것이다. 그처럼 아려야식 속에 본각에도 생출의 작용이 있고 불각에도 함섭의 작용이 있다는 것을 잊지 말아야 한다.

海東疏 文中有五 一者擧數總標 二者依數列名 三者總明熏習之義 四者別顯熏習之相 第五明盡不盡義

문장에 다섯이 있다. 첫째는 숫자를 들어 묶어서 표시하고 둘째는 숫자를 의거해 이름을 열거한다. 셋째는 훈습의 뜻을 묶어서 표시하고 넷째는 개별적인 훈습의 상태를 나타내며 다섯째는 끝이 있고 끝이 없는 뜻을 밝히고 있다.

숫자는 이 대목에서 말하고자 하는 각 항목이다. 묶어서 표시한다는 것은 이제부터 설명하고자 하는 대의를 우선 내세운 것이다. 그리고는 그 숫자마다 설명하고자 하는 항목의 이름을 열거했다.

드디어 훈습이 나왔다. 내가 **기신론** 내용에서 가장 좋아하는 부분이 바로 이 항목이다. 그래서 인터넷 닉네임도 훈습이라는 이름을 부단없이 써 오고 있다.

훈습은 나에게 중생세계를 탈출할 방법을 알려준 대목이다. 그래서 나를 가장 흥분시키기에 충분했다.

이 훈습의 내용이 없다면 **기신론** 전체 내용은 그저 현학적 언어에 그치고 만다. 그렇지만 이 내용이 있으므로 해서 모든 불교교리가 펄떡거리며 살아 움직이게 되었다.

이 훈습은 자동차에 엔진과도 같은 역할을 해 준다. 자동차에 엔진이 없으면 나아가지 못한다. 그러면 아무리 그 자동차가 번쩍거려도 우리에게 전혀 쓸모가 없다. 그냥 껍데기자동차를 만지고 닦고 쓰다듬으며 쓸데없는 연구만 할 뿐이다. 그러면 불교교리 전반이 형이상학적 철학이 되어 이론적인 학문에 그치고 만다.

하지만 이 훈습이 있으므로 해서 중생들이 고통을 벗어날 수 있는 실천종교가 되었다. 이 내용이 얼마나 중요하였으면 성사가 이 대목을 重明이라고까지 하시었을까. 중명은 중요한 것을 밝힌다는 뜻이라고 했다. 기대해 보시기 바란다.

起信論 復次有四種法熏習義故 染法淨法起不斷絶 云何爲四

다시 돌아가서 네 가지 법에 훈습의 뜻이 있다 보니 염법과 정법이 일어나 단절되지 않는다. 어떤 것이 네 가지냐 하면

내가 좋은 친구들과 함께 있으면 나도 모르게 좋아지고 나쁜 친구들과 함께 있으면 나도 모르게 나쁘게 된다.

내가 중생들과 함께 있으면 중생이 되고 이 세계를 벗어나겠다는 수행자들과 함께 있으면 나도 수행자가 된다. 시장바닥에 있으면 배우지 않아도 상인들의 흉내를 내고 도서관에 들어가면 나도 모르게 다른 사람들처럼 공부를 하게 된다.

냄새 하나 없는 벽지지만 불고기식당에 도배되면 불고기 냄새가 배이고 생선회식당에 도배되면 비린내가 배인다. 그렇게 되도록 하는 작용을 훈습이라고 한다.

염법은 오염이므로 중생세계다. 정법은 청정함을 말하는데 그것

은 부처세계다. 그러니까 훈습은 중생세계와 부처세계 전체에 다 작용된다. 이 두 곳을 벌리면 네 가지 방향의 훈습이 나온다. 이것이 다섯 문단 중에 첫 번째가 된다.

起信論 一者淨法 名爲眞如 二者一切染因 名爲無明 三者妄心 名爲業識 四者妄境界 所謂六塵

첫째는 정법인데 진여다. 둘째는 일체의 염인인데 무명이다. 셋째는 망심인데 업식이다. 넷째는 망경계인데 이른바 육진이다.

훈습의 방향은 크게 두 가지다. 정법과 염법훈습이다. 이것을 벌리면 네 가지가 된다고 했다.

염인은 오염시키는 원인이다. 망경계는 허망한 세계를 말한다. 그것은 즉 색성향미촉법이다. 허망한 세계가 나를 멍 때리게 만든다. 불꽃놀이는 원래 없는 것이다. 경축일이나 기념일에 각양각색의 화약을 공중에서 터뜨리면 사람들은 감탄해 탄성을 지른다. 이벤트가 끝나면 그 아름답던 불꽃들은 모두 사라진다. 그 자리엔 자욱한 연기와 매캐한 냄새만 진동한다.

작년에도 불꽃놀이를 했다. 그 불꽃은 사라졌는데 그 잔영은 내 뇌리에 남아 있다. 금년 불꽃놀이를 보았다. 그리고 비교한다. 작년보다 좋았다느니 못하다느니 하면서 분별을 한다. 이것이 바로 단면적인 망경계다. 실재없는 것이 사실인 것처럼 느끼게 만드는 것이다.

海東疏 舉數列名 文相可知

숫자를 들어 이름을 열거한 것은 문맥의 양상을 보면 가히 알 수 있을 것이다.

이것은 다섯 가지 문단 중에서 두 번째다. 번호는 숫자를 말하고 이름을 열거한 것은 내용이다.

起信論 熏習義者 如世間衣服 實無於香 若人以香而熏習故 則有香氣

훈습의 뜻은 세간의 의복과 같다. 실재 향기가 없으나 사람이 향으로 훈습하면 곧 향기가 있게 되는 것이다.

여기서부터는 세 번째로 훈습의 뜻을 묶어서 표시하는 부분이다. 이제 본격적으로 훈습에 대하여 설명하기 시작한다.

마명보살은 훈습을 인간들의 의복에 비유하였다. 인간들의 의복은 원래 물감을 들이지 않은 흰빛깔의 면직물이었다. 그것은 목화의 솜에서 무명실을 뽑아 짠 옷감이다.

화학섬유가 보편화되기 전에는 집집마다 목화를 심었다. 목화 열매는 정말 달고 맛있었다. 먹을 것이 없던 시절에 속살이 하얀 목화 열매는 배고픈 아이들의 군것질이 되기에 충분하였다.

삼삼오오 책보자기를 등에 멘 아이들이 목화밭둑을 지나가고 있다. 그들을 유혹하는 것은 볼록볼록하게 잘 익은 초록빛의 목화열매지만 이미 그림의 떡이 되어 있었다.

목화열매 3개 이상을 따먹으면 문둥이가 된다는 어른들의 경고에 그것은 아무리 군침이 돌아도 마음껏 따 먹을 수 있는 먹을거리는 아니었다. 이 경고 때문에 목화열매가 지천에 널려 있어도 아이들은 숫자를 세어가며 정확히 3개 이상은 손대지 않았다.

어른들은 아이들의 배고픔보다도 농사를 먼저 생각하였다. 배부르게 따먹도록 내버려두면 한 해 농사를 망칠 것이고, 그로 인해 다음 해의 옷감을 짤 수 없었기 때문이다.

아이들의 허기와 맞바꾼 목화는 탐스럽게 꽃을 피웠다. 그 꽃으로 떡가래 같은 고치를 만들어 긴긴 겨울 동안 물레질로 실을 뽑았다. 겨울이 가고 봄이 오면 집집마다 베 짜는 소리가 온 마을에 가득했다. 그것을 재단하여 평민들은 옷을 지어 입었다.

하얀 꽃이기 때문에 옷도 흰색이었다. 그래서 우리조상을 백의민족이라고 불렀다. 그렇기에 절에서 축원을 할 때 백의단월이라고 했다. 백의를 입은 신도라는 뜻이다.

대신 중국을 대국으로 섬기던 사대부들은 화려한 비단옷을 입었다. 비단옷은 누에로 만든 명주에다 아름다운 색깔로 날염을 했다. 그 바탕이 명주라서 가볍고 빛깔이 우아했다. 그리고 촉감이 부드러웠다.

하지만 평민과 노비들은 식물인 목화솜으로 옷을 해 입다보니 색이 단색이고 결이 거칠었다. 백의가 좋아서 백의를 입은 것이 아니라 백의를 입을 수밖에 없었던 처지였다. 그들은 돈도 없었고 곱게 염색할 시간도 없었다. 그리고 그럴 마음의 여유도 없었다. 단지 벌거벗은 몸을 가리는 목적으로 옷을 지어 입었다.

고려를 엎고 새 왕조를 일으킨 조선은 성리학을 정치이념으로 삼았다. 성리학은 무엇보다도 그 사상을 충효로 보았다. 그런데 스님들은 신라 때부터 군역을 피하고 부모도 섬기지 않았다. 그들은 스님들이 忠도 없고 孝도 없는 아주 부도덕한 집단이라고 생각했다.

거기다가 스님들은 일반 평민과 달리 검은 옷을 입었다. 유교 쪽에서 보면 검은 옷은 무섭고 두려운 색상이었다. 不吉과 죽음의 세계를 그들은 검은 색으로 표현하였다. 그래서 저승사자도 검은 옷에다 검은 갓을 쓰고 나타난다고 한 것이다. 그런 검은 옷을 스님들이 입었으니 그들이 그때 얼마나 스님들을 미워하고 싫어하였겠는가.

그러니까 우리 민족에게는 세 종류의 의복색깔이 있었다. 하나는 중국을 섬기던 사대부들의 색깔 있는 옷이고 또 하나는 주인을 섬기던 노비나 평민의 흰옷이었다. 나머지 하나는 부처님을 모시는 검은 색깔의 스님들이었다.

부처님 당시에는 사람들이 입다가 버린 흰 옷가지들을 주워 황톳물을 들여 입었다. 대승불교 스님들도 그 청빈의 정신을 본받아 떨어진 옷 조각들을 꿰매 먹물을 입혀서 입었다. 속옷은 물론 수건까지도 緇色치색이었다. 그래서 불교의 세계를 緇門이라고 하였다.

무명옷은 질기면서도 무거웠다. 거기다가 먹물까지 먹였다. 장삼이나 두루막 같은 큰 장옷에 먹물을 먹이고 나면 멸치대가리 하나 못 먹은 기운에 어깨가 둘러빠지고 허리가 휘청거렸다.

먹물이 채 빠지지 않은 옷을 입으면 온몸에 먹물이 스며들어 찐득거렸고 오래 입어서 먹물이 탈색되면 세속 옷 같은 것을 입고 있다고 핀잔을 들었다.

어쨌든 성리학을 근본으로 정권을 잡은 초기 정치유생들은 너 잘 걸렸다 하는 심보로 처음부터 불교를 철저히 박해하였다. 독일의 나치당이 유태인을 말살하려 했듯이 권력을 찬탈한 유생들은 꼴 보기 싫은 불교를 아주 말살하려고 작정하였다.

그래서 집권초기 숭유억불정책으로 전국 사찰에 속해 있던 7천여 노비들을 일시에 빼앗아 사유화 했다. 그리고 고려왕조에서 사찰에 은사恩賜로 내려진 토지들을 거의 몰수해 개국공신들의 논공행상에 재물로 사용했다.

왕조와 시절에 따라 강약의 차이는 있었지마는 그들의 억불횡포는 상상을 초월하였다. 스님들을 강제로 퇴속시켜 마당쇠로 삼았고 비구니들을 겁탈해 그들의 첩이나 여종으로 삼기도 하였다. 급기야 그들은 정부의 허락 없이는 승려가 되는 것도 허락하지 않았다.

임진왜란이 발발하자 서산대사를 중심으로 승병들이 일어나 눈부신 활약을 하였다. 불교와 민생을 도탄에 빠뜨린 국가가 뭐 그리 고마운 존재였을까 마는 민초들의 안위를 염려해 그들은 적을 향해 칼을 들고 활을 겨누었다.

승병들의 전과는 상상 이상이었다. 그 빛나는 공과로 불교가 다시 부흥할 수도 있다는 염려 하에 구국의 명장이었던 서산대사를 수시로 무고해 옥에 가두려고 하였고 사명대사를 어떻게든 죽여 불교의 부흥을 막아버리고자 하였다. 서산대사의 말씀이다.

몸이 편안하려고 하는 것도 아니다.
따뜻이 입고 배불리 먹으려는 것도 아니다.
명예와 재물을 구하려는 것도 아니다.
생사를 면하려는 것이며 번뇌를 끊으려는 것이다.

이조 5백 년 동안 같은 민족에게 그토록 모질고 처절한 박해와 수난을 받은 동족은 세계 역사상 단 한 군데도 없다. 같은 민족이라도 종교가 다르고 믿는 신이 다르다면 있을 수 있다 하지만 불교는 특별히 믿는 신이 없다.

서산대사의 말씀처럼 마음의 죄과를 다스리며 성불을 목적으로 하는 수행종교인데도 그들은 오로지 정치적 신념과 잘못된 人道思想으로 무자비하게 폭거를 자행했다.

여기에 비하면 조선후기에 일어난 천주교박해사건은 정말 새발에 피 정도밖에 되지 않는다. 신유년과 병인년에 행해진 카톨릭박해는 짧은 시간에 외세 방어 차원에서 일으킨 탄압이지마는 불교는 이조 5백 년 동안 줄기차게 계속되었다.

그 오랜 폭압의 여파로 승려들은 갑오경장 때까지 팔촉천민으로 최하위의 인간취급을 당하며 살아야 했다. 팔촉천민은 광대와 창녀 무당 갖바치 백정 같은 인간 이하의 신분들이었다.

이들은 도성출입조차 마음대로 할 수 없었다. 그 중에서도 도성출입이 가장 까다롭고 엄격했던 자들이 바로 불교의 승려들이었다. 그러다 보니 이조 5백 년 동안 종도들을 결집시킨 종파도 없었고 종도들을 대표하는 기구조차 없었다.

어떻게든 성리학의 양반들에게 더 이상의 핍박과 박해만은 피해야 되겠다는 공포심으로 깊은 산속에 숨어들어가 솔가지불이나 호롱불 밑에서 숨을 죽이며 불법을 공부하고 그것을 비밀리에 제자들에게 전수해야 했다.

그런 박해로 신라와 고려시대의 불교위세는 완전히 풍비박산이 되어 버렸다. 절이라는 절은 다 폐허가 되어 버렸고 신도들은 사방으로 뿔뿔이 흩어져 어디서든 찾아볼 수가 없었다.

생각해 보면 알 것이다. 그때 사대부들과 지주들은 거의가 다 유교와 도교를 믿었으므로 평민들 신앙정서도 자동적으로 전부 그쪽 방향으로 쏠리어 있었다. 그러므로 불교신자라고 남아 있을 만한 건더기가 거의 없었다.

그러다보니 일제 때 한국 종교에 대한 신앙인 조사를 했는데 놀랄 만한 결과가 나왔다. 그것은 보천교 신자가 불교신도보다 더 많았다는 사실이다. 그 조사에 의하면 그들의 신자가 500만 명을 넘어섰다고 한다.

보천교는 증산교 계열에 있던 동학접주 차경석이 세운 신흥종교다. 그 신흥종교 신자가 1,500여 년을 이어온 불교신자보다 더 많았다고 하니 그들이 얼마나 오랫동안 철저히 불교를 짓밟았는지 상상이 갈 것이다.

그 보천교 궁전 가운데 하나의 건물이 해체되어 조계종의 본사인 조계사를 짓는 데 건축자재로 요긴하게 쓰였다고 한다. 그만큼 그들의 교세는 대단했고 위세가 당당했다고 한다.

나무묘호렌게쿄라는 말을 들어보았을 것이다. 나이든 사람들은 발음이 잘 안 되어 보통 호랭이교라고 부른다. 나무**묘법연화경**을 일본말로 읽으면 이런 발음이 나온다.

나무**묘법연화경**은 **묘법연화경**에 귀의합니다 라는 뜻이다. 13세기에 예언을 잘하고 논쟁을 좋아하던 일연日蓮이라는 일본스님이 제창한 좀 특별한 종교다. 누구든지 나무**묘법연화경**을 부르면 자신의 내면에 부처의 세계가 나타나 소원을 이룰 수 있고 밖으로는 외적의 침입이 없어 나라가 평안해진다고 하였다.

그리고 궁극에는 부처가 되어 생사를 벗어날 수 있다고 하였다. 그러면서 이 가르침 외에 그 어떤 가르침을 믿어도 지옥으로 간다고 하였다. 그 때문에 자주 정토종의 수행자들과 격론을 벌였고 또 정토염불을 격하게 비난한 죄 때문에 유배를 당하기도 하였다.

그는 불교의 가르침 중에서 오로지 **묘법연화경**만이 불교의 핵심이고 전 중생세계를 구하는 위대한 가르침이라고 주창하였다. 그래서 모든 신도들에게 이 경전의 이름만 불러도 무량한 복을 얻고 원하는 소원이 성취되며 일체의 질병이 치유된다고 하였다.

그로 인해 지금 일본에만 2천만이나 되는 신자들이 있고 우리나라에도 창가학회라는 신행단체를 중심으로 무려 150만이 넘는 신자들이 전국에서 활동하고 있다.

애플의 창시자 스티브 잡스가 이 종교를 믿는다는 소문이 있었지만 그것은 사실이 아니다. 그는 일본 조동종 신자다. 이 종교를 믿는 자는 반지의 제왕에 영국배우인 올랜드 블룸과 미국가수인 티나 터너, 작곡가 허비 행콕이 등이 있다.

어쨌거나 이 일연스님이 제창한 日蓮宗 종파에 사노佐野스님이라는 분이 계셨다. 그 스님은 조선의 스님들이 이씨왕조로부터 말할 수 없는 차별과 멸시를 받고 있다는 것에 대해 분통을 터뜨렸다. 그래서 그때 당시 총리대신인 김홍집에게 매우 강하게 스님들의 인권 회복을 요구하였다.

이 김홍집이 단발령을 내려 전 국민에게 상투를 자르도록 한 그 인물이다. 그것 때문에 성리학에 찌들려 있던 유생들이 격노하여 그를 처단하였다. 그만큼 개화에 대해 기득권들의 반발은 거세고 드세었다. 그가 역사상 시민들에게 맞아 죽은 단 한 명의 불우한 재상이 되었지만 그때 단발령의 선포는 정말 두고두고 잘한 일이라고 생각된다.

개화기의 정세와 사노스님의 줄기찬 요구에 결국 김홍집은 1895년 불교탄압을 중지하고 스님들의 도성출입을 공식적으로 인정하였다. 그로 인해 이조 5백 년 동안 고혈을 짜며 괴롭히던 스님들의 인권은 웃고프게 일본스님에 의해 완전히 회복되어지게 되었다.

정말 지금 생각해봐도 그들이 스님들께 자행한 탄압은 너무도 비참하고 끔찍하였다. 결국 그 죄과로 일본에게 나라를 빼앗기는 불행을 맞이하였다. 그것도 모자라 해방 후에는 같은 민족끼리 총부리를 겨누는 6.25전쟁을 일으켰다. 그래서 이 아름다운 금수강산이 세계 젊은이들의 피가 튀기는 생지옥의 살육장소가 되었다.

그 전쟁에 의해 같은 민족인 남북한 군인 70여만 명이 죽고 부상병은 110만이 넘는 비극을 낳았다. 행방불명된 한국 군인들만 해도 13만이 넘는다.

민간인들도 예외는 아니었다. 40여만 명이 죽고 부상자는 근 23만 명이나 된다. 유엔군은 3만 8천이 죽고 부상병은 11만 5천이나 되며 행방불명자는 만 명이나 된다. 중공군은 15만이 죽고 80여만 명이 부상했으며 2,200명이 행방불명되었다.

그렇게 우리민족끼리는 말할 것도 없고 다른 국가 젊은이들의 피까지 이 산천 곳곳에 참혹하게 뿌려졌다. 그것도 세 번이나 년도가 바뀌어가면서 온 천지에 선혈이 얼룩졌고 전 산천에 초연이 지나갔다. 그 붉은 피들이 한꺼번에 쏟아졌다면 도랑을 타고 흘러가 거대한 피바다를 이루었을 것이다.

그러나 그것으로 끝난 것이 아니었다. 더 큰 문제는 천만이나 되는 이산가족들의 가슴 아픔이다. 오다가다 만난 연인 사이도 며칠을 못 보면 숨이 막힌다 하는데 사랑하는 부모형제들을 잃고 밤낮으로 애를 태우다 세상을 하직하는 그들의 응어리진 가슴은 어찌 말로 다 하고 글로 다 표현할 수 있겠는가.

한 많은 세상, 대소사로 기쁠 때나 슬플 때나 오로지 헤어진 가족들을 그리며 밤마다 소리없이 베갯잇을 적시던 우리의 어른들은 이런 이산의 아픔을 안은 채 한 분 한 분 저 세상으로 모두 다 떠나가고 있다.

권력찬탈의 정당성을 찾기 위해 불교와 검은 옷을 입은 승려들을 희생양으로 삼아 길고 긴 세월 동안 모질게도 박해해 왔던 그 위정자들의 잔혹한 因果로 후일 우리 국민들은 그렇게도 많은 뜨거운 피를 흘리고 이렇게도 고통스런 눈물을 오랫동안 흘리고 있는 것이다.

그러니까 수행종교인 불교를 박해하면 안 된다. 도덕선생이 마을에서 홀대를 당하면 마을질서가 무너지듯이 수행종교인 불교가 이 땅에서 박해를 받으면 인류의 질서가 무너진다는 사실을 이런 피어린 역사로 똑똑히 잘 기억하고 있어야 한다.

起信論 此亦如是 眞如淨法 實無於染 但以無明而熏習故 則有染相

이 또한 그런 것이다. 진여의 정법에는 사실 오염이 없으나 무명이 훈습하면 오염된 모습이 있게 된다.

새하얀 옷에는 더러움이라는 것은 원래 없었다. 그러나 더러운 환경에 노출되면 때가 묻어 더러워진다.

우리 진짜 마음에는 원래 정법밖에 없었다. 정법은 청정한 세계다. 그런 진여에 무명이 작동해 버리면 이런 혼탁한 중생세계가 나타난다는 것이다.

눈 덮인 하얀 세계가 그렇게 깨끗해 보이지마는 점점 햇볕에 녹기 시작하면 지저분한 땅이 되어 버리는 것과 같다.

起信論 無明染法 實無淨業 但以眞如而熏習故 則有淨用

무명의 염법에는 사실 정업이 없으나 진여가 훈습하면 청정한 작용이 있게 된다.

더러운 옷에는 겉으로 보기에 새하얀 빛이 없다. 온갖 색으로 얼룩져서 원래의 모습인 흰색이 없다. 그래도 그 더러운 옷을 깨끗이 빨게 되면 새하얀 원색이 드러난다.

더러움에 찌든 옷은 보통의 물로써는 깨끗하게 씻어내지 못한다. 그래서 방망이로 두드리거나 빨래세제를 써야 한다. 그보다 더 더럽고 냄새가 역하게 나는 옷은 일반세제로는 깨끗해지지 않는다. 그럴 때는 강력한 표백제를 써서 빨아야 한다. 이 강력한 표백제를 기억해 두시기 바란다.

우리 중생의 마음에는 진짜의 우리 마음이 보이지 않는다. 그러나 진여가 중생을 밀어내면 강력하게 세탁되어진 옷감처럼 청정한 우리 마음이 빛을 발하기 시작한다.

진여가 중생을 밀어내는데 중생이 가만히 있지를 않는다. 어떻게든 현 상태를 지키려고 강하게 저항한다. 그러므로 진여를 드러내는데 어지간한 의지력으로는 턱도 없고 어림도 없다.

그 훈습은 강해야 한다. 그러면서 뒤탈이 없어야 한다. 몸에 부작용이 없어야 하고 정상적인 세포를 죽이지 않아야 한다. 물론 친환경이어야 하고 가성비도 엄청나게 좋아서 모든 사람들이 다 사용할 수 있는 특단의 방법이라야 한다.

그 방법을 제시해 줄 것이다. 그것을 주기 위해서 우선 우리의 마음은 찌든 때가 덕지덕지 끼어 있다는 사실을 먼저 일깨워주는 것이다. 일단 이 사실을 받아들이면 마지막에 강력한 세척력에 고성능표백제 같은 아주 굉장한 그 무엇을 줄 것이다.

빨래를 하는데도 대충대충 빨아 입는 사람이 있고 좀 더 깨끗하게 빠는 사람이 있다. 앞에 사람은 가끔가다 절에 가는 사람이고 뒤에 사람은 그래도 齋日재일마다 꼬박꼬박 절에 다니는 사람들이다.

또 어떤 이들은 가족 중 누가 죽어서 49일 동안 한정적으로 마음을 닦는 사람도 있다. 사람들은 의아해 한다. 일반 제사와 49재의 한자가 어떻게 다르냐고 묻는다.

사람이 죽어서 지내는 祭祀제사의 祭제는 제사 제字다. 그런데 49재는 다르다. 그때 재字는 재계 齋재 字다. 글자가 다르니 발음이 달라야 하는데 그렇게 잘되지 않는다. 그래서 보통 같은 소리발음을 낸다.

재계라는 말은 정신적으로는 마음을 깨끗하게 하고 육체적으로는 부정한 일을 멀리하는 일종의 수양이다. 그러니까 祭제는 오로지 죽은 자를 위해 올리는 제사로 민속의례고 齋재는 자신의 심신을 정결하게 하고 영가를 위해서 物心을 베푼다는 불교의례가 된다.

海東疏 第三之中 先喻 後合 合中言眞如淨法者 是本覺義

세 번째 중에는 먼저 비유를 들고 뒤에 결합을 하였다. 결합 중에서 말한 진여정법은 바로 본각의 뜻이다.

비유는 세간의 의복이다. 그리고 결합은 그 뒤의 전체 문장이다. 진여정법은 본각이다. 본각은 원래의 모습이다. 의복으로 말하면 때 묻기 전 원래의 면사다.

때 묻은 옷을 오랫동안 그대로 입고 있으면 원래의 색깔이 무슨 색인지 모른다. 빨아 입을 형편이 못 되면 그냥 그 색으로 입고 산다. 거지들이 그렇다. 삼계의 거지인 우리의 처지가 이와 같다.

우리의 진짜 신분은 우주의 황제인 부처인데 오랫동안 중생세계를 떠돌다 보니 우리가 거지인 줄 알고 있었다. 하지만 우리의 본래면목은 거지가 아니었다. 그것을 깨우쳐주신 분이 석가모니부처님이다. 그분 덕분에 우리는 우리의 진짜 신분이 우주의 황제라는 사실을 알게 되었다.

이 말을 이해하는 자들은 어떻게든 거지로부터 자신의 신분을 회복하려 할 것이고 그렇지 않는 자들은 지금 같은 신분으로 수많은 고통을 받아가면서 삼계의 문턱을 뻔질나게 넘나들어야 할 것이다.

海東疏 無明染法者 是不覺義 良由一識含此二義 更互相熏 偏生染淨
무명의 염법은 불각의 뜻이다. 진실로 一識에 두 뜻이 들어 있으면서
서로서로 훈습해서 염정을 만들어 낸다.

사람들은 고작 우리 마음에 선과 악이 들어 있다는 것만 안다. 선
한 마음이 환경에 따라 악한 마음이 되고 악한 마음이 환경에 따라
선한 마음이 된다고 한다.

그러니까 좋은 세상을 만나면 악심이 일어나지 않고 모진 세상을
만나면 악심이 일어난다고 하는 것이다. 이 말은 그들 마음속 내면에
이미 악한 마음을 일으킬 수 있는 요인이 자리잡고 있다는 말이 된다.

그 악한 마음의 씨가 바로 불각이다. 이 불각이 들어 있는 한 무명
이 작동하고 그 무명이 작동하는 한 자연업지가 막혀서 악심이 일어
날 수밖에 없는 것이다. 이때 누가 반드시 이런 질문을 한다.

"그렇다면 불교는 성악설을 주장하는 것입니까?"

한 수 더 나아가면 불교는 이런 이분법적 사고를 뛰어넘도록 가르
친다. 무명에 의해 중생이 있게 되었고 그 중생에 선악이 있게 되었
다. 그러므로 선악을 짓는 중생은 원래 없는 것이다.

중생이 원래 없는데 어떻게 악심이 있고 선심이 있겠는가. 단지
지금 생사에 고통받는 중생의 상태를 설명하다보니 선악을 드러낸

것일 뿐 원래 우리의 마음엔 선과 악은 없는 것이다.

일식은 아려야식이다. 그것이 중생의 마음이다. 거기에 두 뜻이 들어 있어서 각자의 방향으로 나아간다. 하나는 중생세계고 다른 하나는 부처세계다. 어디로 향하는가는 그 중생 본인의 결정에 달려 있다.

海東疏 此意正釋經本所說不思議熏不思議變義也

이 뜻은 경본에서 설하신 부사의훈과 부사의변의 뜻을 정확하게 풀이한 것이다.

경본은 **사권경**이다. 거기에 보면 불가사의한 훈습과 불가사의한 변역이 나온다. 즉 전혀 공격을 가할 수 없는데도 공격을 하고 또 반대로 전혀 공격을 받지 않아야 하는데 공격을 받는 것을 불가사의하다고 하셨다.

그러니까 무명이 진여를 공격한다는 것은 불가사의한 것이고, 진여가 무명의 공격을 받는 것도 불가사의하다는 것이다.

이것은 중생의 무지가 부처인 지혜를 공격하는 것이고 부처의 지혜가 중생의 무지에 공격당해 지금 중생이 되어 있다는 것이다. 이것이 정말 기상천외하게 불가사의하다는 것이다.

선이 이기냐 악이 이기냐고 물으면 모두가 다 선이 이긴다고 한다. 그럼 진실이 이기냐 거짓이 이기냐고 물으면 모두 다 진실이 이긴다고 한다. 그런데 왜 지금은 악이 이기고 거짓이 이기느냐고 물으면 시절이 하수상해 그렇다고 한다.

중생세계는 인간이 이악스러워야 정상이다. 그렇지 않으면 왜 중생세계라고 하겠는가. 중생세계는 반드시 악이 이기고 거짓이 이기게 되어 있다. 거짓에 지친 자들은 역사를 들먹인다. 후일 역사가 평가할 것이다고 볼멘소리를 한다.

아무리 착한 사람도 삶에 쪼들리고 형편이 어려워지면 자기도 모르게 영악스러워진다. 옛말에 3일 굶어 도둑이 안 되는 사람이 없다고 했다. 그처럼 삶에 지친 중생은 악에 지배될 수밖에 없다. 거기서 선을 찾고 진실을 찾는다는 것은 당나귀뿔을 찾는 것처럼 불가능한 일이다.

배고프고 힘든 자에게 선을 행하라든가 진실되게 살아라든가 하는 말들은 다 희망고문이다. 그것은 삼복더위에 혀를 빼고 헉헉대는 덩개에게 혓바닥을 집어 넣어라는 말과 같다.

우리는 살아남기 위해 이악할 대로 이악해져 있고 영악할 대로 영악해져 있다. 그 결과 서로 간에 불의와 거짓이 판을 치고 배신과 반칙이 도를 넘어섰다. 그런데도 우리의 삶은 더 나아지려는 기미가 보이지 않는다. 그렇다면 이제 다른 방향으로 삶의 눈을 돌려야 하지 않겠는가다.

혹독한 시집살이를 한 며느리가 혹독한 시집살이를 시킨다는 말이 있다. 폭력을 당한 자들이 더 큰 폭력을 행사한다고 한다. 인간은 잘못되었다는 것을 알면서도 그 잘못을 계속해서 반복하는 머저리 같은 삶을 연이어서 살아가려고 한다.

입에서 단내가 나도록 힘들게 인생을 산 윗대 사람들은 한결같이 자신의 인생을 후회하고 하나같이 인생의 허무를 말하고 있다.

그런 분들의 말을 귀담아 듣고 이제 그런 헛된 인생의 전철을 과감히 벗어나고자 하는 자들은 죽음의 반대방향으로 이끄는 이 불교의 가르침에 두 손을 모으고 망설임 없이 과감하게 따라나서야 한다.

그렇지 않으면 그런 윗대 조상이 살다간 윤회의 배턴을 물려받고 골인지점 없는 고통의 마라톤을 쉼 없이 헉헉거리며 뛰어야 할 것이다.

海東疏 問 攝大乘說 要具四義 方得受熏 故言常法不能受熏 何故此中說熏眞如

묻겠다. 섭대승론에서는 네 가지 뜻이 요긴하게 갖추어져야 드디어 훈습을 받는다. 그러므로 常法은 훈습을 받지 않는다고 하였다. 어찌해서 여기서는 진여가 훈습을 받는다고 하는가?

섭대승론은 3권짜리 대승의 논서다. 무착보살이 지었고 기신론의 역자 진제삼장이 번역하였다.

거기에 보면 훈습의 조건이 나온다. 즉 네 가지 조건이 갖추어져야 훈습이 된다는 것이다.

첫째는 대상이 있어야 한다. 바람같이 빠르게 움직이는 것은 안 된다.

둘째는 자체의 기질이 없어야 한다. 마늘냄새 같은 강한 자체의 향이 없어야 한다.

셋째는 훈습될 수 있는 것이어야 한다. 의복 같은 것이어야 한다.

넷째는 같이 작용해야 한다. 훈습을 가하는 것과 훈습을 받는 것이 서로 상응해야 한다고 하였다.

常法이라고 할 때 常은 열반이다. 그러니까 상법은 열반의 법이다. 그것은 바로 진여다. 진여는 초월적이고 독립적이다. 그런데 어떻게 **기신론**에서는 위와 같은 진여가 훈습을 받는다고 말할 수 있느냐는 거다.

海東疏 解云 熏習之義有其二種 彼論且約可思議熏 故說常法不受熏也

풀이해 주자면 훈습의 뜻에는 두 종류가 있다. 저 논에서는 다만 가사의 훈만 말했기 때문에 常法은 훈습을 받지 않는다고 하였다.

저 논은 **섭대승론**이다. 가사의훈은 범부로서 이해할 수 있는 훈습을 말한다. 즉 범부의 상식선에서 말한 것이다.

그러니까 **섭론**은 세간에서 통상적으로 이루어지는 잡다한 훈습을 밝힌 것이 된다.

담배를 많이 피우면 몸에서 담배냄새가 나고 낚시를 많이 하면 몸에서 물고기냄새가 나는 것과 같은 훈습을 말한다. 이것은 지극히 당연하고 원론적인 말이다.

海東疏 此論明其不可思議熏 故說無明熏眞如 眞如熏無明 顯意不同 故不相違

이 논에서는 불가사의훈습을 밝히고 있다. 그러므로 무명이 진여를 훈습하고 진여가 무명을 훈습한다는 것이다. 드러난 뜻은 같지 않지만 서로 어긋나지는 않는다.

이 **기신론**에서는 범부가 감당할 수 없는 훈습을 말하고 있다. 즉 범부의 보통 식견과 상식 저 너머에 있는 훈습이다.

보통은 물이 불을 이긴다. 그러므로 불이 나면 물로 불을 끈다. 하지만 한 수 더 올라가면 불이 물을 이긴다. 태양 빛에 의해 물이 다 말라버린다. 전혀 이길 수 없는 것 같지마는 이기고 전혀 질 수 없지마는 지고 마는 것이다.

그러므로 가사의훈습을 설한 **섭대승론**이나 불가사의훈을 설한 **기신론**의 훈습은 전혀 다른 말씀이 아니다는 것이다.

海東疏 然此文中生滅門內性淨本覺說名眞如 故有熏義

이 문장 가운데는 생멸문 속의 성정본각이 진여라고 말하고 있기 때문에 훈습이 있다는 뜻으로 말한 것이다.

성정본각은 원래 진여문 속에 있어야 한다. 성정본각은 각의 본성이다. 그것이 생멸문 속에도 있다. 생멸문 속에 성정본각과 수염본각이 있다고 했다.

꿈속이라고 해서 내가 아닌 것이 아니다. 전혀 나의 의식하고는 따로 놀지만 꿈속의 나도 엄연히 나인 내가 움직이는 것이다.

그러므로 생멸문 속에 범부라고 해서 부처의 속성인 성정본각을 가지고 있지 않은 것은 아니다.

꿈을 깨면 바로 현실이 되듯이 범부가 없어지면 즉시 부처가 된다. 그것은 범부 속에 성정본각이 들어 있기 때문이다.

성정본각은 보통의 일반상식으로는 훈습이 되지 않는다. 하지만 훈습이 되어 이렇게 범부 속에 들어와 있지 않는가. 그래서 불가사의 하게 훈습이 되었다는 것이다.

海東疏 非謂眞如門中眞如 以其眞如門中不說能生義

진여문 가운데에 진여를 말한 것은 아니다. 그 진여문 가운데서는 능생의 뜻을 말하지 않기 때문이다.

성정본각을 갖고 있는 진여는 부처의 전유물이다. 그것이 중생 속에 들어오면 중생도 아니고 부처도 아닌 별 이상한 생명체가 된다. 그러다가 어리석은 행동을 계속하게 되면 이제 완연히 중생이 된다. 즉 부처가 중생이 되는 것이다. 이것을 진여연기라고 한다.

그러나 사실 진여는 그 자체만으로 완벽하다. 설령 중생이 되어 있다 하더라도 그 진성은 변하지 않는다. 그러므로 진여문에서의 진여는 능생이 없다. 능생은 무엇을 만들어 내는 작용을 말한다.

허공은 모든 것을 가지고 있다. 허공은 무엇을 만들어 내지 않는다. 설령 누가 무엇을 만들어 내었다 하더라도 이미 허공 속에 들어 있다. 한국에서 타국의 드라마를 만든다고 해도 그 드라마는 한국에 있는 것과 같다.

그러므로 이 생멸문 속에서의 훈습은 진여문 속의 진여 그 자체만을 말하고 있는 것은 아니다는 것이다.

海東疏 △以下第四別明 於中有二 先染 後淨

여기서부터는 네 번째로 따로 따로 밝히는 부분이다. 그 가운데 둘이 있다. 먼저는 染이고 뒤에는 淨이다.

　다섯 문단이 있다고 했는데 이제 네 문단까지 내려왔다. 먼저 염법
에 대한 훈습을 밝히고 뒤에는 정법에 대한 훈습을 밝히는 것이다.
　染은 염법이고 淨은 정법이다. 염법은 물론 중생세계고 정법은 부
처의 세계다고 했다.

㉠ 염법훈습

起信論 云何熏習起染法不斷 所謂以依眞如法故 有於無明
이를테면 어떻게 훈습하기에 염법이 일어나 단절됨이 없는가? 소위
진여법에 의거하기 때문에 무명이 있다.

　정말 중요한 우리 모두의 질문이다. 중생은 어떻게 하기에 끝이
나지 않는가이다.
　지긋지긋한 중생계의 떠돌이 생활. 힘없고 돈 없는 외톨이 범부.
가도 그만이고 와도 그만이며 오라는 데도 없고 갈 곳도 없다. 따뜻
이 맞이하는 사람도 없고 기다리는 곳도 없이 부평초처럼 떠도는 삼
계의 방랑자.
　이제 그만 정처없이 떠돌아다니고 어느 한 곳에 조용히 정착하고
싶다. 그곳은 나의 고향이다. 그러나 갈 수가 없다. 돈도 없고 출세도
못했다. 그래서 고향조차 갈 수가 없다.
　고향을 떠나 타관객지를 돌아다니다 보면 심신이 지칠 때마다 고

향생각을 한다. 하지만 돌아갈 명분도 체면도 없다. 그래서 어쩔 수 없이 타향을 밟고 다니다가 모두 비명횡사를 한다.

몸은 돈을 필요로 한다. 돈이 모이면 몸을 고향에 두고자 한다. 마음은 복을 필요로 한다. 복이 쌓이면 마음은 근원에 돌아가고자 한다.

돈이 없으면 외롭게 객지를 떠돌듯이 복이 없으면 정처없이 사바세계를 윤회한다. 자신의 죄업 때문에 어느 한 곳에 머무르지 못하고 낯선 땅 낯선 곳으로 끌려다니며 업장이 비슷한 사람들과 또 다른 윤회의 인연을 맺는다.

그런 삶이 지속되면 이제 원래의 고향을 잊어버리고 타관이 고향처럼 느껴진다. 마찬가지다. 중생의 삶이 지속되면 마음의 근원을 잊어버린다. 중생의 세계가 고향처럼 여겨진다.

돈이 없으면 좋은 선생도 없고 좋은 친구도 없다. 복이 없으면 마음의 근원이 있다고 가르치는 위대한 스승도 없고 그곳으로 함께 가줄 훌륭한 도반도 없다.

그럼 이제 그런 사람은 어떻게 해야 하나. 끝없이 중생세계를 떠돌며 생로병사와 우비고뇌를 당하고 살아야 하지 뭐 별 수가 있겠는가.

그때 자조 섞인 넋두리가 바로 이 한탄이다. 무슨 이유로 나 같은 중생이 시작 되었으며, 왜 이런 중생의 삶이 끝없이 반복되는지 도대체 알 수가 없다고 한다.

그 의문에 대한 답이 나왔다. 우리의 마음 진여, 거기에 이런 중생이 될 수밖에 없었던 요인인 무명이 원초적으로 들어 있었다는 것이다.

起信論 以有無明染法因故 卽熏習眞如 以熏習故 則有妄心

그 무명이 염법의 因이 되어 진여를 훈습한다. 그 훈습 때문에 망심이 있게 되었다.

염법의 원인은 무명이다. 이제 확실히 알았을 것이다. 이런 중생세계가 만들어진 그 핵은 무명이다는 것이다. 무명은 어리석음이고 그 바탕이라고 했다.

그 무명이 진여를 메다꽂는다. 진여가 정신을 못 차리고 휘청거린다. 그러면 心意識의 망심이 일어난다. 그 망심을 갖고 세상을 살아간다. 그러니 세상과 중생이 온전할 리가 없다. 그래서 중생의 세계는 늘 불완전하고 불평등하기만 하다.

중생세계에서 완전과 평등을 바란다는 것은 거미에게서 날개를 찾고자 하는 것과 같다. 결코 이뤄질 수 없다. 아무리 세상이 왜 이래 하면서 원망하고 한탄해도 중생세상은 변하지 않는다. 중생세상은 원래부터 그렇게 되도록 세팅되어졌던 것이다.

起信論 以有妄心 卽熏習無明 不了眞如法故 不覺念起現妄境界

이 망심이 무명을 훈습해서 진여법을 깨닫지 못하게 한다. 그래서 불각의 망념이 망경계를 나타낸다.

망심은 진여법을 모른다. 진여법은 완벽하고 완전하다. 망심은 망심의 세계만 알므로 진여법은 상상도 못한다. 치매노인은 치매 속에 있으므로 자신의 완전한 상태를 까맣게 모르고 있다.

치매노인은 불각의 상태에 있다. 불각은 뭔가를 정확히 알지 못하게 한다. 그래서 전혀 모르는 사람을 보고 아는 척한다. 또 없는 세계를 만들어 그 세계 속에서 끝없이 헤매기도 한다. 그래서 망념이 망경계를 나타낸다고 하였다.

起信論 以有妄境界染法緣故 即熏習妄心 令其念著造種種業 受於一切身心等苦

망경계의 염법이 반연되어 망심을 훈습한다. 그 망념이 온갖 종류의 죄업을 지어 몸과 마음에 무수한 고통을 받게 만든다.

자기 혼자서 중얼거리는 사람을 보았을 것이다. 그런 사람을 보면 옛날에는 실성했다고 했다. 실성은 본성을 잃어버렸다는 뜻이다. 하지만 요즘은 혼자서 말하는 사람을 아무데서나 볼 수 있다. 모두 다 핸드폰으로 전화를 하든지 노래를 듣고 있기 때문이다.

어쨌거나 핸드폰 없이 혼자서 중얼거리는 사람이 있다. 우리에게는 보이지 않지만 그 사람에게는 이미 한 사람이 그를 상대해 있다. 그래서 서로 같이 대화하고 같이 웃고 있는 중이다.

없는 사람을 상대로 중얼대는 그가 갑자기 다른 말을 한다. 앞의 상대가 화제를 바꾸었기 때문이다. 그러다가 욕을 하고 삿대질을 하며 성질을 낸다. 그 바람에 주위의 물건들이 날아간다. 주위가 엉망진창이 된다. 앞의 문장이 딱 이와 같다.

경찰이 와서 잡아간다. 그러면 격렬하게 반항한다. 자기 분에 못 이겨 닥치는 대로 부수고 나오는 대로 욕설을 내뱉는다. 결국 감옥이

나 정신병원에 갇힌다. 위의 뒤 문장도 꼭 이와 같은 경우다.

A. 망경계훈습

起信論 此妄境界熏習義則有二種 云何爲二 一者增長念熏習 二者
增長取熏習

이 망경계훈습의 뜻에는 두 종류가 있다. 이를테면 어떻게 둘이 되는
가? 첫째는 증장념훈습이고 둘째는 증장취훈습이다.

망경계가 눈에 보이면 어떻게 될까. 죽을 때가 다 된 노인의 눈에
는 저승사자가 보인다. 그러면 놀라서 두려움에 떤다. 그리고 애걸하
고 복걸한다. 잡아가지 마라고 흐느낀다. 멀쩡한 사람이 보면 정말
기가 막힌 광경이다.

불각이 작용하면 망심이 일어나 망경계가 나타난다고 했다. 망경
계는 세상이다. 정확히 우리 눈에 보이는 세상이 바로 이 망경계다.
그런 망경계를 두고 가만히 있나. 아니다. 반드시 즉각적으로 반응한
다. 어떻게 반응하는가.

첫째는 증장념훈습이다. 증장은 보태어 연속시킨다는 말이고 念
은 망념을 뜻한다.

그러니까 망심이 만들어 낸 세상을 보고 온갖 망념을 일으킨다.
우리 눈에 보이는 세상은 망경계다. 실제 세상이 아니라는 것이다.
그런데도 거기에 내 망심이 꽂혀 망념을 일으킨다.

아줌마들의 넋을 빼앗는 멜로드라마는 분명 가짜다. 그런데 거기

에 꽂히면 미친듯이 반응하고 흥분한다. 첫 방영을 보고 벌써 엔딩장면을 상상해 나간다. 절대로 그 마음이 가만히 있지를 않는다. 이것이 바로 증장념훈습이다.

세상은 가짜다. 하지만 망심이 작동하면 모두가 다 진짜로 보인다. 그래서 무엇이든지 다 자기 담장 안으로 끌어넣으려 한다. 무정물이거나 유정물이거나 남이 가져가기 전에 모두 다 내 담 안으로 끌어넣으려 한다.

드라마에 나오는 주인공은 가짜다. 명품의 양복을 입고 고급식당에서 아주 세련되게 연인과 함께 식사를 하고 있는 그 사람은 지금 새벽까지 이어진 다른 촬영을 마치고 발가벗은 몸으로 목욕을 하고 있는지 모른다. 세상을 보는 실제와 현상이 그렇게 차이가 난다.

멍청한 사람은 드라마 주인공을 사랑하고 흠모한다. 그뿐만 아니라 그가 입은 옷까지도 가지려고 한다. 아니 그 뒤에 보이는 소품까지도 가지려고 한다. 그것이 바로 증장취훈습이라고 하는 것이다.

망심이 작동하면 맘에 드는 것은 무엇이든지 다 가지려고 한다. 하지만 거기에 어떤 가치가 있느냐 하면 전혀 그렇지 않다는데 문제가 있다. 쇠똥구리 눈에는 소똥밖에 안 보이는 것처럼 망심의 눈에 비치는 그 무엇이 뭐 그리 대단하고 가치가 있겠는가다.

그런데도 망심이 작동하면 망념이 춤을 추고 망념이 춤을 추면 쓸데없는 것들을 어떻게든 끌어 모으려고 한다. 그렇게 살아가는 자들을 정확히 현재 우리라고 하는 것이다.

B. 망심훈습

起信論 妄心熏習義有二種 云何爲二 一者業識根本熏習 能受阿羅漢辟支佛一切菩薩生滅苦故

망심훈습의 뜻에는 두 종류가 있다. 이를테면 어떻게 둘이 되는가. 첫째는 업식근본훈습이다. 그것이 능히 아라한과 벽지불과 일체의 보살들에게 생멸고를 받게 한다.

　망심의 결과는 반드시 죽도록 만든다. 망령된 생각으로 움직이는데 어떻게 죽음을 피할 수 있겠는가. 그러므로 죽는 자는 모두 다 망심을 쓴 결과로 죽는다. 망심을 일으키는 것은 心意識이다고 했다. 바람이 불면 흙먼지가 일어나듯이 심의식을 쓰면 망심은 일어날 수밖에 없다.

　망심에 두 부류가 있다. 한 부류는 망심이 적게 요동하고 또 한 부류는 거세게 요동하는 자들이다.

　파도가 잔잔하게 요동하면 달은 깨지지 않는다. 그러나 세게 요동치면 달은 원형을 알아볼 수 없도록 일그러져버린다.

　망심이 잔잔하게 요동하는 부류들은 업식근본훈습하는 분들이다. 아라한과 벽지불, 그리고 대승의 보살들이 여기에 속한다. 하지만 이분들도 다 죽는다. 단지 죽음의 차원이 다를 뿐이다고 했다.

　그분들의 망심은 미세하게 작용한다. 그래서 세상을 봐도 거의 정확하게 본다. 그러므로 세상에 현혹되지 않는다. 그래도 망심의 그물에서 완전히 벗어나지는 못하고 있다.

이 보살의 차원을 벗어나버리면 망심이 없어진다. 망심이 없는 자는 세상을 명확히 본다. 그래서 안 죽는다. 그분이 부처님이다. 부처만이 안 죽는다. 그래서 그분에게는 고통도 없고 생멸도 없다.

起信論 二者增長分別事識熏習 能受凡夫業繫苦故
둘째는 증장분별사식훈습이다. 그래서 범부가 업계의 고통을 받는다.

망심에 두 부류가 있다고 했다. 이제 두 번째다. 그들이 바로 범부다. 보살들은 업식근본훈습을 하고 범부는 그 망심을 갖고 증장분별사식훈습을 한다.

망심은 망령된 생각이다. 범부가 쓰는 생각이 바로 이것이다. 이것은 무섭고 두렵다. 반드시 분별심을 일으키기 때문이다. 범부가 이 세상에서 가장 먼저 분별할 때가 엄마와 아버지를 나눠 볼 때이다.

엄마가 좋으냐? 아버지가 좋으냐?

이 질문을 들어봤을 것이다. 세련되지 못한 어른들이 그때의 아이들에게 수시로 던졌던 허접스런 질문이다.

요즘은 이런 질문을 아이들에게 하지 못하게 한다. 부모의 고유한 가치를 아이들의 이기적 분별로 갈라치기 하는 것은 적절치 못하다는 이유에서다.

대단한 사고발전이고 의식전환이다. 그렇지만 여기까지가 다다. 그 이상의 세계는 넘어가지 못한다. 그 이상을 넘어가야 한다. 그것은 어른들도 이제 세상을 그런 이분법적 사고분별로 보지 마라는 부처님의 가르침을 받아들여야 한다는 것이다.

증장분별사식이라는 말을 기억해 두어야 한다. 분별사식을 증장시킨다는 말이다. 事識사식은 무엇을 안다는 뜻이다.

그러니까 증장분별사식훈습이라는 말은 분별해 아는 것을 증장하도록 훈습한다는 의미다. 즉 범부들이 끊임없이 탐구하고 생각하는 것은 증장분별사식훈습이 내면에서 그렇게 하도록 충동질하고 있기 때문에 그렇다는 것이다.

분별하면 죽는다. 분별은 망심을 낳고 그 망심은 세상을 끝없이 탐색한다. 탐심으로 찾은 답은 망답이다. 사람들은 그것을 지식이라고 정의하지만 그것은 지식이 아니다. 그것은 틀린 답이다. 그러므로 분별로 이룬 지식을 쓰면 죽는다.

그리고 다시 태어난다. 그래봐야 그 분별로 훈습된 죄업이 또 다른 생명의 핵이 되는데 거기서 무슨 좋은 일이 일어나겠는가. 그래서 사람들이 또 세상을 끝없이 분별하고 나누면서 좌충우돌로 정신없이 살아간다. 그 결과 또 허망하게 죽음을 맞이한다.

이런 분별의 폐해를 근원적으로 없애주기 위해 불교가 나타났다. 그러므로 불교에 들어오면 분별을 멈추는 방법을 배운다. 하지만 그렇게 쉬운 일은 아니다. 일단 정지된 것 같아도 인연이 닿으면 무섭게 일어난다. 마치 가만히 있던 밀가루가 바람이 불면 즉시 분분하게 일어나는 것과 같다.

그러므로 밖으로 치닫는 범부들의 분별욕구를 내면에서 완전히 처리하지 못하면 이 증장분별사식의 요동을 어떻게 멈출 수가 없다.

404

C. 무명훈습

起信論 無明熏習義有二種 云何爲二 一者根本熏習 以能成就業識
義故

무명훈습의 뜻에 두 종류가 있다. 이를테면 어떻게 둘이 되는가. 첫째는
근본훈습이다. 그것이 업식을 성취시킨다는 뜻이다.

무명은 불각과 합세해 본각을 업식으로 만든다. **사권경**에서 아주
불가사의하게 그렇게 만들어 버린다고 하셨다. 이것이 모든 識들의
시발점이다. 그래서 근본을 훈습한다고 한다. 근본은 진여자성이다.

업식은 전식을 낳고 전식은 현식을 낳는다. 이 단계가 8식이다.
그 밑으로 7식이 있고 또 그 밑으로 6식이 있다.

6식 중에서 의식이 빠지면 동물의 지각작용만 나온다. 그들도 분
명 그들 나름대로 잘 살아간다. 의식이 빠져도 五蘊오온 가운데 想蘊
이 작용하기 때문이다. 그 상온이 그들에게는 인식작용이다. 즉 생존
만을 위한 본능의식이 되는 것이다.

어쨌거나 무명은 근본을 그냥 두지 않고 계속 두드려서 멍들게 한
다. 거기서 업식이 나와 부속 識들을 만들어 나간다. 그래서 근본훈
습이라고 한다.

뒤 문단에 能은 자연적으로 그렇게 된다는 뜻으로 문구 앞에다 넣
은 것이다.

起信論 二者所起見愛熏習 以能成就分別事識義故

둘째는 소기견애훈습이다. 그것이 분별사식을 성취시킨다는 뜻이다.

업식으로부터 마지막까지 떨어지면 의식이 나온다. 그 의식을 쓰는 자는 범부다. 범부는 지각의식 중에서 제일 낮고 거친 인식작용을 쓴다. 고작 네발로 움직이는 동물들 위 수준에 머물고 있을 뿐이다.

그러다보니 세상이 뭐가 뭔지 확실히 모른다. 안개도 조금 짙어야 물상이 보이지 완전히 짙으면 한치 앞도 볼 수가 없다. 그 안개의 농도에 따라 세상이 조금 보이고 많이 보이는 것처럼 무명의 농도가 얕으면 얕을수록 세상을 밝게 보고 짙으면 짙을수록 세상을 어둡게 본다.

무명에 잔뜩 가려진 범부의 의식에서 잡으면 뭘 좋은 것을 잡겠으며 구하면 뭘 좋은 것을 구하겠는가. 잡아봐야 고작 見을 잡고 구해봐야 겨우 愛밖에 없다. 견은 소견이고 애는 탐애다. 소견은 내적집착이고 탐애는 외적집착이다.

무명은 이렇게 가치도 없고 실재도 없는 것을 집착하게끔 만든다. 그래서 소견과 탐애를 일으켜 분별사식을 작동시킨다. 이 분별사식으로 범부는 살아간다. 다 자기 아는 수준만큼 살아가는 것이다.

30주년 결혼기념일을 맞이하였다. 아무것도 가진 것 없는 자기에게 시집와서 시부모 잘 모시고 아이들 훌륭하게 키운 아내가 너무 고마웠다. 그래서 그날 큰마음 먹고 1인당에 수십 만 원 하는 9성급 호텔 뷔페식당에 데리고 갔다.

맛있는 거 많이 먹이고 싶었다. 빠듯하게 살아온다고 제대로 외식 한번 못 시켜주었던 터라 그날따라 맛있는 것을 실컷 먹여주고 싶었다.

진열된 뷔페 음식은 정말 산해진미였다. 산과 바다에 나는 음식뿐만 아니라 세계 각국의 현지 유명 셰프가 직접 만든 최상급의 희귀한 요리가 잔뜩 쌓여 있었다. 남자는 평소에 먹지 못하는 고급음식을 접시가 터지도록 한가득 담고 마눌 뒷모습이 보이는 자기 자리로 돌아왔다.

그런데 자기 마눌이 가져다 먹고 있는 것은 고작 김밥이었다. 남자는 기가 막혔다.

"너 왜 김밥을 먹냐? 더 맛있는 것들도 천지인데."
"저는 김밥이 제일 맛있어요."
"띄웅!"

범부의 見愛도 마찬가지다. 세상에는 정말 상상할 수 없을 정도로 좋고도 좋은 것들이 산더미처럼 쌓여있는데도 우리는 고작 見愛의 번뇌만 알다 보니 그것으로 기준을 삼고 인생을 살아간다.

거지들은 종일토록 푼돈을 모은다. 그것을 갖고 허드레식당에 가서 배를 채운다. 포만감을 갖고 자기 자리를 찾아 잠을 잔다. 그들이 세상을 살아가는 수준이다. 그것을 보고 돈 있는 사람들은 그들을 가련하게 여긴다.

남편이 부인의 답답한 소견을 안타깝게 생각하고 돈 있는 사람들이 거지들의 삶을 불쌍히 여기는 것처럼 보살도 견애의 범주를 벗어

나지 못하고 있는 범부들을 향해 한없는 연민심을 일으킨다. 그 이유
가 바로 이것이다.

海東疏 染中亦二 先問 後答 答中有二 略明 廣顯 略中言依眞如法
有無明者 是顯能熏所熏之體也

염법 가운데 둘이 있다. 먼저 묻고 뒤에 답한다. 답 중에 둘이 있다.
간략히 밝히고 널리 드러낸다. 간략한 중에서 말한 진여법에 무명이
있다는 것은 능훈과 소훈의 본체를 드러낸 것이다.

중생세계는 왜 끝나지 않는가 하는 것이 먼저 물은 대목이고 그
뒤가 답한 문장이다.

능훈은 충격을 가하는 주체고 소훈은 그것을 어쩔 수 없이 받아들
이는 객체다. 그러니까 능훈은 무명이고 소훈은 진여인 셈이다.

소훈은 우리의 진짜 마음이다. 절대로 무너질 수 없는 가히 천하제
일의 요새인 진여가 정체도 없는 무명의 공격에 맥없이 당해버렸다.
그래서 중생세계에 이렇게 떠돌고 있다.

천하를 주름잡고 제후를 호령하는 황제라 할지라도 술을 많이 먹
고 스트레스를 계속 받으면 중병에 걸려 병원을 떠돌아다닌다. 잘
나가던 황제시절의 그와 병원에 초라하게 누워 있는 그가 본체는 같
으면서도 분명 다른 상태로 갈라져 있는 것과 같다.

海東疏 以有無明熏習眞如者 根本無明熏習義也

무명이 진여를 훈습한다는 것은 근본무명이 훈습한다는 뜻이다.

408

무명은 근본무명이다. 누가 만든 것이 아니다. 원래부터 있었다. 어둠은 누가 만든 것이 아니다. 원래부터 있었다. 분명히 어둠이라는 것이 있지만 그렇다고 해서 누가 만든 것은 아니다.

시절과 환경에 의해서 있고 없고 하는 것이 아니다. 하늘도 원래 제 자리에 있어 왔다. 하늘도 누가 만든 것이 아니다. 그냥 그대로 있다. 그처럼 무명도 그냥 그대로 있다. 그래서 근본무명이라고 한다.

중생의 기원은 여기서부터 시작된다. 즉 우리 마음에 무명이 있었다는 것이다. 그 무명은 무지고 어리석음이다. 그것이 진여를 공격해 중생이 되었다. 어떻게 그것이 진여를 공격할 수 있단 말인가 하고 의아심을 품을 필요는 없다. 그 의아심은 범부로서는 풀 수 없는 문제이기 때문이다. 그래서 불가사의한 훈습이라고 하셨다.

"중생이 어떻게 시작되었다고?"
"무명이 진여를 공격함과 동시에 시작되었습니다."
"거기서 망심이 일어난다. 그 망심에서 심의식이 생긴다."

海東疏 以熏習故有妄心者 依無明熏有業識心也
훈습 때문에 망심이 있게 되었다는 것은 무명이 훈습해서 업식의 마음이 있게 되었다는 것이다.

맑고 깨끗한 눈을 가졌지마는 세월에 의해 눈동자가 희미해진다. 세월이 그렇게 반짝이던 눈동자를 공격해버린 것이다.

그러면 자연적으로 세상을 흐릿하게 볼 수밖에 없다. 그것이 바로 진여가 업식으로 전락하는 첫 단계가 된다.

海東疏 以是妄心還熏無明 增其不了 故成轉識及現識等 故言不覺
念起現妄境界

이 망심이 다시 무명을 훈습하면 깨닫지 못함을 증가시키게 된다.
그래서 전식과 현식 등이 이루어진다. 그러므로 불각의 망념이 일어나
망경계가 나타난다고 한 것이다.

업식의 상태에서 한 번 더 세게 무명에 맞아버리면 눈앞이 아득해
진다. 그러면 아픈 내가 나타나고 허공에 별들이 번쩍거린다. 아픈
나는 전식이고 별들은 현식이 된다. 현식은 가짜다.

심히 안타까운 것은 중생은 허공에 번쩍이는 현식의 별들을 이 단
계에서 연구하려고 한다는 것이다. 정신을 똑바로 차리고 보면 별들
은 없어지는 것인데도 별들만 죽어라 탐색하고 연구한다. 그래서 범
부는 인생에 매양 헛수고만 하고 있다는 것이다.

그러니까 불가사의한 훈습에 의해 그렇게도 고결하고 명징하던 진
여가 망심에게 흠뻑 두들겨 맞아 정신을 잃어버렸다. 그로 인해 진여
가 무명의 포로가 되었다. 이제 무명의 폭압에 꼼짝 못하고 무명이
시키는 대로 노예노릇을 하기 시작한 것이다. 그것이 범부다.

別記 不覺念起 是轉相也 現妄境界 是現相也

불각으로 망념이 일어나면 전상이고 망경계가 나타난다는 것은 현상
이다.

410

망념은 없던 나를 만든다. 그것이 전상이다. 물은 자체의 성격이 없다. 그래서 어떤 것에라도 희석된다. 하지만 얼음은 다르다. 형상이 정해지고 각이 있다. 그러면 어디로도 갈 수도 없고 그 무엇에도 들어가지 못한다.

그처럼 원래 우리의 마음은 물처럼 아무 성격이 없다. 그런데 무명에 두들겨 맞으면 얼음 같은 전상인 내가 나온다. 그리고 동시에 상대가 나온다. 그 상대가 현상이다. 성사께서는 친절하시게도 이 부분에 특별히 별기까지 써 주셨다.

海東疏 以是境界還熏現識 故言熏習妄心也 令其念著者 起第七識也
이 경계가 도리어 현식을 훈습하기 때문에 망심을 훈습한다고 하였다. 그로 하여금 망념에 집착하여 제7식이 일어난다는 것이다.

현상의 경계가 역으로 현식을 훈습한다. 부모가 자식을 낳았다. 부모는 전식이고 현식은 자식이다. 이제 자식이 도리어 부모를 훈습한다. 자식이 미운 짓을 하거나 예쁜 짓을 하거나 그 영향은 부모에게 미친다. 부모는 자식에 의해 희비의 감정을 일으킨다.

그 자식들 속에서도 유난히 정이 가는 아이가 있다. 그 아이를 다른 자식과 비교한다. 이제 7식이 작동한다. 망념으로 분별하여 집착하는 단계까지 내려간 것이다. 그래서 그것을 제7식이 일어난다고 하였다.

海東疏 造種種業者 起意識也 受一切苦者 依業受果也

온갖 종류의 죄업을 짓는다 함은 의식을 일으키는 것이다. 일체의 고통을 받는다는 것은 죄업에 의한 과보를 받는 것이다.

사랑하는 자식을 위해 뭘 못한다는 말인가. 자식의 일이라면 법에 걸리든 말든 무엇이든지 다 해준다. 자식이 이제 부모를 죄짓도록 하는 단계까지 내려온 것이다.

7식은 의식의 중간창고다. 의식이 넘치면 7식의 저장고에다 두고 의식이 필요하면 그곳에서 다시 꺼내어 쓴다. 그러므로 7식은 직접적으로 외부와는 접촉하지 않는다.

죄를 짓는 것은 6식인 의식이다. 8식의 심왕이 전쟁의 씨앗을 가지고 있다. 그것 때문에 7식의 문관들이 전략을 짠다. 그것을 6식의 무관들에게 전달한다. 무관들이 이제 목숨을 걸고 삶의 전쟁터에 나가 직접적으로 다른 중생들과 부딪친다.

거기서 살상과 모함과 투기와 같은 온갖 종류의 죄업을 짓는다. 그것을 역으로 7식에게 보고하고 8식은 그것을 저장한다. 그 저장된 8식의 죄과 때문에 세세생생 마음과 육신에 한없는 고통을 받게 되는 것이다.

海東疏 次廣說中 廣前三義 從後而說 先明境界 增長念者 以境界力 增長事識中法執分別念也

다음의 광설은 앞에 세 가지 뜻을 널리 풀이한 것이다. 그것을 뒤에서부터 해설한다. 먼저 경계를 밝혔다. 증장념이라는 것은 경계력으로 事識을 증장케 하여 법집을 분별하는 망념이다.

412

광설은 앞에서 간략하게 밝힌 염법훈습을 넓게 풀이한 것이다. 거기에 세 문단이 있었다. 그것을 위에서 세 가지 뜻이라고 했다.

먼저는 염법이 되는 무명을 말하였고 그 다음에 망심을 말하였다. 그 후에 망경계를 드러내었다.

위의 세 가지를 이제는 거꾸로 풀이해 올라간다는 것이다. 그것을 성사는 뒤에서부터 해설한다고 하셨다.

그러니까 마명보살은 중생이 되어가는 과정을 순차적으로 무명 망심 망경계로 설명하였다. 그것을 이제 반대로 망경계 망심 무명의 순으로 올라가면서 설하겠다고 하신 것이다. 그것은 중생들의 현 상태부터 먼저 인식시키겠다는 의도에서다.

망경계에 증장념훈습과 증장취훈습이 있었다. 그 중에서 증장념이라는 것은 세상을 상대할 때 분별사식을 증장토록 하여 법집을 일으킨다고 하였다.

법집은 세상의 모습을 실제로 있다고 생각하여 모양 빛깔 부피에 의미를 부여하고 계산해 집착하는 것을 말한다.

海東疏 增長取者 增長四取煩惱障也

증장취라는 것은 四취의 번뇌장을 증장하는 것이다.

증장취는 허상의 물상이나 조작된 이론에 집착을 배가해 나가는 것을 말한다.

四取는 삼계의 허망한 모습에 집착한 결과 육도에서 생로병사를 받도록 만드는 네 가지 큰 번뇌다.

1. 욕취 : 탐욕을 일으키는 모든 번뇌를 통칭한다.

2. 견취 : 자기의 소견에 대한 집착으로 일으키는 일체의 번뇌다.

3. 계금취 : 계율 아닌 계율을 갖고 집착을 일으키는 번뇌다. 힌두교도는 소고기를 먹지 않고 이슬람교도는 돼지고기를 안 먹는다. 자이나교도들은 완전 채식만 한다. 인도에 어느 고행종파는 소똥이나 개똥을 먹고 살았다. 그것은 숙세의 죄업이 없어져서 내생에 천상에 태어난다는 계율을 신봉한 것이다.

한국의 어떤 종파는 닭고기를 먹지 않는다. 主山의 산세가 닭을 닮아서 그렇다고 하기도 하고 종주가 닭띠라고 그런다고 하기도 한다. 그처럼 다 자기식대로의 법률과 이론을 정해놓고 거기에 집착하고 있다.

4. 아어취 : 자기의 말에 애착과 집착을 갖고 일으키는 일체의 번뇌다. 욕취와 견취는 마음으로 번뇌를 만들어내고 계금취는 몸에 대한 번뇌를 일으킨다. 마지막 아어취는 입으로 번뇌를 짓는다. 그러니까 번뇌를 일으키는 身口意 전체를 대변한다.

우리는 정확히 이 과정에서 살아가고 있다. 날마다 4취를 일으키고 그에 대한 죄과를 성숙시킨다. 그런 삶을 범부의 일생이라고 한다. 거기에 뭐 큰 대단한 삶의 의미가 있겠는가.

海東疏 妄心熏習中 業識根本熏習者 以此業識能熏無明 迷於無相 能起轉相現相相續

망심훈습 중에 업식근본훈습은 이 업식으로 무명을 훈습하여 無相을 미혹케 한다. 그래서 전상 현상이 일어나 상속케 한다.

망경계 훈습을 일으키는 주체는 망심이다. 그 망심은 무명과 합세해서 無相을 實相으로 보도록 미혹한다.

망심이 만들어 놓은 세상이 얼마나 정교하고 멀쩡한지 어지간하게 잘 관찰하지 않으면 완전 속아 넘어간다.

아주 정교하게 잘 만들어진 조화는 꼭 생화와 같다. 하지만 그것은 만들어진 것이다. 그것은 진짜 꽃이 아니다. 그러면 실상같이 보이도록 한 그 기술자에 감탄한다. 그래서 조물주를 모시는 종교가 세계 곳곳에 있는 것이다.

하지만 아무리 정교하게 잘 만들어졌다고 해도 세상의 모든 물상들은 모두 다 가짜다. 망심으로 보면 실상처럼 보이지만 정신을 차리고 보면 그것은 진짜가 아니다.

살코기를 큰 거울 앞에다 두고 늑대를 데려다 놓으면 그 늑대가 그 살코기를 먹을 수 있을까. 절대로 먹지를 못한다. 먹으려고 하면 눈앞에 다른 늑대가 같이 먹으려고 달려들기 때문이다.

그들은 먹이를 두고 사납게 경쟁한다. 계속해서 무서운 이빨을 드러내며 으르렁거린다. 거울 속에 늑대가 자신이라는 것은 상상도 못한다. 그래서 그곳을 떠나지 못한다. 상대의 늑대가 자기 것을 먹지 못하도록 지켜야 하기 때문이다.

하지만 인간은 안다. 인간은 그 정도쯤은 눈치를 챈다. 하지만 눈에 보이는 세상은 나의 모습이라는 것은 모른다. 그래서 세상으로부터 떠나지를 못한다. 하지만 우리보다 몇 수 위에 있는 분들은 이 세상이 자기가 만들어 놓은 가짜라는 것을 안다. 그래서 세상의 모든 물상으로부터 자유롭다.

그러니까 이 세상이 진짜라고 보면 망심을 가진 자고 이 세상이 가짜라고 보면 진심을 가진 자의 시각이다.

海東疏 彼三乘人出三界時 雖離事識分段麤苦 猶受變易梨耶行苦 故言受三乘生滅苦也

삼승인이 삼계를 벗어날 때 비록 사식과 분단의 거친 고통은 벗어나더라도 변역의 아리야 行苦를 받기 때문에 삼승인은 생멸의 고를 받는다고 하였다.

삼승인은 성문과 연각 보살이다. 성문의 최고 지위가 아라한이다. 그러나 보통 성문이라고 한다. 아라한과 연각은 소승의 성자고 보살은 대승의 성자다. 이분들은 이제 삼계의 고통세계를 벗어나 있다.

대승보살은 비록 삼계를 벗어나 윤회를 하지 않는다 해도 아직 해탈하지는 못하였다. 그래서 생사의 고통을 받고 있다. 그 생사를 변역생사라고 했다. 변역생사는 죄업에 의해 끌려다니는 범부의 분단생사와는 같지 않다. 범부의 생사는 죄업에 의한 생사고 그들의 생사는 업식의 생사기 때문이다.

그래서 보살은 범부들이 쓰는 분별사식과 분단생사를 하는 거친 모습은 완전히 벗어나 있다. 하지만 그들의 마음은 아직도 아려야식의 범주에 머문다. 그러므로 아리야의 行苦라고 하였다.

아리야는 아려야식의 다른 이름이다. 그 行苦 속에는 불각이 있다. 불각은 생멸한다. 그래서 그들도 생멸의 고통을 받는다. 그분들의 과제는 어떻게 그 불각을 떨쳐버리느냐에 있다.

海東疏 通而論之 無始來有 但爲簡麤細二種熏習 故約已離麤苦時 說也

통하게 그것을 말하자면 무시래에 있는 것이지만 다만 麤추 細세 두 종류의 훈습을 가리기 위한 까닭으로 麤苦를 벗어날 때라고 말한 것이다.

上下 전부로 말할 것 같으면 上도 下도 모두 다 생사의 고통 속에 들어있다. 上은 삼승인이고 下는 범부다.

지옥 중생도 苦를 받고 인간 세상도 苦를 받는다. 물론 천상의 세계도 苦는 있다. 苦는 똑같은데 苦를 받는 농도와 세기가 다르다.

麤의 세계는 범부고 細의 세계는 삼승인이다. 삼승인은 거친 고통을 벗어난다. 둘 다 苦를 받는 것은 같지만 거친 苦와 미세한 苦의 차이가 있다. 그래서 거친 苦를 상대해서 미세한 苦를 말하다 보니 삼승인은 거친 苦를 벗어나서 미세한 苦를 받는다고 한 것이다.

海東疏 增長分別事識熏習者 在於凡位說分段苦也

분별사식을 증장토록 훈습한다는 것은 범부의 계위에 있는 분단의 고통을 말한 것이다.

업식근본훈습은 증장분별사식훈습을 일으키도록 한다. 즉 지상 상속상 집취상 계명자상이다. 이것을 인식작용에 대비하면 지상과 상속상은 7식에 해당되고 집취상과 계명자상은 6식인 분별사식에 해당된다. 이 식을 가지고 범부는 끊임없이 죄를 짓는 기업을 일으키고 삼계에서 무량한 고통을 받는 업계고상에 얽매인다. 그러다가 이제 여기 인간 세상에 왔다. 분별사식은 우리의 지각의식이다. 이것을 쓰면 범부라고 했다. 범부는 생로병사를 한다. 그렇게 하는 것은 분별사식을 증장시키면서 산 결과다.

또한 범부의 삶은 이 죄업을 짓는 과정에 있다. 처음에는 미미한 업으로 시작하지만 점점 그 크기를 키우면서 살아간다. 마치 보드라운 한 닢의 눈송이가 뭉치고 뭉치면 거대한 눈덩이와 같은 크기로 증장하는 것과 같다.

수없이 말해 왔었다. 학교는 분별사식을 증장시키는 곳이라고 했다. 그래서 아이들 교육을 담당하는 학교가 있다면 그만큼의 비율로 수도원을 지어 어른들에게 분별은 반드시 멈추어야 되는 이유를 교육시켜야 한다고 했다.

그런 교육을 받은 자들은 인간으로 그치는 것이 아니라 인간보다 더 향상하고 더 도약하는 삶을 추구하게 된다. 그렇지 않으면 인간은 평생 실상은 보지 못하고 현상만 분별하는 분별사식을 증장시키는 삶 밖에 살지 못한다.

그러면 현상 속에 가려진 본질의 진면목을 파악할 수 없다. 그것은 마치 방영되는 화면만 보고 전원이 꺼진 TV 자체는 단 한 번도 보지 못하는 것과 같다.

海東疏 無明熏習中 根本熏習者 根本不覺也

무명훈습 중에 근본을 훈습한다는 것은 근본불각이다.

418

근본은 본각이다. 그것이 원래 우리 마음이다. 우리 진짜의 마음은 태양과 같은 존재다. 불을 담고 있다고 해서 불성이라고 했다. 거기에 근본불각인 어둠이 붙어 있다. 불이 힘을 잃으면 그것이 불을 훈습해 어둠으로 만들어버린다.

아려야식은 제8식이고 그것은 범부의 마음이라고 했다. 거기에 생멸하는 것과 불생멸하는 것이 엉키어 있다고 했다. 생멸 쪽으로 힘을 얻으면 중생이 되고 불생멸 쪽으로 힘을 가하면 부처가 된다고 했다.

불생멸 쪽으로 훈습하자면 복덕을 지어야 한다. 그렇지 않으면 생멸 쪽으로 힘이 기울어져 버린다. 중생세계 모든 것들은 반드시 안 좋은 쪽으로 기울어지는 속성이 있다. 그냥 둔다고 해도 잘되는 것은 아무것도 없다.

그러므로 마음도 그렇게 중생 쪽으로 흘러가게 되어 있다. 그렇게 하도록 만든 것이 무명이다. 그 무명이 근본불각과 합세해 본각을 공격한 것이다.

海東疏 所起見愛熏習者 無明所起意識見愛 即是枝末不覺義也
견애를 일으키도록 훈습한다는 것은 무명이 일으킨 의식의 견애다. 그것은 지말불각의 뜻이다.

見愛는 소견과 탐애라고 했다. 내가 무슨 이론을 갖고 또 무슨 思想을 갖고 있다고 한다면 그것은 내 마음이 오염되어져 있다는 증거다.

오염된 마음은 오염된 의식을 생산한다. 오염된 백신은 사람을 죽인다. 자기의 思想이 이 험한 세상에 자신을 살리는 백신 같은 존재로 여기지만 결국 자신을 죽이고 만다.

어릴 때 땅따먹기 놀이를 한 기억이 있을 것이다. 친구들을 애써 이기고 힘들게 땅을 땄지만 집에 갈 때는 빈손으로 간다. 그리고 그 이튿날 다시 땅을 딴다. 그렇게 대를 이어서 땅을 따먹었지만 그 땅은 여기 그대로 남아 있다.

見愛의 삶이 꼭 그 땅따먹기 놀이와 같다. 힘은 들어도 남는 것은 없다. 인생을 뼈 빠지게 살아도 남는 것이 없는 제로섬게임이다. 자식이라도 남겨 두지 않았느냐고 한다. 그 자식도 그와 같은 인생을 살다간다. 그들을 잘 남겨 두었다는 것인가. 아니면 대책없이 남겨 두었다는 것인가.

무명이 본각진여를 훈습해 중생을 만들었기 때문에 그 중생은 어떻게 살아도 지구상에 소모품 인생으로 끝나게 된다. 내가 끝나면 또 다른 소모품이 나타나 그 자리를 채우다가 사라진다. 그래서 인간의 삶은 허망하기 이루 말할 수가 없다고 한다.

"말씀도 참 기분 나쁘도록 찰지게 하신다."
"안 그러면 귓속을 뚫고 들어가겠습니까?"

기찻길 옆 오막살이 아기는 기차의 요란한 소음에도 잠을 잘 잔다. 기차소리가 자장가로 들리는 내성을 갖고 있어서 그렇다.

자칭 불자들은 다양한 매체로 어디서든 쉽게 법문을 듣고 불교관련 책들을 언제나 접한다. 그 내용들은 모두 생사해탈에 대한 말씀들이다. 그런 말씀들은 너무 만연해 있어서 이미 질려 있거나 식상해져 있다. 그것은 마치 골초가 의사에서 금연을 권고 받는 것과 같다.

그러므로 어지간한 충격을 주어서는 콧방귀도 뀌지 않는다. 가슴을 후벼파고 심장이 뒤집히는 소리를 질러대야 엇 뜨거 하는 심정으로 잠시라도 귀를 기울일까 싶어 본의 아니게 이렇게 모질고 거친 말을 퍼부어대는 것이다. 그러니 너무 욕하지 마시기 바란다.

別記 言增長分別事識熏習者 所謂意識見愛煩惱之所增長故能受 三界繫業之果 故言凡夫業繫苦也

증장분별사식훈습이라고 한 것은 소위 의식의 견애번뇌가 증장되는 것이다. 그러면 삼계에 죄업으로 묶인 과보를 받게 된다. 그래서 범부가 죄업에 묶여 고통을 받는다고 하였다.

망심에서 분별사식이 나온다. 그것을 증장되게 훈습하는 것은 소견과 탐애다. 그러므로 범부는 망심을 쓰면 쓸수록 삶이 더 복잡해지고 난해해진다. 그것은 근본적으로 망심을 갖고 시작하기 때문이다.

범부의 망심은 생각생각마다 소견을 일으키고 마음마음마다 탐욕을 낳는다. 그것이 더 훈습되면 드디어 행동에 옮긴다. 이것이 바로 四相에서 滅相에 이른다고 한 것이다.

죄업에 묶여 고통을 받는다는 것은 구상차제에서 업계고상이다. 업계고상은 망심의 결과다. 그러므로 현재 내가 삶의 무한한 고통을 받고 있다면 내 자신의 망심이 나를 그렇게 옥죄고 있다는 것을 알아야 한다.

망심은 큰 재앙거리다. 안전핀이 헐렁거리는 수류탄과도 같다. 언제 그것이 터져 나와 내 주위를 엉망진창으로 만들지 모른다. 그러므로 그것을 잘 지키고 관리해야 한다.

"그렇게 쏘다니지 말고 빤쭈에 주름이나 잡아라."

노스님들께 자주 듣던 경책의 말씀이다. 쓸데없이 돌아다니지 말고 좀 진득하게 앉아 있어라는 충고의 말씀이면서도 동시에 천방지축으로 날뛰는 망심을 쫓지 말고 야무지게 잘 다잡고 있어라는 훈시다.

"그럼 망심을 없애면 될 게 아니겠습니까?"
"범부로서는 그 망심을 없앨 수가 없다는 게 큰 비극이다."

別記 無明熏中言根本熏習者 謂根本無明熏習眞如 令其動念 是名業識 故言成就業識義也
무명훈습 중에 근본훈습이라고 한 것은 근본무명이 진여를 훈습하는 것이다. 그렇게 움직이도록 하는 것이 업식이다. 그 뜻이 업식을 성취한다고 한 말이다.

성사는 위 **해동소**에서 무명훈습 중에 근본훈습은 불각이다고 하셨다. 이 별기에서는 근본무명이 진여를 훈습하는 것이다고 하셨다. 위에서는 불각이 진여를 훈습한다고 하셨고 여기서는 무명이 진여를 훈습한다고 하셨다.
항상 하는 말이지마는 불각과 무명은 같은 뜻이면서도 다른 말이다. 이 둘은 환상의 콜라보로 같이 움직인다. 절대로 떨어지지 않는다. 불각 때문에 중생이 생기고 그 중생이 다시 불각의 무기로 진여를 공격하는 것이다.

그러니까 범부가 애써 밥을 먹고 사는 것이 자기를 죽이기 위한 삶이 되는 것이다. 정말 기분 나쁜 소리로 들릴지 몰라도 사실이 딱 그러한데 어쩌란 말인가.

알코올 중독자는 미친 듯이 술을 찾는다. 그 술이 자신을 살린다고 생각한다. 술 없이는 못산다고 소리소리 지른다. 결국 그가 마시는 술이 그를 더 황폐화시키고 결국 자신을 파멸시켜 버리는 것과 같다.

업식을 성취한다는 말은 업식을 마침내 생기게 만든다는 뜻이다. 성취라고 하니 좋게 성취시키는 것으로 착각하는데 그것은 반대로 나쁘게 된다는 뜻의 의미다.

別記 言所起見愛熏習者 根本無明所起見愛 熏其意識 起麤分別 故言成就分別事識義也

견애훈습을 일으키게 되면 이라고 한 것은 근본무명이 일으킨 견애다. 그것이 의식을 훈습해 거친 분별을 일으킨다. 이 말이 분별사식을 성취한다는 뜻이다.

무명훈습에서 소기견애훈습이 나온다. 그러면 분별사식이 나온다. 이것을 성사는 위에서 지말불각이라고 하셨다.

근본무명은 見愛를 일으킨다. 견애는 소견과 탐애라고 했다. 뭔가를 정확히 모르면 소견과 탐애가 일어난다. 그래서 거칠게 분별한다.

범부는 자신을 내세우지 않으면 죽는 줄 안다. 그래서 자신을 내세우기 위한 무기로 소견인 주장을 내세우고 탐애로 사물을 끌어 모은다.

근본무명은 견애를 일으키고 그러면서 의식을 더 강하게 한다. 그 의식은 분별을 더 세차게 한다. 그래서 견애훈습은 결과적으로 분별사식을 이룬다고 한 것이다.

분별사식은 분별해서 세상을 아는 것이다. 그것은 근본무명에서 나온다. 그러므로 세상을 아는 것은 다 틀리게 된다. 안다고 할 때 이미 그 아는 것은 틀려 있다. 그 이유는 근본무명이라는 프리즘을 통해서 알기 때문이다.

이런 말을 듣고도 이 세상에서 뭘 더 하고 싶은 것이 있는가. 뭐에 더 미련이 남아 이 풍진세상을 한탄하면서 여기에 남아 있으려 하는 것인가. 이런 가치없는 광대 짓거리를 계속하기 위해 이 세상의 무대에 또 다시 등장하겠다는 것인가.

學而時習이라는 말이 있다. 논어에 나온다. 도대체 뭘 배우고 뭘 틈나는 대로 익혀라는 말인가. 무엇을 하기 위하여? 이미 죽음의 로드맵 속에서 생로병사를 계속하고 있는데 거기에 그까짓 학문이 뭐 필요하며 그까짓 명예가 뭐 대단하단 말인가. 다 허망하고 다 헛일이 된다.

그렇다면 우리 인생을 포기하란 말인가. 아무것도 하지 않고 그냥 앉아 죽어라는 말인가. 허무와 비관에 빠져 술과 여자로 한 평생을 아무 의미없이 탕진해버리라는 말인가.

천만에 말씀이다. 이 한 목숨 붙어 있을 때 가짜 자기를 투자해 진짜 자신을 찾는 일에 전적으로 매진하라는 것이다. 어차피 이 몸은 한시적으로 자연에서 빌려온 몸 자연이 돌려달라고 하기 전에 내 자신의 회복을 위해 최고의 도구로 최상의 효과를 만들어 내자는 것이다.

ⓛ 정법훈습

起信論 云何熏習起淨法不斷
이를테면 어떻게 훈습하면 정법이 일어나 단절하지 않는가?

불교는 자기 자신을 변혁시키는 가르침이라고 했다. 그 변혁은 혁명이다. 중생으로 살아온 이제까지의 모든 관습과 제도는 물론 방식과 방향조차 미련없이 버리고 과감하게 새로운 길을 찾아 나서는 것이다.

새로운 길은 부처가 고구정녕히 우리보고 일러주신 깨달음의 길이다. 그 길은 죽음의 길로부터 벗어나는 반대편이다. 그것을 가르쳐주시기 위하여 부처는 45년 동안 무수한 설법을 아낌없이 내려주셨다.

어떻게 하면 그 길로 나아갈 수 있는 것인가. 그리고 어떻게 하면 중도에서 포기하지 않고 끝까지 계속해 정진할 수 있는가 라고 물은 것이다.

앞에서 염법훈습의 폐해를 잘 이해하였다면 반드시 이 질문을 하게 되어 있다. 즉 고통이 없는 삶, 그리고 영원히 살 수 있는 방법은 무엇입니까 라는 물음이다. 질문하는 방법을 몰라서 못했다면 지금부터 그 답을 잘 받아들여야 할 것이다. 그러면 남아 있는 인생에 무한의 축복이 내릴 것이다.

起信論 所謂以有眞如法故

말하자면 갖고 있는 진여법을 쓰는 것이다.

진여법은 우리 마음속에 들어 있는 부처의 성품이다. 즉 부처가
될 수 있는 근본적인 씨앗이다. 그것을 싹틔우게 해서 쓰는 것이다고
하였다.

起信論 能熏習無明 以熏習因緣力故 則令妄心厭生死苦樂求涅槃

그것이 무명을 훈습한다. 그 훈습하는 인연의 힘 때문에 곧 망심이
생사고를 싫어하고 열반의 즐거움을 구하게 된다.

진여법은 진여의 법력이다. 그것만이 무명을 몰아낼 수 있다. 그
무엇도 어둠을 이길 수 없다. 이기려 하는 자가 바보다. 어둠에게
달려들면 백전백패다.

그러나 딱 한 가지 손쉬운 방법이 있다. 불로 공격하면 어둠은 완
전 초토화된다. 진여는 불이다. 불을 붙이면 된다. 우리는 꺼지지 않
을 정도로 정말 희미하게 그 불씨를 갖고 있다. 이제 그 불씨를 키워
내는 것이다.

그 불씨는 언제나 제자리에 있다. 언제 어디를 가도 나와 함께 있
다. 그래서 그것을 수염본각이라고 했다. 불은 본능적으로 꺼지지
않으려 한다. 어떻게든 다시 살아나려고 한다. 조금만이라도 그 불씨

에게 힘을 주면 불씨는 금방 활력을 얻는다.

그 불씨는 부처의 불이다. 그것이 불성이다. 그래서 중생을 싫어한다. 중생은 생사를 한다. 부처는 생사를 하지 않으려 한다. 그러므로 불씨가 살아나면 자동적으로 생사의 고통을 싫어하고 열반의 즐거움을 구하려 한다.

염생사고구열반락의 원어는 여기에서 나온다. 여기 문장에서는 樂求涅槃이라고 되어 있다. 요구열반이라는 말은 즐겁게 열반을 구한다는 뜻이다. 이 말보다 열반의 즐거움을 구한다는 말이 더 강한 느낌이 있어나기에 요구열반보다 구열반락으로 해설하고 있다.

부연하자면 생사의 고통이 소름끼치도록 싫어 열반의 즐거움을 구한다고 했을 때 생사의 苦 대신 열반의 樂을 강하게 하기 위해서 樂을 대비시켜 넣었다는 것이다.

起信論 以此妄心有厭求因緣故 卽熏習眞如 自信已性

이 망심에 염구의 인연이 들어 있으므로 그것이 진여를 훈습한다. 그때 자신에게 진여의 성품이 있다는 것을 믿게 된다.

망심은 범부의 마음이다. 범부의 마음에 좋아하고 싫은 두 갈래의 선택이 원래부터 들어 있었다. 그것은 바로 생사를 싫어하고 열반을 좋아하는 것이다. 그런데 지금은 열반을 모르고 있기 때문에 생사만 알고 있다. 그래서 그쪽으로만 삶을 다해 나아간다.

염구厭求는 염생사고구열반락의 줄임말이다. 범부는 죽음의 길밖에 모른다. 그 길에서 희로애락을 다 느낀다. 그것이 인생의 전부라고 생각한다. 하지만 그 반대의 길도 있다는 것을 이번에는 확실히 알아야 한다.

그러면 자신 속에 이미 그렇게 나아가고자 하는 몸부림이 있다는 것도 믿게 된다. 그것이 自信己性자신이성이다. 자신이성은 우리의 생명 속에 그런 진여의 씨앗이 이미 들어 있다는 것을 믿는 것이다.

기억해 두어야 한다. 우리 속에는 자신이성이 있다는 사실을 꼭 명심해 두어야 한다. 그래야 내가 살고 내 가족이 살 수 있고 나와 인연 있는 모든 생명체가 살아날 수 있다.

起信論 知心妄動 無前境界 修遠離法
그러면 마음은 망령되게 움직인다는 것을 알게 되어 눈앞에 경계가 없도록 멀리 벗어나는 법을 닦게 된다.

사람이 눈병이 났다. 원래 자기의 눈은 맑고 총총했는데 서서히 수정체가 혼탁하여 백내장이 왔다. 그냥 저냥 살다가 죽고 싶은 사람은 그대로 살다가 죽는다. 하지만 그것을 고치면 더 나은 삶을 살 수 있다는 확신을 가진 자는 어떻게든 수술을 받으려 한다.

백내장이 진행되어 수정체가 부분적으로 혼탁해지면 물체가 둘 셋으로 겹쳐 보이는 다시증이 나타난다. 그러나 수술을 잘 받으면 뿌옇게 보이던 물상들이 이제 정상으로 보인다.

돈이 없는 자는 야매로 시술하는 가짜 의사를 만난다. 싸고 친절하게 잘 해 준다는 말에 혹해서 그들에게 의지한다. 하지만 그 예후는 정말 좋지를 않다.

돈이 있고 현명한 자들은 공증이 된 안과전문의에게 수술을 받는다. 그러면 예후가 좋아 밝은 물상을 똑똑하게 볼 수가 있다.

마찬가지로 복이 있고 현명한 사람들은 마음이 병들게 되면 이런 중생세계가 어지럽게 보인다는 것을 알게 된다. 그러면 사이비교주가 아니라 전문 수도승을 찾는다. 그리고 그들에게 그런 헛것이 보이지 않도록 하는 치료법을 배운다.

담배는 몸에 해롭다. 그것을 알면 그것으로부터 벗어나는 방법을 찾게 된다. 담배가 백해무익이 아니라 백익무해百益無害라고 여기면 절대로 담배로부터 벗어날 수가 없다.

그처럼 세상이 고통 덩어리라고 알면 어떻게든 이 중생세계로부터 벗어나고자 하는 방법을 찾는다. 하지만 그런 생각조차 없이 그냥 되는대로 살아간다면 결코 이 세상을 떠나야 되겠다는 생각이 일어나지 않는다. 이런 사람들을 보다 못해 까비르Kabir가 각성의 명상시 한 편을 썼다.

사람들아 일어나라.
이제 그만 좀 자라.
밤은 지나갔다.
오늘도 허송세월 하려는가.
수많은 세월 동안 자 왔었다.
그런데도 이 아침 일어나려 하지 않는가.

이 글을 읽고 잠자리에서만 벌떡 일어나는 사람이 있다면 그는 참 세상 편하게 사는 인간이다. 그런 자들을 일러 영혼이 자유로운 사람이라고 한다. 당신도 그런 부류의 인간들에게 속하고 싶으신가. 그렇다면 하품을 하면서 빨리 일어나시기 바란다.

起信論 以如實知無前境界故 種種方便 起隨順行 不取不念 乃至久遠熏習力故 無明則滅

여실히 앞에 경계가 없다는 것을 알게 되면 온갖 종류의 방편으로 수순행을 일으켜 그것을 취하지도 않고 생각하지도 않는다. 그렇게 오랫동안 훈습하게 되면 그 힘으로 곧 무명이 없어지게 된다.

　세상이 가짜이면서도 나에게 큰 고통을 준다는 것을 확실히 알게 되면 무슨 수를 써서라도 이 가짜의 세계로부터 벗어나고자 한다. 그것이 정상적인 인간이다.

　TV에 뽀로로가 나온다. 아이들은 진짜인 줄 알고 정신을 빼앗긴다. 그러나 성장하면 그것은 가짜라는 것을 알게 된다. 그러면 그 영상을 보지도 않고 생각하지도 않는다. 그러다가 어른이 되면 어린이 프로에 관심이 없어진다. 그런 프로로부터 자유로워지는 것이다.

　세상이 허상이라고 아무리 말해도 사람들은 절대로 믿지 않는다. 그러나 오랫동안 복과 지혜를 닦아 자신을 성장해 나아가면 사실이 그렇다는 것을 분명히 알게 된다.

　그럼 그때부터 세상에 대해 집착을 하지 않는다. 그리고 미련 같은 것도 없다. 금연이 확실히 되었다는 시기가 언제인지 아시는가. 담배가 눈앞에 보여도 본척만척하게 되는 시점이 오면 흡연욕구로부터 자유로워진다.

그처럼 오랫동안 수행해 나아가면 그 법력의 힘으로 세상이 나를 유혹하지 못한다. 그것은 허상이라는 것을 알아버렸기 때문이다. 그 허상을 만드는 무명이 없어져 버리면 실재가 훤하게 드러나 버리기에 그렇다.

起信論 以無明滅故 心無有起 以無起故 境界隨滅

무명이 없어지게 되면 마음이 일어남이 없다. 일어남이 없기 때문에 경계가 따라 소멸된다.

무명이 없으면 마음은 요동하지 않는다. 잠을 자지 않으면 꿈속의 요동은 없다. 마음이 요동하지 않기 때문에 그에 의해서 일어난 가짜 세상은 없다. 꿈을 꾸지 않으면 꿈속의 가짜세상은 없다.

삼라만상이 뚜렷이 보이는가? 그렇다면 바로 불교 속에서 명의를 찾아야 한다. 그렇지 않으면 아직까지 TV 속의 영상이 가짜인지 모르는 어린이와 같이 성장이 덜 되었거나 다른 중생들처럼 심각한 정신적 질환을 앓고 있는 것이 틀림없다.

그러면 죽음을 피할 수 없다. 그런 시각으로 살면 죽음의 세계에 자신을 무수히 처넣어 버린다. 물론 자기의 의도와는 전혀 다르게 그런 결과를 초래한다.

起信論 以因緣俱滅故 心相皆盡 名得涅槃 成自然業

그러면 인연이 함께 소멸되기 때문에 심상이 모두 없어진다. 그것을 열반이라고 한다. 그러면 자연업을 이루게 된다.

因은 무명이고 緣은 경계다. 이것들이 없어지면 心相이 사라진다. 심상은 구조화된 마음이다.

무명과 경계, 그리고 심상이 없어지면 자체의 모습이 드러난다. 그것을 열반이라고 한다. 그러면 불가사의한 행업의 작용이 일어난다. 그것을 자연업이라고 한다.

자연업은 뭔가를 힘들게 하는 것의 반대 뜻이다. 무엇이든지 하고 싶은 것은 자연적으로 술술 풀리게 되어 있다. 이치를 따라 생각하고 순리를 따라 행동하므로 무엇에도 걸리거나 장애됨이 없다. 그래서 자연적으로 이룬다고 해서 자연업이라고 한다.

海東疏 次明淨熏 於中有二 先問 後答 答中亦二 略明 廣顯 略中先明眞如熏習 次明妄心熏習

다음으로 정법훈습을 밝힌다. 거기에 둘이 있다. 먼저 묻고 뒤에 답한다. 답 중에 또한 둘이 있다. 간략히 밝히고 널리 나타낸다. 간략한 중에서 먼저 진여훈습을 밝히고 그 다음에 망심훈습을 밝힌다.

밤이 되면 목동들이 소떼를 몰고 집으로 돌아온다. 밖은 어둡고 집은 밝은 곳이어서 그렇다. 어두운 곳은 위험하다. 그러므로 어떻게든 불이 있는 안전한 곳으로 돌아와야 한다.

인간도 마찬가지다. 어둠이 있는 중생세계로부터 밝음이 있는 깨달음의 세계로 돌아와야 한다. 그 깨달음의 자리가 바로 불이 있는 자신의 근본자리다.

불교를 배우는 최종목적은 그 불이 있는 쪽으로 방향을 잡는 신행에 있다. 즉 정법훈습 쪽으로 자신을 몰아가기 위함이다. 이것을 알면서도 하지 않는 것은 자신을 기만하고 학대하는 것이다.

환자가 있다. 약을 먹으면 원래의 모습을 찾을 수 있다. 그것을 알면서도 약을 사러 가지 않는 이유는 두 가지다. 하나는 돈이 없거나 하나는 무지해서다. 전자는 복이고 후자는 겉똑똑인 경우다.

불교를 잘 안다는 사람치고 신행하는 자를 거의 본 적이 없다. 그들은 불교의 언어와 문자에 취해 있다. 그들에게는 불교가 하나의 지식을 포장하는 인문학 장식품이 되어 있다. 그런 자들은 내면에 복이 없는 사람들이다.

반대로 불교를 모르는 사람들이 신행하는 것을 수없이 본다. 그들은 부처님을 기복의 대상으로 삼고 있다. 그런 믿음으로는 아무리 열성스럽게 신행해도 나아갈 방향이 보이지 않는다. 머리가 없어 손발이 고생하고 시간만 허비하는 사람들이다.

불교는 먼저 복을 짓도록 지도한다. 그리고 머리가 좋아지도록 가르친다. 그러면 불교가 뭔지 이해할 수 있다. 그때 염생사고구열반락하는 마음이 일어난다.

그런 마음으로 신행해야 용이 구름을 얻은 것 같고 호랑이가 산을 의거하는 것처럼 최고의 효과를 발휘할 수 있다. 그래야만 제대로 알고 똑바로 가는 것이다.

海東疏 此中有五 初言以此妄心乃至自信已性者 是明十信位中信也

이 중에 다섯이 있다. 처음에 말한 이차망심에서 자신이성까지는 십신위 가운데서의 믿음을 밝힌 것이다.

위 정법훈습 문장에 다섯 문단이 있다. 그 중에서 망심을 싫어하고 열반을 구하는 인연이 있기에 진여를 훈습한다. 그것은 자신 속에 이미 그런 성품이 들어 있다는 것을 믿는 것이다고 한 것은 十信位가 믿는 믿음이다.

십신위의 사람들은 우리 범부들이다. 우리가 해야 하는 일은 우선적으로 우리 마음에 염생사고하고 구열반락하는 대승의 작용이 있다는 것을 믿는 것이다. 대승은 원래 우리 자신의 상태로 돌아가고자 하는 몸부림이다고 하였다.

범부가 불교 속에서 가장 먼저 받아들여야 할 내용이 이것이다. 이것이 선행되지 않으면 알아도 이익이 없고 신행해도 소득이 없다. 전자는 알아도 안 가는 자고 후자는 어디로 가야 할지 모르면서 움직이는 자다. **발심수행장** 말씀이다.

雖有才學無戒行者
如寶所導而不起行
雖有勤行無智慧者
欲往東方而向西行

재주와 학식이 있다 해도 행함이 없는 자는
보물이 있는 곳을 가르쳐줘도 일어나 가지를 않고

부지런함이 있으나 지혜가 없는 자는

동쪽으로 간다 하면서도 서쪽으로 가는 것과 같다.

아는 자는 움직인다. 불교는 그렇게 되어 있다. 모르는 자가 제자리에서 떠든다. 그러므로 입으로 안다고 하면서 몸으로 신행에 나아지 않는 자는 아직도 불교가 뭔지를 확실히 모르고 있다는 반증이다.

海東疏 次言知心妄動無前境界修遠離法者 是顯三賢位中修也

다음에 말한, 마음은 망령되게 움직인다는 것을 알게 되어 눈앞에 경계가 없도록 멀리 벗어나는 법을 닦게 된다고 한 것은 삼현위 가운데의 수행을 나타낸 것이다.

수행은 삼현위부터 한다. 범부는 깨달음을 향한 수행을 하지 못한다. 수행은 돈이 있어야 한다. 육신에 쓰고 남을 만큼의 충분한 돈이 있어야 마음에 관심을 가진다.

그러므로 수행은 돈 있는 사람이 한다. 그렇지 않은 수행은 해도 진전이 없다. 먹고 살 일이 아득한데 어찌 마음 수행이 되겠는가. 그저 잠꼬대 같은 소리로 들린다.

다시 말한다. 범부는 깨달음을 위한 수행을 하지 못한다. 그럼 불교 속의 범부는 무엇을 하는 것인가. 바로 공덕과 복덕을 쌓는 것이다.

가난한 자는 보물이 있다고 해도 그것을 채굴할 능력이 없다. 채굴하는 자는 돈 있는 자가 한다. 마찬가지로 수행에 들어가려면 양식이 있어야 한다. 멀고 먼 환원의 여정에 필요한 양식을 충분히 모아야 한다. 그렇지 못하면 중도에서 포기하거나 邪道사도로 빠진다. 반드시 그렇게 되어 있다.

그렇다면 십신범부는 어떻게 그 복의 양식을 모아야 한단 말인가. 그것은 뒤 수행신심분에 아주 잘 나온다. 그때 가면 알 수가 있을 것이다.

海東疏 以如實知無前境界故者 是明初地見道唯識觀之成也

여실히 앞에 경계가 없다는 것을 알게 되면 이라고 한 것은 초지견도위에서 유식관을 이루는 것을 밝힌 것이다.

세상은 空하다. 마치 리모컨을 켜기 전 TV 화면처럼 세상은 원래 空하다. 아무것도 없는 자리를 실상이라고 하고 그 실상에서 어떤 인연을 받아 임시적으로 나타나 있는 모든 물상과 대상을 허상이라고 한다.

범부는 그 허상만 죽어라 쫓아다니고 있다. 그것은 가짜다. 꿈속에서 아름다운 여인을 보고 가랑이가 찢어지도록 쫓아다녀도 깨어나면 아무것도 없다. 그처럼 세상 모든 것들은 전부가 다 환영이다. 그런데 범부는 그것을 쫓는다. 멍청한 개가 자기에게 던진 돌덩이를 물러 쫓아가는 것과 같다.

밤새 불야성을 이루던 오색네온불의 휘황찬란함도 새벽이 되면 다 허망하게 사라진다. 그와 같이 세상의 천태만상들도 시간이 지나면 다 없어진다. 네온사인은 전기가 끊어지면 사라지고 세상의 형태는 망념이 없어지면 다 없어진다. 그 없어진 자리가 空이다.

그런데 그것이 도저히 믿어지지가 않는다. 그럴 것이다. 믿어질 리가 없다. 눈앞에 전개된 이 삼라만상이 허상이라는 것을 체득하자면 적어도 初地인 見道位에 올라가 봐야 가능하기 때문에 범부로서는 절대 인정할 수가 없다.

견도위는 범부가 가진 온갖 지식이 다 틀렸다는 것을 체득하는 자리다. 그것을 버리면 이제 불도의 길이 보인다. 그래서 見道位라고 한다. 거기서 유식관을 닦는다. 그러면

三界唯心
萬法唯識

중생세계는 마음이 일으킨 것이고
그 속에 온갖 물상은 식이 만든 것이다.

는 사실을 완전히 터득하게 된다.

海東疏 種種以下乃至久遠熏習力故 是顯十地修道位中修萬行也

온갖 종류 이하에서 부터 오랫동안 훈습하게 되면 그 힘으로 까지는 십지의 수도위에서 만행을 닦는다는 것을 나타낸 것이다.

범부의 시점에서 부처가 되는 기간이 얼마나 될까? 다른 말로 하자면 범부를 옥죄고 있는 무명불각이 완전 제거되는 데 걸리는 시간이 얼마나 될까?

범부는 잠에 취해 있다. 그 잠을 생사의 꿈이라고 한다. 그 상태를 깨우는 자가 있다. 바로 불교다. 그러면 감각이 예리한 자들은 긴 하품을 하고 즉시 깨어난다. 그러나 감각이 둔한 자들은 제발 깨우지 말라고 짜증을 부리면서 자던 자세를 바꾸어 다시 잠 속으로 빠져든다.

긴 잠에서 깨고 나면 정신이 몽롱하다. 꿈인지 생시인지 오락가락한다. 완전히 깨어나서 밝음에 적응하려면 일정한 시간이 필요하다. 그 일정한 시간이 적어도 1대아승기겁이다.

깊은 잠속에 있다가 갑자기 불을 켜면 눈이 부시다. 앞이 보이지 않는다. 그런 상태로 얼마간 시간이 지나면 이제 자신이 꿈꾸기 전의 모습으로 돌아온다. 그 상태를 견도위라고 한다.

거기서 또 오랫동안 수행을 해 나간다. 정말 오랜 시간이다. 그러면서 10지의 계위를 하나하나 올라간다. 마치 황제의 용상에 앉기 위해 한 계단 두 계단 올라가는 태자의 발걸음처럼 그렇게 부처가 되기 위해 차근차근 중생을 제도할 자비와 지혜를 닦는다.

수도위는 말할 수 없는 세월 동안 열반에 이르는 길을 닦는다는 뜻으로 수도위라고 한다. 이 수도위는 초지에서 10지까지다. 만행은 복덕과 지혜를 이루는 수만 가지 공덕행이다.

[海東疏] 無明卽滅以下 第五顯於果地證涅槃也

무명이 곧 멸한다는 그 이하는 다섯 번째로 과지에서 열반을 증득하는 것이다.

무명이 없어지면 부처다. 구름 한 점 없는 가을날의 맑은 허공을 보았을 것이다. 더 없이 높고 푸른 하늘이다고 한다. 중생에게서 어리석음이 완전히 떨어지면 그 청천하늘처럼 맑고 청청하고 맑은 부처가 된다.

어리석으면 범부다. 아프니까 청춘이다가 아니라 어리석으니 범부다고 해야 한다. 어리석으면 아픔과 고통, 후회와 좌절로 범벅된다. 그러다가 더 이상 버틸 힘이 없으면 죽어야 한다.

어리석음이 없으면 걱정도 없고 힘들 일도 없다. 더듬고 노력하는 삶도 없다. 모두가 다 이뤄진 삶만 산다. 거기가 정법훈습의 결과 자리다. 즉 열반이 증득된 자리인 부처다.

A. 망심훈습

起信論 妄心熏習義有二種 云何爲二 一者分別事識熏習
망심훈습의 뜻에 두 종류가 있다. 이를테면 어떻게 둘인가. 첫째는 분별사식훈습이다.

염법훈습에 망심훈습이 있었다. 업식근본훈습과 증장분별사식훈습이다. 그런 망심훈습이 정법훈습에도 있다. 실로 놀랍지 않은가!

망심을 어떻게 쓰느냐에 따라 염법이 될 수가 있고 정법이 될 수가 있다. 염법은 악을 짓고 정법은 선을 이룬다. 염법은 苦를 받고 정법은 樂을 받는다.

우리가 갖고 있는 망심을 어떻게 쓰느냐에 따라 지옥과 열반이 갈라진다. 거기에 두 가지가 있다고 했다.

起信論 依諸凡夫二乘人等 厭生死苦 隨力所能 以漸趣向無上道故

모든 범부와 이승의 사람들이 생사고를 싫어하여 힘이 닿는 대로 서서히 무상도로 나아가는 것이다.

우리는 망심 속에 살아가고 있다. 그 이유는 마음의 시작점이 오염되었기 때문이다. 그러므로 우리의 마음은 완전치 못하고 불량하기만 하다. 이런 불량한 마음으로 할 수 있는 게 뭐가 있겠는가. 그냥 자기 정도의 사람들과 평생 티격태격 살다가 병들어 늙어 죽는 것밖에 없다.

그런데 그것만이 아닐 수 있다. 여기서 망심에 굉장한 기회가 주어진다. 이 망심으로 중생을 엎어 부처가 되고자 하는 마음을 일으킬 수 있기 때문이다.

망심으로 지식을 쌓아 왔다. 이제 경쟁의 대상을 획기적으로 바꾸는 것이다. 남이 아니라 거짓의 자신과 싸우는데 그 지식을 몽땅 투자하는 것이다.

그깟 남들을 이기면 뭐 하는가. 그냥 놔둬도 조금 있으면 지 풀에 못 이겨 죽어버릴 텐데. 그렇게 죽어가는 인간들 구태여 떠밀어서 죽였다 할 누명을 쓰고 원한을 맺을 필요가 뭐 있는가.

그러므로 자신을 이겨야 한다. 거짓 자신을 자신에게서 쫓아내야 한다. 현명한 사람이 마땅히 해야 할 일은 바로 이것이다. 그럴 때 그 망심은 천금과도 같은 가치를 지니게 된다. **법구경** 말씀이다.

If man should conquer in battle

a thousand and a thousand more,

and another should conquer himself,

his would be the greater victory.

수천수만의 전쟁에서

승리한 자보다도

자신을 이긴 자가

더 위대한 승리자다.

망심으로 이룬 지식이 샛별처럼 빛을 발할 때가 바로 이럴 때다. 그것으로 생사의 고통이 몸서리치도록 싫어하는 마음을 일으키는 것이다. 그리고 힘이 닿는 대로 서서히 열반의 즐거움을 구하는 발원을 하는 것이다.

그리고 능력에 따라 천천히 무상도로 나아가는 것이다. 그렇게 할 때 망심으로 이룬 지식은 중생들의 박수가 아니라 시방제불의 무한 환호를 받을 수 있다.

B. 의훈습

起信論 二者意熏習 謂諸菩薩發心勇猛 速趣涅槃故

둘째는 의훈습이다. 모든 보살들이 발심을 해서 용맹스럽게 빨리 열반으로 나아가는 것이다.

의훈습은 보살들의 망심훈습이다. 우리에게는 해당이 되지 않는다. 하지만 우리가 분별사식을 제대로 써서 염생사고를 한다면 언젠가는 의훈습의 대열에 합류하게 된다.

분별사식훈습이 의식훈습이기 때문에 그 다음 단계가 의훈습이다. 그러므로 의훈습의 과정을 거치지 않고 무상도를 이룰 수는 없다. 고등학교를 졸업하지 않고 대학에 들어갈 수 없듯이 이 의훈습은 범부들이 반드시 거쳐야 하는 필수코스다.

분별사식훈습에서는 깨달음을 향한 정진이 이루어지지 않는다. 그것은 믿음이 성취되지 않아서이다. 그러다가 일단 믿음이 성취되면 그때부터 자연스럽게 용맹스런 정진이 이루어진다.

학생이 본격적으로 공부를 해야 되겠다는 마음을 일으키면 공부에 흥미가 붙게 되고 성적이 올라간다. 그러면 그 공부가 재미가 있어져서 게을러지거나 지겨워지지 않는다. 그것이 바로 의훈습하는 보살들의 수행과 같다.

海東疏 次廣說中 先明妄熏 於中分別事識者 通而言之 七識皆名分別事識

다음으로 널리 해설하는 중에서 먼저 망훈을 밝혔다. 그 중에서 분별사식이라는 것은 전체적으로 말할 것 같으면 7식을 다 분별사식이라고 한다.

망훈은 망심훈습이다. 성사는 분별사식을 7식이라고 하였다. 능가경에서 우리의 마음을 진식과 현식, 그리고 분별식으로 나누었다.

442

그리고 **기신론**에서는 아려야식을 우리 마음으로 두고 업식 전식 현식 지식 상속식을 意로 보았다. 그리고 상속식과 6식인 의식을 하나로 묶어 분별사식이라고 하였다.

그리고 성사는 업식 전식 현식을 제8 아려야식으로 보고 지식과 상속식을 7식인 意로 보셨다.

그리고 의식을 분별사식으로 보셨는데 여기 해설은 **기신론**을 해설하다 보니 7식을 분별사식 쪽으로 묶어 설명하셨다. 그래서 7식을 분별사식이라고 말씀하신 것이다.

[海東疏] 就强而說 但取意識 以分別用强 通緣諸事故 今此文中就强而說

굳이 말하자면 단지 의식만을 취해야 한다. 이것은 분별하는 작용이 강하므로 모든 일에 두루 반연한다. 지금 이 문장은 그런 강한 쪽으로 말하고 있다.

아니나 다를까 성사는 다시 분별사식을 정립해 주셨다. 분별사식은 사실 의식이다는 것이다. 의식은 모든 것을 분별로 시작해 분별로 끝마친다. 그만큼 의식은 분별하는 성질이 강하다. 그것이 범부의 지능 한계다.

범부의 의식은 분별로 지탱한다. 그러기에 범부의 세계에서는 분별을 잘하면 출세를 하고 분별을 잘 못하면 실패자로 끝난다. 그 분별이 이익과 손해를 분명히 한다.

그러니까 출세를 하기 위해서는 흰자위에 핏빛이 어리고 머리가 깨어지도록 분별을 잘해야 한다. 그 결과는 어떻게 나타날까. 고작 몇 편의 분별 논문만이 대학도서관에 남아 있고 추모원에 자기 위패가 스산하게 놓아지는 것으로 끝이 난다. 거기에 무슨 출세가 있고 무슨 똑똑함이 있단 말인가. 그것이 고단한 분별 인생의 결과다. **법구경** 말씀이다.

If a fool can see his own folly,

he in this at least is wise:

But the fool who thinks he is wise,

he indeed is the real fool.

자기가 바보라고 아는 사람은

적어도 현명한 사람이다.

자기가 똑똑한 사람이라고 생각하는 사람은

사실 정말로 어리석은 사람이다.

소크라테스가 말했다. 나는 내가 아무것도 모른다는 걸 안다고 했다. 이 말을 새겨들어야 할 것이다. 그때 불교의 길이 보이게 된다. 분별이 아닌 법성원융의 세계가 드러난다.

海東疏 此識不知諸塵唯識 故執心外實有境界

이 식은 모든 번뇌가 오직 識이라는 것을 모른다. 그러므로 마음 밖에 진실로 세상이 있다고 집착한다.

444

원문에 있는 塵은 먼지 진字다. 이것은 번뇌와 세계를 의미한다. 번뇌와 세계가 수도 없이 많고도 많아서 이 塵과도 같다는 뜻이다. 그것들은 마음과 함께 부산하게 일어나고 가라앉기 때문에 여기서 번뇌의 대용어로 썼다.

塵飯塗羹진반도갱이라는 말이 있다. 어린아이들이 소꿉장난을 할 때 먼지를 밥이라고 하고 진흙을 국이라고 하면서 즐겁게 노는 것을 말한다.

어떻게 먼지를 밥이라고 하고 진흙을 국이라고 할 수 있는가. 어른들이 보면 웃을 일이지마는 아이들에게는 너무 진지하고 리얼한 움직임이다.

그럼 어떻게 사람이 먹는 밥을 밥이라고 하고 뜨거운 스프를 국이라고 하는가. 다 사람이 만들어 놓은 문자고 언어일 뿐 그 속에는 그런 실제가 없다. 양파를 아무리 벗겨보아도 거기에 양파라는 것은 없듯이 세상은 오직 인간들의 識이 만들어 놓은 만물전시장인 것이다.

그러므로 마음 밖에는 그 어떤 세상도 없다. 그런 세상을 움직이는 범부의 마음이 세상을 형상화하고 이론화한 것일 뿐 눈앞의 세상 같은 것은 원래 없다. 그런데도 범부들은 그것들이 진짜로 있다고 믿고 있다. 그래서 범부가 어리석다고 하는 것이다.

海東疏 凡夫二乘雖有趣向 而猶計有生死可厭 涅槃可欣 不異分別事識之執 故名分別事識熏習

범부와 이승들이 비록 취향한다고 해도 그것도 가히 생사는 싫고 열반은 좋아하는 것을 계산하는 것이다. 그것은 분별사식의 집착과 다르지 않다. 그래서 그 이름을 분별사식훈습이라고 한다.

  범부가 자기의 육신이 시들기 전에 반드시 해야 하는 당면한 과제
가 하나 있으니 그것은 바로 厭生死苦求涅槃樂하는 마음을 일으키
는 것이라고 했다.
  시비를 좋아하는 사람들은 여기서 반드시 태클을 건다. 그것도 집
착이고 욕심이 아니냐고 한다. 혹시 이 글을 읽고 있는 여러분들도
그렇게 생각하시지 않는가.
  하지만 집착과 욕심은 염법훈습을 할 때가 문제인 것이지 정법훈
습을 하고자 하는 데는 전혀 문제가 없다. 그것은 그 쓰임새가 완전
히 다르기 때문이다.   .
  염법훈습일 때는 이치를 거슬러 분별과 집착으로 죄업을 짓고 정
법훈습일 때는 분별을 없애고 본원에 돌아가고자 하는 자연스런 순
응을 따르기에 그렇다.
  그래서 인간이 분별사식을 갖고 가장 그 머리를 효과 좋게 쓸 때가
바로 본원으로 귀환하고자 하는 마음을 일으킬 때라고 하는 것이다.
이것은 사람을 죽이는 독이 최후에 사람을 살리는 독이 되도록 하는
것과 같다. 물론 그 독을 잘 다루는 스승을 제대로 만났을 때라야만
이 그것은 가능하다는 것을 알아야 한다.

海東疏 意熏習者 亦名業識熏習 通而言之 五種之識皆名爲意 義如
上說
의훈습은 또한 이름이 업식훈습이다. 통털어 말하자면 다섯 가지 식들

446

이 모두 意가 된다. 그 뜻은 위에서 설한 것과 같다.

다섯 가지 식들은 업식 전식 현식 지식 상속식이다. 이것을 **기신론**에서 意로 표현하고 있다. 그러니까 의식이 빠진 모든 식들이 전부 意훈습에 속한다.

범부는 이런 의훈습을 할 수가 없다. 의훈습은 7식의 세계에 들어가야 한다. 우리는 의훈습에 올라가는 양식을 만들고 있는 바닥의 수준에 있다.

여기서 우리가 해야 할 일은 의식으로 무엇이 진정 나를 위한 것이고 무엇이 나를 죽이는 것인지를 잘 판단하는 것이다.

만약 그 의식이 나도 의훈습을 해야 되겠다는 생각으로 염생사고 구열반락하는 마음을 낸다면 그것은 자기가 자기 자신에게 내리는 최고의 축복이 되고 최상의 선물이 되는 것이다.

의훈습에만 올라가면 부처가 되는 데는 문제가 없다. 오직 시간만 걸릴 뿐이지 중도에서 잘못될 일은 없어진다. 그래서 초발심시가 변정각이 된다고 **법성게**는 말하고 있다.

海東疏 就本而言 但取業識 以最微細 作諸識本 故於此中業識名意
근본으로 말하다보니 단지 업식만 취했다. 그것은 최고로 미세하기 때문에 모든 식의 근본이라서 그렇다. 그래서 그 중에 업식을 意라고 한 것이다.

의훈습은 다섯이라고 했다. 제일 윗자리가 업식이다. 그래서 한 개만 지목해서 업식훈습이라 한다고 했다.

　이 업식은 그 번뇌가 정말로 미세하기 때문에 다른 모든 식들로서는 가능하기가 매우 어렵고 정말로 난해하다. 그래서 작업하는 단계의 식이라고 해서 업식이라고 하였다.

　업식은 모든 식의 시발점이다. 그래서 의훈습을 설명하는데 그 대표로 업식을 들었다고 하신 것이다.

[海東疏] 如是業識見相未分　然諸菩薩知心妄動無別境界

그와 같은 업식은 견상이 나누어지기 전이다. 모든 보살들은 마음이 망령되게 움직일 뿐 별다른 경계가 없다는 것을 안다.

　이 업식은 見相이 나누어지기 전의 상태다. 견상은 주체와 객체다. 업상은 무명업상을 설명할 때 충분히 해설하였다.

　모든 보살들은 10信 범부를 넘어선 보살들이다. 그들은 세상이 가짜라는 것을 정확하게 알고 있다. 하지만 아직도 완전히 그 경계를 넘어서지는 못하고 있다. TV의 영상은 가짜라는 것은 알지만 자기도 모르게 거기서 방영되는 화면에 자꾸 눈길이 가는 것과 같다.

[海東疏] 解一切法唯是識量　捨前外執　順業識義　故名業識熏習　亦名爲意熏習

그리고 일체의 법은 오직 식의 헤아림이라는 것을 안다. 그래서 밖의 집착을 버리고 업식의 뜻을 따른다. 그러므로 업식훈습이라고 하며, 또한 의훈습이라고 한다.

TV 드라마 속에 세트장은 가짜다. 그래서 삼계는 허위다 라고 하는 것이다. 드라마 속에서 방영되는 삶의 드라마는 가짜다. 그것들은 오직 의식이 만들어 낸 허구이기에 그렇다.

그러므로 의훈습하는 보살들은 거기에 끄달리지도 않고 집착도 하지 않는다. 오로지 마음이 일어나면 세상천지가 일어나고 마음이 가라앉으면 세상천지가 가라앉는다는 것을 알고 마음의 동요가 없는 열반을 향해 나아간다. 그 수행해 나아가는 것을 의훈습이라고 한다.

마음이 가라앉는다는 말은 동요하는 마음이 정지된다는 말이다. 마음이 정지되는 것은 멈춘다는 뜻이다.

범부는 그 어떤 재주를 쓴다고 해도 그 움직이는 마음을 절대로 멈출 수 없다. 그것은 범부를 넘어가야 가능하다. 적어도 이 의훈습 정도까지 가야 움직이는 마음을 제대로 멈출 수 있다.

海東疏 非謂無明所起業識 卽能發心修諸行也

그것은 무명이 일으킨 바 업식이 발심해서 모든 수행을 닦는다는 말은 아니다.

업식을 향해 순응으로 올라가는 수행은 무명의 힘을 받아 그렇게 하는 것이 아니다. 그것은 무명 속에 가려져 있던 진여가 제자리를 찾기 위해 움직이는 몸부림이다.

그러므로 비록 무명을 떨치지 못하고 있는 보살이라 하더라도 그 무명에 의해 발심하는 것은 아니라는 것이다.

일단 의훈습을 하게 되면 진여는 점점 세력을 넓혀가고 무명은 점

차 그 세력이 축소된다. 초승달이 마지막에 완전히 둥근 보름달이
되면 어둠은 사라지고 밝음이 세상에 가득하게 되는 것과 같다. 그때
무상각을 얻게 되는 것이다.

무상각을 얻는다고 하니 없어진 것을 가진다는 말이 아니다. 무명
이 없어지면 자연히 훤해지는데 그것이 무상각이다.

사람들은 석가모니부처님이 새벽별을 보고 무상각을 이루었다고
한다. 틀린 말이다. 새벽별에 의해서 깨달음을 이룬 것이 아니고 새
벽별이 뜨는 시간에 대각을 성취하셨다고 해야 옳다.

그러므로 대승의 깨달음은 외부의 인연에 의해 이루어지는 것이
아니다. 깨달음을 막고 있는 무명의 장벽만 치우면 깨달음은 그대로
드러난다. 그 깨달음은 원래 그대로 거기에 있었다. 그것이 대승불교
가 주창하는 수행이고 깨달음의 정의다.

C. 진여훈습

起信論 眞如熏習義有二種 云何爲二 一者自體相熏習 二者用熏習
진여훈습의 뜻에 두 종류가 있다. 이를테면 어떻게 둘이 되는가. 첫째는
자체상훈습이고 둘째는 용훈습이다.

내 마음속에 들어 있는 진짜의 나에게 힘을 실어주는 것이 진여훈
습이다. 지금까지는 그 반대로 가짜인 나에게 힘을 실어주었다. 그
결과 언제나 본의 아니게 처절하게 죽음을 맞이하였다.

이제 그것을 알고 진짜의 나에게 힘을 실어주기 시작하는 것이다.

그러면 자체상훈습이 일어난다.

자체상이라는 말은 스스로 갖고 있는 본체와 속성이다. 그러니까 나는 더 이상 죽고 싶지 않다고 하는 마음이 일어나면 내 마음속에 숨어 있던 영원성의 자체상이 힘을 얻어 살아야 되겠다는 마음을 일으킨다.

이 세상 천지에 누가 나를 가장 기쁘게 할 수 있단 말인가. 그것은 죽어야 하는 나에게 죽지 않는 길을 제시해 줄 때 내 자신은 가장 기뻐한다. 그러면 부처가 도와주기 시작한다. 그것이 용훈습이다.

분명히 알아야 한다. 하늘은 스스로 살려고 하는 자를 도와준다는 사실이다. 죽으려고 하는 자는 하늘이 어떻게 할 수가 없다. 마찬가지로 스스로 부처가 되어 생사를 벗어나겠다고 하는 자는 부처가 어떻게든 도와주지만 자신을 죽음의 구렁텅이로 몰고 가겠다는 중생은 부처라도 어떻게 도와줄 재간이 없다. 그러니까 자체상훈습을 하는 자에게만 用훈습이 작용한다는 것이다.

공부가 싫어서 학교를 나간 아이는 선생이 어떻게 할 수가 없다. 공부를 하고자 학교에 들어와야 선생이 지도할 수 있는 것과 마찬가지다.

起信論 自體相熏習者 從無始世來 具無漏法 備有不思議業 作境界之性 依此二義 恒常熏習

자체상훈습은 시작없는 세월부터 오면서 무루법을 갖추고 불가사의한 업으로 경계를 짓는 성품을 구비하고 있다. 이 두 뜻으로 항상 훈습하고 있다.

자체상훈습은 시작이 없다. 시작이 있으면 끝남도 있어야 한다. 자체상훈습은 원래부터 있었다. 그러므로 끝남이 없이 영원하다. 그 자체상은 영원 전에 있었고 영원 후에도 있다. 그것이 우리의 진짜 마음인 진여다. **금강경오가해**의 말씀이다.

先天地而無其始
後天地而無其終

천지보다 앞에 있어도 시작이 없고
천지보다 뒤에 있어도 끝남이 없다.

진여는 두 가지의 내용물을 가지고 있다. 하나는 무루법을 갖추어 있고, 둘은 불가사의한 행업을 하는 일이다.

무루법은 일월성신과 시방천하 허공성수와 산하대지 전체를 모두 함유하고 있다는 말이다. 이 진여의 영역 밖에 존재하는 물상의 모습은 아무것도 없다.

그러면서 공덕이라는 공덕을 모두 다 가지고 있고 지혜라는 지혜는 전부 다 가지고 있다. 이 진여의 영역 밖에 존재하는 차원적 에너지는 그 어느 것도 없다.

불가사의한 행업은 일체중생들을 모두 다 부처로 만드는 작업을 한다는 것이다. 바다는 일체의 빗방울을 모두 바다로 흡입하고 있다. 그 빗방울 중에 하나가 바로 나다.

바다는 일체의 물을 끌어당겨 짠맛으로 만들고 부처는 일체중생들을 이끌어 부처로 만든다. 바다의 작용이 불가사의하듯이 부처의 작용도 불가사의하다. 짠맛으로 만들면 영원히 부패하지 않고 부처로 만들면 영원히 죽지 않는다. 바다는 세상의 육신을 살리고 부처는 중생의 마음을 살린다.

이 불가사의한 행업은 경계를 짓는 성품으로 이루어진다. 경계를 짓는다는 것은 수많은 불사와 방편을 일으킨다는 뜻이다. 불사는 부처를 만드는 인연이고 방편은 그 인연을 성숙시키는 것을 말한다.

起信論 以有力故 能令衆生厭生死苦 樂求涅槃 自信已身有眞如法 發心修行

이러한 힘이 있기 때문에 중생으로 하여금 생사의 고통을 싫어하고 열반의 즐거움을 구하도록 하는 것이다. 그것은 자신의 몸에 이미 진여법이 있다는 것을 믿게 해서 발심하여 수행케 하는 것이다.

이러한 힘은 무루법과 불가사의한 업이다. 이 두 가지는 중생제도에서 반드시 갖추고 있어야 하는 능력이다. 무루법도 없는 자는 불가사의한 행업을 할 수 없고 불가사의한 행업을 하는 자는 무루법을 갖추지 않고서는 할 수가 없다.

무루법은 공덕이고 불가사의한 행업은 자비다. 부처가 갖고 있는 이 두 가지는 내 마음속의 불성에도 잠재적으로 들어있다. 이런 능력을 갖고 있으면서 삼계의 거지로 허덕이는 삶을 살고 있으니 어찌 내 자신이 한심하고 가엾다 하지 않겠는가.

이제 나에게 그런 대단한 능력이 내존되어 있고 나는 원래가 부처의 신분이라는 것을 알아차린 이상 본래의 내 자신으로 회복하여야 한다. 그렇게 하려면 복을 지어야 한다.

그러면 빈사상태에 있던 내 안의 진여가 가뭄에 단비를 만난 초목처럼 생기를 얻는다. 그때라야 염생사구구열반락하는 마음이 꿈틀대기 시작하는 것이다.

이것이 꿈틀거려야 내 안에 진여법이 있다는 것을 실감한다. 그것이 自信己性이다. 그러면 자신을 구하는 일에 직접 나서게 된다. 그것이 바로 발심이고 수행이다.

起信論 問曰 若如是義者 一切衆生悉有眞如 等皆熏習
묻겠다. 만약에 그런 뜻이라면 일체중생은 모두 진여를 갖고 있다. 그렇다면 똑같이 모두 다 훈습이 되어야 하지 않은가?

일체중생은 모두 불성을 갖고 있다. 부처가 대각을 이루고 중생을 봤더니 同稟而迷동품이미의 상태로 있었다. 그래서 너무 놀랐다. 동품이미는 부처와 같은 품종이지만 중생으로 미혹되어 있는 모습을 말한다.

그 동품을 **기신론**에서는 진여로 표현하고 있다. 一切衆生皆有佛性이라는 말을 들어봤을 것이다. **열반경**에 나오는 말씀이다.

열반경이 나온 지가 언제인데 아직도 이 말을 들어보지 못하고 있다면 정말로 업장이 두껍거나 복덕이 없다 할 수밖에 없다.

이보다 더 놀라운 자는 이런 말씀을 듣고도 자신을 부처로 회복하려고 하지 않는 인간들이다. 이런 자들은 무서운 자들이다. 자신을 죽이고자 하는 자들이다. 이런 사람들을 조심해야 한다. 자신을 죽이는 데 머뭇거림이 없는데 어떻게 타인인들 그 앞에 무사하겠는가다.

일체중생은 모두 불성인 진여를 고루 갖고 있다. 그런 진여는 자체상훈습을 자동적으로 한다는데 왜 그들의 마음속에서는 자체상훈습이 되지 않느냐 하는 의문을 일으키고 이 질문을 하였다.

이것은 꼭 모든 인간은 대통령이 될 소질과 권리가 있다. 그런데 왜 모두 다 대통령이 되지 못하는가 하고 억지를 부리는 질문과 비슷하다.

起信論 云何有信無信 無量前後差別 皆應一時自知有眞如法 勤修方便 等入涅槃

어찌해서 믿는 자도 있고 믿음이 없는 자도 있으며, 무량하게 전후 차별이 있는가. 모두 응당히 일시에 진여법이 있음을 알아 부지런히 방편을 닦아 똑같이 열반에 들어가야 하지 않는가?

두 가지 질문이 나왔다. 똑같이 자체상훈습을 한다고 한다면 어떻게 그것을 믿는 자와 믿지 않는 자가 있는가. 그리고 많고 많은 사람들이 앞서거니 뒤서거니 하는가. 또 사람에 따라 수행에 잘 나아가거나 잘 못 나아가거나 하는 경우가 있을 수 있는가 하는 의문이다.

자체상훈습이 모든 중생에게 골고루 다 들어 있다면 인위적으로 작동시키지 않아도 모두 그 사실을 알고 하나같이 같은 시간에 열반에 들어가야 하는데 그렇지 않으니 어찌된 일인가 하고 힐난해 물은 것이다.

이 질문은 한 반에서 똑같이 수업을 듣는다면 학생 모두가 다 우등 생이 되어서 서울대에 같이 들어가야 하는데 어떻게 서로 간에 우열 이 있을 수 있느냐 하는 억지질문과 같다.

起信論 答曰 眞如本一 而有無量無邊無明 從本已來 自性差別 厚薄 不同故

답해 주겠다. 진여의 근본은 하나다. 하지만 무량하고 무변한 무명이 있다 보니 아주 오래 전부터 자성이 차별되어 후박이 동일하지 않게 되었다.

진여의 근본은 하나다. 물의 근본이 하나이듯이 중생 모두는 다 같은 진여를 가지고 있다. 하지만 사람마다 한량이 없고 끝이 없는 어리석음들 때문에 그 모습이 천태만상으로 나타나 있다.

그래서 그 죄업이 또 천차만별이다. 어떤 사람들은 업장이 산보다 더 두텁고 바다보다 더 깊은 자들이 있는 반면 또 어떤 사람들은 종 이보다 더 얇고 얼음보다 더 맑은 사람이 있다.

그렇다면 이 땅에서 어느 사람이 더 잘 살 수 있을까. 물론 앞에 사람이다. 뒤에 사람이 더 잘 산다고 한다면 이곳은 중생세계가 아니 다. 중생세계는 못된 인간이 더 잘 살고 무례한 인간이 더 큰소리치 는 세상이기 때문이다.

起信論 過恒沙等上煩惱 依無明起差別 我見愛染煩惱 依無明起差別

그래서 항하사보다도 더 많은 번뇌가 무명을 의거해 차별을 일으키고 아견과 탐애의 오염된 번뇌가 무명을 의거해 차별을 일으키고 있는 것이다.

그렇게 업장이 두터운 자는 해운대 바닷가 모래알 수보다도 더 많은 번뇌를 일으킨다. 그렇게 번뇌가 많은 것은 무지로 인해서이다. 무지는 마음을 가만두지 않는다. 시도 때도 없이 들쑤시고 휘젓는다. 그것은 뭔가를 모르기 때문에 앞날이 불안해서 그렇다고 했다.

아견과 탐애는 무명으로 일어난 번뇌다. 그 번뇌가 치솟으면 행동을 요구한다. 그러면 나를 내세우고 사물에 집착한다. 그런 자들이 집단을 이루면 이념이 세워지고 파당이 형성된다. 거기서 중생과 세상을 분별하고 차별한다. 그 결과 서로 간에 반목과 투쟁이 일어난다.

起信論 如是一切煩惱 依於無明所起 前後無量差別 唯如來能知故

이와 같은 일체의 번뇌가 무명을 의거해 차별을 일으키다보니 전후에 무량한 차별이 있게 되었다. 이런 것은 오직 여래만이 능히 아신다.

모르면 더듬고 헤맨다. 모르기 때문에 머리를 굴리고 감을 잡으려 한다. 그런 삶을 사는 자들이 중생이다. 그래서 12연기설에 어리석으면 머리를 굴리게 되고 그러면 의식이 출현한다고 했다. 그 의식의 소산물이 識이고 그것을 요리조리 잘 쓰면 유식한 사람이라고 한다.

그런 의식으로는 하나의 근원으로 환원할 수 없다. 모두 다 자기의 업대로 분산된다. 그래서 한없는 중생이 수많은 방향으로 흩어져 제각기의 업을 새롭게 만들면서 살아가고 있다. 원래의 본심은 하나로 출발했는데 천차만별의 중생들이 벌어져 있는 것이다.

신기한 것은 모두 그렇게 자기 업대로 흩어져 살고 있는 범부지만 마지막에는 희한하게도 한 곳으로 몰려가 자신을 처박아버린다는 것이다.

논바닥에 흩어져 있던 물고기가 마지막에 물꼬를 따라 통발에 들어가듯이 모든 중생들도 모두 다 죽음의 구멍 속으로 차곡차곡 순서대로 기어들어가고 있다는 것이다.

그 중생들이 갖고 있는 죄업의 과보가 얼마나 두텁고 얇은지, 그리고 그 과보가 어떻게 되는지, 또 그렇게 죽어 어디로 가는지는 아무도 모른다. 아는 자는 오로지 부처님뿐이다. 그래서 여래만이 능히 아신다고 한 것이다.

起信論 又諸佛法有因有緣 因緣具足 乃得成辦
또 불법에는 因과 緣이 있어야 한다. 인연이 갖춰져야 판가름이 난다.

위 문장 불법 앞에 諸는 불법을 강조하기 위해 일부러 앞에 둔 어조사다. 그렇다면 왜 불법을 강조했을까. 그 이유는 바로 뒤에 나오는 인연이다. 불법은 반드시 因과 緣이 갖추어져야 한다. 그래야 믿음이 생긴다.

세상의 복 가운데서 가장 좋은 복은 인연복이다. 사람과의 인연도 이렇게 중요한데 불교와의 인연은 말할 것도 없다. 그래서 불교를 만나려면 억겁의 인연이 있어야 된다는 말이 이래서 나온 것이다.

불법을 만나면 생사의 고리가 끊어진다. 그 고리는 그 무엇으로도 자를 수 없다. 불법을 만나야만 그 고리가 잘라진다. 그래서 생사의 고리를 끊어버리고자 하는 자들만이 정통 불법을 만난다.

그렇지 않는 자들은 불법을 만나도 구경만 하고 불법을 배워도 떠벌리기만 한다. 그래서는 아무런 이익을 얻을 수 없다. 도리어 생사의 사슬만 더 단단하게 조여지고 더 깊이 결박되어진다.

起信論 如木中火性 是火正因 若無人知 不假方便能自燒木 無有是處
나무에는 火性이 있다. 그 불은 갖춰진 因이다. 만약에 사람이 그것을 모르면 태우지 않을 것이다. 나무 스스로 탄다는 것은 있을 수 없다.

오행에서 木生火가 있다. 나무는 불을 일으키는 성질이 있다. 그 불이 因이다. 그러기에 나무는 탈 수가 있다. 나무가 불을 일으키는 因이 없다면 돌덩이와 쇠붙이처럼 타지를 않는다. 그것을 알고 사람이 나무를 땐다.

나무가 비록 불을 일으키는 因을 갖추고 있다 하더라도 나무 스스로는 불을 만들지 못한다. 반드시 누군가의 도움으로 일으킨다. 깊은 산속에서 불이 났다면 나무끼리의 마찰이다. 그 마찰을 일으키는 것은 바람의 緣이다.

그러므로 나무 혼자서는 절대로 불을 일으키지 못한다. 나무가 불을 스스로 일으킨다는 것은 있을 수 없다. 그래서 無有是處라고 했다 無有라는 말은 있을 수 없다 라는 확정어다. 결정코 그렇게 되지 않는다는 뜻이다.

그처럼 부처가 되고자 하는 자들은 반드시 부처와 보살들의 도움을 받아야 한다. 그렇지 않고 부처가 된다는 것은 절대로 있을 수 없다는 것이다.

起信論 衆生亦爾 雖有正因熏習之力 若不遇諸佛菩薩善知識等以之爲緣 能自斷煩惱入涅槃者 則無是處

중생도 또한 그러해서 비록 正因인 훈습의 힘이 있으나 만약에 모든 부처님이나 보살 선지식 등의 외연을 만나지 못하면 스스로 능히 번뇌를 끊고 열반에 들어간다는 것은 있을 수 없는 일이다.

중생도 그러하다. 중생 속에 진여가 자체상훈습을 하지마는 그 스스로는 하지 못한다. 언제나 그렇게 하기 위해서 준비를 하고 있는 상태다. 그런 준비를 시키는 것이 스스로 공덕을 짓는 것이다.

그 공덕에 의해 자체상훈습이 시작되면 즉시 불보살이나 선지식이 나타난다. 그 자체상훈습이 없는 자는 아무리 불보살을 만나려 해도 만날 수가 없다.

비록 나무라 하더라도 젖은 나무거나 화학제품에 의해 그 본성이 오염된 나무는 잘 타지 않는다. 탄다고 하더라도 연기를 내거나 독성 물질을 내게 된다. 그러면 중생계에 해를 입힌다.

마찬가지로 이상하게 자체상훈습을 하는 자가 있다면 귀신이나 마군이가 불보살의 가면을 쓰고 가짜 용훈습을 할 수가 있다. 그러면 본인은 물론 그 주위사람들이 다 그 독성의 폐해를 입어 세세생생 고통을 받게 된다.

정상적으로 불보살이나 선지식을 만날 준비인 자체상훈습을 하게 되면 애타게 부르지 않아도 그분들은 반드시 나타나 마군으로부터 수행을 돕고 자비로 보호한다. 그리고 열반의 세계로 이끌기 위해 온갖 방편을 다양하게 제시한다.

이런 인연을 갖추지 않고 혼자서 열반에 든다는 것은 또한 있을 수 없다. 여기서도 분명 무유시처라고 했다. 결코 있을 수 없는 일이다는 것이다.

起信論 若雖有外緣之力 而内淨法未有熏習力者 亦不能究竟厭生死苦樂求涅槃

만약에 비록 외연의 힘이 있으나 안으로 청정한 법이 훈습의 힘을 얻지 못하면 끝까지 염생사고 락구열반하지 못한다.

어떤 인연이든지 어느 시점이든지 어느 이상한 기회든지 간에 불보살이나 선지식을 설령 만난다 하더라도 내면의 공덕이 없으면 그분들을 그냥 멀거니 바라보는 것으로 끝이 나버린다.

외연의 힘은 불보살이고 내면의 힘은 청정한 법이 훈습하는 것을 말한다. 즉 공덕에 의한 자체상훈습이다.

전구가 없는 소켓에 아무리 전기를 보내 주어도 불은 밝혀지지 않는다. 전구가 갖추어져야 불이 켜진다. 마찬가지로 청정한 내면의 법이 갖춰져야 불보살의 가호가 작동한다. 그렇지 않으면 불보살이 그를 도와주고 싶어도 어떻게 할 수가 없다.

정미소를 차려 그들에게 쌀을 도정해주고 싶어도 그들이 벼농사를 직접 짓지 않으면 정미소가 필요없게 된다. 그들에게 곡식을 빻아서 배고픔을 면해주고 싶어도 그들이 곡식을 가져오지 않으면 어떻게 할 수가 없는 것이다.

그런 사람들은 설령 불보살이 줄을 지어 나타난다고 해도 어떠한 이익을 얻지 못한다. 그런 범부들에게는 불보살이 어떠한 역할도 해줄 수가 없다. 그러면 그들은 엄청난 가피의 기회를 아무런 이익없이 날려버리게 된다.

起信論 若因緣具足者 所謂自有熏習之力 又爲諸佛菩薩等慈悲願護故 能起厭苦之心 信有涅槃 修習善根

인연이 구족한 자는 스스로 훈습하는 힘이 있게 된다. 그러면 모든 부처님과 보살 같으신 분들이 자비로 돕고 그 발원을 보호해 주신다. 그때 능히 고통이 싫다는 마음을 일으켜 열반을 믿고 선근을 수습한다.

대승불교에 기도가 없는 이유가 여기서 확연하게 드러난다. 부처와 보살, 그리고 선지식은 준비된 자에게 나타난다.

세상을 찬란하게 밝히는 해와 세상에 휴식을 주는 달, 그리고 세상에 방향을 제시하는 북극성이 있다고 해도 장님에게는 전혀 소용이 없다. 아무리 그 빛을 주고자 해도 장님은 받을 수가 없다.

마찬가지로 부처와 보살이 너무나 자비를 퍼붓고 싶어도 중생이 받아낼 그릇이 되지 않으면 어떻게 내려줄 수가 없다. 울고불고 해도 어쩔 수가 없다.

전기가 끊어진 집안에서 밤새도록 슬프게 울어도 전기는 스스로 들어오지 않는다. 돈만 준비하면 전기가 즉시에 들어오는 것처럼 복만 있으면 불보살은 즉시에 나타난다.

복 없는 사람이 불보살의 모습이 보이지 않는다고 울부짖지 말라. 그분들의 자비가 너무 인색하다고 울먹이지 말라. 그렇게 한탄하는 사람들 정신상태가 글러먹었다. 세상을 날로 먹으려 들지 말라. 그릇도 없이 밥을 달라는 염치없는 거지처럼 복을 짓지도 않고 부처를 만나려 해서는 결코 안 된다는 것이다.

두 번째 문단 시작에 又 字는 또 又의 뜻이 아니라 동시에 라는 뜻이다. 참고하시기 바란다.

起信論 以修善根成熟故 則値諸佛菩薩示敎利喜 乃能進趣向涅槃道
선근을 닦아 성숙하게 되면 모든 부처님과 보살들을 만난다. 그분들이 가르침을 제시해 주시므로 이익과 기쁨 속에서 더욱 진취하여 열반의 길로 나아가게 된다.

불보살의 자비를 받는 데는 결코 어렵지 않다. 그것은 그분들의 자비가 절대 까다롭거나 인색하지 않기 때문이다.

공덕을 지어 자체상훈습을 하기 시작하면 불보살들은 지체없이 다 가온다. 분명히 기억해야 한다. 그리고 마음에 깊이 새겨야 한다. 선근을 닦아 그 공덕이 성숙되면 부처님과 보살들이 즉시에 나타난다는 사실을 명심해야 한다.

식물이 꽃과 꿀을 준비하지 않으면 벌과 나비가 다가오지 않는다. 하지만 꽃과 꿀을 준비해 놓고 있으면 어디서 날아와도 벌과 나비는 반드시 찾아오게 되어 있다.

그처럼 복 없이는 천하없어도 불보살을 만날 수 없다. 그분들을 만나기 위해 진언을 치고 명호를 부르고 굿을 해도 그분들은 나타나지 않는다. 나타났다면 그것은 가짜고 환영이다. 더 애타게 울부짖으면 魔마들이 쫓아온다.

항상 하는 말이지마는 지구상의 인간들이 다 죽는다 해도 복 없는 인간들에게는 그분들이 나타나지 않는다. 아니 지구가 내일 박살이나 일체생명이 다 몰살당한다고 해도 그분들은 나타나지 않는다. 그분들은 나타나야 하는 자에게 나타나는 것이다.

그리고 그런 자들을 자비로 껴안아 훈육하면서 선근을 짓도록 도와주시는 것이다.

일단 그분들을 뵙게 되면 그분들의 지도를 받는다. 그러면 엄청난 환희와 이익을 얻는다. 그런 감동에서 더욱 더 정진하게 되고 그 마음은 한층 더 열반의 세계로 나아가고자 하는 원력을 굳세게 세우게 된다.

- 6권으로 계속 -

공파 스님 (국제승려)

현재 원효센터에서 『대승기신론해동소』 32번째 강의 중

cafe.daum.net/wonhyocenter

zero-pa@hanmail.net

대승기신론 해동소 혈맥기 5

초판 1쇄 인쇄 2022년 1월 3일 | 초판 1쇄 발행 2022년 1월 11일
공파 스님 역해 | 펴낸이 김시열
펴낸곳 도서출판 운주사

    (02832) 서울시 성북구 동소문로 67-1 성심빌딩 3층

    전화 (02) 926-8361 | 팩스 0505-115-8361

ISBN 978-89-5746-668-1 04220 값 23,000원

ISBN 978-89-5746-528-8 (세트)

http://cafe.daum.net/unjubooks 〈다음카페: 도서출판 운주사〉